C·H·Beck
PAPERBACK

Postmoderne Denker wie Michel Foucault oder Jacques Derrida haben die Strukturen westlicher Gesellschaften so tiefgreifend dekonstruiert wie niemand vor ihnen. Ihr radikaler Skeptizismus hatte jedoch einen Preis. Helen Pluckrose und James Lindsay zeichnen in ihrem kontroversen Buch nach, wie die Grundannahmen der postmodernen Theorie seit den 1980er Jahren im Postkolonialismus, in der Critical-Race-Theorie, im intersektionalen Feminismus, in den Gender Studies und in der Queer-Theorie für den politischen Aktivismus scharfgemacht wurden. Ihr zentraler Befund lautet, dass ein freier Austausch wissenschaftlicher Argumente durch den aus diesen Reihen immer aggressiver vorgetragenen Anspruch auf Deutungshoheit zunehmend unmöglich wird. Damit erweisen der neue wissenschaftliche Aktivismus und seine Wächter den Minderheiten, für die sie sich angeblich einsetzen, jedoch einen Bärendienst: Drängende soziale Probleme werden von einer völlig überzogenen Sprachkritik und Cancel Culture überlagert – und potenziell wohlmeinende Unterstützer ziehen sich entnervt zurück, weil sie im erhitzten Diskursklima vorschnell dem reaktionären Lager zugeschlagen werden.

Helen Pluckrose ist liberale Publizistin, Gründerin der Plattform «Counterweight» und ehemalige Chefredakteurin des «Areo Magazine». Sie hat zahlreiche Essays über die Postmoderne, den Liberalismus, Säkularismus und den Feminismus verfasst. Pluckrose lebt in London, England.
James Lindsay ist Mathematiker und Buchautor. Seine Essays sind in zahlreichen Zeitungen und Magazinen erschienen, darunter das Wall Street Journal, die Los Angeles Times und Time. Lindsay lebt in Tennessee, USA.

Helen Pluckrose
James Lindsay

ZYNISCHE THEORIEN

Wie aktivistische Wissenschaft Race, Gender und Identität über alles stellt – und warum das niemandem nützt

Aus dem Englischen
übersetzt von Sabine Reinhardus und
Helmut Dierlamm

C.H.Beck

Die amerikanische Originalausgabe «Cynical Theories. How Activist Scholarship Made Everything About Race, Gender, and Identity» erschien zuerst bei Pitchstone Publishing, Durham, NC

Dieses Werk wurde im Auftrag der Susan Schulman Literary Agency durch die Liepman AG, Zürich, vermittelt.

Für die deutsche Ausgabe

www.chbeck.de
Umschlaggestaltung: geviert.com, Christian Otto
Satz: C.H.Beck.Media.Solutions, Nördlingen
Druck und Bindung: Druckerei C.H.Beck, Nördlingen
Printed in Germany
ISBN 978 3 406 78138 4

myclimate

klimaneutral produziert
www.chbeck.de/nachhaltig

Inhalt

Einführung

In der Moderne und insbesondere in den vergangenen beiden Jahrhunderten hat sich in den meisten westlichen Ländern ein breiter Konsens zugunsten einer politischen Philosophie, dem sogenannten Liberalismus, entwickelt. Dessen wichtigste Grundsätze bestehen in politischer Demokratie, in der Einhegung und Begrenzung der Regierungsmacht, der Entwicklung universeller Menschenrechte, rechtlicher Gleichheit erwachsener Bürger, Meinungsfreiheit, dem Respekt für die gesellschaftliche Bedeutung von Meinungsvielfalt, offenen Debatten, Evidenz und Vernunft, der Trennung von Kirche und Staat und der Religionsfreiheit. Diese liberalen Werte wurden zu Idealen, und es bedurfte jahrhundertelanger Kämpfe gegen Theokratie, Sklaverei, Patriarchat, Kolonialismus, Faschismus und viele andere Formen der Diskriminierung, um sie in dem Maß wertzuschätzen, wie das heute, wenn auch mit Einschränkungen, der Fall ist. Doch der Kampf um soziale Gerechtigkeit wurde immer dann am wirkungsvollsten geführt, wenn er die universelle Geltung liberaler Werte einklagte; sie sollten auf alle Menschen gleichermaßen angewandt werden, nicht nur auf reiche weiße Männer. Halten wir hier fest, dass philosophische Positionen, die wir als «Liberalismus» bezeichnen, mit einer breit gefächerten Reihe von Positionen in Bezug auf politische, ökonomische und soziale Fragen einhergehen, darunter auch solche, die in Amerika als «liberal» (und in Europa als «sozial-demokratisch») gelten, sowie gemäßigte Formen dessen, was Menschen auf der ganzen Welt unter «konservativ» verstehen. Dieser philosophische Liberalismus ist ein Gegenpol zu autoritären Bewegungen jeglicher Couleur, mögen diese nun links- oder eher rechtsgerichtet sein, eher säkular oder theokratisch. Den Liberalismus stellt man sich daher am besten als gemeinsamen Nenner vor, der uns einen Rahmen für Konfliktlösungen vorgibt und es Menschen mit den unterschiedlichsten Ansichten im Hinblick auf politische, ökonomische und soziale Fragen erlaubt, rationale Debatten über die öffentliche Ordnung zu führen.

Allerdings haben wir mittlerweile einen Punkt in der Geschichte erreicht, an dem Liberalismus und Moderne, als Herzstück der westlichen Zivilisation, in ihren fundamentalen Ideen ernsthaft bedroht sind. Die genaue Natur dieser Bedrohung ist nicht einfach zu durchschauen. Sie entsteht aus mindestens zwei mächtigen Richtungen: einer revolutionären und einer reaktionären, deren Verfechter[1] miteinander ringen, um ihr jeweiliges illiberales Gesellschaftsbild durchzusetzen. Rechtsextreme populistische Bewegungen nehmen für sich in Anspruch, eine letzte Lanze für Liberalismus und Demokratie zu brechen und sich gegen die nahende Flut des Fortschritts und Globalismus zu stemmen, die überall auf der Welt auf dem Vormarsch sei. Zunehmend setzt dieser Abwehrkampf auch auf die Führung von Diktatoren und starken Männern, um «westliche» Souveränität und Werte zu schützen und zu sichern. Unterdessen stellen sich die Kreuzritter aus dem linksgerichteten progressiven Lager als die einzig aufrechten Verfechter des sozialen und moralischen Fortschritts dar, ohne dessen Errungenschaften die Demokratie bedeutungslos bleibe und ausgehöhlt werde. Sie treiben ihre Sache nicht nur durch revolutionäre Zielsetzungen voran, die im offenen Widerspruch zum Liberalismus stehen und diesen als Instrument der Unterdrückung brandmarken, sondern bedienen sich in ihrem Kampf auch zunehmend autoritärer Mittel, indem sie versuchen, eine durch und durch dogmatische, fundamentalistische Ideologie im Hinblick auf die Ordnungsprinzipien unserer Gesellschaft durchzusetzen. In dieser Schlacht sehen sich beide Lager jeweils als den Feind schlechthin und stacheln sich zu immer größeren Exzessen an. Der Kulturkrieg, der hier tobt, bestimmt mehr und mehr die Politik und zunehmend auch die Gesellschaft am Anfang des 21. Jahrhunderts.

Obwohl die politische Rechte durchaus ein ernstes Problem ist und gewiss einer sorgfältigen Analyse bedarf, haben wir uns eine gewisse Expertise angeeignet, was das Problem der politischen Linken betrifft. Während sich beide Seiten immer stärker radikalisieren, liegt das spezifische Problem der politischen Linken aus unserer Sicht darin, dass diese sich von ihrem historischen Ursprung, dem Liberalismus, abwendet, der einst ihre Vernunft und Stärke begründete. Genau dieser Liberalismus ist jedoch entscheidend, um den Fortbestand unserer säkularen und liberalen Demokratie künftig zu gewährleisten. Wie wir bereits an anderer Stelle beschrieben haben, liegt die Ursache des Problems darin, dass

> die progressive Linke sich nicht der Moderne, sondern der Postmoderne zurechnet, welche die objektive Wahrheit als einen fantastischen Traum der naiven und/oder arroganten, bigotten Denker der Aufklärung verwirft, die wiederum die unheilvollen Folgen des Fortschritts innerhalb der Moderne unterschätzten.[2]

Genau damit möchten wir uns in diesem Buch eingehend auseinandersetzen und hoffentlich zu einer Klärung des Problems des Postmodernismus beitragen. Wir wollen das postmoderne Denken nicht nur im Hinblick auf seine in den Sechzigerjahren aufkommende Ursprungsvariante ins Visier nehmen, sondern auch seine Weiterentwicklung in den vergangenen fünfzig Jahren kritisch betrachten. Je nach Blickwinkel hat sich der Postmodernismus entweder zu einer der intolerantesten und autoritärsten Ideologien seit dem großflächigen Niedergang des Kommunismus und dem Zusammenbruch der weißen Vorherrschaft und des Kolonialismus entwickelt oder sie hat einer solchen Ideologie Vorschub geleistet. Der Postmodernismus, ursprünglich eine intellektuelle und kulturelle Reaktion auf diese gesellschaftlichen Veränderungen, entwickelte sich zunächst in den eher abgelegenen Winkeln des akademischen Betriebs. Seit den Sechzigerjahren hat sich diese Denkströmung jedoch auch in anderen wissenschaftlichen Disziplinen ausgebreitet, im politischen Aktivismus, in der Bürokratie, und ist mittlerweile im Schulsystem und allen daran anschließenden Bildungseinrichtungen angekommen. Von dort aus ist sie in breite Gesellschaftsschichten eingesickert, bis zu einem Punkt, an dem der Postmodernismus und ebenso vernünftige wie reaktionäre Gegenpositionen die gesamte soziale und politische Landschaft dominieren, während wir uns mühsam ins dritte Jahrzehnt des neuen Jahrtausends vorarbeiten.

Die sogenannte Social-Justice-Bewegung (in Deutschland eher bekannt unter dem Stichwort der identitätspolitischen Linken; Anm. der

Übersetzer) verfolgt nominell ein weit gefasstes Ziel namens «soziale Gerechtigkeit», von dem sich auch ihr Name ableitet. Der Begriff ist beinahe zweihundert Jahre alt. Verschiedene Denker haben ihm zu verschiedenen Zeiten unterschiedliche Bedeutungen verliehen, die jedoch alle in der einen oder anderen Hinsicht über die Gewährleistung rechtlicher Gleichheit hinausreichende Fragen sozialer Ungleichheit aufwerfen und zu lösen versuchen, insbesondere was Klasse, Race[3], Gender, Geschlecht und Sexualität betrifft. Als einer der berühmtesten Vertreter wäre hier vielleicht John Rawls zu nennen, ein liberaler, progressiver Philosoph, der sich hauptsächlich mit den Bedingungen beschäftigt, unter denen eine sozial gerechte Gesellschaft organisiert werden könnte. Dabei spielte er ein universalistisches Gedankenexperiment durch, in dem eine sozial gerechte Gesellschaft eine Gesellschaft wäre, der jedes Individuum, unter Absehung von seiner sozialen Herkunft vor die Wahl gestellt, zustimmen könnte.[4] Ein anderer, explizit anti-liberaler und anti-universalistischer Ansatz, der ebenfalls das Ziel verfolgt, soziale Gerechtigkeit zu erreichen, wurde insbesondere seit der Mitte des vergangenen Jahrhunderts gleichermaßen populär. Dieser Ansatz geht auf die *kritische Theorie*[5] zurück. Kritische Theorie bzw. Ideologiekritik setzt sich hauptsächlich damit auseinander, versteckte Vorurteile und nicht überprüfte Annahmen im herrschenden Denken offenzulegen, meist, indem sie auf das sogenannte «Problematische», ja das Falsche hinweist, das mit einer Gesellschaft und dem System, nach dem sie organisiert ist, einhergeht.

In gewisser Hinsicht ist der Postmodernismus ein Ableger der kritischen Theorie und ging zunächst eigene Wege, bis er in den Achtziger- und Neunzigerjahren von Aktivisten für soziale Gerechtigkeit (die sich übrigens kaum je auf John Rawls beziehen) aufgegriffen wurde. Die so entstandene Bewegung bezeichnet ihre Ideologie dreist als «Social Justice», als ob sie allein nach einer gerechteren Gesellschaft strebe, während alle anderen für gänzlich andere Ziele einträten. Die Bewegung ist in den Vereinigten Staaten daher unter dem Begriff «Social Justice Movement» bekannt geworden, firmiert im Netz gelegentlich der Kürze halber unter SocJus oder auch, immer häufiger, als «wokeism» (was die Überzeugung zum Ausdruck bringen soll, dass ausschließlich diese Bewegung uns für soziale Ungerechtigkeit sensibilisiert, dass sie uns «erweckt» habe).

Social Justice mit Großbuchstaben bezieht sich daher auf eine hinreichend spezifische und doktrinäre Interpretation des Begriffes «soziale Gerechtigkeit» sowie auf die Mittel, um dieses Ziel zu erreichen, wobei eine dogmatische und geradezu orthodoxe Terminologie zum Pflichtprogramm gehört. Obwohl wir dieser illiberalen und ideologischen Bewegung nur widerstrebend die im Kern liberale Zielbestimmung der sozialen Gerechtigkeit überlassen möchten, ist sie unter diesem Namen bekannt und wird aus Gründen der Klarheit in diesem Buch auch als *Social Justice* benannt. Dagegen verweist der Ausdruck soziale Gerechtigkeit auf die breitere, allgemeine Bedeutung des Begriffs. Und um unsere sozialen und politischen Prioritäten unmissverständlich deutlich zu machen: Wir sind grundsätzlich für soziale Gerechtigkeit, aber gegen *Social Justice.*

Der zunehmende Einfluss der Social-Justice-Bewegung auf die Gesellschaft ist mittlerweile unübersehbar, besonders hervorzuheben sind hierbei «Identitätspolitik» und «politische Korrektheit». Beinahe jeden Tag lesen wir von jemandem, der entlassen, «gecancelt» oder in den sozialen Medien gemobbt wurde, weil er oder sie etwas gesagt oder getan hat, das als sexistisch, rassistisch oder homophob interpretiert werden könnte. Manchmal sind die Anschuldigungen begründet und wir können uns mit dem Gedanken beruhigen, dass ein Fanatiker zu Recht für seine oder ihre hasserfüllten Äußerungen «zensiert» wurde. Andererseits lässt sich mit zunehmender Häufigkeit feststellen, dass die Vorwürfe auf sehr freien Auslegungen und fragwürdigen Begründungen beruhen. Mitunter hat man den Eindruck, sogar Menschen mit den besten Absichten und auch jene, die Freiheit und Gleichheit wertschätzen, könnten versehentlich etwas äußern, das dem neuen Sprach-Code zuwiderläuft und verheerende Folgen für Karriere und Ruf nach sich zieht. Das ist verwirrend und widerspricht einer Kultur, die doch die Würde des Menschen an erste Stelle setzt und Meinungsvielfalt toleriert. Wenn verdiente Leute sich selbst zensieren, um nichts «Falsches» zu sagen, hat das, im besten Fall, einen Abschreckungseffekt auf die Kultur der freien Meinungsäußerung, von der liberale Demokratien in den vergangenen zweihundert Jahren in hohem Maße profitiert haben. Schlimmstenfalls ist es ein Fall von bösartigem Mobbing und kommt – institutionalisiert – einer Art Autoritarismus in der Mitte unserer Gesellschaft gleich.

Diese Tendenz verdient eine Erklärung oder *verlangt* genauer gesagt danach, denn derartige gesellschaftliche Veränderungen, die sich mit erstaunlicher Geschwindigkeit vollziehen, sind schwer zu begreifen. Das liegt daran, dass sie auf eine sehr spezifische Sicht der Welt zurückgehen, die sich obendrein sogar einer eigenen Sprache bedient. Innerhalb der angelsächsischen Welt ist das zwar das Englische, doch die Wörter des täglichen Gebrauchs erfahren dabei eine Umdeutung. Wenn beispielsweise von «Rassismus» gesprochen wird, bezieht sich das Wort nicht auf rassistische Vorurteile, sondern vielmehr, nach Definition der Social-Justice-Bewegung, auf ein grundlegend rassistisches System, das die gesamte Gesellschaft durchzieht und weitgehend unsichtbar und unbemerkt bleibt; es kann nur von denjenigen erkannt werden, die Rassismus selbst erfahren oder die richtigen «kritischen» Methoden erlernt haben, mit deren Hilfe sich dieser allgegenwärtige, versteckte Rassismus aufspüren lässt. (Dabei handelt es sich um Menschen, die in dieser Hinsicht als «woke» bezeichnet werden.) Dieser sehr präzise, technische Gebrauch des Wortes «Rassismus» führt viele Menschen in die Irre.

Diese akademischen Aktivisten bedienen sich nicht nur einer spezifischen Sprache – umgedeutete Wörter des alltäglichen Gebrauchs, von denen Menschen fälschlicherweise annehmen, sie verstünden sie –, sondern repräsentieren auch eine *Kultur*, die sich von unserer vollständig unterscheidet und zugleich in sie eingebettet ist. Menschen, die aktivistische Ansichten vertreten, mögen uns physisch nahe sein, sind aber, in intellektueller Hinsicht, Welten von uns entfernt; sie zu verstehen und mit ihnen zu kommunizieren, ist unglaublich schwierig. Sie sind besessen von einem Geflecht aus Macht, Sprache und Wissen. Sie nehmen die Welt durch eine Brille wahr, die jede Interaktion, jede Äußerung, jedes kulturelle Artefakt nur als Ausdruck einer Machtdynamik erkennen lässt, selbst wenn diese nicht offensichtlich oder nicht einmal real ist. Diese Weltanschauung ist auf soziale und kulturelle Missstände fixiert und zielt darauf ab, alles auf ein Nullsummenspiel des politischen Kampfes zu reduzieren, der sich ausschließlich um Identitätsmarker wie Race, Geschlecht, Gender, sexuelle Orientierung und viele andere dreht. Ein Außenstehender hat schnell den Eindruck, er habe es mit einer Kultur von einem anderen Planeten zu tun, dessen Bewohner keinerlei Kenntnisse über sich sexuell reproduzierende Spezies besitzen und infolgedessen alle menschlichen und sozialen Interaktionen auf die denkbar zynischste Art auslegen. Tatsächlich sind derart absurd erscheinende Verhaltensweisen jedoch nur allzu menschlich. Sie bezeugen unsere wieder und wieder unter Beweis gestellte Fähigkeit, uns komplexe spirituelle Weltanschauungen anzueignen, deren Bandbreite von animistischen Stammesreligionen und dem Spiritualismus der Hippie-Bewegung bis hin zu ausdifferenzierten Weltreligionen reicht. Jede einzelne nimmt die Welt durch einen eigenen Bezugsrahmen wahr und legt sie entsprechend aus. Bei der Weltanschauung, die uns hier beschäftigt, handelt es sich eben nur um eine sehr spezifische Sicht auf bestimmte Machtformen und deren Vermögen, Ungleichheit und Unterdrückung hervorzubringen.

Wer den Austausch mit Anhängern dieser Sichtweise sucht, muss dafür im Werkzeugkasten nicht nur deren Sprachgebrauch parat haben – und allein das stellt schon eine ziemliche Herausforderung dar –, sondern sollte auch über ihre Sitten und ihre Mythologie Bescheid wissen, wenn sie gegen die «systemischen» und «strukturellen» Probleme kämpfen, die unserer Gesellschaft, unseren Gesellschaftssystemen und Institutionen innewohnen. Wie jeder erfahrene Reisende weiß, reichen Sprachkenntnisse allein für die Kommunikation mit einer vollkommen andersartigen Kultur nicht aus. Man sollte außerdem typische Redewendungen, unterschwellige Bedeutungen, kulturelle Referenzen und Umgangsformen kennen. Nicht selten benötigen wir dabei die Hilfe einer Person, die nicht nur als Übersetzer fungiert, sondern als Dolmetscher im weitesten Sinn: als Bote zwischen den Welten, der sich mit den Sitten hüben wie drüben gleichermaßen gut auskennt – und genau diese Absicht verfolgen wir mit diesem Buch. Es soll als Führer dienen und uns mit Sprache und Gebräuchen eines derzeit unter dem freundlichen Begriff «Social Justice» subsumierten Phänomens bekannt machen. Wir sehen uns hier als die Vermittler zwischen den Welten, die in Sprache und Kultur der Social-Justice-Forschung und des dazugehörigen Aktivismus bewandert sind. Wir möchten unsere Leser auf eine Reise in diese außerirdische Welt mitnehmen. Und wir möchten die Entwicklung der Ideen, die sie geprägt hat, von ihren Ursprüngen vor rund fünfzig Jahren bis in die heutige Zeit hinein verfolgen.

Unsere Schilderung setzt in den Sechzigerjahren ein, als eine Reihe theoretischer Konzepte sich mit Themen wie Wissen, Macht und Sprache zu beschäftigen begann. Diese Konzepte tauchten in unterschiedlichen geisteswissenschaftlichen Disziplinen auf und wurden später unter dem Begriff *Postmodernismus* bekannt. Im Kern verwarf der Postmodernismus alles, was er als *Metanarrative* bezeichnete – also breite, zusammenhängende Erklärungen von Welt und Gesellschaft. Der Postmodernismus verwarf das Christentum und den Marxismus. Und er verwarf die Wissenschaft, die Vernunft und das Erbe der Aufklärung, die Säulen der westlichen Demokratie. Postmoderne Ideen mündeten in das, was seither meist als *Theorie*[6] («Theory») bezeichnet wird – und das ist gewissermaßen der Hauptgegenstand dieses Buches. Unserer Ansicht nach ist es entscheidend, die Entwicklung der *Theorie* von den Sechzigerjahren bis in die Gegenwart zu verstehen, wenn wir die raschen Veränderungen, die sich seit der Einführung des Begriffs und insbesondere seit 2010 vollzogen haben, verstehen und mit ihnen zurechtkommen wollen. Angemerkt sei hier noch, dass sich in diesem Buch der kursiv geschriebene Begriff *Theorie* (und verwandte, kursiv geschriebene Wörter wie etwa *Theoretiker* und *theoretisch*) durchgängig auf jenen Ansatz der Sozialphilosophie bezieht, der auf den Postmodernismus zurückgeht.

Zynische Theorien erklärt, wie die *Theorie* zur treibenden Kraft im kulturellen Krieg der späten Zehnerjahre unseres Jahrtausends avancierte – und schlägt zugleich eine *liberale* philosophische Alternative vor, um dieser Denkströmung in Wissenschaft, Aktivismus und Alltag zu begegnen. Das Buch zeichnet nach, wie sich die einzelnen Zweige einer zynischen postmodernen *Theorie* in den letzten fünfzig Jahren herausbildeten, und zeigt dabei auf eine für den Leser nachvollziehbare Weise den Einfluss der *Theorie* auf unsere heutige Gesellschaft auf. In Kapitel 1 führen wir durch die Schlüsselideen der Postmoderne in den Sechziger- und Siebzigerjahren; unser Hauptaugenmerk gilt dabei zwei Prinzipien und vier Themenkomplexen, die auch für die gesamte spätere *Theorie* von zentraler Bedeutung geblieben sind. Kapitel 2 erklärt, wie diese Ideen sich wandelten, festigten und schließlich in eine Reihe neuer *Theorien* mündeten, die in den späten Achtziger- und den Neunzigerjahren zur Grundlage politischen Handelns heranreiften – ein Prozess, den wir mit dem Begriff des angewandten Postmodernismus umreißen. In den Kapiteln 3 bis 6 widmen wir uns detailliert folgenden *Theorien*: dem Postkolonialismus, der Queer-*Theorie*, der Critical-Race-*Theorie* und dem intersektionalen Feminismus. In Kapitel 7 werfen wir einen Blick auf die Neuzugänge Disability Studies (Studien zu oder über Behinderung) und Fat Studies.

In Kapitel 8 untersuchen wir die zweite Evolutionsstufe dieser postmodernen Ideen. Sie setzt in den Zehnerjahren ein und postuliert die absolute Wahrheit postmoderner Prinzipien und Themen. Diesen Ansatz bezeichnen wir als *verdinglichten* Postmodernismus, da mit einem Mal behauptet wird, der Postmodernismus gäbe reale und objektive Wahrheiten wieder – nämlich *die* Wahrheit nach Lesart der Social Justice. Dieser Paradigmenwechsel fand statt, als Wissenschaftler und Aktivisten die bestehenden *Theorien* und Studien zu einer einfachen, dogmatischen Methodologie zusammenführten, die unter dem Begriff «Social-Justice-Forschung» am geläufigsten ist.

Ziel dieses Buches ist es, zu erzählen, wie der Postmodernismus seine zynischen *Theorien* anwandte, um das zu dekonstruieren, was wir als «die alten Religionen» des menschlichen Geistes bezeichnen könnten – ein Begriff, der konventionelle Glaubensrichtungen wie das Christentum und säkulare Ideologien wie den Marxismus und darüber hinaus auch kohäsive moderne Systeme wie die Wissenschaft, den philosophischen Liberalismus und den «Fortschritt» umfasst –, und sie durch eine neue Religion eigener Machart namens «Social Justice» ersetzte. Dieses Buch erzählt davon, wie sich die ursprüngliche Verzweiflung eines Denkens wandelte, das zu neuem Selbstvertrauen fand und schließlich in eine unverrückbare Überzeugung übergegangen ist, der man mit nahezu religiöser Inbrunst anhängt. Dieser Glaube ist absolut postmodern: Statt die Welt mit subtilen geistigen Kräften wie Sünde oder Magie zu erklären, konzentriert er sich auf subtile materielle Kräfte wie etwa schwer auszumachende, aber gleichwohl allgegenwärtige Systeme der Macht und der Privilegien.

Obwohl diese neue Überzeugung signifikante Probleme hervorgebracht hat, ist es andererseits hilfreich, dass die *Theorie* ihre Ideen und

Ziele zunehmend selbstbewusster und klarer vertritt. Das macht es Liberalen – ob liberalkonservativ oder linksliberal – einfacher, sie zu adressieren und ihnen entgegenzutreten. Andererseits ist die Entwicklung auch besorgniserregend, denn die für breitere Kreise verständlicher gewordene *Theorie* eröffnet jenen Anhängern, die gesellschaftliche Veränderungen anstreben, deutlich mehr Handlungsmöglichkeiten. Das zeigt sich in ihren gegen Wissenschaft und Vernunft gerichteten Angriffen, die nicht ohne Wirkung bleiben. Und es wird ebenso offensichtlich in Behauptungen, die von der simplifizierenden Annahme ausgehen, die Gesellschaft sei in dominante und marginalisierte Identitäten aufgeteilt und ihr lägen unsichtbare Systeme zugrunde, wie etwa die weiße Vorherrschaft, das Patriarchat, heteronormative Geschlechtsmodelle, Cis-Geschlechtlichkeit, Behindertenfeindlichkeit und Fett-Phobie. Wir sehen uns mit einer zunehmenden Demontage von basalen Unterscheidungen wie Wissen und Überzeugung, Vernunft und Gefühl, Mann und Frau konfrontiert und dem steigenden Druck ausgesetzt, unsere Sprache zu zensieren und in Übereinstimmung mit *der* Wahrheit der Social Justice zu formulieren. Wir werden mit radikalem Relativismus in Form von Doppelmoral konfrontiert, etwa der Überzeugung, dass sich ausschließlich Männer sexistisch verhalten und nur Weiße rassistisch sind, oder der pauschalen Ablehnung einheitlicher Nichtdiskriminierungsprinzipien. Es wird daher immer schwieriger oder sogar gefährlich, zu argumentieren, jeder Mensch solle als Individuum behandelt werden, oder angesichts einer spaltenden und verengten Identitätspolitik auf die Anerkennung unseres gemeinsamen Menschseins zu drängen.

Obwohl viele von uns diese Probleme erkennen und intuitiv spüren, wie unvernünftig und intolerant solche Ideen sind, kann es dennoch schwierig sein, angemessen darauf zu reagieren. Denn alle Einwände werden häufig und fälschlicherweise als Widerstand gegen echte soziale Gerechtigkeit – ein legitimes Anliegen, das eine gerechte Gesellschaft anstrebt – dargestellt. Verständlicherweise schreckt das viele Menschen mit guten Absichten davon ab, sich überhaupt zu äußern. Und wer die Methoden der Social-Justice-Bewegung kritisiert, muss nicht nur fürchten, als Feind sozialer Gerechtigkeit gebrandmarkt zu werden. Eine echte Auseinandersetzung wird noch von zwei weiteren Stolpersteinen erschwert. Zum einen ist der Wertekanon der Social-Justice-Bewegung kontraintuitiv und nur schwer zu verstehen. Zum anderen ist es ein Novum, wenn wir liberale Ethik, Vernunft und evidenzbasierte Erkenntnisse plötzlich denen gegenüber verteidigen müssen, die doch für sich in Anspruch nehmen, für soziale Gerechtigkeit einzutreten. Bis vor kurzem galt es schließlich als ausgemacht, dass ebendiese liberalen Werte in hohem Maße zu sozialer Gerechtigkeit beitragen können. Nachdem wir die Prinzipien, die der Social-Justice-*Theorie* zugrunde liegen, verdeutlicht haben, diskutieren wir, wie man sie erkennt und welche Argumente man gegen sie vorbringen kann. In Kapitel 9 untersuchen wir, auf welche Weise die Ideen den Weg aus den Universitäten herausgefunden haben und in der Lebenswelt wirksam geworden sind. In Kapitel 10 werden wir dafür plädieren, diesen Ideen durch ein entschlossenes und breites Bekenntnis zu universalen, liberalen Prinzipien und strenger, wissenschaftlicher Forschung entgegenzutreten. Und mit ein bisschen Glück werden wir in den letzten beiden Kapiteln aufzeigen, wie der Schlussakt in der Geschichte der *Theorie* geschrieben werden kann – der zu ihrem hoffentlich stillen und unrühmlichen Ende führen wird.

Das Buch richtet sich in erster Linie an den Laien ohne wissenschaftlichen Hintergrund und an alle, die den Einfluss der Social-Justice-Bewegung auf die Gesellschaft wahrnehmen und verstehen möchten, was dahintersteckt und wie er funktioniert. Es ist für Liberale gedacht, die eine gerechte Gesellschaft wichtig finden, die unweigerlich erkannt haben, dass die Social-Justice-Bewegung nicht zu diesem Ziel beiträgt, und die mit einer liberalen, schlüssigen und integren Antwort gegensteuern wollen. *Zynische Theorien* wendet sich an die Anhänger der Meinungsfreiheit, die es uns erlaubt, Ideen zu überprüfen, sie zu diskutieren und die Gesellschaft dadurch voranzubringen, und an all jene, die in der Lage sein möchten, sich mit tieferliegenden Vorstellungen der Social-Justice-Bewegung auseinanderzusetzen.

Das Buch zielt nicht darauf ab, den liberalen Feminismus, den liberalen Aktivismus gegen Rassismus oder liberale Kampagnen für die Gleichberechtigung von LGBT zu untergraben. Ganz im Gegenteil: *Zynische Theorien* ist entstanden, weil wir uns zu Gender-, Race- und LGBT-Gleichberechtigung bekennen und beunruhigt sind, deren Wert und

Wichtigkeit könnten durch den Ansatz der Social-Justice-Bewegung ausgehöhlt werden. Das Buch ist auch kein Angriff auf Forschung oder Universität im Allgemeinen. Wir verteidigen hier die strenge, evidenzbasierte wissenschaftliche Lehre und die Universität als ein Wissenszentrum, das sich gegen anti-empirische, anti-rationale und anti-liberale Strömungen der Linken zur Wehr setzt, die ihrerseits wiederum antiintellektuelle, gegen Gleichheit gerichtete anti-liberale Strömungen der Rechten anzutreiben drohen.

Letztlich will das Buch eine liberale Kritik an der Social-Justice-Bewegung vorstellen und argumentiert, dass der ihr zugrunde liegende wissenschaftliche Aktivismus weder soziale Gerechtigkeit noch die Gleichheit innerhalb der Gesellschaft fördert. Gewiss werden sich einige Wissenschaftler in dem Feld, das wir kritisieren, abfällig über unsere Ziele äußern und behaupten, wir seien in Wahrheit Rechte, die wissenschaftliche Erkenntnisse über gesellschaftliche Ungleichheit in marginalisierten Gruppen torpedierten. Diese Sicht auf unsere Beweggründe lässt sich jedoch bei ehrlicher Lektüre unseres Buches nicht aufrechterhalten. Andere Wissenschaftler innerhalb der Bewegung werden unsere liberale, empirische und rationale Haltung zwar anerkennen, sie jedoch als eine modernistische Illusion verwerfen, die auf weiße, männliche, westliche und heterosexuelle Wissenskonstruktionen ausgerichtet ist und somit einen ungerechten Status quo aufrechterhält, indem sie die Gesellschaft auf naive Weise schrittweise zu verbessern versucht. «Du kannst das Haus des Herren nicht mit den Werkzeugen des Herren abreißen»,[7] werden sie sagen. Ihnen gegenüber sei hier eingeräumt, dass wir die liberale Gesellschaft und empirische rationale Wissenskonzepte tatsächlich nicht abzuschaffen gedenken, sondern vielmehr auf ihren bemerkenswerten Fortschritten in puncto soziale Gerechtigkeit aufbauen möchten. Das Haus ist solide gebaut, das Problem besteht eher im begrenzten Zugang zu diesem Haus. Und gerade der Liberalismus ist in der Lage, die Zugangsbarrieren zu diesem soliden Gebilde abzubauen, das jedem Schutz zu bieten und jede zu stärken vermag. Gleicher Zugang für alle zu einem Schutthaufen halten wir für kein erstrebenswertes Ziel. Zu guter Letzt werden noch einige Wissenschaftler und Wissenschaftlerinnen aus dem kritisierten Lager unserer Kritik an der Social-Justice-Forschung etwas abgewinnen können und in eine förderliche Diskussion mit uns eintreten. Auf diesen Austausch freuen wir uns schon jetzt, ebenso wie auf alle Auseinandersetzungen, die uns zu produktiven und vielseitigen Gesprächen über soziale Gerechtigkeit zurückführen.

1 Postmodernismus

Eine Revolution des Wissens und der Macht

In den Sechzigerjahren kam es zu einer umwälzenden Veränderung in der Geistesgeschichte. Diese Veränderung wird mit einer Reihe von französischen Theoretikern in Verbindung gebracht, deren Namen, selbst wenn sie vielleicht nicht allgemein bekannt sein mögen, durchaus einem breiteren Publikum etwas sagen, wie etwa Michel Foucault, Jacques Derrida und Jean-François Lyotard. Mit einer radikalen, neuen Konzeption der Welt und unserer Beziehung zu ihr revolutionierten sie die Sozialphilosophie und womöglich auch alles andere *Soziale*. Im Lauf der Jahrzehnte hat diese Denkrichtung nicht nur grundlegend verändert, was und wie wir denken, sondern auch wie wir über das Denken selbst denken. Esoterisch, akademisch und anscheinend völlig entrückt vom alltäglichen Leben hat diese Revolution dennoch tiefgreifenden Einfluss darauf ausgeübt, wie wir mit der Welt und miteinander interagieren. Der Kern der Denkrichtung ist eine radikale Weltsicht, die als Postmodernismus bekannt wurde.

Eine Definition des Postmodernismus ist ein schwieriges Unterfangen, vielleicht weil er bewusst so angelegt ist. Im Wesentlichen stellt er eine Sammlung von Ideen und Denkweisen dar, die als Reaktion auf einen spezifischen historischen Kontext zu sehen sind; dazu gehören die kulturellen Auswirkungen der beiden Weltkriege und deren Ausgang, die weitgehende Ernüchterung in Bezug auf den Marxismus, die schwindende Glaubwürdigkeit und Überzeugungskraft religiöser Glaubensrichtungen im postindustriellen Zeitalter sowie der rasante technologische Fortschritt. Wahrscheinlich ist es am sinnvollsten, die Postmoderne bzw. den Postmodernismus als Ablehnung von Modernismus und Moderne zu verstehen: Modernismus als jene intellektuelle Bewegung, die das ausgehende 19. und das 20. Jahrhundert bis in die Fünfzigerjahre prägte, und die Moderne als eine vom Ende des Mittelalters bis (wahrscheinlich) in unsere heutige Zeit hineinreichende Epoche. Der neue radikale Skeptizismus gegenüber der Möglichkeit, objektives Wissen zu erlangen, hat seit den Sechzigerjahren aus den Universitäten heraus an Einfluss gewonnen und fordert unser soziales, kulturelles und politisches Denken mit bewusst disruptiven Methoden heraus.

Postmoderne Denker reagierten auf den Modernismus, indem sie bestimmte Grundannahmen des modernen Denkens verwarfen und von anderen behaupteten, sie gingen nicht weit genug. Allen voran wiesen sie das modernistische Bedürfnis nach Authentizität, vereinheitlichenden Narrativen, Universalismus und Fortschrittsglauben zurück, das durch wissenschaftliche Erkenntnisse und Technologie befeuert wurde. Zugleich trieben sie die gemäßigte, aber gleichwohl pessimistisch getönte modernistische Skepsis gegenüber Tradition, Religion und aufklärerischer Selbstgewissheit – mitsamt deren Selbstbewusstsein, Nihilismus und ironischen Formen der Kritik – auf die Spitze.[1] Der Postmodernismus hat die Struktur unseres Denkens und der Gesellschaft so radikal angezweifelt, dass schließlich eine Art Zynismus daraus wurde.

Auch ist der Postmodernismus eine Reaktion auf die beziehungsweise eine Ablehnung der Moderne, womit «jene tiefgreifende kulturelle Veränderung» gemeint ist, «in deren Folge die repräsentative Demokratie aufkam, das Zeitalter der Wissenschaft anbrach, die Vernunft an die Stelle des Aberglaubens trat und die individuellen Freiheiten verwirklicht wurden, damit jeder nach seinem eigenen Wertekanon leben konnte».[2] Obwohl der Postmodernismus ganz offen die Grundlagen der Moderne verwirft, hat er dennoch tiefgreifenden Einfluss auf das Denken, die Kultur und die Politik der Gesellschaften ausgeübt, die auf eben diesen Errungenschaften der Moderne beruhen. Wie der Literaturwissenschaftler Brian McHale unterstreicht, wurde die Postmoderne zu «der dominierenden kulturellen Strömung (oder vielleicht sollte man hier sicherheitshalber von *einer* dominierenden Strömung sprechen) in der zweiten Hälfte des zwanzigsten Jahrhunderts in westlichen Industriegesellschaften und verbreitete sich von dort aus allmählich in andere Regionen der Welt».[3]

Seit seinen revolutionären Anfängen hat sich der Postmodernismus in viele verschiedene Formen verzweigt, die den ursprünglichen Prinzipien und Themen jedoch treu geblieben sind und zunehmend Einfluss im Bereich der Kultur, des Aktivismus und der Wissenschaft erlangten, namentlich in den Geistes- und Sozialwissenschaften. Den Postmodernismus zu verstehen ist daher ein Unterfangen von einiger Dringlichkeit, gerade weil er die Grundlagen, auf denen die heutige hochentwickelte Gesellschaft entstanden ist, ablehnt und folglich potentiell unterhöhlt.

Der Postmodernismus lässt sich nur schwer definieren und bekanntlich noch viel schwieriger zusammenfassen. Er war und ist ein Phänomen mit vielen Facetten und bespielt ein breites intellektuelles, künstlerisches und kulturelles Feld. Damit nicht genug, ist die Abgrenzung der Inhalte, Formen, Zwecke, Werte und Anhänger des Postmodernismus seit jeher umstritten. Das passt im Grunde ganz gut zu einer Strömung, die sich einer pluralistischen, widersprüchlichen und mehrdeutigen Denkweise rühmt, ist andererseits aber wenig hilfreich, wenn man den Postmodernismus oder seine philosophischen und kulturellen Erben zu begreifen versucht.

Diese Definitionsschwierigkeiten beschränken sich nicht nur auf philosophische Fragen, sondern sind auch räumlicher und zeitlicher Natur, weil es sich nie um eine einheitliche Strömung handelte. Die Ursprünge des «Postmodernismus» um 1940 waren zunächst eher in der Kunst angesiedelt, doch in den ausgehenden Sechzigerjahren hatte die Denkströmung weitaus größeren Einfluss auf geistes- und sozialwissenschaftliche Disziplinen, eingeschlossen die Psychoanalyse, Linguistik, Philosophie, Geschichtswissenschaft und Soziologie. In jedem dieser Bereiche nahm der Postmodernismus zu unterschiedlichen Zeiten unterschiedliche Ausprägungen an. Das hat zur Folge, dass kein postmoderner Gedanke wirklich neu ist, zumal sich schon die ursprünglichen Denker bei ihren Vorläufern aus dem Surrealismus, der antirealistischen Philosophie und der revolutionären Politik bedienen. Zudem stellt sich der Postmodernismus von Nation zu Nation vollkommen anders dar und bezieht eine Vielzahl unterschiedlicher Positionen zu gemeinsamen Themen. So rücken etwa die italienischen Postmodernisten ästhetische Elemente in den Vordergrund und sehen dies als eine Weiterführung der Moderne an, während die amerikanischen Postmodernisten zu schnörkellosen und pragmatischen Ansätzen neigen. Die französischen Postmodernisten konzentrierten sich stärker auf das Gesellschaftliche und brachten in ihrer Kritik der Moderne revolutionäre und *dekonstruktive* Ansätze ins Spiel.[4] Für uns ist der französische Ansatz von besonderem Interesse, denn es sind vor allen Dingen einige der französischen Ideen, insbesondere was Wissen und Macht betrifft, die sich, über verschiedene Spielarten hinweg, zum zentralen Thema der postmodernen *Theorie* entwickelt haben. In einfacheren und konkreteren Formen sind diese Ideen in den Social-Justice-Aktivismus eingeflossen, in die Wissenschaft und in das allgemeine soziale Bewusstsein – wobei dies interessanterweise im angelsächsischen Sprachraum erheblich ausgeprägter ist als in Frankreich selbst.

Da wir uns letztlich auf angewandte postmoderne Denkmodelle konzentrieren, die inzwischen sozial und kulturell einflussreich – ja, sogar mächtig – geworden sind, verfolgen wir in diesem Kapitel nicht das Anliegen, das weite Feld der Postmoderne umfassend darzustellen.[5] Wir werden auch nicht die aktuelle Debatte aufgreifen, welcher Denker denn nun zu Recht als «postmodern» gelten darf oder ob «Postmodernismus» überhaupt ein sinnvoller Begriff ist oder ob es nicht besser wäre, Kritiker der Postmoderne von den Poststrukturalisten und der Arbeit derjenigen, die sich vornehmlich mit Methoden der *Dekonstruktion* befassen, zu trennen. Natürlich müssen bestimmte Unterscheidungen getroffen werden, aber solche Klassifizierungen sind in erster Linie von akademischem Interesse. Stattdessen werden wir einige der Themen beleuchten, die dem Postmodernismus seit langem zugrunde liegen. Mittlerweile haben sie sich zu den Treibern des heutigen Aktivismus entwickelt, üben im Bildungsbereich beträchtlichen Einfluss auf Theorie und Praxis aus und prägen unsere öffentlichen Diskurse. Zu diesem Themenfeld gehören Skepsis in Bezug auf eine objektive Realität, die Wahrnehmung von Sprache als ein Instrument, das Wissen konstruiert, die Konstitutionsbedingungen des Individuums – und die Rolle der Macht bei all diesen Dingen. Genau diese Faktoren sind entscheidend für die «postmoderne Wende», die sich hauptsächlich in den Sechziger- und Siebzigerjahren des letzten Jahrhunderts vollzogen hat. Im Rahmen dieses umfassenden Wandels möchten wir insbesondere erklären, wie diese Ideen populär und durch die Universitäten legitimiert wurden und schließlich ein konzeptuelles

Schisma herbeiführten, das vielen unserer zeitgenössischen sozialen, kulturellen und politischen Konfliktlinien zugrunde liegt.

Wurzeln, Prinzipien und Themen des Postmodernismus

Wann genau der Postmodernismus auftauchte, ist strittig, es muss wohl zwischen 1950 und 1970 gewesen sein – je nachdem, ob man sich eher für die künstlerischen oder die sozialen Aspekte interessiert. Die frühesten Veränderungen zeichneten sich in der bildenden Kunst ab, und wir können sie, etwa in der Arbeit des argentinischen Künstlers Jorge Luis Borges, bis in die Vierzigerjahre des 20. Jahrhunderts zurückverfolgen. Für unsere Zwecke sind jedoch die Sechzigerjahre dieses Jahrhunderts entscheidend, denn zu diesem Zeitpunkt betraten französische Sozialtheoretiker wie Michel Foucault, Jacques Derrida und Jean-François Lyotard die Bühne, Architekten einer Bewegung, die im angelsächsischen Raum als «Theory» bekannt werden sollte.

Um 1950 kam es in Europa zu einer Reihe von tiefgreifenden sozialen Veränderungen. Die beiden Weltkriege hatten das Vertrauen der Europäer in den Fortschritt nachhaltig erschüttert und Angst vor der Macht der Technik geschürt. Die intellektuelle Linke in Europa betrachtete den Liberalismus und die westliche Industriegesellschaft mit neuer Skepsis; schließlich hatten sie, nicht zuletzt aufgrund der Stimmen verelendeter Wähler, den Aufstieg des Faschismus zugelassen und damit die verhängnisvolle Entwicklung überhaupt erst eingeleitet. Imperien waren untergegangen, und der Kolonialismus war für die meisten Menschen moralisch kompromittiert. Die Bewohner der ehemaligen Kolonien migrierten in die westlichen Gesellschaften, was linke Intellektuelle dazu veranlasste, ethnischen oder kulturellen Ungleichheiten mehr Aufmerksamkeit zu widmen und sich insbesondere mit Machtstrukturen auseinanderzusetzen, die diese beförderten. Die Bürgerrechtsbewegung in den Vereinigten Staaten und Aktivismus im Namen von Frauen und Homosexuellen erhielten mehr und mehr Unterstützung in der Öffentlichkeit, während die Ernüchterung über den orthodoxen Marxismus – bisher der große gemeinsame Nenner der Linken im Kampf für soziale Gerechtigkeit – innerhalb der politischen und kulturellen Linken zunahm. Angesichts der katastrophalen Auswirkungen des Kommunismus, die sich in allen kommunistisch regierten Staaten zeigten, war diese Desillusionierung nur allzu begründet und führte zu einer radikalen Neujustierung der Weltsicht der linken kulturellen Elite. In der Folge geriet auch das Vertrauen in die Wissenschaft, die zu diesem Zeitpunkt noch in jeder Hinsicht im Aufstieg begriffen war, zum ersten Mal ins Wanken; gerade die Wissenschaft hatte ja dazu beigetragen, die zuvor undenkbaren Gräuel des 20. Jahrhunderts überhaupt zu ermöglichen und zu rechtfertigen. Parallel dazu entstanden eine lebendige, aufregende Jugendkultur und mit ihr eine populäre Kultur von enormer Strahlkraft, die der tradierten «Hochkultur» den Kampf ansagte. Auch der technologische Fortschritt entwickelte sich rasant, was im Zusammenspiel mit der Massenproduktion von Konsumgütern nach den Entbehrungen der Kriegs- und der unmittelbaren Nachkriegszeit ein neues, ungebremstes Verlangen nach Kunst, Musik und Unterhaltung auslöste. Diese Entwicklung rief ihrerseits Befürchtungen hervor, die Gesellschaft degeneriere zu einer künstlichen, hedonistischen, kapitalistischen und ausschließlich konsumorientierten Erlebniswelt.

Letzteres schlug sich in jenem weitverbreiteten Pessimismus nieder, der das postmoderne Denken kennzeichnet; es schürte die Angst vor der Hybris des Menschen und beförderte Klagen über den Verlust von Sinnhaftigkeit und Authentizität. Die Verzweiflung war derart heftig, dass man den Postmodernismus beinahe als tiefgreifende kulturelle Vertrauens- und Authentizitätskrise bezeichnen könnte, die mit einem wachsenden Misstrauen in die liberale Sozialordnung Hand in Hand ging. Zunehmende Ängste vor Sinnverlust, ausgelöst durch den rasanten technologischen Fortschritt, sind charakteristisch für diese Zeit.

Der Postmodernismus war besonders skeptisch, was die Wissenschaft und andere kulturell dominante Praktiken betraf, die Behauptungen zu «Wahrheiten» erhoben und diese mit großen, umfassenden Erklärungen legitimierten. Solche Erklärungsmodelle bezeichneten die Theoretiker der Postmoderne als *Metanarrative*[6] und sahen darin eine Art kultureller Mythen, einen Ausdruck menschlicher Kurzsichtigkeit und Arroganz. Gegenüber diesen Narrativen bezog der Postmodernismus die Position eines radikalen und absoluten Skeptizismus. Diese Skepsis war derart tiefgreifend, dass sie sich besser als eine Spielart des Zynismus im Hinblick auf die Geschichte des menschlichen Fortschritts begreifen lässt, und als solche war sie eine Pervertierung eines bereits seit langem bestehenden kulturellen Skeptizismus. Denn Skepsis in Bezug auf Metanarrative – die allerdings ohne Zynismus auskam – fand sich auch im Denken der Aufklärung und der Moderne und hatte, als der Postmodernismus in den Sechzigerjahren aufkam, in westlichen Gesellschaften bereits seit mehreren Jahrhunderten an Fahrt gewonnen.

In seinen früheren Ausprägungen war ein breiter, aber auf Vernunft beruhender Skeptizismus ein entscheidendes Element innerhalb der Wissenschaft und anderen Formen aufklärerischen Denkens, das sich von den dominanten Großerzählungen der Vergangenheit (meist religiöser Natur) lösen musste. Beispielsweise wurde das Christentum als eine Folge der Reformation im Lauf des 16. Jahrhunderts umgeschrieben (wobei sich die religiöse Gemeinschaft in eine Vielzahl protestantischer Zweige auffächerte, die sowohl gegen die mächtige Orthodoxie als auch gegeneinander kämpften). Schriften, die allmählich gegen Ende des 16. Jahrhunderts erschienen und den Atheismus anprangerten, legen außerdem nahe, dass viele Menschen den Glauben an Gott verloren hatten. Im 17. Jahrhundert kam es zu umwälzenden Entwicklungen in Medizin und Anatomie. Diese Disziplinen, die sich zuvor am Wissen der alten Griechen orientiert hatten, durchliefen nun revolutionäre Umwälzungen und förderten immer schneller neue Erkenntnisse über den menschlichen Körper zutage. Die naturwissenschaftliche Revolution schließlich war das Ergebnis der Infragestellung allgemeingültiger Wahrheiten und der raschen Entwicklung von unterschiedlichsten Arten der Wissensproduktion. Auch der Fortschritt in den wissenschaftlichen Methoden im 19. Jahrhundert beruhte auf Skepsis und der Notwendigkeit von zunehmend strengeren Test- und Falsifizierungsverfahren.

Abgesehen von ihrem zynischen «Skeptizismus» trieb insbesondere die französischen Vertreter der postmodernen *Theorie* auch die Sorge um, in der modernen Gesellschaft gingen Authentizität und Sinnhaftigkeit unwiederbringlich verloren. Ein Exponent dieser Strömung ist Jean-Louis Baudrillard, dessen nihilistische Verzweiflung über den Verlust des

«Wirklichen» sich in weiten Teilen auf das Werk des französischen Psychoanalytikers Jacques Lacan stützt. Baudrillard hielt alle Wirklichkeiten nur noch für Simulationen (Imitate von Phänomenen der realen Welt und ihrer Systeme) und Simulakren («Kopien», von denen kein Original existiert).[7] Baudrillard beschrieb drei Stadien der Simulakren, die er der Vormoderne, der Moderne und der Postmoderne zuordnete. In der Vormoderne – also der Epoche vor dem aufklärerischen Denken, das unsere Beziehung zum Wissen von Grund auf veränderte – existierten ihm zufolge einzigartige Wirklichkeiten, die der Mensch zu imitieren suchte. In der Moderne löste sich diese Verbindung mit der beginnenden Massenproduktion auf, die von jedem Original identische Kopien herstellte. In der Postmoderne, so schloss er, existieren keine Originale mehr, sondern nur noch Simulakren, also bloße Simulationen und Bilder des Realen. Diesen Zustand beschreibt Baudrillard als *hyperreal*.[8] Hier zeigt sich die Tendenz der postmodernen *Theoretiker*, die Wurzeln der Sinnhaftigkeit in der Sprache zu suchen und sich übermäßig damit zu beschäftigen, wie Sprache die soziale Realität durch ihre Fähigkeit prägt, Wissen – das, was das Wahre repräsentiert – zu beschränken, zu formen und abzubilden.

Solche Phänomene, die die Authentizität bedrohen, waren auch für eine Reihe weiterer postmoderner Denker von zentraler Bedeutung. So argumentierten die französischen Philosophen Gilles Deleuze und Félix Guattari beispielsweise, das Selbst werde durch die kapitalistische Konsumgesellschaft beschränkt.[9] Eine ähnliche Haltung findet sich bei dem amerikanischen Marxisten Frederic Jameson, der insbesondere die Seichtigkeit der postmodernen Gesellschaft beklagte, deren Oberflächlichkeit keine tiefere Sinnhaftigkeit besitze. Wie Baudrillard betrachtete er den postmodernen Status quo als einen der Simulation – alles ist künstlich und besteht nur aus Kopien ohne Original. Typisch für die Verzweiflung des Postmodernismus, diagnostiziert er einen *Verfall der Emotion (waning of affect)*. Jameson zufolge absorbiert die Oberflächenästhetik unsere gesamte Aufmerksamkeit; Distanziertheit und Zerstreuung verhindern, dass der Mensch enge Bindungen eingeht. Noch seine Kritik an der Postmoderne, der er Zynismus vorwirft, folgt demselben Tenor. «Der Tod des Subjektes», wie Jameson es bezeichnet, ist auf den Verlust der Individualität und das mangelnde Vertrauen in ein konsistentes Selbst zurückzuführen. Mit dem Verschwinden des individuellen Subjekts habe das «Pastiche» die Parodie ersetzt: Die Nachahmung verliert im postmodernen Zeitalter des Spätkapitalismus ihren tieferen Zweck, Imitate ohne Original werden in einem unendlichen Prozess ausgeborgt und recycelt. Die Bedürfnisbefriedigung mittels permanent verfügbarer und problemlos zugänglicher Erfahrungen erzeugt eine konstante *Erhabenheit* (*sublime)* – eine perpetuelle künstliche Euphorie. Darüber hinaus verursachen die Ziel- und Zwecklosigkeit und die mangelnde Erdung des eigenen Tuns *Nostalgie* – eine beständige Vergangenheitsorientierung, um die Gegenwart handhabbar zu machen.[10] Halten wir hier fest, dass diese tiefe Hoffnungslosigkeit in der Kritik des postmodernen Zeitalters zunächst eher deskriptiv statt präskriptiv war. Die Arzneien gegen das Übel sollten erst später verordnet werden.

Die rückschrittliche Skepsis in Bezug auf die Moderne, wie sie das postmoderne Denken charakterisiert, äußert sich insbesondere in der Unzufriedenheit mit Technologie und Konsumgesellschaft und der Angst vor beidem. Diese Haltung führte, zumindest in der akademisch fundierten Kulturkritik, zu einem Zustand, den der Philosoph, Soziologe und Kulturkritiker Jean-François Lyotard 1979 unter dem Begriff «la condition postmoderne» zusammenfasste. Er beschrieb ihn als eine tiefgehende Skepsis, was die Möglichkeit jeder sinnstiftenden, übergreifend legitimierenden gesellschaftlichen Struktur betrifft. Der Anthropologe und Geograf David Harvey bezeichnet diese Gemengelage wiederum als «*the condition of postmodernity*» und erkennt darin das Resultat des «Zusammenbruchs der Aufklärung».[11] Letztlich beziehen sich beide Denker auf ein weitverbreitetes Empfinden, wonach die wissenschaftlichen und moralischen Gewissheiten, die das Denken der Moderne prägten, nicht länger haltbar waren; der damit verbundene Verlust der bevorzugten Analyseinstrumente machte die Situation vollends hoffnungslos. Ihre Beschreibungen des postmodernen Zustands zeichnen das Bild eines radikalen Skeptizismus und tiefgehenden Zynismus, was Sprache, Wissen, Macht und das Individuum betrifft.[12]

Aber was genau ist nun eigentlich der Postmodernismus? In der *Encyclopedia Britannica* findet sich online die folgende Definition:

> Der Postmodernismus ist eine Bewegung des ausgehenden 20. Jahrhunderts, kennzeichnend sind ein tiefgehender Skeptizismus, Subjektivismus oder Relativismus; eine grundsätzliche Infragestellung der Vernunft; und eine besondere Sensibilität hinsichtlich der Rolle, die Ideologie bei der Durchsetzung und Aufrechterhaltung politscher und ökonomischer Macht spielt.[13]

1996 beschreibt Walter Truett Anderson die vier Säulen des Postmodernismus folgendermaßen:

1. Die soziale Konstruktion des Selbst: Identität wird durch kulturelle Einflüsse konstruiert und ist dem Menschen nicht aufgrund von Traditionen zugeschrieben.
2. Relativismus der Moral und der moralischen/ethischen Diskurse: Moral ist nicht vorgegeben, sie wird hergestellt. Moral beruht also weder auf kulturellen oder religiösen Traditionen noch kann sie als Mandat des Himmels verstanden werden. Sie wird vielmehr durch Diskurs und Entscheidung konstruiert. Dabei handelt es sich um eine relativistische Position, aber nicht etwa im Sinne einer grundsätzlichen Unvoreingenommenheit, sondern in dem Sinne der Annahme, alle moralischen Haltungen seien sozial konstruierte kulturelle Weltsichten.
3. Dekonstruktion in Kunst und Kultur: Hier liegt das Augenmerk auf der endlosen, spielerischen Improvisation, dem Durchspielen und Variieren bestimmter Themen und einem kulturellen Mix aus «Hoch- und Massenkultur».
4. Globalisierung: Grenzen aller Arten sind aus dieser Perspektive nur noch soziale Konstrukte, die überschritten und umgebaut werden können; infolgedessen neigen viele dazu, ihre überlieferten «Stammesregeln» weniger ernst zu nehmen.[14]

Viele Beobachter stimmen darin überein, dass einige spezifische Themen im Zentrum des Postmodernismus stehen, auch wenn postmoderne *Theoretiker* dieser Ansicht widersprechen mögen. (Diese spezifischen Themen könnte man als Grundannahmen eines «postmodernen Metanarrativs» bezeichnen.) Für Steinar Kvale, Professor für Psychologie und Leiter des Zentrums für qualitative Sozialforschung in Oslo, gehören zu den zentralen Themen der Postmoderne der Zweifel, dass jede von Menschen postulierte Wahrheit eine objektive Repräsentation der Realität darstellt, die Konzentration auf Sprache und auch auf die Art und Weise, wie sie gesellschaftlich verwendet wird, um eine jeweils eigene lokale Realität herzustellen, sowie das Leugnen des Universalen.[15] Daraus, so Kvale, ergebe sich ein zunehmendes Interesse an Narrativen und am Storytelling, und zwar ganz besonders dann, wenn «Wahrheiten» in spezifische kulturelle Konstrukte eingebettet sind; hinzu kommt ein Relativismus, der akzeptiert, dass verschiedene Beschreibungen der Realität nicht endgültig – also: objektiv – aneinander gemessen werden können.[16]

Laut Kvale ist dabei entscheidend, dass die postmoderne Wende zu einer bedeutsamen Verschiebung führte, nämlich weg von der Dichotomie der Moderne, die zwischen dem objektiven Allgemeinen und dem subjektiven Individuellen unterschied, hin zu lokalen Narrativen (und den gelebten Erfahrungen der Erzähler).[17] Anders ausgedrückt: Die Grenze zwischen dem, was objektiv wahr ist, und dem, was subjektiv erfahren wird, ist hinfällig und wird nicht länger akzeptiert. Die Wahrnehmung der Gesellschaft als etwas, das sich aus Individuen zusammensetzt, die auf unverwechselbare Weise mit einer universalen Realität interagieren – eine Wahrnehmung, die den liberalen Prinzipien der individuellen Freiheit, uns allen gemeinsamen Menschlichkeit und Chancengleichheit zugrunde liegt –, wurde ersetzt durch die Idee vielfältiger, vermeintlich ebenso valider Wissensformen und Wahrheiten, die Gruppen mit gemeinsamen Identitätsmarkern – welche sich aus ihrer Stellung innerhalb der Gesellschaft ableiten – konstruieren. Daher sind Wissen, Wahrheit, Sinnhaftigkeit und Moral dem postmodernen Denken zufolge kulturelle Konstrukte und relative Produkte einzelner Kulturen, die jeweils nicht über die notwendigen Werkzeuge oder Begriffe verfügen, um sich gegenseitig zu evaluieren.

Im Kern ist die postmoderne Wende daher sowohl eine Reaktion auf Moderne und Neuzeit als auch eine Absage an beide Epochen.[18] Folgt man dem Denken der Aufklärung, können wir die objektive Realität durch mehr oder weniger verlässliche Methoden erkennen. Dank wissenschaftlicher Methoden erwarben wir Wissen über die objektive Realität, was es uns überhaupt erst erlaubte, in das Zeitalter der Moderne einzutreten und uns weiterhin darin zu bewegen. Die Postmoderne dagegen sieht Realität nur als das Produkt unserer Sozialisation und gelebten Erfahrungen, als ein Konstrukt aus Sprachsystemen.

Der Soziologe Steve Seidman, auf den der Begriff der «postmodernen Wende» zurückgeht, erkannte, wie weitreichend diese Veränderung war. «Ein umfassender sozialer und kultureller Wandel vollzieht sich in westlichen Gesellschaften. Das Konzept der ‹Postmoderne› bildet zumindest einige Aspekte dieser sozialen Veränderungen ab.»[19] Walter Truett Anderson schreibt 1996 prägnanter: «Wir befinden uns inmitten einer gewaltigen, verwirrenden, anstrengenden und äußerst vielversprechenden historischen Übergangszeit, die nicht so sehr mit einer Veränderung dessen zu tun hat, *was* wir glauben, sondern *wie* wir glauben... Überall auf der Welt spielt sich dieser Überzeugungswandel ab – oder genauer gesagt, der Wandel unserer Überzeugungen über unsere Überzeugungen.»[20] Seidman und Anderson beschreiben hier *epistemologische* Veränderungen – also wie wir Wissen erlangen und was wir unter Wissen verstehen. Charakteristisch für die postmoderne Wende ist die Zurückweisung der Werte der Aufklärung, vorzugsweise solcher, die sich auf die Wissensproduktion beziehen und von Postmodernisten mit Macht und Machtmissbrauch in Verbindung gebracht werden. Folglich haben die Postmodernisten ein sehr verkürztes Bild von der Aufklärung, das es erleichtert, sich zynisch über sie zu äußern.[21] Letztlich ist jene Aufklärung, die postmoderne *Theoretiker* verwerfen, definiert durch ihren Glauben an objektive Erkenntnis, universell gültige Wahrheiten, Wissenschaft (oder, allgemeiner ausgedrückt, Beweise) als Methode, um zu objektiven Erkenntnissen zu kommen, die Macht der Vernunft, die Fähigkeit, mittels Sprache direkt miteinander zu kommunizieren, eine universale menschliche Natur und den Individualismus. Postmoderne *Theoretiker* verwarfen außerdem den Gedanken, dass westliche Gesellschaften durch die Aufklärung signifikante Fortschritte erzielten und auch weiterhin erzielen werden, wenn sie diese Überzeugungen aufrechterhalten.[22]

Zwei Prinzipien und vier Themen

Mit auffallend unterschiedlichen Ansätzen machten sich postmoderne Denker daran, die Moderne und das aufklärerische Denken abzulehnen, insbesondere im Hinblick auf universal gültige Wahrheiten, objektive Erkenntnisse und Individualität. Einige durchgängige Themenkomplexe lassen sich dennoch erkennen. Die postmoderne Wende beinhaltet zwei untrennbar miteinander verknüpfte Grundprinzipien – eines betrifft das Wissen, das andere Politik –, die als Basis für vier Kernthemen dienen.

Diese Prinzipien sind:

Das postmoderne Wissensprinzip: Radikaler Skeptizismus gegenüber objektivem Wissen oder objektiver Wahrheit und das Bekenntnis zum kulturellen Konstruktivismus.

Das politische Prinzip des Postmodernismus: Die Überzeugung, dass die Gesellschaft auf Machtsystemen und Hierarchien aufgebaut ist, die darüber entscheiden, was als Wissen oder Wahrheit gilt und wie.

Die vier Themen des Postmodernismus sind:

1. Das Verwischen von Grenzen (und klarer Begrifflichkeit)
2. Die Macht der Sprache
3. Kulturrelativismus
4. Die Ablehnung von Begriffen des Universalen und des Individuellen (zugunsten von Gruppenidentitäten)

Diese zwei Prinzipien und vier Themen ermöglichen es, postmodernes Denken zu erkennen und seine Funktionsweise zu verstehen. Es sind die Kernprinzipien der *Theorie*, die größtenteils unverändert geblieben sind, selbst wenn sich der Postmodernismus von seinen dekonstruktiven und von Verzweiflung geprägten Anfängen mittlerweile zu einem streitbaren, beinahe religiösen zeitgenössischen Aktivismus entwickelt hat.

Genau diese Entwicklung möchten wir untersuchen: die Entstehung des Postmodernismus im 20. Jahrhundert aus unterschiedlichen Ansätzen der Geisteswissenschaften, insbesondere innerhalb der sogenannten Kulturwissenschaften, und dessen Transformation zu jener postmodernen Social-Justice-Forschung, jenem Aktivismus und jener Kultur, die heute so präsent sind.

Das postmoderne Wissensprinzip

Radikaler Skeptizismus gegenüber objektivem Wissen oder objektiver Wahrheit und ein Bekenntnis zum kulturellen Konstruktivismus

Der Postmodernismus zeichnet sich durch radikalen Skeptizismus in Bezug auf objektive Wahrheit aus. Statt wie im Sinne der Aufklärung und des modernen Wissenschaftsverständnisses objektive Wahrheit als etwas anzuerkennen, das durch fortlaufende Experimente, Verfahren der Falsifizierung oder die Anfechtbarkeit von Ergebnissen vorläufig angenommen werden kann (oder dem man sich dadurch annähert), bläht der postmoderne Ansatz ein winziges, beinahe schon banales Körnchen Wahrheit auf: Da unsere Fähigkeit, etwas zu wissen, begrenzt ist und wir Wissen durch Sprache, Begriffe und Kategorien ausdrücken, wird darauf beharrt, dass *alle* Wahrheitsbehauptungen nichts anderes sind als mit Werten aufgeladene Kulturkonstrukte. Das nennt sich *kultureller Konstruktivismus* oder auch *sozialer Konstruktivismus*. Wissenschaftliche Methodik wird nicht als beste Möglichkeit betrachtet, Wissen zu produzieren und zu legitimieren, sondern sie ist nach dieser Auffassung lediglich ein kulturbedingter Ansatz unter vielen und ebenso korrumpiert durch voreingenommenes Denken wie jeder andere.

Der Begriff kultureller Konstruktivismus besagt nicht, dass Realität *tatsächlich* durch kulturelle Überzeugungen erschaffen wird. Beispielsweise wird nicht behauptet, dass, als wir noch fälschlicherweise glaubten, die Sonne drehe sich um die Erde, dieser Glaube irgendeine Auswirkung auf das Sonnensystem und dessen Dynamik gehabt hätte. Hier wird vielmehr die Position vertreten, der Mensch sei so eng in seinen kulturellen Kontext eingebettet, dass alle seine Wahrheiten oder alle Wissensansprüche lediglich Repräsentationen dieser kulturellen Rahmenbedingungen darstellen – wir haben beschlossen, es als «wahr» oder «bekannt» vorauszusetzen, dass die Erde sich um die Sonne dreht, weil wir in unserer *derzeitigen Kultur die Wahrheit auf eine bestimmte Art festlegen.* Obgleich sich die Realität nicht unseren jeweils wechselnden Überzeugungen anpasst, ändert sich gleichwohl das, was wir in Bezug auf die Realität als wahr betrachten (oder als falsch oder «verrückt»). Wären wir Angehörige einer Kultur, die Wissen auf andere Weise produziert oder legitimiert, könnte es, innerhalb der Parameter dieser Kultur, durchaus «wahr» sein, dass, sagen wir einmal, die Sonne sich um die Erde dreht. Wer etwas anderes behauptete, würde dann als «verrückt» betrachtet.

Obwohl die Behauptung, dass wir «durch unsere kulturelle Prägung Wahrheit erzeugen», nicht dasselbe ist wie die Behauptung, dass wir «aufgrund unserer kulturellen Prägung entscheiden, was wahr/bekannt ist», spielt diese Unterscheidung in der Praxis keine Rolle. Der postmoderne Ansatz leugnet, dass objektive Wahrheit oder objektives Wissen einer auf Evidenzen basierenden Realität entspricht – und zwar unabhängig vom fraglichen Zeitraum oder der fraglichen Kultur und unabhängig davon, ob die jeweilige Kultur daran glaubt, dass sich Wahrheit oder Wissen am besten durch Beweise belegen lassen. Der postmoderne Ansatz mag gegebenenfalls noch einräumen, dass so etwas wie objektive Realität existiert, sein Schwerpunkt liegt jedoch auf der Bildung von Theorien, die nachweisen sollen, dass das Wissen über diese objektive Realität aufgrund unserer kulturellen Voreingenommenheit stets stark begrenzt sein muss.[23]

Darauf bezieht sich der amerikanische postmoderne Philosoph Richard Rorty, wenn er schreibt: «Wir müssen zwischen der Behauptung, dass die Welt dort draußen ist, und der Behauptung, dass die Wahrheit dort draußen ist, unterscheiden.»[24] In diesem Sinne beruht der Postmodernismus auf einer umfassenden Zurückweisung der Korrespondenztheorie der Wahrheit: dass Aussagen genau dann wahr sind, wenn sie mit den Tatsachen in der objektiven Welt übereinstimmen.[25] Dass reale Wahrheiten über eine objektive Wirklichkeit dort draußen existieren und wir sie erkennen können, ist natürlich eine der Grundlagen des aufklärerischen Denkens und von ausschlaggebender Bedeutung für die Entwicklung der Wissenschaft. Eine radikal skeptische Haltung gegenüber dieser Idee ist ausschlaggebend für das postmoderne Denken über das Wissen.

Der französische Philosoph Michel Foucault – einer der zentralen Denker des Postmodernismus – äußert ähnliche Zweifel, wenn er argumentiert, es gebe «in einer Kultur und in einem bestimmten Augenblick immer nur eine Episteme, die die Bedingungen definiert, unter denen jegliches Wissen möglich ist. Ob es sich nun um das handelt, das in einer Theorie manifest wird, oder das, was schweigend durch eine Praxis eingehüllt wird, spielt dabei keine Rolle.».[26] Foucaults besonderes Interesse galt der Beziehung zwischen Sprache, oder genauer, Diskursen (wie man über etwas spricht) und der Produktion von Wissen und Macht. In den Sechzigerjahren widmete er sich diesen Themen in einflussreichen Werken wie *Wahnsinn und Gesellschaft* (1961), *Die Geburt der Klinik* (1963), *Die Ordnung der Dinge* (1966) und *Archäologie des Wissens* (1969).[27] Für Foucault übermittelt eine Aussage nicht nur Informationen, sondern auch Regeln und Bedingungen des Diskurses. Diese bestimmen dann ihrerseits die Konstruktion von Behauptungen über Wahrheit und Wissen. Dominante Diskurse sind wirkungsvolle Machtapparate, denn sie legen fest, was innerhalb eines jeweiligen Raum-Zeit-Gefüges als wahr gilt. In Foucaults Analysen determiniert die soziopolitische Macht und nicht die objektive Übereinstimmung mit der Realität, was als wahr gilt. Foucault war von der Frage, inwieweit Macht unser Wissen beeinflusst, so fasziniert, dass er 1981 dafür sogar den Begriff Macht-Wissen-Komplex bzw. pouvoir-savoir prägte, um das unentwirrbare Geflecht von hegemonialem Diskurs und Wissen abzubilden. Foucault bezeichnete ein dominantes Set von Ideen und Werten als eine Episteme, weil es darüber entscheidet, wie wir Wissen identifizieren und mit Wissen interagieren.

In seinem Werk *Die Ordnung der Dinge* argumentiert Foucault gegen die Vorstellung, es gebe eine objektive Wahrheit, und schlägt vor, dass wir stattdessen in «Wahrheitsregimen» denken, die sich je nach der spezifischen Episteme einer Kultur und Epoche verändern. Infolgedessen vertritt Foucault die Position, dass fundamentale Prinzipien, die die Wahrheit zu enthüllen vermögen, nicht existieren und dass jedes Wissen des wissenden Subjekts «lokal verortet» sei – diese Vorstellungen sollten die Grundlage des postmodernen Wissensprinzips bilden.[28] Foucault bestritt dabei keineswegs die Existenz von Wahrheit schlechthin, zweifelte jedoch an der Fähigkeit des Menschen, seine kulturelle Voreingenommenheit zu überwinden, um zu dieser Wahrheit vorzudringen.

Postmoderner Skeptizismus ist demnach keine jener Spielarten des Skeptizismus, die man auch als «begründeten Zweifel» bezeichnen könnte – ein Skeptizismus also, der in den Naturwissenschaften und anderen rigorosen Formen der Wissensproduktion üblich ist, der die Frage stellt «Wie kann ich sicher sein, dass diese Aussage wahr ist?» und nur das als vorläufige Wahrheit akzeptiert, was wiederholt Versuchen der Widerlegung standhält. Diese Aussagen bringen Modelle hervor, d. h. vorläufige gedankliche Konstrukte, die danach beurteilt werden, wie gut sie Phänomene erklären und vorhersagen können. Das unter Postmodernisten verbreitete Prinzip des Skeptizismus firmiert hingegen häufig unter der Bezeichnung *«radikaler* Skeptizismus». Es behauptet: «Jedes Wissen ist konstruiert: Das Interessante daran ist die theoretische Betrachtung der Frage, warum Wissen auf eine bestimmte Art konstruiert wurde.» Radikaler Skeptizismus unterscheidet sich daher erheblich von wissenschaftlichem Skeptizismus, der die Aufklärung prägte. Die postmoderne Sichtweise besteht fälschlicherweise darauf, dass wissenschaftliches Denken nicht in der Lage ist, besonders zuverlässig oder rigoros zu bestimmen, was wahr ist und was nicht.[29] Wissenschaftliche Beweisführung wird als ein *Metanarrativ* konstruiert – eine pauschale Erklärung dafür, wie Dinge funktionieren –, gegen das der Postmodernismus eine radikal skeptische Position bezieht. Im postmodernen Denken ist das, was wir wissen, auf ein kulturelles Paradigma beschränkt, das eben dieses Wissen produziert und somit Machtsysteme repräsentiert. Infolgedessen ist Wissen aus postmoderner Sicht partikular und intrinsisch politisch.

Diese Sichtweise wird vor allem mit Jean-François Lyotard verbunden, der Wissenschaft, Aufklärung und Marxismus als Paradebeispiele für moderne Metanarrative einer grundlegenden Kritik unterzog. Lyotard befürchtete letztlich sogar, Wissenschaft und Technologie konstituierten lediglich ein «Sprachspiel» – eine Form, Wahrheitsansprüche zu legitimieren –, das alle anderen Sprachspiele zu dominieren begann. Er beklagte den Niedergang des lokalen «Wissens», das in Erzählungen weitergegeben wurde, und betrachtete den Verlust der Bedeutungsstiftung, der durch wissenschaftliche Abstraktion verursacht wird, als Verlust wertvoller Geschichten. Lyotards berühmte Losung von der «Skepsis gegenüber Metanarrativen» hat den Postmodernismus als Denkrichtung, analytisches Werkzeug und Weltanschauung stark beeinflusst.[30]

Der wichtigste Beitrag des Postmodernismus zum Wissen und zur Wissensproduktion bestand nicht etwa in der skeptischen Neubewertung von etablierten Überzeugungen. Vielmehr war es sein Fehlschluss, wissenschaftliche und andere Formen liberalen Denkens (wie etwa die argumentative Verteidigung der Demokratie und des Kapitalismus) seien Metanarrative (auch wenn sie solche Metanarrative bisweilen fördern) und keine unabgeschlossenen, sich selbst korrigierenden (Lern-)Prozesse, die eine produktive und nachvollziehbare Form des Skeptizismus allem gegenüber anwenden, ihre eigenen Überlegungen eingeschlossen. Dieser Irrtum führte die Postmodernisten zu ihrem gleichfalls fehlgeleiteten politischen Projekt.

Das politische Prinzip der Postmoderne

Die Überzeugung, dass die Gesellschaft auf Machtsystemen und Hierarchien aufgebaut ist, die darüber entscheiden, was als Wissen oder Wahrheit gilt und wie.

In politischer Hinsicht kennzeichnet den Postmodernismus, dass er überall in der Gesellschaft Macht als bestimmendes Strukturprinzip erkennt, und seine Infragestellung objektiven Wissens hängt damit unmittelbar zusammen. Macht und Wissen sind untrennbar miteinander verbunden – besonders anschaulich kommt diese Überzeugung in Foucaults Werk zum Ausdruck, das sich auf Wissen als «Macht-Wissen-Komplex» bezieht. Auch Lyotard beschreibt eine «Koppelung» zwischen der Sprache der Wissenschaft und der Sprache der Herrschaft bzw. der Moral; Derridas besonderes Interesse gilt den Dynamiken der Macht, die seiner Meinung nach als hierarchische Binarität von Über- und Unterordnung in die Sprache eingeschrieben sind.[31] Auf vergleichbare Weise gehen Gilles Deleuze und Félix Guattari davon aus, dass der Mensch durch verschiedene Macht- und Zwangssysteme *codiert* wird und sich nur innerhalb kapitalistischer Geldströme frei bewegen kann. Laut der postmodernen *Theorie* entscheidet Macht nicht nur darüber, was faktisch korrekt, sondern auch, was moralisch gut ist: Macht läuft auf Beherrschung hinaus, was immer schlecht ist; alle Formen der Hierarchie implizieren Unterdrückung, die es stets zu unterlaufen gilt. So kann die vorherrschende Haltung an der Sorbonne im Paris der Sechzigerjahre veranschaulicht werden, dem Bollwerk der frühen postmodernen *Theorie*.

Ihre Beschäftigung mit Machtdynamiken führte die Postmodernisten zu der Annahme, die Machtabsicherung durch die Herrschenden erfolge gleichermaßen bewusst und unbewusst. Bestimmte (Herrschafts-)Diskurse werden dabei als wahr legitimiert, bevor sie sich in der Gesellschaft verselbstständigen und zu sozialen Regeln gerinnen, die fortan überall als gesunder Menschenverstand gelten. Macht verstetigt sich demzufolge durch bestimmte, innerhalb der Gesellschaft legitimierte oder verordnete Diskurspraktiken; dazu gehören etwa auch bestimmte Höflichkeitserwartungen, das Prinzip der rationalen argumentativen Rede und Gegenrede, Methoden objektiver Beweisführung und sogar syntaktische und grammatische Regeln der Sprache. Von außen nur schwer zu durchdringen, gleicht diese postmoderne Sichtweise im Prinzip einer Art Verschwörungstheorie. Doch die Verschwörung, auf die sie anspielt, erfolgt auf äußerst subtile Weise. Sie ist streng genommen gar keine *Verschwörung*, denn es fehlen die koordinierten Einzelakteure, die im Hintergrund die Fäden ziehen: Wir sind vielmehr alle in sie verstrickt. Die postmoderne *Theorie* ist folglich eine Art Verschwörungstheorie ohne konkrete Verschwörer. Macht wird nicht unmittelbar und sichtbar von oben ausgeübt, wie es noch zu den Grundannahmen der marxistischen Klassentheorie gehörte, sondern durchzieht alle sozialen Interaktionen und kulturellen Diskurse, in denen sich ein bestimmtes Verständnis der Welt ausdrückt. Dieses übergreifende Machtgefüge zementiert – etwa in Form des Rechtssystems oder der gängigen wissenschaftlichen Publikationspraxis – vielschichtige Hierarchien und die Positionierung von Menschen in der Gesellschaft. Festzuhalten bleibt, dass hier stets die inhärenten Machtdynamiken des *Systems* als Ursache der Unterdrückung angesehen werden, weniger irgendwelche individuellen Akteure mit eigener Agenda. Gesellschaftliche Institutionen folgen nach dieser Lesart einer repressiven Logik, ohne dass die Menschen dabei selbst notwendigerweise offen repressive Sichtweisen an den Tag legen müssten.

Laut den Postmodernisten erfolgt Unterdrückung durch sich selbstverstärkende systemische Kräfte, die bestimmte Gruppen privilegieren – in einer Art *un*bewusster, *un*geplanter Verschwörung. Demzufolge sind dem Herrschaftssystem in westlichen Gesellschaften patriarchalische, «weiße» und heteronormative Unterdrückungslogiken eingeschrieben, durch die der Status quo zementiert wird und der Zugang zu gesellschaftlichen Machtpositionen auf heterosexuelle weiße westliche Männer beschränkt bleibt, während Frauen und ethnische sowie sexuelle Minderheiten zu kurz kommen.

Eine zentrale Überzeugung des postmodernen politischen Denkens besteht – vereinfacht ausgedrückt – in der Annahme, dass mächtige Kräfte die Gesellschaft im Wesentlichen in Kategorien und Hierarchien einteilen, die so organisiert sind, dass sie ihre ureigenen Interessen bedienen. Dies gelingt ihnen, indem sie den gesellschaftlichen Diskurs diktieren – wie über die Gesellschaft und ihre Merkmale gesprochen wird und was dabei als wahr gelten kann. Um ein Beispiel zu nennen: Die Anforderung, dass jemand Beweise und Begründungen für eine bestimmte Behauptung vorlegt, wäre, durch die Brille der postmodernen *Theoretiker* betrachtet, eine Forderung, sich an einem diskursiven System und einer bestimmten Form der Wissensproduktion zu beteiligen, welche von den Mächtigen aufrechterhalten werden, um andere Methoden der Kommunikation und Wissensproduktion auszuschließen. Anders ausgedrückt ist Wissenschaft in den Augen der *Theorie* so organisiert, dass sie den Interessen der Mächtigen, die sie etabliert haben – weiße westliche Männer –, dient und zugleich Barrieren gegen die Teilhabe anderer errichtet. Der Zynismus, der dieser *Theorie* zugrunde liegt, ist offensichtlich.

Weil das Augenmerk vor allem auf sich selbst fortsetzenden Machtsystemen liegt, haben nur wenige der ursprünglichen postmodernen *Theoretiker* konkretem politischem Aktivismus das Wort geredet; sie zogen sich stattdessen auf spielerische Störmanöver und nihilistische Verzweiflung zurück. Tatsächlich betrachteten sie den sinnvollen Wandel der Gesellschaft aufgrund der allem innewohnenden Bedeutungslosigkeit und der kulturellen Relativität moralischer Vorstellungen als nahezu unmöglich. Die unverkennbar linke Idee, dass die Menschheit unter dem Joch repressiver Strukturen steht, durchzieht dennoch die postmoderne *Theorie*. Daher rührt ihr ethischer Imperativ, alles zu dekonstruieren, herauszufordern, zu problematisieren (Probleme innerhalb der Gesellschaftsstruktur aufzuspüren und zu überakzentuieren) und allen Denk- und Sprechweisen zu widerstehen, die repressive Machtstrukturen auf Dauer stellen. Dadurch erhält das, was eine einigermaßen nützliche, deskriptive Theorie hätte sein können, eine unheilvolle normative Voreinstellung.

Dieser Impuls läuft darauf hinaus, den Narrativen, Denkweisen und dem Wissen marginalisierter Gruppen besondere Beachtung zu schenken. Foucault weist am deutlichsten auf die Gefahr repressiver Systeme hin:

> Mein Ausgangspunkt ist nicht, dass alles böse ist, sondern dass alles gefährlich ist, was nicht dasselbe ist wie böse. Wenn alles gefährlich ist, dann haben wir immer etwas zu tun. Deshalb führt meine Position nicht zur Apathie, sondern zu einem Hyper- und pessimistischen Aktivismus. Ich denke, dass die ethisch-politische Wahl, die wir jeden Tag zu treffen haben, darin besteht zu bestimmen, was die Hauptgefahr ist.[32]

Postmoderne *Theoretiker* stellen diese Position häufig als innovativ dar, aber im Grunde gibt es daran nur wenig Neues, außer vielleicht, dass sie auf eine Revolution zielt (nach postmoderner, französischer Manier). Der Kampf gegen repressive Kräfte und das Streben nach Freiheit waren kennzeichnend für die allmähliche Herausbildung einer liberalen und säkularen Demokratie während der Epoche der Aufklärung und der Moderne. Der Kampf gegen die Hegemonie der katholischen Kirche war in erster Linie ein ethischer und politischer Konflikt. Die Französische Revolution war ein Angriff auf Kirche und Monarchie. Die Amerikanische Revolution widersetzte sich der britischen Kolonialmacht und einer nicht-repräsentativen Regierung. Früher wurden zunächst Monarchie und Sklaverei, dann Patriarchat und Klassengesellschaft und schließlich Kolonialismus, Rassentrennung und der Zwang zur heterosexuellen Lebensweise durch den *Liberalismus* in Frage gestellt – und überwunden. In den Sechziger- und Siebzigerjahren des vergangenen Jahrhunderts beschleunigte sich der Fortschritt rasant, als die Diskriminierung aufgrund vermeintlicher Rassenzugehörigkeit oder Geschlecht verboten wurde und Homosexualität nicht mehr als strafbar galt. Das alles fand statt, *bevor* der Postmodernismus an Einfluss gewann. Die Postmoderne hat den moralischen Kampf gegen repressive Machtsysteme und Hierarchien mitnichten erfunden – tatsächlich wurden die bedeutendsten sozialen und ethischen Fortschritte im Zeitalter des vom Postmodernismus vielgescholtenen Liberalismus erzielt, und auch weiterhin werden liberale Methoden am ehesten zu Fortschritt führen.

Der postmoderne Ansatz einer ethisch begründeten Sozialkritik bleibt unbestimmt und ist nicht falsifizierbar. Wie die Idee des radikalen Skeptizismus zeigt, beruht das postmoderne Denken auf *theoretischen* Prinzipien und Betrachtungsweisen der Welt, nicht aber auf Wahrheitsbehauptungen. Da der Postmodernismus objektive Wahrheit und Vernunft leugnet, verweigert er seine eigene nachweisliche Begründung; man kann mit seinen Vertretern folglich nicht argumentieren. Die postmoderne Wahrnehmung, so Lyotard, erhebt keinen Anspruch auf Wahrheit: «Man darf ihm (Szenario, das der Arbeitshypothese zugrunde liegt; Anm. der Übersetzer) also keinen prognostischen Wert gegenüber der Realität einräumen, sondern einen strategischen bezüglich der gestellten Frage».[33] Mit anderen Worten: Die postmoderne *Theorie* strebt nicht nach faktischer Wahrheit, sondern ist strategisch ausgelegt, um ihre eigenen Ziele zu verwirklichen, die moralisch unbedenklich und politisch nützlich seien.

Der pauschale Skeptizismus gegenüber der Objektivität von Wahrheit und Wissen – und die Entscheidung, beides als kulturelles Konstrukt zu betrachten – führt zu einer Auseinandersetzung mit vier Hauptthemen: dem Verwischen von Grenzen und klaren Begriffen, der Macht der Sprache, dem kulturellen Relativismus und der Ablehnung des Individuellen und Universellen zugunsten von Gruppenidentitäten.

1. *Das Verwischen von Grenzen*

Radikaler Skeptizismus gegenüber objektivem Wissen oder Wahrheit, kombiniert mit der Überzeugung, ein kultureller Konstruktivismus stehe im Bunde mit den Herrschenden, erzeugt ein Misstrauen gegenüber allen Grenzen und Kategorien, die vorgehende Denker weitgehend als gültig ansahen. Das schließt nicht nur die Grenzen zwischen dem Objektiven und dem Subjektiven ein und zwischen Wahrheit und Glauben, sondern auch die zwischen Wissenschaft und den Künsten (das gilt insbesondere für Lyotard), der Natur und dem Künstlichen (bei Baudrillard und Jameson), Hoch- und Populärkultur (siehe Jameson), Menschen und anderen Tieren sowie Mensch und Maschine (bei Deleuze) und zwischen unterschiedlichen Auffassungen von Sexualität und Geschlechtszugehörigkeit und Gesundheit und Krankheit (siehe besonders bei Foucault). So gut wie jede gesellschaftlich wirksame Kategorie wurde von postmodernen *Theoretikern* absichtlich verunklart und problematisiert, um ihr sodann die objektive Gültigkeit abzusprechen und die ihr vermeintlich zugrundeliegende Machtstruktur zu unterlaufen.

2. *Die Macht der Sprache*

Im Verlauf der Postmoderne wurden viele der zuvor als objektiv wahr geltenden Anschauungen mit einem Mal als reine Sprachkonstruktionen betrachtet. Foucault bezeichnet sie als «Diskurse», die Wissen konstruieren. Mit Bezug auf Wittgenstein nennt Lyotard sie «Sprachspiele», die Wissen legitimieren. Im postmodernen Denken gilt Sprache als ein inhärent gefährliches Instrument, da sie die Macht besitzt, die Gesellschaft und unser Denken zu kontrollieren. Sprache wird zudem als unzuverlässiger Produzent und Übermittler von Wissen betrachtet.

Die obsessive Beschäftigung mit Sprache ist das kennzeichnende Merkmal postmodernen Denkens und der Schlüssel zu seiner Verfahrensweise. Nur bei wenigen Denkern zeigt sich die neurotische postmoderne Fixierung auf Begriffe noch deutlicher als im Werk von Jacques Derrida, der 1967 drei einschlägige Texte dazu veröffentlichte – *Grammatologie*, *Die Schrift und die Differenz* und *Die Stimme und das Phänomen*. Er stellte darin ein Konzept vor, das postmodernes Denken tiefgreifend beeinflussen sollte: die *Dekonstruktion*. Derrida lehnt die gängige Vorstellung ab, dass Begriffe sich unmittelbar auf Dinge der realen Welt beziehen.[34] Stattdessen insistiert er, dass Begriffe nur auf andere Begriffe und auf die Art, wie sie sich voneinander unterscheiden, verweisen; sie bilden Ketten von vielfältig deutbaren «Signifikanten», ohne externen Bezugspunkt als «Anker». Das ist der Sinn seines berühmten und häufig falsch übersetzten Diktums: «Ein Text-Äußeres gibt es nicht.»[35] Bedeutung ist Derrida zufolge immer relational und zeitverschoben und jeweils an den Diskurs gebunden, in den sie eingebettet ist. Diese Unzuverlässigkeit der Sprache, argumentiert Derrida, bedeute, dass sie die Realität nicht wiedergeben oder mitteilen kann.

Sprache, so verstanden, operiert hierarchisch in Form von binären Strukturen und erzeugt Bedeutung, indem sie immer ein Element dem anderen überordnet. Beispielsweise definiert sich der Begriff «Mann» durch die Gegenüberstellung zu «Frau» und gilt als überlegen. Darüber hinaus besitzt nach Derridas Ansicht die Bedeutungsabsicht des Sprechers keine höhere Autorität als die Interpretation des Zuhörers. Die Absicht hat daher auch nicht mehr Gewicht als die Wirkung. Behauptet also jemand, dass bestimmte Merkmale einer Kultur problematisch sind, und ich entscheide mich, diese Aussage so zu interpretieren, als handele es sich dabei um eine kategorische Abwertung dieser Kultur, und fasse sie daher als Beleidigung auf, bietet Derridas Analysemodell keine Möglichkeit, meine Reaktion als ein Missverständnis dessen, was gesagt wurde, einzuordnen. Die auktoriale Absicht ist irrelevant, wenn man das Konzept vom «Tod des Autors» voraussetzt, ein Begriff, den Derrida von Roland Barthes übernommen hat.[36] Da Diskurse, so die Annahme, Repression erschaffen und aufrechterhalten, müssen sie sorgfältig untersucht und dekonstruiert werden. Die Auswirkungen auf das moralische und politische Handeln liegen auf der Hand. Die bekannteste postmoderne Antwort besteht in der von Derrida vorgeschlagenen Lösung: Es gehe darum, «dekonstruktiv» zu lesen, indem man nach den inneren Widersprüchen (Aporien) eines Textes sucht, in denen dieser sich und seine eigenen Intentionen untergrabe; dazu müsse man die Wörter nur genau genug lesen (das bedeutet letztlich zu genau, und, besonders seit 1990, mit einer

Agenda – der normativen Agenda der *Theorie*). In der Praxis hat der dekonstruktive Ansatz folglich viel Ähnlichkeit mit spitzfindiger Wortklauberei – just um die eigentliche Aussage ganz bewusst misszuverstehen.

3. *Kultureller Relativismus*

Die postmoderne *Theorie* betrachtet Wahrheit und Wissen als Konstrukte der innerhalb einer Gesellschaft dominanten Diskurse und Sprachspiele; da wir nicht aus unserem System und unseren Kategorien heraustreten und keinen Standpunkt einnehmen können, um sie von außen zu untersuchen, ist der *Theorie* zufolge kein Set kultureller Normen besser als ein anderes. Jede sinnvolle Kritik von Werten und Moralvorstellungen einer bestimmten Kultur ist den Postmodernisten zufolge aus der Warte einer anderen Kultur unmöglich: Jeder Kultur unterliegen unterschiedliche Wissenskonzepte, und jede Kultur ist voreingenommen. Kritik beruht demzufolge bestenfalls auf einem Irrtum und schlimmstenfalls auf einem moralischen Verstoß, wenn die objektive Überlegenheit der eigenen Kultur vorausgesetzt wird. Außerdem, so die *Theorie*, ist Kritik an der eigenen Kultur zwar legitim, aber nur in den innerhalb des eigenen Systems zur Verfügung stehenden Diskursen möglich, was die Fähigkeit, etwas zu verändern, von vornherein einschränkt. Auf welche Diskurse jemand zugreifen kann, hängt maßgeblich von dessen Position innerhalb des Systems ab. Je nach politischem Status, den der Kritisierende einnimmt, wird seine Kritik akzeptiert oder verworfen. Insbesondere Kritik, die aus einer Machtposition heraus erfolgt, wird von der *Theorie* abgelehnt, weil sie entweder reale Repression aus Unwissenheit verkennt (oder bestreitet) oder den zynischen Versuch darstellt, den eigenen Interessen des Kritikers Vorschub zu leisten. Die postmoderne Überzeugung, dass Individuen lediglich als Anhängsel der Machtdiskurse fungieren, jeweils abhängig davon, in welcher Beziehung sie zur Macht stehen, macht damit jede Form kultureller Kritik unmöglich – es sei denn, sie geht von denjenigen aus, die laut *Theorie* marginalisiert oder unterdrückt sind.

4. Die Verabschiedung von Begriffen des Individuellen und des Universellen zugunsten von Gruppenidentitäten

Konsequenterweise betrachten postmoderne *Theoretiker* die Vorstellung eines autonomen Individuums im Wesentlichen als Mythos. Das Individuum ist, wie alles andere auch, ein Produkt von Machtdiskursen und kulturell konstruiertem Wissen. Nicht anders verhält es sich mit dem Konzept des Universellen – seien es universelle biologische Aussagen über die Natur des Menschen oder universelle ethisch-moralische Aussagen, die gleiche Rechte, Freiheiten und Chancengleichheit für alle Individuen fordern, unabhängig von sozialer Herkunft, ethnischer Zugehörigkeit oder Geschlecht –, das bestenfalls als naiv angesehen wird. Im schlimmsten Fall gilt es der postmodernen *Theorie* als eine weitere Zementierung von Macht-Wissen, das der Allgemeinheit die herrschenden Diskurse aufzwingt. Mit dem Individuum und der Menschheit verwirft die postmoderne Sichtweise sowohl die kleinste als auch die größte Einheit der Gesellschaft in Bausch und Bogen. Stattdessen rückt sie kleine, lokale Gruppen als Wissens-, Werte- und Diskursproduzenten in den Mittelpunkt. Folglich konzentriert sich der Postmodernismus auf Gruppen, von denen angenommen wird, dass ihre gleiche soziale Positionierung, etwa durch ethnische Zugehörigkeit, Geschlecht oder Klassenlage, zu den gleichen Erfahrungen und Wahrnehmungen führt.

Ist der Postmodernismus denn nicht tot?

Unter Intellektuellen herrscht heutzutage die Auffassung, der Postmodernismus sei eines natürlichen Todes gestorben. Diese Ansicht teilen wir nicht. Wir sind vielmehr davon überzeugt, dass der Postmodernismus einen Reifeprozess durchlaufen, sich verändert und weiterentwickelt hat (seit den Anfängen in den Sechzigerjahren hat er sich mindestens zweimal grundlegend gewandelt) und dass die beiden kennzeichnenden Prinzipien und vier Themen, die wir im Vorangehenden dargestellt haben, nach wie vor allgegenwärtig und kulturell einflussreich sind. Die *Theorie* ist intakt, obgleich sich die Art und Weise, wie ihre Prinzipien und Themen dargestellt, angewandt und ausgetauscht werden, innerhalb der letzten 50 Jahre signifikant verändert hat. Unser Interesse gilt vor allem der *Theorie* in ihrer heutigen Form, die auch das Thema des vorliegenden Buches ist. Bevor wir nun erklären, wie sich die *Theorie* entwickelt hat, wollen wir zunächst mit dem weitverbreiteten Irrglauben, die Postmoderne sei vor zwei oder drei Jahrzehnten sanft entschlafen, aufräumen.

Über den genauen (vermeintlichen) Todeszeitpunkt des Postmodernismus gehen die Meinungen auseinander. Manche behaupten, er hätte sich in den Neunzigerjahren von selbst erledigt und dem Postkolonialismus Platz gemacht. Andere sind der Überzeugung, der Postmodernismus endete am 11. September 2001, mit dem Eintritt in eine neue Ära, deren exakte Beschreibung noch aussteht. Es ist fraglos zutreffend, dass die Flut postmoderner Texte, die in der zweiten Hälfte der Sechzigerjahre einsetzte und die Siebziger- und einen guten Teil der Achtzigerjahre prägte, in den Neunzigerjahren ausdünnte. Die frühen Spielarten des Postmodernismus – sie postulierten den Verlust von Sinnhaftigkeit, waren richtungslos, beschäftigten sich intensiv und ausschließlich mit Dekonstruktion und spielerischer Disruption – hatten sich nur für einen gewissen Zeitraum halten können. In diesem Sinne hat sich die *dekonstruktive Blütezeit* der postmodernen *Theorie* Mitte der Achtzigerjahre erschöpft. Aber gilt das auch für den Postmodernismus und die *Theorie*? Mitnichten. Die in diesem Kapitel vorgestellten Ideen entwickelten sich weiter, diversifizierten sich – in ebenjene zynischen *Theorien*, mit denen wir heute leben müssen –, wurden zielorientierter und aktionistischer. Aus diesem Grunde bezeichnen wir die auf die dekonstruktive Phase folgende Welle des wissenschaftlichen Aktivismus als *angewandten Postmodernismus*, und seine Entwicklung ist Gegenstand des folgenden Kapitels.

2 Die Wende zum angewandten Postmodernismus

Repression sichtbar machen

Der Postmodernismus gab Ende der Sechzigerjahre sein stürmisches Debüt auf der intellektuellen Bühne und wurde unter Linken und linksgerichteten Akademikern rasch populär. Mit zunehmendem Einfluss produzierten seine Anhänger große Mengen an radikal skeptischer *Theorie*, die das Wissen und den Wissenserwerb, wie sie bis zu diesem Zeitpunkt als typisch für moderne westliche Gesellschaften gegolten hatten, unterschiedslos kritisierten und demontierten. Die alten Religionen – im weitesten Sinne des Wortes – mussten gestürzt werden, und so landeten unsere Vorstellungen von dem, was wir unter objektiver Realität verstehen, und dem, was wir als «Wahrheit», die sich auf diese Realität bezieht, bezeichneten, auf dem Hackklotz. Annahmen, auf die sich die Moderne gründete, packte man gleich noch mit dazu. Die Postmodernisten zielten darauf ab, unser Denken, unseren Zugang zur Welt und unsere gesellschaftliche Lebensweise für absurd zu erklären. Ihr Ansatz wurde immer einflussreicher, doch seine Lebensdauer war letztlich begrenzt. Unaufhörliche Demontage und Disruption – oder, postmodernistisch ausgedrückt, *Dekonstruktion* – führten sich am Ende ad absurdum; es war dieser Denkströmung eingeschrieben, irgendwann *langweilig* zu werden.[1]

Nihilistische Verzweiflung konnte für die *Theorie* auf lange Sicht also keine Option sein. Es musste etwas geschehen, damit sie handlungsfähig wurde. Ihre moralisch und politisch aufgeladenen Kernideen führten sie schließlich zu einer stärkeren Auseinandersetzung mit dem Problem, das sie als zentral für unsere Gesellschaft erkannt hatte: dem ungerechten Zugang zur Macht. Nach dem Urknall in den Sechzigerjahren war die große dekonstruktive Phase der postmodernen *Theorie* in den frühen Achtzigerjahren erloschen. Doch eine neue Gruppe von *Theoretikern* stieg wie

Phoenix aus der Asche: Ihre Mission bestand darin, einigen Kernaussagen des Postmodernismus zur Praxistauglichkeit zu verhelfen und eine bessere Welt zu *rekonstruieren*.

Die gängige Meinung unter Akademikern ist, dass die postmoderne *Theorie* in den Neunzigerjahren ausgedient hatte.[2] In Wirklichkeit mutierte der Postmodernismus nach seiner dekonstruktiven Phase jedoch in eine neue Form. Aus seiner Ursprungsform entwickelte sich eine breite Palette von hochgradig politisierten und praktisch umsetzbaren *Theorien*. Diese Entwicklung bezeichnen wir im Folgenden als Phase des *angewandten Postmodernismus*. Sie wurde in den späten Achtziger- und frühen Neunzigerjahren durch einen neuen Zustrom von *Theoretikern* eingeleitet. Obwohl diese Denker des angewandten Postmodernismus ebenfalls aus unterschiedlichen wissenschaftlichen Disziplinen kamen, ähnelten sich ihre Ideen viel stärker als bei ihren Vorgängern, zumal sie deutlich benutzerfreundlicher waren. Während dieser Wende mutierte die *Theorie* zu einer Reihe von *Theorien* – postkoloniale *Theorie*, Queer-*Theorie*, Critical-Race-*Theorie* –, mit denen soziale Ungerechtigkeit dekonstruiert werden sollte.

Den Postmodernismus könnten wir uns daher als ein rasch mutierendes Virus vorstellen. In seiner ursprünglichen, reinen Form war ihm kein langes Leben beschieden: Das Virus zerstörte seinen Wirt und vernichtete sich dadurch selbst. Es war so schwer zu erfassen und schien derart entrückt von der sozialen Realität, dass es ohne Breitenwirkung blieb und niemals von den Universitäten auf die Bevölkerung überspringen konnte. Doch in seiner neuen, zugänglicheren und praktikableren Variante lässt es sich von Akademikern mühelos auf Aktivisten und Durchschnittsbürger übertragen. Der Kern der *Theorie* mutierte in neue Formen, die kaum noch spielerische Züge tragen und die Geltung ihrer eigenen (Meta-)Narrative im Brustton der Überzeugung vortragen. Sie verfolgen ein neues, praktisches Ziel: Es geht um die Rekonstruktion der Gesellschaft nach dem Vorbild einer Ideologie, die sich selbst als «Social Justice» bezeichnet.

Die Mutation der *Theorie*

Laut der postmodernen *Theorie* werden die Welt und unsere Fähigkeit, Wissen über sie zu erlangen, vom postmodernen Wissensprinzip und vom postmodernen politischen Prinzip exakt abgebildet. Entsprechend geht die *Theorie* von der Annahme aus, dass wir die objektive Realität nicht kennen können, dass «Wahrheit» ein soziales Konstrukt aus Sprache und Sprachspielen ist, das wiederum in einer bestimmten Kultur verortet werden muss, und dass Wissen dazu dient, die Interessen der Privilegierten zu schützen und zu befördern. Aus diesen Gründen ist es das erklärte Ziel der Theorie, herrschende Diskurse *kritisch* zu untersuchen. Damit ist etwas sehr Spezifisches gemeint: Mittels der kritischen Diskursanalyse sollen jene politischen Machtdynamiken offengelegt und unterbrochen werden, die Diskursen vermeintlich innewohnen; dieses Verfahren soll uns dazu befähigen, herrschende Machtungleichgewichte in der Gesellschaft zu beseitigen und eine ideologische Revolution einzuleiten.

Die *Theorie* setzte sich in diesem Sinne vom Ende der Achtziger- bis ungefähr in die Zehnerjahre hinein unter neuen Vorzeichen fort: Ihre grundlegenden Konzepte wurden in einem neuen Feld von wissenschaftlichen Disziplinen, die inzwischen weitreichenden Einfluss ausüben, zur Anwendung gebracht. Diese neuen Disziplinen, locker unter der Bezeichnung «Social-Justice-Forschung» zusammengefasst, haben den Begriff der sozialen Gerechtigkeit aus den Bürgerrechtsbewegungen und anderen liberalen und progressiven Theorien übernommen. Keineswegs zufällig kam diese Bewegung gerade zu einer Zeit auf, als dem antirassistischen, feministischen und LGBT-Aktivismus infolge der weitgehenden Verwirklichung rechtlicher Gleichheit der Wind aus den Segeln genommen worden war. Nachdem rassistische und sexuelle Diskriminierung am Arbeitsplatz verboten wurde und Homosexualität in westlichen Gesellschaften nicht mehr als Straftat galt, lagen die Haupthindernisse für soziale Gleichstellung in unterschwelligen Vorurteilen, die sich nicht zuletzt in der Sprache zeigten. Wer sich mit diesen subtileren Problemen auseinandersetzen wollte, fand in der *Theorie* mit ihrem Schwerpunkt auf unterschwelligen Machtsystemen und Privilegien ein ideales Werkzeug – allerdings mit der Einschränkung, dass sich dieses ganz und gar destruktive, radikal skeptische und unangenehm nihilistische Werkzeug kaum für produktive Zwecke eignete.

Die neuen Formen der *Theorie* entstanden im Postkolonialismus, im Black feminism (einer Variante des Feminismus, der von afroamerikanischen Wissenschaftlern propagiert wurde und gleichermaßen auf Aspekte von Race und Gender abstellte[3]), im intersektionalen Feminismus, in der Critical-Race-*Theorie* (bzw. den Critical Legal Studies) sowie der Queer-*Theorie*. Allen diesen Strömungen war gemeinsam, dass sie die Welt kritisch beschreiben wollten, *um sie zu verändern*. Wissenschaftler innerhalb dieser Disziplinen argumentierten in zunehmender Häufigkeit, der Postmodernismus sei zwar geeignet, Wissen als soziales Konstrukt und die damit einhergehenden Probleme aufzuzeigen, doch Aktivismus sei mit radikalem Skeptizismus schlechterdings unvereinbar. Man müsse einfach die Tatsache akzeptieren, dass bestimmte Gruppen benachteiligt oder ungerecht behandelt würden, weil sie sind, wer sie sind – ein Gedanke, der von radikal skeptischen postmodernen Denkern allerdings sogleich verworfen wurde. Einige der neuen Verfechter der *Theorie* kritisierten ihre Vorgänger denn auch für ihren privilegierten Status, der sich, wie sie behaupteten, letztlich in deren Fähigkeit zeige, Identität und identitätsbasierte Unterdrückung zu dekonstruieren. Ein weiterer Vorwurf an die postmodernen Denker der vorhergehenden Generation lautete, sie könnten sich ihre Verspieltheit, ihre Ironie und ihren radikalen Skeptizismus leisten, weil sie eben weiß, männlich, reich und westlich seien und in einer Gesellschaft lebten, die sie in jeder Hinsicht bevorteile. Letztlich behielten die Anhänger der neuen *Theorie* zwar viele Elemente der ursprünglichen *Theorie* bei, lösten sich jedoch nicht gänzlich von Vorstellungen wie einer stabilen Identität und objektiver Wahrheit. Stattdessen nahmen sie beides in einer abgespeckten Form in Anspruch, indem sie die Behauptung aufstellten, einige Identitäten würden anderen gegenüber privilegiert, was wiederum objektiv ungerecht sei.

Während die ursprünglichen postmodernen Denker unser Verständnis von Wissen, Wahrheit und gesellschaftlichen Strukturen demontiert hatten, rekonstruierten die Anhänger der neuen *Theorien* es entlang ihrer eigenen Narrative von Grund auf; diese kamen oft aus dem politischen Aktivismus der Neuen Linken, der wiederum auf die Kritische Theorie der Frankfurter Schule zurückging. Die ursprünglichen postmodernen *Theoretiker* verfolgten also kein richtiges politisches Ziel, sondern stellten Hierarchien durch Ironie und Verspieltheit in Frage oder legten das, was sie als ungerechte Macht- und Wissensstrukturen (oder Macht-Wissen) ansahen, durch Disruption offen. Den Vertretern der zweiten Welle, des angewandten Postmodernismus, ging es hingegen darum, Hierarchien aktiv abzubauen und Wahrheitsansprüche zu stellen. Im Verlauf dieser Wende machte sich die *Theorie* außerdem eine Reihe *moralischer* Überzeugungen zu eigen, was die Zulässigkeit und Unzulässigkeit von Macht und Privilegien betraf. Die ursprünglichen postmodernen *Theoretiker* hatten sich damit zufriedengegeben, diese Phänomene zu beobachten, zu beklagen und in ihr (Sprach-)Spiel einzubinden; ihre Nachfolger zielten auf eine Neuordnung der Gesellschaft ab. Wenn soziale Ungerechtigkeit durch die Legitimierung moralisch schlechter Diskurspraktiken entsteht, so das Argument, kann soziale Gerechtigkeit erreicht werden, indem man diesen Diskursen ihre Legitimität abspricht und sie durch bessere ersetzt. Geistes- und Sozialwissenschaftler, die sich diesem Neuansatz der *Theorie* verschrieben, schlossen sich infolgedessen eher zu linken Gesinnungs- denn zu akademischen Forschungsgemeinschaften zusammen: intellektuelle Interessengruppen, die sich eher als Verfechter eines bestimmten moralischen Soll-Zustandes denn als distanzierte Betrachter des Ist-Zustandes verstanden – eine Haltung, die wir normalerweise eher mit Kirchen als mit Universitäten in Verbindung bringen.

Der neue Standard

Die neuen *Theorien*, die hauptsächlich Race, Gender und Sexualität thematisierten, waren explizit kritisch, zielorientiert und moralisierend. Die Kernideen der Postmoderne behielten sie jedoch bei: dass Wissen nur ein *Konstrukt* der Macht ist und dass die Kategorien, mit denen wir Menschen und Phänomene einordnen, im Dienst dieser Macht ersonnen wurden; dass Sprache inhärent gefährlich und unzuverlässig ist; dass die Wissens- bzw. Geltungsansprüche und die Werte aller Kulturen gleichermaßen berechtigt und überhaupt nur im jeweiligen Kontext zu verstehen sind; und dass kollektive Erfahrung jedweder Individualität und Universalität überlegen ist. Als dominierendes Thema der neuen *Theorien* rückte nun die kulturelle Macht in den Vordergrund; es wurde als objektiv wahr angesehen, dass Macht und Privilegien heimtückische und korrumpierende Kräfte sind, die sich auf geheimnisvolle Weise selbst verstetigen. Die neuen *Theoretiker* erklärten unumwunden, ihr Ziel bestehe darin, die Gesellschaft nach ihrer moralischen Vision umzugestalten – und zitierten dabei ungeniert die ursprünglichen postmodernen Theoretiker.[4]

Auch Brian McHale, ein amerikanischer Literaturwissenschaftler, der sich vorwiegend mit der Postmoderne beschäftigt hat, beobachtet diesen Wandel:

> Die Ankunft des Poststrukturalismus in Nordamerika war die Geburtsstunde der – im weitesten Sinne des Begriffs – «Theorie», die in den darauffolgenden Jahrzehnten so bekannt werden sollte: Keine bestimmte Theorie wohlgemerkt – beispielsweise keine Erzähltheorie wie von der strukturalistischen Narratologie angestrebt –, sondern Theorie im Allgemeinen, etwas, das in anderen Epochen möglicherweise als Spekulation oder sogar tatsächlich als Philosophie bezeichnet worden wäre.[5]

An anderer Stelle hält er fest:

> Die eigentliche «Theorie» in jener spezifischen Bedeutung, die der Begriff ab Mitte der Sechzigerjahre allmählich annahm, ist selbst ein postmodernes Phänomen, ebenso wie Erfolg und Ausbreitung der «Theorie» ein Symptom des Postmodernismus sind.[6]

Während der Postmodernismus in seiner reinen, ursprünglichen Form in den späten Neunzigerjahren aus der Mode kam, lebte die *Theorie* unter veränderten Vorzeichen fort. Sie versorgte radikal gesinnte Aktivisten und aktivistische Wissenschaftler mit einem umfassenden Denken über die Welt und die Gesellschaft, das bis heute in die Geistes- und Sozialwissenschaften hineinwirkt und insbesondere die Soziologie, Anthropologie und Psychologie beträchtlich beeinflusst.[7] Der Postmodernismus wurde generalüberholt und ist seitdem zum Rückgrat bedeutender Formen von Wissenschaft, Aktivismus und professioneller Praxis rund um Identität, Kultur und Social Justice geworden.

Dennoch ist es nicht ungewöhnlich, dass Akademiker, die nach postmodernen Prinzipien arbeiten, sich abschätzend über den Postmodernismus äußern und darauf bestehen, dass er ihre eigene Arbeit nicht beeinflusst. Jonathan Gottschall, ein ausgewiesener Literaturwissenschaftler mit den Schwerpunkten Literatur und Evolution, bietet eine Erklärung für dieses Phänomen an. Aus seiner Sicht übt das, was er als «Befreiungsparadigma» *(liberationist paradigm)* bezeichnet – eine gesellschaftliche Auffassung, die das Wesen das Menschen von seiner biologischen Natur zu trennen versucht –, mittlerweile einen so weitgehenden Einfluss auf linksgerichtete Akademiker aus, dass es in vielen Disziplinen zum Standard gehört. «Gerüchte über den Niedergang der Theorie», so Gottschall, «sind eindeutig verfrüht.»[8]

Es ist nicht ohne Ironie, wie viele Akademiker die *Theorie* inzwischen verinnerlicht haben, ohne es selbst noch zu bemerken, nicht zuletzt jene, die von sich behaupten, jener Denkströmung kritisch gegenüberzustehen und empirisch zu arbeiten.[9] Brian McHale argumentiert:

> «[T]heorie» hat bis ins neue Jahrtausend hinein überlebt. Wenn sie nicht mehr so augenfällig ist wie in der Blütezeit des Postmodernismus in den Siebziger- und Achtzigerjahren, ist dies lediglich darauf zurückzuführen, dass sie aufgrund ihrer Omnipräsenz einfach kaum noch bemerkt wird. Seit Ende der Achtzigerjahre prägt die «Theorie» maßgeblich Diskurse über Feminismus, Gender- und Sexualitätsstudien und ist bestimmend für alle Disziplinen, die heute mit dem Begriff «Kulturwissenschaften» bezeichnet werden.[10]

Ob wir es nun Postmodernismus, angewandten Postmodernismus, *Theorie* oder sonst wie nennen: Dieses Set von radikal skeptischen Ideen, wonach Wissen, Macht und Sprache lediglich soziale Konstrukte mit repressiver Schlagseite im Dienste der Herrschenden sind, ist nicht nur mehr oder weniger intakt geblieben, sondern hat gerade in den auf Identität und Kultur spezialisierten Studienfächern eine Blütezeit erlebt, allen voran in den sogenannten «*Theoretischen* Geisteswissenschaften» (Theoretical Humanities). Diese Disziplinen beeinflussen wiederum die Sozialwissenschaften und Studiengänge in Pädagogik, Rechtswissenschaft, Psychologie und Sozialarbeit und sind durch Aktivisten und Medien in breitere Gesellschaftsschichten eingedrungen. Aufgrund der allgemeinen akademischen Akzeptanz der *Theorie* wurde der Postmodernismus anwendbar und für Aktivisten und die breite Öffentlichkeit anschlussfähig gemacht.

Das Nichtanwendbare anwenden

Als sich das europäische Denken mit Beginn der Aufklärung im frühen 17. Jahrhundert revolutionierte, beschäftigte sich eine Reihe der damaligen Denker mit einem neuen Problem: dem radikalen Zweifel – also der Überzeugung, dass es keinen rationalen Grund gibt, *irgendetwas* zu glauben. Der berühmteste unter ihnen war der französische Mathematiker, Naturwissenschaftler und Philosoph René Descartes. Sein Diktum «Ich denke, also bin ich», das er 1637 in seiner Schrift *Abhandlung über die Methode* formulierte – und das in der lateinischen, später verfassten Version «Cogito ergo sum» noch berühmter werden sollte –, bildete das Fundament seiner Überzeugungen und seiner Philosophie.[11] Es war Descartes' Antwort auf die dekonstruktiven Kräfte, die der Skeptizismus der Aufklärung entfesselt hatte.

Etwas Ähnliches spielte sich rund 350 Jahre später in den Achtzigerjahren des 20. Jahrhunderts ab. Eine aufstrebende Gruppe von Kultur*theoretikern* geriet angesichts der noch deutlich dekonstruktiven Kräfte des postmodernen radikalen Skeptizismus in eine vergleichbare Krise. Der liberale Aktivismus hatte unermessliche Erfolge gefeiert, der Aktivismus der Neuen Linken der vorhergehenden Jahrzehnte war weitgehend in Ungnade gefallen und galt als angestaubt, und der Antirealismus und die nihilistische Verzweiflung der Postmoderne erwiesen sich als ungeeignet, um Veränderungen herbeizuführen. Dieses Problem ließ sich nur lösen, indem man etwas ersann, das auf radikale Weise umsetzbar und wirklich war; *Theorie* und Aktivismus flossen daher zu einer neuen Idee zusammen, die eine gewisse Ähnlichkeit mit dem cartesianischen Diktum hatte. Die Fähigkeit zu denken implizierte für Descartes die Gewissheit der eigenen Existenz – die Gewissheit, dass etwas real sein musste. Für die aktivistischen Wissenschaftler der Achtzigerjahre setzte das durch Unterdrückung entstehende Leid die Existenz von jemandem voraus, der das Leid empfand, und einen Mechanismus, der das Leid auslöste. «Ich denke, also bin ich» wurde unter der axiomatischen Annahme eines neuen existenziellen Fundamentes neues Leben eingehaucht: «Ich erfahre Unterdrückung, also bin ich… ebenso wie Dominanz und Unterdrückung sind.»

Als sich der Postmodernismus auf dieser philosophischen Grundlage weiterentwickelte, entstanden bald eine Reihe neuer akademischer Felder. Sie orientierten sich an der *Theorie* und nahmen dabei vor allem in den Blick, wie und in welchem Ausmaß Sprache und Macht die Gesellschaft beeinflussen. Jede dieser neuen Disziplinen – postkoloniale *Theorie*, Queer- und Critical-Race-*Theorie* sowie Gender Studies, Disability- und Fat-Studies – werden wir in Einzelkapiteln gesondert erörtern. Die einzige, die ausschließlich mit Versatzstücken der postmodernen *Theorie* arbeitet, ist dabei die Queer-*Theorie*, aber das angewandte postmoderne Denken dominiert zunehmend auch alle anderen Felder. Die *Theoretiker*, die verschiedene Elemente des Postmodernismus übernahmen und sie auf spezifische Weise anzuwenden suchten, begründeten die Wende zum angewandten Postmodernismus und damit auch zur Social-Justice-Wissenschaft.

Die postkoloniale *Theorie* war die erste Disziplin des angewandten Postmodernismus. Obwohl es auch andere methodische Ansätze gibt, die sich mit den Auswirkungen des Kolonialismus auseinandersetzen, hat die postmoderne *Theorie* die Disziplin so grundlegend geprägt, dass Postmodernismus und Postkolonialismus seither häufig zusammen gelehrt werden. Edward Said, der Begründer der postkolonialen *Theorie*, bezog sich stark auf Michel Foucault, und infolgedessen konzentrierte sich seine Arbeit auf die Frage, wie diskursive Praktiken die Wirklichkeit prägen.[12]

Said beließ es nicht dabei, Machtstrukturen zu dekonstruieren und aufzuzeigen, in welchem Umfang die Wahrnehmung des Orients auf westlichen Konstruktionen fußt: Die Geschichte musste revidiert und neu geschrieben werden.

Saids Nachfolger, Homi K. Bhabha und Gayatri Chakravorty Spivak, schätzten Foucault ebenfalls, bezogen sich in ihrer Arbeit jedoch stärker auf Derrida. Sie misstrauen der Fähigkeit der Sprache, überhaupt Bedeutung zu übermitteln – sind jedoch zugleich davon überzeugt, dass Sprache ungerechte Machtdynamiken verschleiere. Da das Augenmerk vor allem auf Machtdiskursen liegt, entwickelte die postkoloniale *Theorie* eine explizit politische Agenda: Die Narrative des Westens über den Osten mussten dekonstruiert, die kolonialisierte Bevölkerung sicht- und hörbar gemacht werden. Oder wie die postkoloniale Wissenschaftlerin Linda Hutcheon formuliert:

> Wie der Feminismus, ist der Postkolonialismus ein vorherrschende Machtstrukturen demontierendes, aber zugleich auch konstruktives politisches Unterfangen; beide stellen eine Theorie des Handelns und des sozialen Wandels bereit, die dem dekonstruktiven Ansatz des Postmodernismus fehlt. Während sowohl die Postmoderne als auch der Postkolonialismus sich der Ironie bedienen, darf der Postkolonialismus sich nicht auf Ironie beschränken.[13]

An der Schnittstelle zwischen feministischem Denken und Literaturtheorie entwickelte sich ein weiterer Zweig der neuen *Theorie* innerhalb der Frauenforschung (Women's Studies) – und anschließend der Gender Studies. Frauenforschung stand zunächst nicht im Zusammenhang mit dem Postmodernismus. Im Wesentlichen folgte die Disziplin anderen feministischen Theorieformen; viele davon analysierten den gesellschaftlichen Status der Frau mit dem Analyseinstrumentarium des Marxismus: Das westliche Patriarchat war demnach als eine Erweiterung des Kapitalismus zu sehen, das Frauen auf einzigartige Weise ausbeutete und marginalisierte. Foucault verwarf bekanntlich dieses auf eindeutigen Hierarchien beruhende Verständnis von Macht und verwies stattdessen auf ein diskursives Netz, das die gesamte Gesellschaft durchziehe. Anhänger der

Theorie, die sich auf Foucault bezogen und die Queer-*Theorie* ins Leben riefen, nahmen diesen Gedanken auf.

In den ausgehenden Achtzigerjahren trieben diese unterschiedlichen Auffassungen allmählich einen Keil zwischen die diversen Spielarten des Feminismus; es herrschte Uneinigkeit darüber, inwieweit dekonstruktive Methoden als Analyseinstrument genutzt werden sollten. Diese Differenzen dauern bis heute an.[14] Mary Poovey, eine materialistische Feministin – die sich in erster Linie damit auseinandersetzt, wie Patriarchat und Kapitalismus Frauen in sozial konstruierte Geschlechterrollen zwingen –, stellte diesen Konflikt besonders deutlich heraus. Poovey hat viel mit dekonstruktiven Techniken gearbeitet, weil diese sich gut dazu eignen, die aus ihrer Sicht sozial konstruierten, stereotypen Geschlechterrollen zu untergraben (die Überzeugung, dass derartige Stereotype die menschliche Natur widerspiegeln, wird häufig als «Essenzialismus» bezeichnet); aber als Materialistin befürchtete sie, der Dekonstruktivismus in seiner reinen Form lasse die Existenz der Kategorie «Frau» überhaupt nicht zu.[15] Das war neu.

Wie die postkolonialen *Theoretiker* wollte auch Poovey postmoderne Techniken zu aktivistischen Zwecken einsetzen. Sie plädierte daher für eine «Werkzeugkiste», einen feministischen Ansatz, der zwar Gender-Rollen, nicht aber das biologische Geschlecht mittels dekonstruktiver Techniken aufzulösen half. Sie argumentierte, wir müssten die Unterdrückung einer Klasse von Menschen – Frauen – durch eine andere – Männer – als real voraussetzen, um sie zu bekämpfen. Folglich sei es zwingend nötig, die Kategorien «Frau» und «Mann» und die Machtdynamik zwischen ihnen als verlässliche, objektive Realität anzusehen. Poovey führte einige Aspekte der *Theorie* in den Feminismus und die Gender Studies ein.

Die Feministin, LGBT-Forscherin, Aktivistin und Begründerin der Queer-*Theorie* Judith Butler geht das Dilemma auf dem umgekehrten Weg an. In ihrem einflussreichsten Werk *Das Unbehagen der Geschlechter* von 1990 beschäftigt sich Butler vor allem mit normativen Realitätsbehauptungen von Gender-Rollen und Geschlecht.[16] Für Butler ist «Frau» keine menschliche Kategorie, sondern eine performative Inszenierung, die eine «gegenderte» Realität erzeugt. Butlers Konzept der *Gender-Per-*

formativität – Handlungen und Sprachakte, die Geschlechtszuschreibungen in der Wirklichkeit herstellen – ermöglichte ihr einen durch und durch postmodernen Ansatz, mit dem sie alles dekonstruieren und die Vorstellung einer stabilen Essenz und objektiven Wahrheit im Hinblick auf Geschlecht, Gender und Sexualität verwerfen konnte, ohne ihren politischen Aktivismus preisgeben zu müssen. Das funktionierte auf zwei Ebenen. Zum einen kann Butler die reale Wirksamkeit der sozialen Konstruktion von Gender, Geschlecht und Sexualität behaupten, indem sie sich auf «Realitätseffekte» und soziale oder kulturelle «Fiktionen» beruft. Nach Butler sind diese spezifischen Konstruktionen zwar nicht real, aber gleichwohl ist es wahr, dass solche Konstruktionen existieren. Zum anderen ist die Auflösung und Erschütterung von Kategorien wie Mann und Frau, Männlichkeit und Weiblichkeit, Hetero- und Homosexualität ein notwendiges Anliegen des Aktivismus, weil sich das «Queere» solchen Kategorien entzieht. Das Verb «to queer» kann im Englischen in diesem umfassenden Butler'schen Sinne verwendet werden, während der Begriff «queering» auf die methodische Entzauberung von Kategorien und den mit ihnen verbundenen Normen oder Wahrheiten verweist. Ziel dieser Praxis ist stets, das «Queere» aus den Fesseln unrechtmäßiger Kategorisierung zu befreien.

Butler, die sich in hohem Maße auf Foucault und Derrida beruft, betrachtet sich selbst nicht als postmoderne Denkerin. Sie hält den Begriff «Postmodernismus» auch nicht für kohärent. Allerdings spielen Inkohärenz und Undefinierbarkeit in Butlers Queer-*Theorie* selbst eine zentrale Rolle. In ihrem 1995 erschienenen Essay *Contingent Foundations: Feminism and the Question of Postmodernism* schreibt Butler in ihrer üblichen schwer verständlichen Prosa, dass das wesentliche Anliegen der Postmodernismus darin bestehe, zu begreifen, dass repressive Machtstrukturen sich aus feststehenden Definitionen und stabilen Kategorien ergäben; ebendiese Erkenntnis mache queeren politischen Aktivismus überhaupt erst möglich.[17] Statt postmoderne Thesen oder Methoden zu verwerfen, plädiert Butler dafür, auf eine Definition des Postmodernismus zu verzichten – genauso wie darauf verzichtet werden sollte, Geschlecht, Gender oder Sexualitäten zu definieren. Anderenfalls liefe auch der Postmodernismus Gefahr, sich zu einer wirkmächtigen repressiven

Kraft zu entwickeln – jedwede Kategorisierung übt Gewalt aus, eine auf Derrida zurückgehende Idee.

Butler umging die Planlosigkeit, die noch das Handicap des ursprünglichen Postmodernismus war, indem sie Undefinierbarkeit und Mehrdeutigkeit zu den Maximen ihrer Philosophie erhob. Demzufolge bestehe die Aufgabe darin, «zu hinterfragen, was der theoretische Schritt, der die Grundlagen festlegt, autorisiert und was genau er ausschließt oder verhindert».[18] In der Butler'schen Gedankenwelt befähigen uns die endlosen Untersuchungen und Dekonstruktionen von Kategorien, jene zu befreien, die nicht in sie hineinpassen.

In den ausgehenden Achtzigerjahren schickte sich eine nicht minder einflussreiche Feministin an, die postmoderne *Theorie* in einer anderen Hinsicht zu modifizieren. bell hooks (der stets kleingeschriebene Künstlername von Gloria Watkins) ist eine afroamerikanische Literaturwissenschaftlerin und Aktivistin, die den Postmodernismus – namentlich die postmoderne *Theorie* und den Feminismus – einer Kritik unterzog, weil dieser die Perspektiven von Schwarzen, Frauen und der Arbeiterklasse ausschloss und deshalb kaum in der Lage sei, soziale und politische Veränderungen herbeizuführen. Ihr missfielen nicht die Grundannahmen des Postmodernismus, sondern seine Verwurzelung im Milieu elitärer weißer Denker. In ihrem Essay *Postmodern Blackness* (1990) konstatiert hooks, dass das postmoderne Denken von weißen männlichen Intellektuellen und akademischen Eliten dominiert werde, auch wenn es die Aufmerksamkeit auf relevante Themen wie Differenz und Andersartigkeit gelenkt habe. Ihre Einwände bezogen sich insbesondere darauf, dass der Postmodernismus das Konzept einer stabilen Identität leugnete; hooks plädierte demgegenüber für eine Anwendung postmodernen Denkens in Form von Identitätspolitik:

> Die postmoderne Kritik der «Identität», wiewohl relevant für den neuen schwarzen Befreiungskampf, ist häufig problematisch. Angesichts einer allgegenwärtigen Politik der weißen Vorherrschaft, die das Entstehen einer radikalen schwarzen Subjektivität zu verhindern sucht, können wir Identitätspolitik nicht einfach leichtfertig über Bord werfen.[19]

Sie fragt:

> Sollten wir der postmodernen Kritik des «Subjekts» gegenüber nicht misstrauisch sein, die gerade in jenem historischen Augenblick laut wird, in dem viele unterdrückte Menschen das Gefühl haben, sie könnten zum ersten Mal ihre Stimme erheben?[20]

Aus hooks' Sicht lag das Problem des Postmodernismus folglich nicht in dessen Nutzlosigkeit, sondern vielmehr darin, dass diese Denkrichtung weißen männlichen Intellektuellen auf den Leib geschneidert war und keine Identitätspolitik zuließ. Durch die postmoderne Hinterfragung des Konzepts der Identität, so hooks, würden die vereinten Stimmen und Erfahrungen schwarzer Amerikaner – und insbesondere schwarzer Frauen – ausgeschlossen und deren Streben nach Rassengleichheit konterkariert. Sie legte sogar nahe, der Postmodernismus habe jene schwarzen Stimmen zum Verstummen gebracht, die sich in den Sechzigerjahren erhoben und mit einer universalistischen Agenda Bürgerrechte errungen hatten.[21] Um etwas zu bewirken, so hooks, sei es notwendig, dass die postmoderne *Theorie* aus der Universität in die Lebenswelt herabsteige; sie müsse die Perspektive des weißen Mannes hinterfragen, der es sich aufgrund seiner Privilegien leisten könne, an der Bedeutung von Identität zu zweifeln; es gelte, den alltäglichen Aktivismus politisch radikaler schwarzer Laien zu unterstützen. Sie schreibt:

> Die postmoderne Kultur mit ihrem dezentrierten Subjekt kann der Raum sein, wo Fesseln gelöst werden, oder sie kann Möglichkeiten für neue und andere Formen der Bindung eröffnen. Bis zu einem gewissen Grad schaffen Brüche, Oberflächen, Kontextualitäten und eine Reihe anderer Ereignisse Lücken, die Räume für neue, widerständige Praktiken eröffnen, die Intellektuelle nicht mehr dazu nötigen, sich in engen und separaten Sphären zurückzuziehen, ohne sinnvolle Verbindung zur alltäglichen Welt.[22]

hooks Ideen entwickelten sich parallel zur Critical-Race-*Theorie*, die auf Rechtswissenschaftler, als bekanntester unter ihnen Derrick Bell, zurückgeht. Eine von Bells Jurastudentinnen, Kimberlé Crenshaw, war stark von schwarzen Feministinnen wie hooks beeinflusst. In ihrem bahnbrechenden Aufsatz *Mapping the Margins: Intersectionality, Identity Politics and Violence Against Women of Colour* (1991) formuliert Crenshaw eine ähnliche Kritik des Postmodernismus wie Bell.[23] Hier entwickelte sie das Grundgerüst für das äußerst einflussreiche Konzept der Intersektionalität, das sie zwei Jahre zuvor in einer polemischeren Schrift eingeführt hatte (s. Kapitel 5).

Intersektionalität ist die zutreffende Diagnose, dass Menschen besonders stark diskriminiert werden können, wenn sich bei ihnen mehrere unterdrückte Identitäten kreuzen – beispielsweise wenn sie schwarz und weiblich sind –, und dass die derzeitige Gesetzgebung dieser Form der Diskriminierung nicht ausreichend Rechnung trage. Crenshaw merkt an, dass etwa legale Diskriminierung schwarzer Frauen durch ein Unternehmen möglich sei, das zwar viele schwarze Mitarbeiter und weiße Frauen, aber so gut wie keine schwarzen Frauen einstelle. Sie konstatiert außerdem zu Recht, dass sich intersektionale Identitätsgruppen spezifischen Vorurteilen ausgesetzt sehen. Demzufolge könnte eine schwarze Frau sich den üblichen Vorurteilen gegenübersehen, die mit Schwarz-Sein und Frau-Sein einhergehen, wäre darüber hinaus aber noch mit zusätzlichen Vorurteilen behaftet, die ausschließlich schwarze Frauen betreffen. Crenshaw macht einige wichtige Punkte. Gleichzeitig sah sie das dekonstruktive Potenzial der postmodernen *Theorie* durchaus positiv und machte es zum Herzstück ihres neuen, intersektionalen Untersuchungsrahmens, um die Diskriminierung farbiger Frauen offenzulegen. Sie schrieb: «Ich betrachte Intersektionalität als ein provisorisches Konzept, das die zeitgenössische Politik und die postmoderne *Theorie* miteinander verknüpft»,[24] und steckte eine politisierte Form der postmodernen *Theorie* ab, die für Aktivisten des Antirassismus in Handlung umsetzbar sei.[25]

Wie Poovey, Butler und hooks vertrat Crenshaw die der postmodernen *Theorie* entsprechende Auffassung von Race und Gender als sozialem Konstrukt, das sie mit dekonstruktiven Methoden kritisieren wollte, um *zugleich* einen Wahrheitsanspruch zu stellen: dass Menschen aufgrund ihrer ethnischen Zugehörigkeit oder aufgrund ihrer sexuellen Identität diskriminiert wurden, und dass gegen diese Diskriminierung mit rechtlichen Mitteln und mittels Identitätspolitik vorgegangen werden musste. Crenshaw schreibt:

> Zwar ist das deskriptive Projekt des Postmodernismus, die Mechanismen der sozialen Konstruktion von Sinn und Bedeutung zu hinterfragen, insgesamt vernünftig, aber diese Form der Kritik verkennt manchmal die große Bedeutung sozialer Konstruktionen und verzerrt ihre politische Relevanz… Zu sagen, dass Kategorien wie Race oder Gender soziale Konstrukte sind, heißt nicht, sie hätten in unserer Welt keine Bedeutung. Im Gegenteil, ein großes und andauerndes Projekt besteht für benachteiligte Menschen darin, über die Art und Weise nachzudenken, wie sich Macht um bestimmte Kategorien gruppiert und auf diese Weise gegen andere ausgeübt wird – und tatsächlich waren postmoderne Theorien sehr hilfreich, um diesen Zusammenhang zu erkennen.»[26]

Crenshaw vertritt die Position, dass (Identitäts-)Kategorien «bedeutungsvoll sind und Konsequenzen haben».[27] Anders ausgedrückt: Sie sind objektiv real. Hierbei unterscheidet sie zwischen einer «Person, die Schwarz ist», und «einer Person, die zufällig Schwarz ist», um sich mit ersterer zu verbünden. Ihre Begründung lautet, diese Unterscheidung sei wesentlich für das Konzept der Identitätspolitik und markiere eine Abkehr von universalen liberalen Ansätzen, die charakteristisch für Bürgerrechtsbewegungen seien.[28] Bei der Wende zum angewandten Postmodernismus wird dieses Thema häufig diskutiert.

Nachdem Identität und Macht als objektive, reale Kräfte ausgemacht und mit postmodernen Methoden analysiert worden waren, drang das Konzept der Intersektionalität rasch über die Grenzen der Rechtstheorie hinaus und avancierte zu einem wirksamen Instrument der Kulturkritik und des sozialen und politischen Aktivismus. Da die angewandte postmoderne *Theorie* ausdrücklich Postmodernismus mit Identitätspolitik verknüpfte, griffen Wissenschaftler, die an den vielfältigen Aspekten von Identität wie Race, Geschlecht, Gender, Sexualität, Klasse, Religion, Immigrationsstatus, physischer oder geistiger Fähigkeit und Körpergewicht interessiert waren, zu diesem Analysewerkzeug. Gestützt auf Crenshaw, beriefen sich die aus dem Boden sprießenden Disziplinen der kritischen

Kulturwissenschaften mit Nachdruck auf den sozialen Konstruktivismus, um zu erklären, warum bestimmte Identitäten marginalisiert wurden; dabei argumentierten sie, dass diese sozialen Konstruktionen selbst objektiv real seien.

Seit kurzem haben es beispielsweise akademische Disziplinen wie die Disability Studies und die Fat Studies in der Szene der Social-Justice-Wissenschaft zu einiger Prominenz gebracht.[29] Während Disability Studies und Fat Feminism keine unmittelbar neuen Disziplinen sind und bisher vor allem Vorurteile und Diskriminierung gegenüber Behinderten und Übergewichtigen thematisierten, haben sie sich in jüngster Zeit ebenfalls dem radikal sozialkonstruktivistischen Ansatz zugewandt und arbeiten ausdrücklich mit den Prinzipien und Themen der angewandten postmodernen *Theorie*; demzufolge verfügen behinderte und übergewichtige Menschen über körpereigenes Wissen, das rein wissenschaftlichen Erkenntnissen über ihre Behinderung oder ihre Übergewichtigkeit überlegen ist. Gemeint ist damit keineswegs die banale Einsicht, dass behinderte und übergewichtige Menschen wissen – anders als nicht-behinderte und schlanke Menschen –, was es bedeutet, behindert und übergewichtig zu sein. Wissenschaftler und Aktivisten aus diesen Bereichen vertreten vielmehr die Position, dass der Ansatz, Behinderung und Übergewichtigkeit als physisches Problem zu behandeln und wenn möglich zu beheben, selbst als soziales Konstrukt zu sehen ist, das auf den systemischen Hass gegenüber behinderten und übergewichtigen Menschen zurückgeht.

Postmoderne Prinzipien und Themen in der Anwendung

Obwohl es einiger Mutationen bedurfte, bevor die angewandte postmoderne *Theorie* als brauchbares Werkzeug der Identitätspolitik eingesetzt werden konnte, wurden zwei Kernideen beibehalten.

- **Das postmoderne Wissensprinzip:** Radikaler Skeptizismus gegenüber objektivem Wissen oder objektiver Wahrheit und das Bekenntnis zum kulturellen Konstruktivismus.

Das Leugnen objektiven Wissens oder der Wahrheit, die Hinwendung zum kulturellen Konstruktivismus und die Überzeugung, dass das, was wir als Wahrheit bezeichnen, lediglich das Konstrukt einer Kultur darstellt, die es als Wahrheit bezeichnet, hat auch der angewandte Postmodernismus beibehalten, allerdings mit einem wichtigen Vorbehalt: Das angewandte postmodernistische Denken behandelt Identität und identitätsbezogene Unterdrückung als bekannte Fakten einer objektiven Wirklichkeit. Das Konzept einer Gesellschaft, die aus Machtsystemen und Privilegien besteht, von denen unser Wissen abhängt, gilt daher als objektiv wahr und intrinsisch verbunden mit der sozialen Konstruktion von Identität.

- **Das politische Prinzip der Postmoderne:** Die Überzeugung, dass die Gesellschaft auf Machtstrukturen und Hierarchien aufbaut, die darüber entscheiden, was als Wissen oder Wahrheit gilt und wie.

Auch dieses Prinzip wurde beibehalten und spielt in der Identitätspolitik sogar eine zentrale Rolle. Deren aktivistischer Imperativ besteht darin, dieses System im Namen der sozialen Gerechtigkeit zu demontieren.

Auch die vier Schlüsselthemen des postmodernen Denkens haben das Ende seiner dekonstruktiven Phase und die anschließende Wende zum angewandten Postmodernismus überdauert.

1. Das Verwischen von Grenzen und klarer Begrifflichkeit

Am offensichtlichsten ist das Thema im Postkolonialismus und in der Queer-*Theorie*. Beide Richtungen kreisen explizit um Ideen der Fluidität, Ambiguität, Undefinierbarkeit und Hybridität, die allesamt die Grenze zwischen Kategorien verwischen oder sie sogar auslöschen. Im Fokus steht dabei die sogenannte «Disruption der Binaritäten», eine Losung, die sich an Derridas Arbeit über die hierarchische Stoßrichtung und die Bedeutungslosigkeit sprachlicher Konstruktionen anlehnt. Innerhalb der Critical-Race-*Theorie* mit ihrer Neigung zum Schwarz-Weiß-Denken (die Doppelbedeutung ist beabsichtigt) steht das Thema weniger im Vordergrund, in praktischer Hinsicht bildet ihr intersektionaler feministischer Strang jedoch mehrere Identitätskategorien simultan ab und versucht, «unterschiedliche Formen des Wissens» zu berücksichtigen. Das

Ergebnis ist eine chaotische Mischung aus Evidenz und Erfahrung: Die persönliche Interpretation eigener Erfahrungen (durch den Filter der – nicht selten fehleingestellten – *Theorie*) erhält flugs die Weihen der evidenzbasierten Erkenntnis (meist der *Theorie*).

2. Die Macht der Sprache

Alle neueren Spielarten der angewandten postmodernen *Theorie* stellen die Macht und die Gefährlichkeit der Sprache in den Vordergrund. Die «Diskursanalyse» spielt in allen Disziplinen eine herausragende Rolle; die Sprache soll gründlich untersucht und sodann auf Grundlage der *Theorie* interpretiert werden. Beispielsweise werden viele Filme sorgfältig auf problematische Darstellungen hin untersucht und anschließend verächtlich gemacht, auch wenn die Themen dieser Filme mit den Anliegen der Social-Justice-Bewegung weitgehend konform sind.[30] Die Ansicht, dass Wörter mächtig und gefährlich sind, ist inzwischen Allgemeingut. Sie bildet häufig die Grundlage aller Forschungsanstrengungen und aktivistischen Interventionen zu Themen wie diskursiver (oder verbaler) Gewalt, Safe Spaces und Mikroaggressionen und hat uns Trigger-Warnungen (Vorankündigungen, die das Publikum vor potenziell gefährlichen Inhalten warnen sollen) beschert.

3. Kulturrelativismus

Der besonders im Postkolonialismus ausgeprägte Kulturrelativismus gilt in der angewandten postmodernen *Theorie* inzwischen als Norm; dies hat nicht zuletzt mit der weitverbreiteten Verwendung des Konzepts der Intersektionalität in der Social-Justice-Forschung und im Social-Justice-Aktivismus zu tun und dürfte überdies der Überzeugung geschuldet sein, der Westen sei der Inbegriff einer repressiven Machtstruktur. Der Relativismus greift sowohl im Hinblick auf die Frage, wie Wissen produziert, anerkannt und vermittelt wird – ein kulturelles Artefakt –, als auch im Hinblick auf moralische und ethische Prinzipien, die ebenfalls als kulturelle Artefakte gelten.

4. Die Verabschiedung von Begriffen des Individuellen und Universellen zugunsten von Gruppenidentitäten.

Der Fokus auf Identitätskategorien und Identitätspolitik hat das Individuelle und das Universelle weitgehend entwertet. Während der Liberalismus sich meist darauf konzentriert, universelle Menschenrechte und Chancen für alle zu garantieren und jedem Individuum die Möglichkeit zur Selbstverwirklichung zu geben, hegen die akademischen und aktivistischen Vertreter des angewandten Postmodernismus eine tiefe Skepsis gegenüber solchen Werten, ja stehen ihnen manchmal sogar feindselig gegenüber. Die angewandte postmoderne *Theorie* erkennt im Mainstream-Liberalismus eine gewisse Selbstgefälligkeit, Naivität und Gleichgültigkeit gegenüber tief verwurzelten Vorurteilen, die Menschen mit marginalisierten Identitäten in ihren Lebenschancen begrenzen. Das «Individuum» ist im angewandten Postmodernismus etwas Ähnliches wie die Summe aller Identitätsgruppen, zu denen die fragliche Person gleichzeitig gehört.

Das Aufkommen der Social-Justice-Wissenschaft

Diese Veränderungen mögen zunächst zu geringfügig erscheinen, um daraus auf eine echte Abkehr der *Theorie* vom Postmodernismus zu schließen – dennoch sind sie bedeutsam. Indem sie die ironische Verspieltheit und den Gestus der Verzweiflung aus der dekonstruktiven Phase des Postmodernismus hinter sich ließen und anfingen, Ziele zu formulieren, machten die *Theoretiker* der Achtziger- und Neunzigerjahre den Postmodernismus für öffentliche Institutionen und für die Politik anschlussfähig. Die Idee der Identität als etwas, das – wiewohl sozial konstruiert – Gruppenwissen bereitstellt und Empowerment ermöglicht, lieferte den spezifischen Formen der aktivistischen Wissenschaft vielerlei Entwicklungsmöglichkeiten. Die *Theorie* wandelte sich: Sie beschrieb nicht mehr, sondern sie schrieb vor – es war der Wandel vom *Sein* zum *Sollen*. Durch seine Anwendung veränderte sich der Postmodernismus von Grund auf. Er war nun kein Modell mehr, das zur Beschreibung der Gesellschaft diente und das Vertrauen in überkommene Vorstellungen von der Wirklichkeit untergrub: Er avancierte vielmehr zu einem Werkzeug der Social-Justice-Forschung. In den frühen Zehnerjahren sollte dieser neue Ansatz durch eine weitere Mutation des Postmodernismus schließlich Früchte tragen.

Die neuen *Theorien*, die der angewandte Postmodernismus hervorbrachte, ermöglichten es Akademikern und Aktivisten, eine postmoderne Konzeption der Gesellschaft unmittelbar in der Praxis *anzuwenden*, ja etwas damit anzufangen. Wenn Wissen ein Machtkonstrukt ist und sich dadurch formt, wie wir über Dinge reden, dann kann dieses Wissen verändert und können Machtstrukturen ausgehebelt werden, indem wir die Art und Weise ändern, wie wir über Dinge reden. Infolgedessen konzentriert sich der angewandte Postmodernismus darauf, Diskurse zu kontrollieren, insbesondere indem er sprachliche Äußerungen und Formen der Bildsprache *problematisiert*, die er als schädlich einstuft. Folglich werden Äußerungen aufgespürt und hervorgehoben, in denen sich der aus Sicht der *Theoretiker* problematische Zustand der Gesellschaft auf mitunter recht subtile Weise manifestiert, um so die «Unterdrückung sichtbar zu machen». Die daraus folgende peinlich genaue Überprüfung der Sprache und die Herausbildung von strikten Sprachregelungen in Bezug auf Fragen der Identität, bekannt als *Political Correctness*, hatte zunächst in den Neunzigerjahren Hochkonjunktur und ist seit Mitte der Zehnerjahre erneut allgegenwärtig.

Die Schlussfolgerungen aus diesem Denken ermächtigen zum politischen Handeln. Wenn das, was wir als Wahrheit akzeptieren, nur deswegen als wahr gilt, weil die Diskurse heterosexueller, weißer reicher westlicher Männer privilegiert werden, legt die angewandte *Theorie* im Umkehrschluss nahe, diese Wahrheit könne in Frage gestellt werden, indem man marginalisierte Identitätsgruppen stärke und deren Stimmen vorrangig Gehör verschaffe. Durch diese Überzeugung nahm die Identitätspolitik immer aggressivere Formen an und brachte schließlich sogar Konzepte wie «Forschungsgerechtigkeit» hervor. Damit ist gemeint, dass Akademiker bevorzugt Frauen und Angehörige von Minderheiten zitieren und Verweise auf weiße Männer auf ein Mindestmaß beschränken sollten, weil empirische Forschung, die sich auf evidenzbasierte und argumentative Wissensproduktion berufe, ein ungerechtes kulturelles Konstrukt privilegierter weißer Menschen aus dem Westen sei. So gesehen besteht eine moralische Verpflichtung, neben rigoroser Forschung auch «andere Formen der Forschung» zuzulassen; dazu zählen u.a. Aberglaube, spirituelle Überzeugungen, kulturelle Traditionen und Überzeugungen, identitätsbasierte Erfahrungen und Emotionen.[31]

Da sich derartige Methoden auf nahezu alles anwenden lassen, ist ungefähr seit Beginn der Zehnerjahre eine Flut von Arbeiten zu jedem denkbaren identitätsbasierten Forschungsfeld entstanden. Mit unumstößlicher Gewissheit wird hier die objektive Wahrheit eines sozial konstruierten Wissens und die Existenz von Machthierarchien behauptet. Die Entwicklung setzte mit dem angewandten Postmodernismus ein, dessen neue Postulate dann zu Wahrheiten erklärt wurden. Die Vielfalt an Werken umfasste Methodologien, darunter die «feministische Epistemologie», «Critical-Race-Epistemologie», «postkoloniale Epistemologie» und «queere Epistemologie», sowie breiter angelegte Arbeiten zum Thema «epistemische Ungerechtigkeit», «epistemische Unterdrückung», «epistemische Ausbeutung» und «epistemische Gewalt».[32] Häufig werden diese Ansätze miteinander kombiniert und ergeben das, was im Allgemeinen unter dem Begriff Social-Justice-Forschung bekannt ist. Trotz ihrer ausgesprochenen Vielfältigkeit beruhen sämtliche dieser Ansätze zur Legitimierung «anderen Wissens» auf der Vorstellung, dass Menschen mit unterschiedlich marginalisierten Identitäten jeweils über unterschiedliches Wissen verfügen, welches im Wesentlichen auf den geteilten, verinnerlichten und gelebten Erfahrungen systemischer Unterdrückung als Mitglieder einer dieser Identitätsgruppen fußt. Als Wissende sind solche Gruppenmitglieder einerseits benachteiligt, da sie gezwungen werden, sich innerhalb eines «dominanten» Herrschaftssystems zu bewegen, das sie außen vor lässt; andererseits ist ihre Kenntnis mehrerer epistemischer Systeme jedoch ein einzigartiger Vorteil. Sie sind wahlweise Opfer «epistemischer Gewalt», wenn ihr Wissen nicht einbezogen oder anerkannt wird, oder «epistemischer Ausbeutung», wenn sie aufgefordert werden, ihr Wissen zu teilen.

Durch diese Veränderungen haben sich die Grenzen zwischen Forschung und Aktivismus allmählich verflüssigt. Früher galt es in der Lehre oder Wissenschaft als Fehler, von einem bestimmten ideologischen Standpunkt aus zu forschen. Von Lehrenden und Wissenschaftlern wurde erwartet, dass sie sich ihrem Gegenstand so unvoreingenommen wie möglich nähern. Der Anreiz, sich an diese Vorgabe zu halten, bestand darin, anderen Wissenschaftlern die Widerlegung der eigenen Thesen durch Evidenz und Argumentation zu erschweren. Ihr Bemühen um Objektivität schien besonders erfolgreich, wenn Studenten nicht wussten, welche politischen oder ideologischen Positionen ihre Lehrer vertraten.

In der Social–Justice-Forschung wird anders gelehrt. Mittlerweile gilt die Lehre als politischer Akt, und es gibt nur eine richtige Politik: Identitätspolitik, wie sie von der Social-Justice-Bewegung und der angewandten postmodernen *Theorie* propagiert wird. In einer Vielzahl von Fächern, die von den Gender Studies bis zur Englischen Literatur reichen, ist es mittlerweile gang und gäbe, zunächst einen Theorie- oder ideologischen Standpunkt einzunehmen und das Material dann durch diese Brille hindurch zu sichten, ohne auch nur den Versuch zu machen, abweichende Positionen zur Kenntnis zu nehmen. Wissenschaftler dürfen sich ganz unverhohlen zu Aktivisten erklären und Aktivismus in Kursen lehren, die von vorneherein von Studenten fordern, die ideologischen Grundüberzeugungen der Social-Justice-Bewegung als gegeben vorauszusetzen und Texte zu verfassen, die deren Ansichten unterstützen.[33] Ein besonders infamer Aufsatz, der 2016 in *Géneros: Multidisciplinary Journal of Gender Studies* erschien, verglich die Women's Studies in diesem Zusammenhang ernsthaft in positiver Absicht mit AIDS und Ebola: Sie sollten den Feminismus wie ein Virus verbreiten, das unser Immunsystem lahmlegt, und dabei zu Aktivisten mutierte Studenten als Spreader benutzen.[34]

So überraschend oder beunruhigend diese Veränderungen auch sein mögen: Sie haben sich keineswegs im Geheimen vollzogen. Die Agenda war von Anfang an offen und unmissverständlich. So behauptete die Aktivistin und Wissenschaftlerin Sandra Grey im Jahr 2013:

> Teil der aktiven akademischen Bürgerschaft zu sein, bedeutet auch, dass wir unsere Studenten herausfordern, mehr zu tun und zu sein als nur Studenten. Als die Universitäten aufkamen, waren es in erster Linie Studenten, die den Bildungsgedanken in die weniger gebildeten Bevölkerungsschichten hineintrugen. Sie agierten als Missionare, brachten die Bauern

> mit neuen Ideen in Berührung und verbreiteten Bewegungen wie etwa den Lutheranismus auf dem Land. Obwohl ich nun nicht vorschlagen möchte, dass unsere Studenten sich zum Fürsprecher lutheranischer Ideale machen, gefällt mir die Vorstellung, dass wir ihnen die nötigen Instrumente der Kritik, der Diskussion und Forschung an die Hand geben, damit sie zu aktiven Bürgern werden und einige von ihnen vielleicht sogar eine aktivistische Rolle übernehmen. Denn letztlich brauchen wir Akademiker, deren normales Arbeitsleben auch darin besteht, Allianzen zu bilden, Verbindungen herzustellen und sich manchmal sogar in einer politischen Partei oder einer Lobby-Organisation zu engagieren. Eine rigorose Forschung, die der «guten Sache» dient, muss wieder als legitim akzeptiert werden.[35]

2018 veröffentlichten aktivistische Wissenschaftler eine Aufsatzsammlung unter dem Titel *Taking It to the Streets: The Role of Scholarship in Advocacy and Advocacy in Scholarship.*[36] Während nichts gegen Wissenschaftler spricht, die sich als Aktivisten betätigen, oder gegen Aktivisten, die als Wissenschaftler arbeiten, führt die Kombination beider Rollen zwangsläufig zu Interessenkonflikten, und eine an der Universität gelehrte politische Haltung wird schneller, als man denkt, zur unhinterfragten Orthodoxie. Denn zwischen Aktivismus und Lehre besteht ein fundamentaler Unterschied: Aktivismus gründet auf der Annahme, die Wahrheit zu kennen, und zwar mit ausreichender Sicherheit, um als Handlungsgrundlage zu dienen; die akademische Lehre hingegen ist sich bewusst, dass sie die Wahrheit nicht mit Sicherheit kennt, und strebt danach, ihr Wissen zu erweitern.[37]

Die Ideen des angewandten Postmodernismus haben, im Unterschied zu den ursprünglichen Varianten der postmodernen *Theorie*, die Mauern der Universität überwunden. Das liegt nicht zuletzt daran, dass sich die Möglichkeit zum praktischen Handeln aus ihnen ableiten lässt. Innerhalb der Gesellschaft haben diese Ideen beträchtlich an Einfluss gewonnen. Aktivisten verweisen mittlerweile routinemäßig auf das postmoderne Wissensprinzip und das postmoderne politische Prinzip. Dasselbe lässt sich bei Unternehmen, in den Medien, bei Personen des öffentlichen Lebens und der breiteren Öffentlichkeit feststellen.

Wir hingegen, die Durchschnittsbürger, fragen uns zunehmend erstaunt, was eigentlich mit der Gesellschaft passiert und wie diese Veränderungen so rasch vor sich gehen konnten. Regelmäßig hören wir von Forderungen, alles zu «dekolonisieren», von akademischen Lehrplänen über Frisuren bis hin zur Mathematik. Wir hören Klagen über kulturelle Aneignung – und zur gleichen Zeit Beschwerden über die fehlende Repräsentation bestimmter Identitätsgruppen in der bildenden Kunst. Nur weiße Menschen könnten Rassisten sein, heißt es, und seien es standardmäßig immer. Politiker, Schauspieler und Künstler rühmen sich, für Fragen der Intersektionalität sensibel zu sein. Unternehmen prahlen mit ihrem Respekt für «Diversität», lassen aber keine Zweifel daran, dass sie lediglich an der äußerlichen Diversität von Identitäten, nicht aber an Meinungsvielfalt interessiert sind. Organisationen und aktivistische Gruppen jeglicher Couleur verkünden, sie grenzten niemanden aus, jedenfalls nicht diejenigen, die mit ihnen übereinstimmen. Google hat amerikanische Ingenieure gefeuert, weil sie äußerten, es gebe Geschlechterunterschiede, und die BBC hat britische Komiker vor die Tür gesetzt, weil sie Witze wiederholten, die amerikanische Zuhörer als rassistisch hätten auslegen können.[38]

Die meisten von uns empfinden diese Entwicklung als verwirrend und beunruhigend. Viele stellen sich die Frage, was eigentlich geschehen ist, wie wir an diesen Punkt gekommen sind, was das alles bedeuten soll und wie (und wie rasch) wir zu einem gemeinsamen Nenner, zu Nächstenliebe und Vernunft zurückfinden können. Das sind schwierige Fragen. Nun, was ist passiert? Der angewandte Postmodernismus hat sich verdinglicht – und er ist zu *der* Wahrheit gemäß der Social-Justice-Bewegung geworden. Aktivisten haben diese Wahrheit verbreitet und (ironischerweise) in ein dominantes Metanarrativ verwandelt. Mittlerweile ist der angewandte Postmodernismus für große Teile der Gesellschaft und insbesondere der Linken eine Glaubensfrage oder eine handlungsermächtigende Mythologie geworden. Wer ihr die Gefolgschaft verweigert, muss mit ernsten Konsequenzen rechnen. Die herrschende Orthodoxie fordert man nicht straflos heraus.

Glücklicherweise ist nicht davon auszugehen, dass die Mehrheit der Bevölkerung – ganz zu schweigen von Unternehmen, Organisationen und Personen des öffentlichen Lebens – tatsächlich dem radikalen kulturellen Konstruktivismus, postmodernen Konzepten von Gesellschaft und dem intersektionalen Ansatz der Social-Justice-Bewegung anheimfällt. Nichtsdestoweniger liefern diese Ideen vermeintlich tiefgründige Erklärungen für komplizierte Probleme. Sie konnten sich daher erfolgreich von obskuren akademischen Theoriegebilden zu allgemein anerkannten «Wahrheiten» wandeln, die erklären, was die Welt im Innersten zusammenhält. Weil diese Ideen so weitverbreitet sind, wird sich die Lage nur verbessern, wenn wir sie entzaubern und ihnen entschieden entgegentreten – idealerweise, indem wir uns konsistenter liberaler Prinzipien und Moralauffassungen bedienen.

Um nachzuvollziehen, wie sich die Social-Justice-Forschung durch die Wende zum angewandten Postmodernismus entwickelte, müssen wir jede der neuen *Theorien* gründlicher untersuchen. Nicht die ursprüngliche postmoderne Theorie, sondern die angewandten *Theorien* – postkoloniale, Gender-, Queer- und Critical-Race-*Theorie* und so weiter – sind in die Welt hinausgetreten und manifestieren sich in Wissenschaft, Aktivismus oder in unseren Institutionen. In den folgenden fünf Kapiteln möchten wir die Entwicklung dieser angewandten *Theorien* im Einzelnen darlegen. Im achten Kapitel werden wir ausführen, wie sie mittels der Ideologie der Social-Justice-Bewegung mit einem Mal zur unumstößlichen Wahrheit wurden.

3 Postkoloniale *Theorie*

Den Westen dekonstruieren, um das Andere zu retten

Die postkoloniale *Theorie* will den Westen, wie sie ihn versteht, dekonstruieren. Dieses ehrgeizige Abrissprojekt war zweifellos die erste Emanation des angewandten Postmodernismus. Im Gegensatz zur Race- und zur Gender-*Theorie*, die schon bevor der Postmodernismus in den Kulturwissenschaften Fuß fasste recht ausgereifte Denk- und Forschungsstrukturen entwickelt hatten, ging die postkoloniale *Theorie* direkt aus dem postmodernen Denken hervor. Außerdem entstand sie mit einem bestimmten Ziel, dem der *Dekolonisierung*: der systematischen Aufhebung des Kolonialismus in all seinen Manifestationen und Auswirkungen.

Während der Postmodernismus sich als Überwindung und Demontage der wichtigsten Merkmale der Moderne verstand, beschränkt der Postkolonialismus dieses Projekt auf Fragen des Kolonialismus. Besonders wichtig in der postkolonialen *Theorie* sind sowohl das postmoderne Wissensprinzip, das die objektive Wahrheit zugunsten eines kulturellen Konstruktivismus verwirft, als auch das postmoderne politische Prinzip, laut dem die Welt aus Systemen von Macht und Privilegien konstruiert ist, die bestimmen, was gewusst werden kann. Die vier Hauptthemen des postmodernen Denkens: Verwischung von Grenzen, Glaube an die überwältigende Macht der Sprache, Kulturrelativismus und Verlust des Individuellen sowie Verleugnung des Universellen, finden sich im gesamten Postkolonialismus. Zwar nehmen nicht alle Denker des Postkolonialismus eine postmoderne Perspektive ein, doch dies galt und gilt gewiss für die Schlüsselfiguren, deren Ansatz Forschung, Lehre und Aktivismus der Social-Justice-Bewegung heute dominiert.[1]

Der Postkolonialismus und die mit ihm verbundene *Theorie* entstanden in dem spezifischen historischen Kontext des moralischen und politischen Zusammenbruchs des europäischen Kolonialismus, der die Weltpolitik mehr als fünf Jahrhunderte lang beherrscht hatte. Der europäische Kolonialismus begann um das 15. und dauerte bis zur Mitte des 20. Jahrhunderts. Er stützte sich auf die Annahme, dass die europäischen Mächte das Recht hätten, ihre Territorien zu erweitern und über andere Völker und Regionen politische und kulturelle Macht auszuüben. Zwar war das Bestreben, große Reiche zu bilden, vor dem 20. Jahrhundert ein typisches Merkmal der meisten, wenn nicht gar aller Kulturen, doch der europäische Kolonialismus verfügte über umfassende Erklärungen, Erzählungen und Selbstrechtfertigungen – oder Metanarrative –, die dieses Recht auf ihre eigene Weise proklamierten und zu legitimieren suchten. Zu den Metanarrativen gehörten etwa *la mission civilisatrice* des französischen Kolonialismus und die Ideologie des *manifest destiny* in Nordamerika – Konzepte, die schon vor der Aufklärung und von da an während der gesamten Moderne im Zentrum der Wissensproduktion und der politischen Organisation standen.[2]

Dann, Mitte der 20. Jahrhunderts, geriet der europäische Kolonialismus erstaunlich schnell ins Wanken und brach zusammen. Insbesondere nach dem Zweiten Weltkrieg machte die Dekolonialisierung sowohl auf der materiellen als auch auf der politischen Ebene rasche Fortschritte, und in den frühen Sechzigerjahren spielten moralische Bedenken wegen des Kolonialismus sowohl in der akademischen Welt als auch in der breiten Öffentlichkeit, insbesondere jedoch bei der radikalen Linken, eine große Rolle. Der Zusammenbruch des Kolonialismus war deshalb insbesondere an den Hochschulen Kontinentaleuropas ein Kernanliegen des sozialen und politischen Milieus, in dem der Postmodernismus entstand. Letztlich etablierten sich die Vertreter der postkolonialen *Theorie*, indem sie die kolonialistischen Metanarrative verwarfen und sich auf den Diskurs (die Art, über etwas zu reden) des Kolonialismus konzentrierten. Der Postkolonialismus ist deshalb primär eine Verengung des Postmodernismus, insofern als er sich auf ein spezifisches Element der Moderne, eben den Kolonialismus, konzentriert, und das Werkzeug, das er verwendet, ist die *postkoloniale Theorie*, also eine Form der angewandten postmodernen *Theorie*, die an das Problem angepasst ist. Ihre Vertreter untersuchten die Diskurse des Kolonialismus, die die Interessen der Mächtigen und Privilegierten schützen sollten, darunter insbesondere das sogenannte Recht, andere Kulturen zu beherrschen, die der hegemoniale westliche (und christliche) Diskurs als «unzivilisiert» und «barbarisch» kennzeichnete.

Der Postkolonialismus als Projekt des angewandten Postmodernismus

Mitte des 20. Jahrhunderts, als die Bedenken wegen des Kolonialismus zunahmen, gewann die Arbeit des Psychiaters Frantz Fanon rasch an Einfluss. Fanon, auf Martinique unter französischer Kolonialherrschaft geboren, wird oft als Begründer der postkolonialen Theorie angesehen. In seinem 1952 erschienenen Buch *Schwarze Haut, weiße Masken*[3] übt er sowohl am Rassismus als auch am Kolonialismus scharfe Kritik. In dem Buch *Aspekte der algerischen Revolution*[4] schildert er die kulturellen und politischen Veränderungen in Algerien während des Unabhängigkeitskriegs gegen Frankreich. Schließlich bereitete er mit dem 1961 erschienenen Buch *Die Verdammten dieser Erde*[5] die Bühne für den Postkolonialismus und die postkoloniale *Theorie.* Seine Thesen markierten eine grundlegende Veränderung im Denken über das Thema. Für den Frantz Fanon von 1961 bedeutete Kolonialismus vor allem anderen eine systematische Verleugnung der Humanität der kolonisierten Menschen. Dieses Thema ist für seine Analyse so zentral, dass er durchgehend von der buchstäblichen Auslöschung der Identität und Würde dieser Menschen spricht. Dies bedeutet, wie er betont, dass die kolonisierten Völker gewaltsamen Widerstand leisten müssen, um ihre geistige Gesundheit und ihre Selbstachtung zu bewahren. Fanons Buch war gleichzeitig zutiefst kritisch und offen revolutionär: Haltungen, die den Postkolonialismus und die radikaleren Spielarten des linken Aktivismus seither prägen.

Dennoch war der 1961 schreibende Fanon schwerlich ein Postmodernist. Sein Ansatz wird gewöhnlich für modernistisch gehalten, denn obwohl er zutiefst skeptisch und ohne Zweifel sowohl kritisch als auch radikal ist, stützt sich seine Kritik vorwiegend auf Lenins marxistische Kapitalismuskritik, ist seine Analyse stark von der Psychoanalyse geprägt und seine Philosophie in ihrem Kern humanistisch. Dennoch ließen sich spätere Denker, darunter auch Edward Said, der Vater der postkolonialen *Theorie* im postmodernen Sinne, von Fanons Darstellung der psychologischen Auswirkungen der Unterordnung der eigenen Kultur, Sprache und Religion unter eine andere inspirieren. Fanon vertrat die Ansicht, dass die kolonialistische *Geisteshaltung* bei Menschen, die nicht nur der Kolonialherrschaft, sondern auch der ideologischen kolonialistischen Weltsicht ausgesetzt sind, gebrochen und, wenn möglich, umgekehrt werden muss.

Diese Konzentration auf Haltungen, Vorurteile und Diskurse passt gut zum Postmodernismus. Forscher mit einem postmodernen postkolonialistischen Ansatz betrachten es ebenfalls als Ziel ihrer Arbeit, bestimmte mit dem Kolonialismus verbundene und ihn mutmaßlich legitimierende Geisteshaltungen zu überwinden (statt sich auf seine praktischen und materiellen Auswirkungen zu konzentrieren). Sie stützen sich primär auf ein postmodernes Verständnis von Wissen als Konstruktion von Macht, die durch Diskurse aufrechterhalten wird. Der zentrale Gedanke der postkolonialen *Theorie* lautet, dass der Westen sich durch die Art, wie er redet, als Gegensatz zum Osten konstruiert. «Wir sind rational, und die sind abergläubisch.» «Wir sind ehrlich, und die sind betrügerisch.» «Wir sind normal, und die sind exotisch.» «Wir sind fortschrittlich, und die sind primitiv.» «Wir sind liberal, und die sind barbarisch.» Der Osten wird als das Gegenstück konstruiert, mit dem sich der Westen vergleichen kann. Die Begriffe *das Andere* und *Othering* werden benutzt, um den Vorgang zu beschreiben, dass man andere herabwürdigt, um sich selbst überlegen zu fühlen. Said bezeichnete diese Geisteshaltung als «Orientalismus», ein Schachzug, der es ihm ermöglichte, zeitgenössische «Orientalisten» – Wissenschaftler, die den Fernen Osten, Südostasien und insbesondere den Nahen Osten aus anderen Perspektiven erforschten – mit einem mächtigen Pejorativum zu belegen.

Er präsentierte seine neuen Ideen 1978 in *Orientalismus*.[6] Das Buch bildete nicht nur die Grundlage für die Entwicklung der postkolonialen *Theorie*, sondern stellte einem amerikanischen Publikum auch das Konzept einer anwendbaren postmodernen *Theorie* vor. Said, der palästinensisch-amerikanische Verfechter der *Theorie*, stützte sich hauptsächlich auf Fanon und Foucault[7] und bei letzterem insbesondere auf seine Vorstellungen von «Macht-Wissen». Obwohl er Foucaults Ansatz auch in vieler Hinsicht kritisierte, betrachtete er dessen Konzept von Macht-Wissen als entscheidend für das Verständnis des Orientalismus. Von grundlegender Bedeutung war dabei Foucaults These, dass die Art, wie wir sprechen, Wissen konstruiert und es deshalb mächtigen Gruppen in der Gesellschaft gelingt, den Diskurs und damit das, was Wissen konstituiert, zu beherrschen. So schreibt Said zum Beispiel:

> An dieser Stelle erscheint es mir sachdienlich, Michel Foucaults Diskursbegriff aus *Die Archäologie des Wissens* und *Überwachen und Strafen* einzuführen und auf das Phänomen anzuwenden. Ich behaupte nämlich, dass man den Orientalismus als Diskurs auffassen muss, um wirklich nachvollziehen zu können, mit welcher enorm systematischen Disziplin es der europäischen Kultur in nachaufklärerischer Zeit gelang, den Orient gesellschaftlich, politisch, militärisch, ideologisch, wissenschaftlich und künstlerisch zu vereinnahmen – ja, sogar erst zu schaffen.[8]

Said vertritt die Ansicht, im Zentrum des Orientalismus stehe ein westlicher Diskurs, und es sei dieser Diskurs, der den Osten konstruiere, indem er ihm einen Charakter aufzwinge, der ihn sowohl abwerte als auch exotisiere. Der postmoderne Einfluss bei Said wäre selbst dann unmöglich zu übersehen, wenn er nicht darauf bestünde, dass sich die Auswirkungen des Orientalismus nur dank Foucaults Ideen «wirklich nachvollziehen» lassen.

Von diesem Bestreben, den vermeintlich hegemonischen Westen zu dekonstruieren, ist die postkoloniale *Theorie* seitdem durchdrungen: Ein Großteil der postkolonialen Forschungstätigkeit besteht darin, Orientalismus in Texte hineinzulesen. Dies liegt zum Teil daran, dass Saids Projekt ein durch und durch literaturwissenschaftliches Unterfangen war; er nahm besonderen Anstoß an Joseph Conrads 1899 erschienener Erzählung *Herz der Finsternis*,[9] einer Allegorie, die sowohl in Bezug auf Rassismus als auch auf Kolonialismus wichtige Fragen aufwirft. Statt ein breites Verständnis der thematischen Elemente eines Textes anzustreben, zieht Said es vor, Texte mit *Close Reading* (der sorgfältigen Interpretation einzelner Textpassagen) zu untersuchen, um die verschiedenen Formen aufzudecken, wie die Diskurse des Westens die orientalistische Binarität konstruieren, perpetuieren und erzwingen.

Bei Said haben wir es mit der Diskursanalyse des angewandten Postmodernismus zu tun. Sie liest Machtungleichgewichte in die Interaktionen zwischen dominanten und marginalisierten (regionalen) kulturellen Gruppen hinein mit dem Ziel, die Geschichte aus der Sicht der Unterdrückten neu zu schreiben. Dieses Verfahren hat oft die höchst produktive Form, verlorene Stimmen und Perspektiven wiederzugewinnen und ein vollständigeres und genaueres Bild der Geschichte zu zeichnen, doch es wird leider auch häufig dazu benutzt, die Geschichte in Übereinstimmung mit lokalen oder politischen Narrativen neu zu schreiben oder mehrere unvereinbare Narrative gleichzeitig zu Geschichte zu erheben und dadurch implizit jeden Anspruch auf objektives Wissen aufzugeben.

Der postmoderne Gedanke, dass Wissen nicht gefunden, sondern gemacht wird, wird von Said in der Einleitung zu einer Jubiläumsausgabe seines Buches vertreten. Er schreibt:

> Mein Argument lautet, dass Geschichte von Männern und Frauen gemacht wird und genauso wieder aufgehoben und neu geschrieben werden kann, immer mit Unausgesprochenem und mit Auslassungen, immer mit aufgezwungenen Formen und tolerierten Verstümmelungen, sodass «unser» Osten, «unser» Orient «unser» wird und von uns besessen und geführt werden kann.[10]

Dies ist keine bloße Dekonstruktion, sondern eine Aufforderung zur Rekonstruktion. Die postkoloniale *Theorie* schließt eine (typischerweise radikale) politische Agenda mit ein, die der ursprüngliche Postmodernismus nicht hatte. Die bekannte postkoloniale feministische Wissenschaftlerin Linda Hutcheon macht dies ebenfalls deutlich.[11] Sie schreibt in Bezug auf feministische und postkoloniale Forschung: «Beide haben eine klare politische Agenda und oft eine Theorie des Handelns, die es ihnen erlaubt, über die postmoderne Grenze der Dekonstruktion bestehender Orthodoxien hinaus in die Bereiche sozialer und politischer Aktion vorzustoßen.»[12] Auch Hutcheon tritt dafür ein, die postmoderne *Theorie* zur Unterstützung von politischem Aktivismus anzupassen. In ihrer expliziten Handlungsorientierung ist die postkoloniale *Theorie* deshalb die erste Variante des *angewandten Postmodernismus*.

Zwei weitere Wissenschaftler gelten neben Said als grundlegend für die postkoloniale *Theorie*: Gayatri Chakravorty Spivak und Homi K. Bhabha. Wie das Werk von Said ist auch ihres sowohl in der Ableitung als auch in der Orientierung explizit postmodern, aber weil sie sich stärker auf Jacques Derridas Dekonstruktion der Sprache konzentrieren, ist es sprachlich und konzeptionell schwierig bis zur Unverständlichkeit. Spivaks bedeutendster Beitrag zur postkolonialen *Theorie* ist vermutlich ihr 1988 publizierter Essay *Can the Subaltern Speak?*,[13] in dem sie sich intensiv auf die Sprache konzentriert und sich um deren Einschränkung durch Machtstrukturen sorgt.

Sie vertritt die Ansicht, dass *Subalterne* (kolonisierte Völker mit untergeordnetem Status) keinen Zugang zur Sprache haben, selbst wenn sie sich scheinbar selbst vertreten. Dies ist, wie sie behauptet, ein direktes Ergebnis der Art, wie die Macht den Diskurs durchdringt und unüberwindliche Barrieren für die Kommunikation derjenigen schafft, die sich außerhalb der dominanten Diskurse befinden. Gestützt auf Said und Foucault entwickelt sie in *Can the Subaltern Speak?* das Konzept der *epistemischen Gewalt*, um die Verletzung zu beschreiben, die den Kolonisierten zugefügt wird, wenn ihre Kenntnisse und ihr Status als Wissende durch dominante Diskurse marginalisiert werden.

Spivaks Postmodernismus ist besonders deutlich, wenn sie von Derrida die dekonstruktive Idee übernimmt, dass eine subversive Macht darin liegt, Stereotypen innerhalb machtgeladener Binaritäten aufrechtzuerhalten, aber ihre Hierarchie umzukehren – ein Verfahren, das sie als «strategischen Essenzialismus»[14] bezeichnet. *Essenzialismus* ist ihrer Ansicht nach ein sprachliches Herrschaftsinstrument. Kolonisten rechtfertigen, dass sie eine untergeordnete Gruppe unterdrücken, indem sie diese als ein monolithisches «Anderes» betrachten, das stereotypisiert und abgewertet werden kann. Der *strategische Essenzialismus* nutzt eben dieses Gefühl der monolithischen Gruppenidentität als Akt des Widerstands und hebt Individualität und Binnen-Diversität in der untergeordneten Gruppe auf, um im Namen einer gemeinsamen Identität gemeinsame Ziele propagieren zu können. Mit anderen Worten, er definiert eine spezifische Art von Identitätspolitik, die auf vorsätzlicher Doppelmoral beruht.

Dies ist typisch für Spivaks *Theorie*. Sie stützt sich mehr auf Derrida als auf Said und Foucault, weil ihr Foucaults Werk zu politisch orientiert ist. Wegen Derridas Fokus auf der Ambiguität und dem fluiden Wesen der Sprache und seiner höchst unverständlichen Prosa, die es prinzipiell unmöglich macht, irgendetwas Konkretes zu sagen, ist auch die von ihm maßgeblich beeinflusste Arbeit Spivaks extrem mehrdeutig und unklar. So schreibt sie etwa:

> Im Zusammenhang der Problematik, die ich behandelt habe, finde ich seine [Derridas] Morphologie jedoch sehr viel gewissenhafter und brauchbarer als Foucaults und Deleuze' unvermittelte, substanzielle Befasstheit mit klaren «politischen» Themen …, die ihren Einfluss für US-AkademikerInnen, die enthusiastische Linke sind, gefährlicher machen kann. Derrida markiert die Gefahr einer Aneignung des/der Anderen durch Assimilierung, die in linker Kritik angelegt ist. Er liest die Katachrese am Ursprung. Er ruft nach einer Neuschreibung des utopischen strukturellen Impulses als Impuls, «die innere Stimme, die Stimme des anderen in uns, *delirieren* [zu] lassen».[15]

Undurchschaubarkeit und Unbrauchbarkeit waren bei der damaligen *Theorie* Mode, und das insbesondere bei den postkolonialen *Theoretikern*. Homi K. Bhabha, ein weiterer bemerkenswerter Vertreter der postmodernen Richtung, die in den Neunzigerjahren das Feld beherrschte, stellt Spivak mit seiner Fähigkeit, nahezu unverständliche Prosa zu schreiben, noch in den Schatten. Er ist primär von Lacan und Derrida beeinflusst, kann wohl als der am stärksten dekonstruktiv arbeitende aller bekannten postkolonialen Wissenschaftler gelten und konzentriert sich hauptsächlich auf die Rolle, welche die Sprache bei der Konstruktion des Wissens spielt.[16]

Wie es sich für einen Wissenschaftler gehört, der in Bezug auf die Fähigkeit, überhaupt Sinn zu vermitteln, extrem skeptisch ist, sind seine Schriften für ihre schwere Verständlichkeit berüchtigt. Im Jahr 1998 belegte er, nur von Judith Butler geschlagen, in einem von der Zeitschrift

Philosophy and Literature veranstalteten Bad Writing Contest den zweiten Platz mit dem Satz:

> Diese List des Begehrens mag eine Weile lang zum Nutzen der Disziplin kalkulierbar sein, aber die Wiederholung von Schuld, Rechtfertigung, pseudowissenschaftlichen Theorien, Aberglauben, fadenscheinigen Autoritäten und Klassifikationen lässt sich recht bald als der verzweifelte Versuch interpretieren, die Störung, die durch einen Diskurs der Spaltung hervorgerufen wird, der die rationalen, aufgeklärten Ansprüche seiner Äußerungsmodalität verletzt, *formal* zu «normalisieren».[17]

Dieser verwirrende Satz hat tatsächlich eine Bedeutung, und zwar eine durch und durch postmoderne. Aufgeschlüsselt bedeutet er, dass die Kolonisten anfangs rassistische sexuelle Witze erzählen, um eine untergeordnete Gruppe zu kontrollieren, es sich dabei jedoch letztlich um Versuche der Kolonisten handelt, sich selbst davon zu überzeugen, dass ihre eigene Art, über etwas zu reden, sinnvoll ist, weil sie insgeheim eine schreckliche Angst davor haben, dass sie es nicht ist. Dieser spezifische Anspruch, Gedanken lesen zu können, durchdringt Bhabhas Werk und liegt seiner Überzeugung zugrunde, dass die Ablehnung stabiler deskriptiver Kategorien die koloniale Dominanz untergraben kann.[18] Das alles ist natürlich überhaupt nicht falsifizierbar, und, wenn wie oben ausgedrückt, unverständlich.[19]

Bhabhas Arbeit wird häufig kritisiert, weil sie unnötig obskur und deshalb schwer auf postkoloniale Probleme anwendbar ist. Im Gegensatz zu anderen postkolonialen Wissenschaftlern lehnt er außerdem einen materialistischen, politischen Ansatz in der postkolonialen Forschung samt Marxismus und Nationalismus ab. Er empfindet sogar die von ihm selbst benutzte Sprache der postkolonialen *Theorie* als problematisch und stellt die Frage: «Ist die Sprache der Theorie nichts als ein weiteres Machtinstrument der kulturell privilegierten westlichen Elite, um einen Diskurs des Anderen hervorzubringen, der ihre eigene Gleichung von Macht und Wissen zementiert?»[20] Hier gelingt es ihm, Foucault explizit und Derrida implizit zu zitieren und sie beide – und damit auch sich selbst – zu entwerten.

Die namhaften Stammeltern der postkolonialen *Theorie* schufen den ersten Zweig der angewandten postmodernen *Theorie*. Dieser postmoderne Schwerpunkt der postkolonialen *Theorie* blieb nicht ohne Folgen: Eine Untersuchung der materiellen Realitäten in den der Kolonialmacht unterworfenen Ländern und Völkern und der materiellen Nachwirkungen der Kolonialherrschaft ist ihre Sache nicht. Ihre Vertreter analysieren vielmehr Haltungen und Überzeugungen, Sprache und Geisteshaltung, um sie entweder zu sakralisieren oder zu problematisieren. Diese Gegenstände konstruieren sie simplifizierend aus bzw. analog zu der Annahme, dass weiße Westler (und das Wissen, das als «weiß» und «westlich» verstanden wird) Menschen aus dem Osten und Schwarzen bzw. People of Colour (und den «Wissensformen», die mit nichtwestlichen Kulturen assoziiert werden) überlegen seien, obwohl es sich dabei genau um das stereotype Denken handelt, dass sie ihrer eigenen Aussage nach bekämpfen wollen.[21]

Ein Vergleich der Geisteshaltungen

Natürlich gab es kolonialistische Narrative, sie sind in der Kolonialgeschichte (nicht nur der europäischen) leicht aufzufinden. So etwa dieses widerwärtige Beispiel aus dem Jahr 1871:

> Die Regeneration der minderwertigen oder degenerierten Rassen durch die überlegenen Rassen ist eine der vorsehungsmäßigen Aufgaben der Menschheit […] Die Natur hat eine Rasse von Arbeitern geschaffen, die chinesische Rasse, die sich durch wundervolle manuelle Geschicklichkeit auszeichnet und fast kein Ehrgefühl besitzt. Man regiere sie gerecht und erhebe von ihr als Lohn für den Segen einer solchen guten Regierung eine üppige Vergütung für die siegreiche Rasse, und sie wird zufrieden sein. Eine Rasse von Ackerbauern ist der Neger; man behandle ihn freundlich und human und alles wird sein, wie es sein soll. Eine Rasse von Herren und Soldaten ist die europäische Rasse […] Jede soll tun, wofür sie gemacht ist, und alles wird gut sein.[22]

Solche Haltungen findet man heute nur noch selten. Sie wurden im Lauf des 20. Jahrhunderts mit dem Ende des Kolonialismus und dem Aufstieg der Bürgerrechtsbewegungen moralisch immer unhaltbarer und würden heute mit Recht als rechtsextrem angesehen. Dennoch werden solche atavistischen Haltungen in der postkolonialen *Theorie* so behandelt, als hätten sie unauslöschlich die Art und Weise geprägt, wie auch heute noch geredet wird. Die postkoloniale *Theorie* stützt ihren Relevanzanspruch zu einem großen Teil auf die Annahme, dass die Ressentiments eines vor Jahrhunderten konstruierten Sprachgebrauchs an uns weitergegeben worden sind.

Die realen sozialen Veränderungen, dank denen die im obigen Zitat enthaltenen rassistischen Einstellungen heute fast universell anstößig sind, werden in der postmodernen oder postmodern orientierten Analyse folglich außen vor gelassen. Die Veränderungen beruhten auf einem liberalen Universalismus und Individualismus. Diese Form des Liberalismus ist durch die Überzeugung gekennzeichnet, dass Wissenschaft, Vernunft und Menschenrechte jedem einzelnen Individuum und nicht ausschließlich einer bestimmten Gruppe gehören, gleichgültig ob es sich dabei um Männer oder weiße Westler oder sonst eine Gruppe handelt. Postmoderne postkoloniale Ansätze unterscheiden sich radikal von diesem liberalen Ansatz und werden oft dafür kritisiert, dass sie orientalistische Binaritäten auf Dauer stellen, statt ihre Überwindung anzustreben.

> **Laut der (westlichen) kolonialen Geisteshaltung sind** «weiße Westler vernünftig und vertrauen auf die Wissenschaft, während Asiaten irrational und abergläubisch sind. Deshalb müssen die Europäer Asien zu seinem eigenen Besten regieren.»

> **Laut der liberalen Geisteshaltung verfügen** «alle Menschen über die Fähigkeit zur Vernunft und zu wissenschaftlichem Denken, sind individuell aber sehr unterschiedlich. Deshalb müssen allen Menschen sämtliche Chancen und Freiheiten eingeräumt werden.»

> **Laut der postmodernen Geisteshaltung hat** «der Westen die Idee, dass Vernunft und Wissenschaft gut und erstrebenswert seien, konstruiert,

um seine eigene Macht aufrechtzuerhalten und nichtrationale, nichtwissenschaftliche Formen der Wissensproduktion an anderen Orten zu marginalisieren».

Die liberale Geisteshaltung weist also den arroganten kolonialen Anspruch zurück, dass Vernunft und Wissenschaft nur auf den Westen beschränkt seien. Demgegenüber akzeptiert die postkoloniale Geisteshaltung diesen Anspruch, betrachtet aber Vernunft und Wissenschaft selbst nur als eine Art des Wissens und als repressiv; die von dieser Wissensform ausgehende Unterdrückung soll durch die Anwendung der Grundüberzeugungen des Postmodernismus bekämpft werden. Die angewandte postmoderne Geisteshaltung zum Kolonialismus ergänzt die postmoderne Geisteshaltung um eine aktivistische Schlussfolgerung.

Laut der Geisteshaltung des angewandten Postmodernismus hat «der Westen die Idee, dass Vernunft und Wissenschaft gut seien, konstruiert, um seine eigene Macht aufrechtzuerhalten und andernorts gängige nichtrationale, nichtwissenschaftliche Formen der Wissensproduktion zu marginalisieren. *Deshalb müssen wir heute die weißen, westlichen Wissensformen entwerten, weil sie zu weißen Westlern gehören, und östliche Formen fördern (um das Kräfteungleichgewicht auszugleichen).*»

Diese Praxis wird oft als *Dekolonisation* und Herstellung von *Forschungsgerechtigkeit* bezeichnet.

Alles dekolonisieren

Ursprünglich war die Forschung der postkolonialen *Theorie* fast gänzlich auf die Literaturkritik und Diskursanalyse von Schriften über den Kolonialismus beschränkt – und artikulierte sich oft in der schwer verständlichen Sprache der postmodernen *Theorie*. Mit der Zeit jedoch erweiterte und vereinfachte sich das Fach. In den frühen Nullerjahren des 21. Jahrhunderts begann das Konzept einer allgemeinen *Dekolonisierung* sowohl Forschung als auch Aktivismus zu dominieren, und neue Wissenschaftler benutzten und entwickelten die Ideen der postkolonialen *Theorie* auf verschiedene Weise weiter, um sie noch anwendbarer zu machen. Sie behielten die postmodernen Prinzipien und Themen bei, erweiterten jedoch den Blick über die Ideen und die Sprache des eigentlichen Kolonialismus hinaus auf alle Einstellungen, die ein Überlegenheitsgefühl gegenüber Personen mit bestimmten Identitäten zum Ausdruck brächten. Zu diesen Personen gehörten vertriebene indigene Gruppen und Angehörige ethnischer Minderheiten, die in irgendeiner Hinsicht als subaltern, einer Diaspora angehörend oder hybrid betrachtet wurden oder deren nichtwestliche Überzeugungen, Kulturen oder Sitten entwertet worden seien. Auch die Ziele der postkolonialen *Theorie* wurden konkreter: Ihre Vertreter wollten sich nicht mehr so sehr auf die Störung von Diskursen konzentrieren, die sie auf typisch postmoderne Art als kolonialistisch betrachteten, sondern aktive Schritte zu deren Dekolonisierung unternehmen. Dabei nutzten sie die militanten Methoden der Social-Justice-Bewegung, die sich seit 2010 immer mehr durchsetzten. Dies geschah insbesondere durch verschiedene Dekolonisierungsbewegungen, die als ein Produkt jüngerer *Theoretiker* betrachtet werden können; sie haben die Annahmen der postkolonialen *Theorie* verdinglicht und in die Tat umgesetzt.

Etwas zu dekolonisieren, das nicht buchstäblich kolonisiert ist, kann sehr verschiedene Formen annehmen. Es kann schlicht die Inklusion von Wissenschaftlern aller Nationalitäten und Ethnien bedeuten. Dies war das wichtigste Ziel der Kampagnen «Why is My Curriculum White?» und #LiberateMyDegree, die die britische National Union of Students (NUS) 2015 und 2016 organisierte.[23] Solche Kampagnen sollen dazu führen, dass weniger weiße Hochschullehrer aus früheren Kolonialmächten und mehr Hochschullehrer aus ehemaligen Kolonialgebieten beschäftigt werden. Gleichzeitig ist jedoch auch ein Streben nach einer größeren Vielfalt von «Wissensformen» und Epistemologien zu erkennen, die in der *Theorie* oft als «(andere) Arten des Wissens» bezeichnet werden. Damit geht eine starke Tendenz einher, Wissen, das als westlich verstanden wird, zu kritisieren, zu problematisieren und abzuwerten.

Dies kann geschehen, indem man reale Räume so versteht, als ob sie «Texte» wären, die dekonstruiert werden müssten – ein Beispiel, wie die postmoderne *Theorie* Grenzen zum Verschwimmen bringt und sich auf die Macht der «Sprache» konzentriert. Die Bewegung Rhodes Must Fall, die 2015 an der Universität Kapstadt mit dem Ziel entstand, eine Statue von Cecil Rhodes vom Universitätsgelände zu entfernen, und sich später auf andere Universitäten, einschließlich Oxford, ausdehnte, ist dafür ein gutes Beispiel. Der britische Geschäftsmann und Politiker Cecil Rhodes war ein wichtiger Wegbereiter der Apartheid in Südafrika; deshalb ist es absolut vernünftig, sich gegen Darstellungen zu wehren, die ihn in ein positives Licht rücken. Die von Rhodes Must Fall erhobenen Forderungen gingen jedoch weit über die Kritik an den ausbeuterischen und illiberalen Praktiken der Apartheid und des Kolonialismus hinaus. So wurde etwa in Oxford die Forderung, «beleidigende» kolonialistische Statuen und Bildwerke zu entfernen, mit anderen aktivistischen Anliegen verknüpft.[24] Dies schloss weitere Kampagnen ein, die eine bessere Repräsentation ethnischer Minoritäten an der Universität bewerkstelligen sollten, insofern diese mit der postkolonialen *Theorie* übereinstimmten, und führte auch zu einer stärkeren Überprüfung des Lehrangebots und der Lehrmethoden.

Um dies näher auszuführen: In der Einleitung zu *Decolonising the University* erklären die Herausgeber Gurminder K. Bhambra, Dalia Gebrial und Kerem Nişancıoğlu, dass sich Dekolonisierung auf die Erforschung des Kolonialismus sowohl in seinen materiellen als auch in seinen diskursiven Manifestationen beziehen und auch *alternative Arten des Denkens* mit einschließen kann.[25] Dabei handelt es sich um eine Variante der *Standpunkttheorie*, die auf der Überzeugung beruht, dass Wissen auf der gelebten Erfahrung verschiedener Identitätsgruppen beruht, die unterschiedlich in der Gesellschaft positioniert sind und deshalb andere Aspekte von ihr wahrnehmen.[26] Für dekoloniale Wissenschaftler sind sowohl «eurozentrische Formen des Wissens» als auch «die epistemologische Autorität, die ausschließlich der westlichen Universität als privilegiertem Ort der Wissensproduktion beigemessen wird»,[27] ein Problem, und «dabei kommt es nicht nur darauf an, solche Auffassungen zu dekonstruieren, sondern sie zu transformieren».[28] Mit anderen Worten: Als die Vertreter des dekolonialen Ansatzes aktivistische Methoden einsetzten, um mit der Entfernung der Statuen auf dem Campus ein symbolisches «textliches» Ziel zu erreichen, versuchten sie auch ihre eigenen Ränge zu stärken, indem sie die akademische Ausbildung so «reformierten», dass sie sich ausdrücklicher auf ihre Anwendungen der postmodernen *Theorie* stützte.

Zwei Schwerpunkte der postkolonialen *Theorie* treten bei dem Bestreben, alles zu dekolonisieren, deutlich zutage: nationale Herkunft und Race.[29] Bhambra und seine Kollegen etwa betrachten Wissen unter dem Einfluss von Said als geografisch situiert: «Der Inhalt des universitären Wissens bleibt prinzipiell vom Westen für den Westen beherrscht.»[30] Der *Theoretiker* Kehinde Andrews stützt sich stärker auf die Critical-Race-*Theorie*, und bei ihm hat Wissen mehr mit der Hautfarbe zu tun: «Die Vernachlässigung Schwarzen Wissens durch die Gesellschaft ist kein Zufall, sondern eine direkte Folge von Rassismus.» Wir müssen, rät er uns, «für immer auf den Gedanken verzichten, dass Wissen wertfrei produziert werden könnte. Unsere politischen Ansichten formen unser Verständnis der Welt, und die Vortäuschung von Neutralität führt ironischerweise dazu, dass unsere Bemühungen weniger wertvoll sind.»[31]

Man beachte die Behauptung, dass «wertfreies» und «neutrales» Wissen nicht zu erlangen sei und für immer aufgegeben werden müsse. Für die *Theorie* ist objektives Wissen, das unabhängig von seiner Identität für jeden wahr ist, nicht zu erlangen, weil Wissen für sie stets mit kulturellen Werten verbunden ist. Dies ist das Wissensprinzip des Postmodernismus. Laut der *Theorie* ist das derzeit höchstbewertete Wissen weiß und westlich, und sie interpretiert das als Ungerechtigkeit, gleichgültig, wie verlässlich das Wissen produziert wurde. Dies ist das politische Prinzip des Postmodernismus. Für diese vermeintlich folgenschwere Verkürzung des Wissensbegriffs steht in den «Aims» der Bewegung Rhodes Must Fall in Oxford der Begriff «universell». Sie verfolgt das Ziel, «das höchst selektive Narrativ der traditionellen akademischen Welt, das den Westen als den einzigen Produzenten universellen Wissens darstellt, durch die Integration unterdrückter und lokaler Epistemologien aufzuheben [...] [und dadurch] eine intellektuell stichhaltigere, vollständige akademische Welt [zu schaffen]».[32]

Auch die neusten Anwendungen der *Theorie* sind also von einem radikalen Skeptizismus gegenüber der Annahme geprägt, dass Wissen in einem objektiven, universellen oder neutralen Sinn wahr sein könnte. Dies führt ihre Anhänger zu der Überzeugung, dass Exaktheit und Lückenlosigkeit nicht durch methodisch saubere Arbeit, Skeptizismus und Evidenz, sondern durch identitätsbasierte «Standpunkte» und multiple «Arten des Wissens» zu erreichen sind.[33] Dass ein solcher Ansatz in der Regel nicht funktioniert, wird vernachlässigt, weil er als *gerechter* empfunden wird. Diese Überzeugung geht von einem *Sollen* aus, dem es nicht unbedingt darauf ankommt, was *ist*.

Auf dieser Grundlage wird historischer Revisionismus befürwortet und praktiziert – d. h. die Geschichte wird, oft im Dienst einer politischen Agenda, umgeschrieben –, indem man rigorose Methoden als «positivistisch» und daher parteilich denunziert. Dalia Gebrial drückt dies in *Decolonising the University* folgendermaßen aus:

> Die Vorstellung der Öffentlichkeit, was Geschichte sei, steht bis heute unter dem Einfluss positivistischer Tendenzen, laut denen die Aufgabe des Historikers lediglich darin besteht, in einem von keiner Macht beeinflussten Prozess Fakten über Vergangenheiten zu «enthüllen», die es wert sind, enthüllt zu werden. Dieses epistemologische Beharren auf der Geschichte als einem positivistischen Unternehmen funktioniert als ein nützliches Werkzeug der Kolonialität in der Institution, weil es die Machtbeziehungen unkenntlich macht, die dem zugrunde liegen, wie die «Produktion von Geschichte» bisher ausgesehen hat.[34]

De facto wird hier beklagt, dass Geschichte nicht objektiv sein kann, weil sie «von Siegern geschrieben» wird. Diese Kritik hat zwar einen wahren Kern, aber gerade die strengsten, empirisch orientierten Historiker versuchen, der Tendenz zur parteilichen Geschichtsschreibung dadurch entgegenzuwirken, dass sie nach Material suchen, das den Behauptungen ihrer Quellen widerspricht, um der Wahrheit näher zu kommen, von der sie im Gegensatz zu den Vertretern der *Theorie* glauben, dass sie existiert. Militärhistoriker zum Beispiel geben dem naiven Leser oft den Rat, die Angaben über die Zahl der an einer Schlacht beteiligten Soldaten durch zehn zu teilen, um eine realistischere Zahl zu bekommen. Die Tendenz zur massiven Übertreibung der Truppenstärken (vermutlich, um das Erzählte aufregender zu machen) wurde von empirisch orientierten Historikern entdeckt, als sie Dokumente über die Besoldung der Soldaten fanden. Ähnlich hat die empirisch orientierte feministische Forschung mit Hilfe juristischer und finanzieller Dokumente bewiesen, dass Frauen eine viel aktivere Rolle in Gesellschaft, Rechtswesen und Geschäftsleben spielten, als man lange angenommen hatte. Unser historisches Wissen ist zwar durch parteiische Quellen verzerrt, doch diese Verzerrung lässt sich eher durch empirische Überprüfung der aufgestellten Behauptungen und Entlarvung parteiischer Narrative abmildern, statt dadurch, eine größere Bandbreite parteiischer Quellen zu berücksichtigen und einige von ihnen für unantastbar zu erklären.

Neben der empirischen Forschung wird in den dekolonialen Narrativen auch häufig der Begriff der Vernunft angegriffen, weil postkoloniale Wissenschaftler sie als westliche Art des Denkens betrachten. So heißt es am Anfang des Aufsatzes *Decolonising Philosophy* (2018), der in dem Sammelband *Decolonising the University* erschien:

> Es lässt sich kaum bestreiten, dass Philosophie als Fach oder Disziplin in modernen westlichen Universitäten allgemein gesprochen bis heute eine Bastion des Eurozentrismus ist, des Weißseins im Allgemeinen und der strukturellen Privilegierung und Vormachtstellung weißer männlicher Heteronormativität im Besonderen.[35]

Der Wert philosophischer Konzepte wird im typischen Stil der Standpunkttheorie von Geschlecht, Race, sexueller Orientierung und geographischer Herkunft des Autors abhängig gemacht. Ironischerweise geschieht dies unter Berufung auf Foucaults Konzept von «Macht-Wissen», ungeachtet der empirischen Tatsache, dass er ein weißer westlicher Mann war und seinen größten Einfluss im Westen hatte.

Foucaults Konzept des Wissens und die Art, wie dieses Konzept benutzt wird, um Kategorien zu dekonstruieren, die zuvor als real akzeptiert wurden, ist prägend für diese ganze Linie theoretischen Denkens. So tritt es etwa in folgender Beschreibung der Mission der Dekolonisierung in Erscheinung:

> Kein ernsthafter Versuch einer Dekolonisierung der Philosophie kann sich damit zufriedengeben, einem bestehenden Arrangement von Macht-Wissen einfach nur neue Gebiete hinzuzufügen und die eurozentrischen Normen, die das gesamte Feld bestimmen, unangetastet zu lassen oder sie selbst zu reproduzieren. Wer sich etwa mit nichteuropäischen Philosophien befasst, sollte die Reproduktion problematischer Konzepte von Zeit, Raum und Subjektivität vermeiden, welche in die eurozentrische Definition der europäischen Philosophie und ihrer zahlreichen Avatare eingebettet sind.[36]

Es reicht also nicht aus, dem Feld, das man zu dekolonisieren wünscht, andere philosophische Ansätze hinzuzufügen. Postkoloniale *Theoretiker* bestehen vielmehr darauf, dass die europäische Philosophie insgesamt zu verwerfen ist, sogar bis zu dem Punkt, dass man *Zeit und Raum* als westliche Konstrukte dekonstruiert. (Wie wir sehen werden, wird diese Forderung auch in der Queer-*Theorie* erhoben, die mit sehr ähnlichen, von Michel Foucault abgeleiteten postmodernen Begriffen arbeitet.)

Innerhalb dieser ausgereiften postkolonialen *Theorie* sind alle vier postmodernen Themen deutlich erkennbar: das Verwischen von Grenzen, die Macht der Sprache, der Kulturrelativismus und die Verabschiedung von Begriffen des Universellen und Individuellen zugunsten von Gruppenidentitäten. Diese Themen sind für die Geisteshaltung von Verfechtern der postkolonialen *Theorie* und der Dekolonisierungsbewegung eindeutig zentral. Und sie kommen im folgenden Statement über den Zweck der dekolonisierenden Philosophie allesamt deutlich zum Ausdruck:

> Philosophie nimmt in den Diskursen in den Geisteswissenschaften offenbar einen besonderen Platz ein, da sie auf die Wurzel der Universität insgesamt fokussiert ist: die Vernunft. Zu ihren Aufgaben gehört es, Kriterien für die Definition der Humanwissenschaften, der Naturwissenschaften und der Sozialwissenschaften und ihrer Abgrenzung voneinander sowie für die Unterscheidung zwischen Vernunft und Glauben, Säkularismus und Religion und zwischen dem «Primitiven», dem Alten und dem Modernen zu liefern. Dies sind wichtige Säulen im Gebäude der

> modernen westlichen Rationalität und der modernen westlichen Universität. Die moderne westliche Forschungsuniversität und die modernen Geisteswissenschaften verdanken daher einen Großteil ihrer konzeptuellen Infrastruktur philosophischen Rezepturen für Rationalität, Universalismus und Subjektivität, für die Beziehung zwischen Subjekt und Objekt sowie zwischen Wahrheit und Methode, die in der dekolonialen Wende allesamt zu relevanten Zielen der kritischen Analyse werden.[37]

Dies ist ein Lehrbuchbeispiel für angewandten Postmodernismus, und es ist natürlich in die Tat umsetzbar. Das angestrebte Ziel wird oft als «Forschungsgerechtigkeit» bezeichnet.

Wie man Forschungsgerechtigkeit erreicht

Das Konzept der *Forschungsgerechtigkeit* beruht auf der Überzeugung, dass Wissenschaft, Vernunft, Empirismus, Objektivität, Universalität und Subjektivität als Mittel zur Erlangung von Wissen überbewertet und Emotionen, Erfahrungen, traditionelle Narrative, Sitten und spirituelle Überzeugungen unterbewertet sind. Deshalb sollten Letztere in einem kompletteren und gerechteren System der Wissensproduktion mindestens genauso hoch wie Erstere und, wegen der langen Herrschaft von Wissenschaft und Vernunft im Westen, sogar höher bewertet werden. Das 2015 von Andrew Jolivette herausgegebene Buch *Research Justice: Methodologies for Social Change* ist in diesem Zusammenhang wichtig. Jolivette, ehemaliger Inhaber des Lehrstuhls für American Indian Studies an der San Francisco State University, definiert die Ziele der in dem Buch vorgestellten Methodik wie folgt:

> «[F]orschungsgerechtigkeit» ist ein strategischer Rahmen und eine methodologische Intervention, die darauf abzielt, strukturelle Ungleichheiten in der Forschung zu überwinden […] Sie beruht auf einer Vision von gleicher politischer Macht und Legitimität für verschiedene Formen des Wissens, einschließlich kultureller, spiritueller und experimenteller Formen, mit dem Ziel der Herstellung von mehr Gleichheit bei staatlichen

> Maßnahmen und Gesetzen, die sich auf Daten und Forschungsergebnisse stützen, um soziale Veränderungen zu erreichen.[38]

Hierbei handelt es sich um Aktivismus. Seine Vertreter wollen in den Curricula der Universitäten (nicht unbedingt zu deren qualitativer Verbesserung) nicht nur das Verständnis von Wissen und wissenschaftlicher Strenge revolutionieren, sondern auch erreichen, dass staatliches Handeln sich künftig nicht mehr so sehr auf belegte und begründete Arbeiten, sondern mehr auf emotionale, religiöse und traditionelle Motive sowie insbesondere auf *gelebte Erfahrung* stützt. Sie stellen das Kernverständnis von «wissenschaftlicher Forschung» in Frage, das darin besteht, soziale Probleme durch die Sammlung und Auswertung empirischer Daten besser zu verstehen. Dieses Anliegen kommt in dem 2004 erschienenen Essayband *Decolonizing Research in Cross-Cultural Contexts: Critical Personal Narratives*[39] besonders gut zum Ausdruck. Der Schwerpunkt des Buchs liegt auf dem Fach Indigene Studien, herausgegeben wurde es von Kagendo Mutua, Professorin für Sonderpädagogik an der University of Alabama, und von Beth Blue Swadener, Professorin für Culture, Society and Education/Justice and Social Inquiry an der University of Arizona. Homi Bhabha zitierend, erheben die Herausgeberinnen in Bezug auf die Essays folgenden Anspruch:

> Diese Werke stehen im Zentrum vom «Beginn des Wesens» [vgl. Bhabha 1994, S. 13] eines disharmonischen, aufsässigen, nicht einzuspannenden (und deshalb nicht essenzialisierbaren) Wissens, das an dem exzentrischen Ort des neo-/post-/kolonialen Widerstands produziert wird, der «es der nationalen *(d. h. kolonialen/westlichen)* Geschichte niemals erlauben wird, sich narzisstisch in die Augen zu sehen».[40] (Hervorhebung im Original)

Folglich sind die Autoren in dem Essayband nicht verpflichtet, sinnvoll zu schreiben, vernünftig zu argumentieren, logische Widersprüche zu vermeiden oder irgendwelche Belege für ihre Behauptungen vorzubringen. Beim Streben nach Forschungsgerechtigkeit besitzen die üblichen Erwartungen an wissenschaftliche Forschung keine Gültigkeit. Das ist alarmierend, und es wird nach den Maßgaben der *Theorie* gerechtfertigt. Oder um es mit den Worten von Linda Tuhiwai Smith, Professorin für Indigenous Education an der University of Waikato in Neuseeland, auszudrücken:

> [A]uf dem Standpunkt der Kolonisierten, der Position, auf der ich schreibe und entscheide, wen ich zu privilegieren wünsche, ist der Begriff «Forschung» untrennbar mit dem europäischen Imperialismus und Kolonialismus verbunden. Das Wort selbst ist wahrscheinlich eines der schmutzigsten Wörter im Vokabular der indigenen Welt.[41]

Es ist unklar, wie diese Einstellung Menschen in der «indigenen Welt» helfen sollte, die mittlerweile – vorausgesetzt, dass die Zeit nicht dekolonisiert worden ist – ebenfalls in das 21. Jahrhundert eingetreten sind.

Letztlich läuft «Forschungsgerechtigkeit» darauf hinaus, wissenschaftliche Werke nicht nach ihrer wissenschaftlichen Strenge oder ihrer Qualität, sondern nach der Identität ihrer Schöpfer zu beurteilen, und dabei diejenigen Wissenschaftler vorzuziehen, die nach dem Verständnis der postkolonialen *Theorie* als marginalisiert zu betrachten sind, aber nur dann, wenn sie bei der Wissensproduktion Methoden befürworten und Schlüsse ziehen, die mit denen der postkolonialen *Theorie* übereinstimmen. Für Postmodernisten ist dieser Schachzug nur allzu verständlich, weil sie davon ausgehen, dass es keine objektiven Kriterien für wissenschaftliche Strenge und Qualität, sondern nur Privilegierte und Marginalisierte gibt. In der Wissenschaft (einschließlich der Sozialwissenschaft) gibt es jedoch ein objektives Kriterium für Qualität, nämlich die Übereinstimmung mit der Realität. Manche wissenschaftlichen Theorien funktionieren und andere nicht. Es ist schwer zu erkennen, wie wissenschaftliche Theorien, die aufgrund ihrer mangelnden Realitätsnähe funktionsuntüchtig sind, marginalisierten Menschen oder sonst irgendjemandem nutzen sollten.

Die Aufrechterhaltung des Problems in reaktionärem Gewand

Die Ansicht, dass rigorose, evidenzbasierte Forschung und logisch aufgebaute, vernunftgemäße, widerspruchsfreie Argumente westlich sind, während erfahrungsbezogenes, irrationales und widersprüchliches «Wissen» kolonisierten oder vertriebenen indigenen Personen eigen ist, wird natürlich nicht von allen kolonisierten und indigenen Wissenschaftlern geteilt. Viele von ihnen produzieren auch weiterhin empirische und materialistische Analysen wirtschaftlicher, politischer und juristischer Probleme in verschiedenen Settings. Sie kritisieren den postmodernen Ansatz im Postkolonialismus. Die vielleicht bedeutendste Kritikerin ist die indische postkoloniale Wissenschaftlerin Meera Nanda. Sie vertritt die Ansicht, dass postmoderne Wissenschaftler die Lösung vieler realer Probleme, die am besten mit Wissenschaft und Vernunft gelöst werden könnten, stark erschweren und mit ihrem Wissensverständnis orientalistische Sichtweisen auf Dauer stellen. Laut Nanda ist «die moderne Wissenschaft» für die postmodernen Wissenschaftskritiker «genauso eine lokale Tradition des Westens, wie das indigene Wissen des nicht-westlichen Subalternen ein lokales Wissen seiner Kultur ist».[42] Deshalb verstehe die postkoloniale *Theorie* die wissenschaftliche Kritik am traditionellen Wissen als

> Sache der «orientalistischen» Aufklärung, einer kolonialen Moderne, die eine westliche Konzeption von Vernunft und Modernität gegenüber nicht-westlichen Arten des Wissens und Seins privilegiert. Wir postkolonialen Hybriden sollen diese Behauptung von der «Universalität» und dem «Fortschritt» der Wissenschaft (die warnenden Anführungszeichen sind obligatorisch) nun durchschaut haben. Wir glauben nicht mehr an die «Binaritäten» von Wissenschaft und Nichtwissenschaft oder Wahrheit und Tradition, sondern sehen in dem einen immer auch das andere. In diesem Zustand der permanenten Hybridität besteht keinerlei Druck, Widersprüche aufzulösen […]: Lasst 1000 Widersprüche blühen![43]

Nanda erkennt, dass die Vertreter der postkolonialen *Theorie* das Problem des Orientalismus aufrechterhalten, wenn sie versuchen, durch essenzialistische Kategorienbildung einfach nur die Machtstrukturen umzukehren (der zutiefst Derrida'sche Trick, den Spivak absichtlich anwendet). Während der Kolonialismus den Osten als Gegenstück zum Westen konstruiert, konstruiert die postkoloniale *Theorie* mit voller Absicht den Osten in edlem, unterdrücktem Widerstand gegen den Westen (demgegenüber sind für den Liberalismus Menschen einfach Menschen, gleichgültig, wo sie leben). Für Nanda verhindert dieser postmoderne Ansatz mit seinem Fokus auf klassenunspezifischen Identitäten den technischen und sozialen Fortschritt, der den ärmeren Menschen in Indien nutzen würde, und passt deshalb besser zu konservativen als zu progressiven Einstellungen.[44] Außerdem betont Nanda, dass es eine Beleidigung für die Inder ist, ihnen irrationales und abergläubisches Wissen zuzuschreiben und anzunehmen, Wissenschaft sei eine Tradition, die dem Westen gehört, und nicht eine einzigartige menschliche Errungenschaft, die – wiewohl schwer zu etablieren – allen Gesellschaften gleichermaßen zum Vorteil gereicht.[45]

In der Tat. Die postmoderne Position, dass die westliche Gesellschaft von wissenschaftlichen und rationalen Diskursen dominiert werde, widerspricht dem Befund, dass die meisten von uns immer noch unseren gruppenspezifischen Narrativen, Kulturen und Überzeugungen anhängen und wenig über Wissenschaft wissen. Angriffe der religiösen Rechten und der postmodernen Linken auf die Wissenschaft sind in unserer Gesellschaft gang und gäbe und müssen stets bekämpft werden.

Eine gefährliche, bevormundende Theorie

Als angewandte postmoderne *Theorie* hat der Postkolonialismus erheblichen Einfluss auf die reale Welt und stellt im Gegensatz zum ursprünglichen Postmodernismus eine Bedrohung für die Gesellschaft dar. Der Drang, vom Haarschnitt[46] bis zu den Studienplänen in englischer Literatur einfach alles dekolonisieren zu wollen,[47] Gemälde von den Wänden zu reißen, Statuen zu zerschlagen und die Geschichte auszulöschen, während man revisionistische Diskussionen über sie eröffnet, lässt die Alarmglocken schrillen. Und wenn Winston Churchill, Joseph Conrad und Rudyard Kipling zu bloßen Symbolen des rassistischen Imperialismus erklärt werden, deren Schriften und Erfolge derart vergiftet seien, dass man sie nicht einmal mehr zur Kenntnis nehmen darf, sind nuancierte Debatten über Geschichte und Fortschritt unmöglich – und von den tatsächlichen Errungenschaften dieser Männer bleibt dann auch nichts mehr übrig.

Was noch schlimmer ist: Durch ihre Herabsetzung von Wissenschaft und Vernunft zu provinziellen westlichen Wissensformen bedroht die postkoloniale *Theorie* nicht nur die Fundamente fortgeschrittener Gesellschaften, sondern steht auch dem Aufstieg von Entwicklungsgesellschaften im Weg. Da viele Entwicklungsländer von einer technischen Infrastruktur profitieren würden, die menschliche Dauerkatastrophen wie Malaria, Wassermangel, schlechte Hygiene in abgelegenen ländlichen Gebieten usw. überwinden helfen könnte, ist der Zynismus der postkolonialen *Theorie* gegenüber wissenschaftlichem Fortschritt nicht nur moralisch hohl und bevormundend, sondern auch faktisch fahrlässig und gefährlich.

Großen praktischen Schaden richtet auch der Kulturrelativismus postmodern-postkolonialer Forscher und Aktivisten an. Sie fordern, dass der Westen fortan jede Kritik an anderen Kulturen sowie direkte Hilfsleistungen an die entsprechenden Länder einzustellen hat, nachdem er auf ihnen herumgetrampelt ist und ihnen ein fremdes Moralsystem aufgezwungen hat. Diese Haltung führt beim Menschenrechtsaktivismus zu großen ethischen Widersprüchen, die in der realen Welt ernste Folgen haben. Als etwa Feministinnen aus Saudi-Arabien, säkulare Liberale aus Pakistan oder Aktivisten für LGBT-Rechte aus Uganda versuchten, mit englischen Hashtags in den sozialen Medien die Unterstützung der englischsprachigen Welt für ihren Kampf gegen Menschenrechtsverletzungen zu gewinnen, kamen aus dem Lager der postkolonialen *Theorie* kaum Reaktionen. Hätte man von ihren akademischen und aktivistischen Vertretern nicht erwarten können, sich zu Fürsprechern dieses Kampfes zu machen? Die ausbleibende Unterstützung aus dieser Richtung mag verblüffend oder heuchlerisch erscheinen, ist jedoch innerhalb einer Theorie konsequent, die nicht an universelle Menschenrechte glaubt, sondern von binären Machtsystemen ausgeht, in denen es nur westliche Unterdrücker und östliche (oder, global gesehen, südliche) Unterdrückte geben kann. Daraus folgen zwei oft geäußerte Behauptungen:

Erstens kann eine nichtwestliche Kultur laut der postkolonialen *Theorie* nur dann dazu gebracht werden, Menschenrechtsverletzungen auf ihrem Gebiet einzuräumen, wenn man diese Kultur mit westlichen Vorstellungen von Menschenrechten und Menschenrechtsverletzungen überzogen hat. Dies sei strengstens verboten, weil es eine Machtdynamik verstärkt, deren Abschaffung der Existenzzweck der postkolonialen *Theorie* ist.

Zweitens behaupten die Vertreter der postkolonialen *Theorie* häufig, sämtliche Menschenrechtsverletzungen in ehemals kolonisierten Ländern seien ein Erbe des Kolonialismus, und lassen es bei dieser Analyse bewenden. Dies erschwert es offensichtlich, solche Verletzungen in ihrem spezifischen Kontext und zusammen mit den von den Tätern angeführten Begründungen zu bekämpfen, da diese oft mit nichtwestlichen religiösen oder kulturellen Überzeugungen zu tun haben. So führen beispielsweise postkoloniale *Theoretiker* die weitverbreiteten Angriffe auf Frauen, Säkulare und LGBT-Personen in streng islamistischen Kulturen nicht etwa, wie die Islamisten selbst, auf eine autoritäre Auslegung des Islam zurück, sondern interpretieren sie als Folgen des westlichen Kolonialismus und Imperialismus, der jene Kulturen pervertiert und dadurch die Übergriffe überhaupt erst verursacht hätte. Solche Vorstellungen sind ein direktes Hindernis für alle Säkularisierungskampagnen, mit denen man die Probleme abmildern könnte.

Die postkoloniale *Theorie* postuliert zuerst die Ursache eines Phänomens – und sucht anschließend nach Beweisen dafür. Da sie Unterdrückung nur im Zusammenhang mit Kolonialismus vermutet, sind ihre Aktivisten und Wissenschaftler auch nur dazu in der Lage, Kolonialismus als Ursache für Unterdrückung zu finden. Das hat zur Folge, dass sie die Fähigkeit verlieren, die von ihnen untersuchten Probleme zu verstehen (und dadurch zu ihrer Lösung beizutragen), und dass sie die Probleme tendenziell sogar noch verschlimmern. Die Rechte von Frauen und sexuellen und religiösen Minderheiten werden in der postkolonialen *Theorie* nämlich systematisch vernachlässigt, wenn sie durch andere als durch weiße Westler bedroht werden – ein Hindernis für die Verwirklichung sozialer Gerechtigkeit, aber ein integraler Bestandteil der Ideologie der Social-Justice-Bewegung.

Weil die Vertreter der postkolonialen *Theorie* Wissen und Ethik als kulturelle Konstrukte betrachten, die in der Sprache fortbestehen, kann es extrem schwierig sein, mit ihnen über Meinungsverschiedenheiten zu diskutieren. Belegte und logisch aufgebaute Argumente werden gemäß der *Theorie* als westliche Konstrukte verstanden und deshalb als unzulässig oder gar repressiv betrachtet. Stimmt man mit der postkolonialen *Theorie* nicht überein, so wird dies als Bestätigung eben dieser *Theorie* genommen, und man sieht sich dem Vorwurf ausgesetzt, zum eigenen Vorteil rassistische, kolonialistische oder imperialistische Einstellungen zu verteidigen und andere Standpunkte nicht zuzulassen.

Ferner kann eine Forschungsrichtung, die auf der Annahme beruht, dass es Machtungleichgewichte gibt, die sich aufdecken lassen, wenn man Sprache und soziale Interaktionen dekonstruiert, gar nicht umhin, auf immer tendenziösere Arten immer mehr Beispiele für «Othering», «Orientalismus» und «Aneignung» zu «finden». Dies mag wie ein Programmfehler aussehen, ist aber das entscheidende Merkmal des *kritischen* Ansatzes der *Theorie.* Der Interpretation und Dekonstruktion sind keine Grenzen gesetzt, und mit genug Motivation und Kreativität kann alles problematisiert werden. Große Sensibilität für die Sprache und das Hineinlesen von Machtungleichgewichten in sämtliche Interaktionen, die unter Beteiligung mindestens einer Person mit marginalisierter Identität und mindestens eines Westlers stattfinden, sind typisch für alle Formen der angewandten postmodernen Social-Justice-Forschung.

Man sollte das Problem nicht unterschätzen. Aus den Realitäten des Kolonialismus und seinen Folgen lässt sich nur dann etwas lernen, wenn sie mit wissenschaftlicher Strenge studiert werden. Postkoloniale Wissenschaftler und Aktivisten, die bestreiten, dass eine objektive Realität erkannt werden kann, und versuchen, die Geschichte in Übereinstimmung mit der *Theorie* umzuschreiben, tun das nicht. Dasselbe gilt auch für all jene, die logisches Argumentieren und evidenzbasierte Forschung, Wissenschaft und Medizin ablehnen, für jene, die glauben, dass Zeit und

Raum selbst westliche Konstrukte sind, und für jene, die sich einer unverständlichen, vernebelnden Prosa bedienen und ohnehin bestreiten, dass Sprache eine Bedeutung haben kann.

Diese Wissenschaftler, deren Einfluss weit größer ist als ihre Zahl, sind in der Regel an westlichen Eliteuniversitäten ausgebildet oder arbeiten dort. Sie arbeiten und denken innerhalb eines engen theoretischen Rahmens, der ursprünglich in Frankreich entwickelt wurde und sich auch in den Vereinigten Staaten und Großbritannien ausgebreitet hat. Ihr Tun hat nur eine sehr geringe praktische Relevanz für die Bevölkerungen ehemaliger Kolonien, die versuchen, mit den politischen und wirtschaftlichen Nachwirkungen des Kolonialismus fertigzuwerden. Es gibt kaum einen Grund zu der Annahme, dass diese irgendeine Verwendung für postkoloniale *Theorie* oder Dekolonialität haben, die nahelegen, dass die Mathematik ein Werkzeug des westlichen Imperialismus ist,[48] dass Lesen und Schreiben koloniale Technologien und Formen postkolonialer Aneignung darstellen,[49] dass die Forschung den Zweck hat, totalisierende Metatexte kolonialen Wissens zu produzieren,[50] oder die Frankreich und die Vereinigten Staaten mit deren Verständnis von großen schwarzen Hinterteilen konfrontieren.[51]

4 Queer-*Theorie*

Die Freiheit vom Normalen

Den Vertretern der Queer-*Theorie* ist es, insbesondere wenn es um Normen von Geschlechtsidentität und sexueller Orientierung geht, um die Befreiung vom Normalen zu tun. Sie halten schon die bloße Existenz von Kategorien für Geschlecht, Gender (Geschlechtsidentität) und sexuelle Orientierung für repressiv. Da die Queer-*Theorie* direkt vom Postmodernismus abstammt, haben ihre Vertreter extreme Zweifel, ob diese Kategorien überhaupt auf irgendeiner biologischen Realität beruhen. Vielmehr betrachten sie sie als absolut künstlich, als ein Produkt, das ganz davon abhängt, wie man über diese Dinge spricht. Die Biologie lassen sie dabei fast vollständig außer Acht (oder betrachten sie als Folge der Sozialisation); Geschlecht *(sex)*, Geschlechtsidentität *(gender)* und sexuelle Orientierung *(sexuality)* gelten dementsprechend als soziale Konstruktionen, die in der Sprache fortdauern. Diese Auffassung führt nicht gerade zu einer breiten Akzeptanz dieser Theorieströmung, ja viele Menschen halten sie mit Recht für ziemlich verrückt.

Die Queer-*Theorie* geht davon aus, dass durch Kategorisierung Unterdrückung entsteht, und zwar immer dann, wenn die Sprache ein Gefühl dafür konstruiert, was «normal» ist: Starre Kategorien von anatomischem Geschlecht, Gender und sexueller Orientierung (heterosexuell, schwul, lesbisch, bisexuell usw.) werden produziert und aufrechterhalten, indem man Menschen in diese Kategorien «einschreibt». Diese scheinbar unkomplizierten einfachen Konzepte sieht die Queer-*Theorie* als repressiv, wenn nicht gar als gewalttätig an; deshalb versucht sie sie zu untersuchen, in Frage zu stellen und zu unterlaufen.

Dazu bedient sich die Queer-*Theorie* des postmodernen Wissensprinzips und des politischen Prinzips des Postmodernismus, und dabei treten zwei Themen der postmodernen *Theorie* besonders in den Vordergrund:

die Macht der Sprache und das Verschwimmen von Grenzen. Die Sprache produziert Kategorien rund um Geschlecht, Gender und sexuelles Begehren, setzt sie durch und schreibt Menschen in sie hinein, und die Grenzen zwischen den Kategorien sind willkürlich, repressiv und können gelöscht werden, indem man sie bis ins offensichtlich Absurde verwischt. Diese Eigenschaften und das Ziel, alles, was als normal und angeboren gilt, zugunsten des «Queeren» abzulehnen, machen die Queer-*Theorie* oft auf frustrierende Weise inkohärent, unlogisch und unverständlich. Dennoch hat sie großen Einfluss auf die Entwicklung der angewandten postmodernen *Theorie* insbesondere in Bereichen wie Gender Studies, Transaktivismus, Disability Studies und Fat Studies.

Eine kurze Geschichte der Queer-*Theorie*

Wie die postkoloniale *Theorie* entwickelte sich auch die Queer-*Theorie* in einem bestimmten historischen Kontext. Sie entstand in radikalen Gruppen, die seit den Sechzigerjahren die wissenschaftliche Untersuchung von Feminismus und männlicher wie weiblicher Homosexualität revolutioniert hatten. Auch die Bürgerrechtsbewegung weckte für Fragen der Homosexualität, für ihre historische und aktuelle Kategorisierung und Stigmatisierung neues Interesse. Die Queer-*Theorie* war stark von der Aids-Krise in den Achtzigerjahren beeinflusst, in deren Folge Schwulenrechte zu einem wichtigen politischen und sozialen Anliegen wurden.

Wie die postkoloniale *Theorie* hat auch die Queer-*Theorie* einen soliden rationalen Kern. Unsere Sicht auf Homosexualität hat sich tatsächlich grundlegend geändert. In der gesamten Geschichte des Christentums wurde sie als abscheuliche Sünde betrachtet. Diese Haltung stand freilich in starkem Gegensatz zur Kultur der alten Griechen, in der es akzeptiert war, dass Männer Geschlechtsverkehr mit halbwüchsigen Jungen hatten, bis diese in ein heiratsfähiges Alter kamen. Erst dann wurde von den jungen Männern erwartet, dass sie zu Frauen wechselten. In beiden Fällen jedoch war Homosexualität etwas, das Menschen *taten*, und nicht etwas, das sie *waren*. Die Idee, dass man ein Homosexueller *sein* kann, setzte sich erst im 19. Jahrhundert langsam durch, als sie erstmals in der Medizin und in homosexuellen Subkulturen auftauchte. Die damaligen medizinischen Texte beschrieben Homosexualität als Perversion. Auch die öffentliche Wahrnehmung Homosexueller begann sich dann dank des Aufstiegs der Sexualwissenschaft gegen Ende des 19. Jahrhunderts allmählich so zu wandeln, dass Homosexualität Mitte des 20. Jahrhunderts tendenziell nicht mehr als strafwürdiges Verbrechen, sondern als eine beschämende Störung angesehen wurde, die es psychiatrisch zu behandeln galt.

Während der zweiten Hälfte des 20. Jahrhunderts änderte sich diese Einstellung erneut, bis sich ein dominanter liberaler Diskurs über die Homosexualität herauskristallisierte, der bis heute den moralischen Ton setzt. Die ihm zugrundeliegende Einstellung wird am besten wie folgt zusammengefasst: «Manche Leute sind schwul. Kommt damit klar.» Da die Queer-*Theorie* eine angewandte postmoderne *Theorie* ist, hält sie diese universelle liberale Idee, die unsere gemeinsame Menschlichkeit im Unterschied zur Zugehörigkeit zu einer Bevölkerungsgruppe mit einer bestimmten sexuellen Neigung betont, jedoch für problematisch. Ihre Kritik hängt sie daran auf, dass LGBT-Identitäten (lesbisch, schwul, bisexuell und trans) durch die liberale Brille wie stabile Kategorien erscheinen, obwohl sie nichts als soziale Konstrukte seien, die von den Mächtigen zum Zweck von Herrschaft und Unterdrückung geschaffen wurden.

Zwar hat sich unsere Einstellung zur Homosexualität in den letzten eineinhalb Jahrhunderten dramatisch gewandelt, aber unser Verständnis von Geschlecht und Gender ist erstaunlich stabil geblieben. Wir gehen seit jeher davon aus, dass unsere Gattung aus zwei Geschlechtern besteht und dass Geschlechteridentitäten mit dem Geschlecht korrelieren. Allerdings haben sich die Geschlechter-*Rollen* im Verlauf der Zeit beträchtlich verändert. In der Geschichte des Christentums wurden die Männer die meiste Zeit mit der öffentlichen Sphäre und dem Geist *(sapientia)* und die Frauen mit der privaten Sphäre und dem Körper *(scientia)* in Verbindung gebracht, was sich in Analogien wie «Der Mann verhält sich zur Frau wie die Kultur zur Natur» ausdrückte.[1] Deshalb wurden Frauen stets mit untergeordneten, häuslichen und Rollen der Fürsorge assoziiert, während Männer nach allgemeiner Überzeugung dazu da waren, Führungspositionen zu bekleiden, etwa als durchsetzungsstarke Manager, oder sich in öffentliche Angelegenheiten einzumischen. Dieser auf kulturellen Vorgaben beruhende *biologische Essenzialismus* dominierte die Gesellschaft, bis er durch feministisches Denken und feministischen Aktivismus ab Ende des 19. Jahrhunderts aufzuweichen begann.

Als der biologische Essenzialismus ins Wanken geriet, musste fortan mit größerer Klarheit zwischen Geschlecht und Geschlechtsidentität unterschieden werden. Wenngleich das englische Wort «Gender» erst ab dem 20. Jahrhundert auf Menschen bezogen wurde (einige Sprachen haben immer noch kein vergleichbares Wort), hat uns die *Vorstellung* von einer Geschlechtsidentität des Menschen offenbar schon immer begleitet. Das anatomische Geschlecht verhält sich zur Geschlechtsidentität wie Mann zu männlich oder Frau zu weiblich. Die Geschlechtsidentität wurde also schon immer als etwas verstanden, das mit dem Geschlecht zu tun hat und sich doch von ihm unterscheidet. Wem der Satz «Sie ist eine sehr maskuline Frau» sinnvoll erscheint, unterscheidet schon zwischen Geschlecht (einer biologischen Kategorie) und Geschlechtsidentität (Verhaltensweisen und Eigenschaften, die normalerweise stärker bei einem der beiden Geschlechter in Erscheinung treten). Die Geschichte ist voller Beispiele, in denen die Adjektive «männlich» und «weiblich» oder maskulin und feminin zustimmend oder ablehnend sowohl auf Frauen als auch auf Männer angewandt werden.

Dennoch fand in der zweiten Hälfte des 20. Jahrhunderts durch die zweite Welle des Feminismus im Westen eine tiefgreifende Veränderung statt, als Frauen die Kontrolle über ihre Fortpflanzungsfähigkeit erlangten und Zugang zu allen Berufen bei gleichem Lohn für gleiche Arbeit erhielten. Heute sind Frauen in allen Berufsfeldern zu finden und stoßen kaum mehr auf rechtliche oder kulturelle Zugangsbarrieren, wenngleich sie sich in der Wahl ihres Lebenswegs immer noch oft anders entscheiden als Männer. Zu einem vergleichbaren Wandel kam es auch durch die Schwulenrechte- und schließlich die Gay-Pride-Bewegung und die Bewegungen für Transrechte, denen es gelang, eine Reihe von rechtlichen und kulturellen Barrieren für LGBT-Personen zu beseitigen. Wenngleich die meisten dieser Erfolge aus der Anerkennung der biologischen Wurzeln von Geschlecht, Gender und sexueller Orientierung erwuchsen und überwiegend liberalen und individualistischen Haltungen entsprangen (im Sinne von: «Sie ist eine Transperson; okay, gut»), gelten sie Vertretern der Queer-*Theorie* – insbesondere solchen mit feministischer Perspektive – als Beweis für die soziale Konstruktion von Gender und sexueller Orientierung. So soll etwa der Unterschied zwischen Geschlecht und Gender allein als Beweis dafür herhalten, dass beides, die Geschlechtsidentität und sogar das biologische Geschlecht, soziale Konstruktionen sind.[2]

Da Geschlecht, Gender und sexuelle Orientierung für die Vertreter der Queer-*Theorie* in erster Linie von der herrschenden Kultur abhängige soziale Konstruktionen sind, geht es ihnen weniger um grundlegenden Fortschritt als um die Frage, wie der herrschende Diskurs Kategorien wie «männlich», «feminin» und «schwul» erschafft und erzwingt. Fairerweise muss hinzugefügt werden, dass die Vertreter und Aktivisten der Queer-*Theorie* zu Recht über die kulturellen Machtdynamiken besorgt sind, die ins Spiel kommen, wenn bestimmte Kategorien als *normativ* wünschenswert gelten. Vor diesem Hintergrund entstand die Queer-*Theorie*,[3] und ihre Gründungsfiguren, einschließlich Gayle Rubin, Judith Butler und Eve Kosofsky Sedgwick, stützten sich stark auf das Werk Michel Foucaults und sein Konzept der *Bio-Macht*, der Macht wissenschaftlicher (biologischer) Diskurse. Leider scheint ihnen entgangen zu sein, dass Menschen eher toleranter als intoleranter reagieren, wenn Geschlecht, Gender und sexuelle Orientierung einer Person biologisch legitimiert werden;[4] solche wissenschaftlichen Diskurse werden heute nicht mehr zu Zwecken der Ausgrenzung und Unterdrückung missbraucht. Ganz ohne die postmoderne *Theorie* hat der Liberalismus also den Fortschritt hervorgebracht, den die postmoderne Queer-*Theorie* so gerne für sich in Anspruch nimmt.

Queer als Verb und als Substantiv

Im Zentrum der Queer-*Theorie* stehen die Problematisierung von Diskursen (also der Frage, wie man über Dinge spricht), die Dekonstruktion von Kategorien und eine profunde Wissenschaftsskepsis. Wie schon

Foucault blickt sie dabei häufig auf die Geschichte, um zu veranschaulichen, dass gewisse Kategorien und Diskurse, die einst unhinterfragt als vernünftig oder richtig galten, mit der Zeit ihre Akzeptanz verloren. Demzufolge werden auch die Kategorien, die uns heute als evident erscheinen, also männlich/weiblich, maskulin/feminin, heterosexuell/homosexuell, nur durch dominante Diskurse sozial konstruiert. Folgt man den Queer-*Theoretikern*, wird in Zukunft nicht nur anders über Geschlecht, Gender und sexuelle Orientierung gedacht und gesprochen als heute, sondern wir werden diese Kategorien auch als fast gänzlich willkürlich und unendlich formbar betrachten.

An diesem Punkt kommt das Wort *queer* ins Spiel. «Queer» bezieht sich erstens auf alles, was sich jeder Binarität (wie männlich/weiblich, maskulin/feminin und heterosexuell/homosexuell) entzieht, und zweitens auf eine bestimmte Art, den Zusammenhang zwischen Geschlecht, Gender und sexueller Orientierung in Frage zu stellen. So wird etwa die Erwartung, dass Frauen feminin sind und sich zu Männern hingezogen fühlen, in Frage gestellt, und es wird auch bestritten, dass eine Person unter die Kategorien männlich oder weiblich, maskulin oder feminin fallen muss, dass sie überhaupt zwangsläufig eine bestimmte sexuelle Orientierung hat oder dass irgendeine dieser Kategorien als stabil zu betrachten ist. Queer zu sein bedeutet, dass eine Person zugleich männlich, weiblich oder weder noch sein kann, dass sie sich maskulin, feminin oder neutral geben und jede sexuelle Orientierung annehmen kann. Außerdem kann sie jede dieser Identitäten zu jedem beliebigen Zeitpunkt wechseln oder auch bestreiten, dass sie überhaupt eine Bedeutung haben. All das ist nicht nur ein Mittel, um sich individuell auszudrücken, sondern gleichsam ein politisches Statement, um die sozial konstruierten «Realitäten» von Geschlecht, Gender und sexueller Orientierung zu unterlaufen.

Wie die anderen postmodernen *Theorien* ist folglich auch die Queer-*Theorie* ein politisches Projekt, und ihr Ziel besteht darin, jede Erwartung zu zerstören, dass eine Person in Bezug auf ihr Geschlecht oder ihre Geschlechtsidentität binär zuordenbar ist, und die Annahme zu untergraben, dass das Geschlecht oder die Geschlechtsidentität einer Person etwas mit ihrer sexuellen Orientierung zu tun haben oder diese gar vorwegnehmen könnte. Stattdessen sollte man sich jeder einfachen Kategorisierung widersetzen. Generell besteht die politische Agenda der Queer-*Theorie* also darin, das in Frage zu stellen, was als *Normativität* bezeichnet wird: dass beim Menschen einige Dinge häufiger oder gewohnter sind und deshalb aus einer gesellschaftlichen (und daher moralischen) Perspektive mehr der Norm entsprechen als andere. Die Hauptbeschäftigung queerer *Theoretiker* besteht darin, zwei Bedeutungen von «normativ» miteinander zu verschmelzen und das moralische Verständnis des Begriffs strategisch zu nutzen, um daraus Probleme mit seiner deskriptiven Bedeutung abzuleiten. Normativität wird von den Vertretern der Queer-*Theorie* in kritischer Absicht oft mit einem Präfix wie *Hetero-* (straight) oder *Cis-* (Übereinstimmung von Geschlecht und Geschlechtsidentität) versehen. Indem die Normativität in all ihren Manifestationen in Frage gestellt wird, sollen die Minderheiten, die aus den normativen Kategorien herausfallen, unter dem einzigen Banner «queer» vereinigt werden. Dieses Projekt soll eine befreiende Wirkung auf all jene ausüben, die sich den Kategorien von Geschlecht, Gender und sexueller Orientierung entziehen, und zwar auch auf diejenigen, die sich solchen Zuordnungen ebenfalls entzögen, wenn sie nicht in ihre Kategorien hineinsozialisiert worden wären und durch gesellschaftlichen Zwang weiter an ihnen festhielten. Dieses Projekt führt zu einer faktischen Koalition von Minderheiten in den Bereichen geschlechtlicher und sexueller Identität, die mit einem angemessen instabilen Set von Akronymen bezeichnet werden, das tendenziell mit den Buchstaben LGBTQ beginnt.[5]

Da es sich um ein politisches Projekt für queere *Aktivisten* handelt, wird «queer» im Englischen in den letzten Jahren auch immer häufiger als Verb verwandt. Etwas zu «queeren» *(to queer)* bedeutet in diesem Sinne, Zweifel bezüglich seiner Stabilität zu wecken, scheinbar feststehende Kategorien zu untergraben und alle darin enthaltenen «Binaritäten» zu problematisieren. Wenn Wissenschaftler davon sprechen, etwas zu «queeren» *(queering)*, verstehen sie darunter, etwas systematisch aus den Kategorien herauszulösen, in denen wir es heute verstehen, und es auf neue und kontraintuitive Weise zu betrachten. Beim «Queeren» geht es also darum, jedes Gefühl von Normalität zu überwinden, um die Menschen von den Erwartungen, die durch herrschende Normen geweckt werden, zu befreien. Laut der Queer-*Theorie* erzeugen diese expliziten oder impliziten Erwartungen eine kulturelle und politische Macht («das Persönliche ist politisch») – ebenjene Normativität, die alle Personen, die sich nicht mit ihr identifizieren, einengt und unterdrückt. (Diese Kritik der Normativität wurde mittlerweile sogar auf die Konzepte von Zeit und Raum[6] erweitert und kann auch die Queer-*Theorie* selbst mit einschließen.[7]) In der Queer-*Theorie* geht es also im Wesentlichen um die Überzeugung, dass die Kategorisierung von Gender und sexueller Orientierung (oder sonst irgendeines Gegenstands) einen einzigen, vorherrschenden Diskurs – den normativen – legitimiert und ihn zur Beschränkung von Individuen einsetzt, und sie behandelt das Problem mit postmodernen Methoden und unter besonderer Berücksichtigung der *Theorien* Michel Foucaults und Jacques Derridas.

Aufgrund dieser Methodik ist die Queer-*Theorie* bekanntermaßen schwer zu fassen, zum Teil womöglich deshalb, weil Verständlichkeit weder mit dem radikalen Misstrauen vereinbar wäre, das ihre Vertreter gegen die Sprache hegen, noch mit ihrem Ehrgeiz, auch in Bezug auf die *Theorie* selbst jede Kategorisierung zu vermeiden. Dennoch versucht David Halperin in seinem 1997 erschienenen Buch *Saint Foucault: Towards a Gay Hagiography*, «queer» zu definieren. Er vertritt dort die Ansicht, Foucault habe mit seiner Idee, dass die sexuelle Orientierung ein Diskursprodukt sei, den politischen Aktivismus der Schwulen- und Lesbenbewegung revolutioniert, und bezeichnet «queer» als «*alles*, was mit dem Normalen, dem Legitimen, dem Dominanten auf Kriegsfuß steht. *Es gibt nichts Spezifisches, auf das es sich notwendig bezieht.* Es ist eine Identität ohne Essenz.»[8] (Hervorhebungen im Original.)

Weil das zentrale Merkmal der Queer-*Theorie* darin besteht, dass sie sich der Kategorisierung entzieht und der Sprache misstraut, ist es im Allgemeinen schwierig, mit ihr zu arbeiten. Sie ist nicht nur resistent gegen Definitionen im üblichen Sinne, sondern auch gegen funktionale Definitionen, die darauf abzielen, was sie tut. Arbeiten, in denen die Queer-*Theorie* zur Anwendung kommt, beginnen gewöhnlich damit, dass eine Idee untersucht und auf eine queere Art (etwa auch durch «Geschlechterverwirrung» bzw. «genderfucking»[9]) problematisiert wird, und enden mit dem Schluss, dass es keine Schlüsse geben kann. Oder wie es Annemarie Jagose, die Autorin von *Queer Theory: Eine Einführung*, formuliert: Queer ist «ein Begriff im Wandel. Allerdings muss sich seine Bedeutung nicht einfach nur festigen oder klarer herausbilden, denn gerade die Unbestimmtheit, die Elastizität ist ihm wesentlich.»[10] Die Inkohärenz der Queer-*Theorie* ist also eine beabsichtigte Eigenschaft und kein Fehler.

Das queere Erbe von *Sexualität und Wahrheit*

Trotz der bewussten Verrücktheit der Queer-*Theorie* – die Jagose zu ihren «Reizen» zählt – ist sie, was ihre sozialkonstruktivistischen Inhalte betrifft, zwar *größtenteils, aber nicht gänzlich unsinnig*. Wie heute allgemein eingeräumt wird, sind viele unserer Vorstellungen in Bezug auf Geschlecht, Gender und sexuelle Orientierung und insbesondere in Bezug auf die damit verbundenen Rollen soziale Konstruktionen, die in einem gewissen Ausmaß formbar sind, weil sich die Kultur im Lauf der Zeit verändert. Nur sehr wenige Menschen sind heute noch strenge Essenzialisten, und wer es doch noch sein sollte, wird von der Wissenschaft widerlegt.[11] Fast jeder akzeptiert heutzutage, dass die Ausprägungen von Geschlecht, Gender und sexueller Orientierung durch eine Mischung aus menschlicher Biologie und Kultur geformt sind. Oder wie es der Evolutionsbiologe E. O. Wilson formuliert: «Kein ernsthafter Wissenschaftler würde meinen, dass das menschliche Verhalten wie der tierische Instinkt ohne Intervention der Kultur funktioniert.»[12]

Dies ist jedoch nicht die vorherrschende Ansicht von Queer-*Theoretikern*. Die Queer-*Theorie* ist durch und durch postmodern und daher radikal sozialkonstruktivistisch. Jeder Diskurs, der, selbst wenn er auf wissenschaftlichen Fakten beruht, so interpretiert werden könnte, dass er den biologischen Essenzialismus irgendwie stützt, gilt als absolut unverzeihlich. Daher tritt die Biologie bei den Vertretern der Queer-*Theorie* in aller Regel nur zu zwei Zwecken in Erscheinung. Entweder sie wird als eine von vielen Wissensformen problematisiert, und zwar als eine chauvinistische, in die die Vorurteile mächtiger Gruppen eingeschrieben sind (etwa heterosexueller Männer, die sich besonders männlich fühlen); oder sie wird in Anspruch genommen, um etwas zu demonstrieren, das kein Mensch leugnet, nämlich dass es intersexuelle Menschen gibt. Auf die Existenz intersexueller Menschen wird wiederum nur hingewiesen, um die Tatsache zu verschleiern, dass eine überwältigende Mehrheit des Homo sapiens entweder männlichen oder weiblichen Geschlechts ist und dass der Geschlechtsausdruck *(gender expression)* beim Menschen überwiegend bimodal verteilt ist und stark mit dem biologischen Geschlecht korreliert. Diese unbestreitbaren Tatsachen werden kurzerhand als Auswüchse der Normativität problematisiert und daher von der Queer-*Theorie* unterdrückt.

Die radikale Missachtung der Biologie beschränkt nicht nur in der Queer-*Theorie* selbst, sondern in der *gesamten mit diesen Themen befassten Wissenschaft* die Fähigkeit, gesellschaftlich bedingte Aspekte des Geschlechtsausdrucks und der an das Geschlecht gerichteten Erwartungen streng wissenschaftlich zu untersuchen, und sie führt dazu, dass potenziell wertvolle Einsichten der Queer-*Theorie* für Wissenschaftler, die sich ernsthaft mit solchen Fragen befassen, nahezu irrelevant sind. Es gibt eine Reihe von Biologen und Psychologen, die das Wissen darüber erweitert haben, wie sich die Geschlechter biologisch und psychologisch im Durchschnitt unterscheiden (oder auch nicht), wie die sexuelle Orientierung zustande kommt und warum manche Menschen schwul, lesbisch, bisexuell oder trans sind, doch ihre Arbeit ist der Queer-*Theorie* nicht willkommen. Im Gegenteil: Solches Wissen wird generell mit dem größten Misstrauen als eine von Natur aus gefährliche oder gar «gewalttätige» Kategorisierung oder Einschränkung all jener betrachtet, die sich nicht als «maskuliner Mann» verstehen, «der sich zu Frauen hingezogen fühlt», oder als «feminine Frau, die sich zu Männern hingezogen fühlt».[13]

Dieses Verständnis von einer im Kern repressiven Wissenschaft kann größtenteils auf Michel Foucault zurückgeführt werden. Er analysierte die Produktion von «Macht-Wissen»: Wie wird Wissen im Dienst der Macht durch Diskurse sozial konstruiert? Dabei interessierte er sich besonders für «Bio-Macht»: die Frage, wie die biologischen Wissenschaften das Wissen legitimieren, das die Mächtigen zur Aufrechterhaltung ihrer Herrschaft nutzen. In seiner vierbändigen Geschichte der Sexualität, *Sexualität und Wahrheit*,[14] vertritt Foucault die Ansicht, dass es seit dem späten 17. Jahrhundert keineswegs (wie neomarxistische Denker wie Marcuse behauptet hatten) verboten war, über Sex zu sprechen, sondern dass sich der Diskurs darüber seither vielmehr entgrenzte, und zwar sowohl was den Sexualakt selbst als auch was das biologische Konzept der Sexualität betraf. Als Wissenschaftler begannen, die Sexualität zu kategorisieren und zu studieren, verliehen sie ihr laut Foucault zugleich Gestalt und hoben die damit einhergehenden sexuellen Identitäten und Kategorien aus der Taufe.

> Die Gesellschaft, die sich im 18. Jahrhundert entwickelt – man mag sie bürgerlich, kapitalistisch oder industriell nennen, hat dem Sex nicht eine fundamentale Erkenntnisverweigerung entgegengesetzt. Sie hat im Gegenteil einen ganzen Apparat in Gang gebracht, um wahre Diskurse über ihn zu produzieren.[15]

Laut Foucault erlangten die von diesem «Apparat» produzierten Diskurse als «Wahrheit» soziale Legitimität und durchdrangen in der Folge alle Bereiche der Gesellschaft. Bei diesem Prozess der Machtausübung zwingen jedoch keine säkularen oder religiösen Autoritäten dem gemeinen Volk eine Ideologie auf, wie es noch die marxistischen Philosophen behauptet hatten. Im marxistischen Denken lastet die Macht wie ein Gewicht allein auf dem Proletariat. Nach Foucault funktioniert die Macht eher wie ein Netz, das alle Schichten der Gesellschaft durchzieht und bestimmt, was die Leute für wahr halten, und damit auch, wie sie darüber sprechen. Gemäß seiner *Theorie* ist Macht ein System, das wir alle permanent aufrechterhalten, und zwar durch die Art und Weise, wie wir über die Dinge sprechen, und mit den Ideen, die wir als legitim anzuerkennen bereit sind – ein System, in dem wir sozialisiert werden. Der Hauptschuldige bei der Legitimation von Wissen – und damit von Macht – ist für Foucault die Wissenschaft, die genau aus diesem Grund in der Gesellschaft so hohes Ansehen genießt. Das meinte er, als er von «Bio-Macht» schrieb: Die Wissenschaft «bezog den souveränen Standpunkt der Hygieneimperative», und «im Namen einer dringenden biologischen und historischen Notwendigkeit rechtfertigte sie die drohend bevorstehenden Staatsrassismen», denn «[s]ie begründete sie in ‹Wahrheit›».[16] Foucault vertritt die Ansicht, dass das gesamte Gesellschaftssystem von Macht durchdrungen ist, die sich durch machtvolle Diskurse selbst perpetuiert. Er bezeichnete dies als «Allgegenwart der Macht».

«Nicht weil sie alles umfasst, sondern weil sie von überall kommt, ist die Macht überall», schreibt er.[17] Nach Foucault ist die Macht auf allen Ebenen der Gesellschaft präsent, weil bestimmte Arten von Wissen legitimiert und durchgehend als wahr akzeptiert worden sind. Die Menschen haben gelernt, in den vorherrschenden Diskursen zu sprechen, was diese weiter verstärkt. Macht funktioniert laut Foucault nicht deshalb auf diese Weise, «weil sie das Privileg hat, unter ihrer unerschütterlichen Einheit alles zu versammeln, sondern weil sie sich in jedem Augenblick und an jedem Punkt – oder vielmehr in jeder Beziehung zwischen Punkt und Punkt – erzeugt».[18] Diese Aussage ist zu einem der wichtigsten Glaubenssätze der heutigen Aktivisten des angewandten Postmodernismus und der Social-Justice-Bewegung geworden: Die ungerechte Macht ist immer und überall, und sie manifestiert sich in Vorurteilen, die weitgehend unsichtbar sind, weil sie als «normal» internalisiert wurden.[19] Daraus folgt, dass die Sprache genau überprüft werden muss, um herauszufinden, welche Diskurse sie aufrechterhält, und zwar unter der Prämisse, dass Rassismus, Sexismus, Homophobie, Transphobie oder andere latente Vorurteile in diesen Diskursen enthalten sind; solche Einstellungen müssen in der Gesellschaft, die diese Diskurse hervorbringt, dann wiederum endemisch sein. (Es handelt sich um einen Zirkelschluss.) Das «Problematische» muss identifiziert und aufgedeckt werden, gleichgültig, ob es in der Rede eines Präsidenten oder in der jahrzehntealten Tweet-Geschichte eines relativen Niemand auftaucht. Der weitverbreitete Slang-Begriff «*woke*» («erwacht») bedeutet, dass man sich der problematischen Inhalte von Sprache bewusst geworden und fortan besser gerüstet ist, sie zu erkennen.

Schon in den Siebzigerjahren legte Foucault die philosophischen Grundlagen für diese Annahmen und für die Queer-*Theorie* der Neunzigerjahre. Sie umfassten das tiefe Misstrauen gegen die Wissenschaft als der zentralen Form repressiver Machtausübung (statt objektiver Wissensproduktion), grundlegende Skepsis gegenüber jedweder Kategorisierung von Gender und sexueller Orientierung, das Bekenntnis zum sozialen Konstruktivismus und die intensive Beschäftigung mit Sprache als dem Mittel, durch das die als Wissen verkleidete Macht alle Ebenen der Gesellschaft infiltriert und vorgibt, was in der Gesellschaft als normal akzeptiert wird.

Die drei Patinnen der Queer-*Theorie*

Die Queer-*Theorie* entwickelte sich aus einer postmodernistischen Perspektivierung von Geschlecht, Gender und sexueller Orientierung. Ihre drei Gründungsfiguren sind Gayle Rubin, Judith Butler and Eve Kosofsky Sedgwick. Sie stützten sich alle drei stark auf Foucault, nahmen das Übel der Normativität ins Visier und legten das Fundament für die wichtigsten Projekte der Queer-*Theorie*, die Mitte der Achtzigerjahre entstanden sind.

Gayle Rubin vertritt in ihrem 1984 erschienenen Essay *Thinking Sex* die Ansicht, dass das, was wir (in rein moralischer Hinsicht, ohne jede qualitative Überlegung) als «guten» oder «schlechten Sex» betrachten, von verschiedenen Gruppen und ihren Diskursen über Sexualität konstruiert wird.[20] Gestützt auf Foucaults Konzept der sozialen Konstruktion der Sexualität seit dem 19. Jahrhundert, ist Rubin zutiefst skeptisch, was biologische Studien über Sex und Sexualität betrifft. Ihr Essay stellt einen grundlegenden Beitrag zur Queer-*Theorie* dar, weil sie sich darin das vorknöpft, was sie als «sexuellen Essenzialismus» bezeichnet – «den Gedanken, dass Sex eine natürliche Kraft ist, die dem sozialen Leben vorausgeht und Institutionen formt».[21] Für Rubin ist es

> unmöglich, mit irgendeiner Klarheit über die Politik in den Bereichen Race oder Gender nachzudenken, wenn man diese als biologische Größen und nicht als soziale Konstrukte denkt. Ähnlich lässt sich auch die Sexualität nicht politisch analysieren, solange sie primär als ein biologisches Phänomen oder ein Aspekt der Individualpsychologie betrachtet wird.[22]

Der rein programmatische Aspekt hinter dieser Argumentation ist offensichtlich. Wenn Geschlecht, Gender und sexuelle Orientierung soziale

Konstrukte und keine biologischen Eigenschaften sind, *ist es leichter, diese Dinge zu politisieren und Veränderungen zu fordern.* Während Foucaults zynische Lesart der Geschichte der Sexualität noch eine gewisse Skepsis gegenüber politischem Interventionismus erkennen lässt, zielt Rubin eindeutig darauf ab, den Ist-Zustand zu verändern. Diese Haltung unterscheidet den *angewandten* vom klassischen Postmodernismus – mit Folgen: Sie untergräbt das Vertrauen der Öffentlichkeit in die Universität, die generell als Wächterin des Wissens über das *Seiende* betrachtet wird, und verwandelt sie in eine Art Kirche, die den Leuten sagt, was sie denken und glauben *sollen.*

Diese programmatische Sicht der Dinge ist der Kern der Queer-*Theorie*, und sie widerspricht sowohl den Kriterien strenger wissenschaftlicher Forschung als auch der Ethik des universellen liberalen Aktivismus, der für Gleichberechtigung unabhängig von der Geschlechtsidentität und dem LGBT-Status eintritt: Ein Liberaler kann auch dann die Ansicht vertreten, dass kein Mensch diskriminiert werden darf, wenn er nicht der Überzeugung ist, dass Gender und sexuelle Orientierung sozial konstruiert sind. Demgegenüber formuliert Rubin in *Thinking Sex* folgende Position:

> Im biologischen Verständnis der Sexualität lauern Konzepte der sexuellen Unterdrückung. Es ist oft leichter, auf die Vorstellung einer natürlichen Libido zurückzugreifen, die auf unmenschliche Weise unterdrückt wird, als Konzepte sexuellen Unrechts in einem konstruktivistischeren Rahmen neu zu formulieren. Doch es ist unverzichtbar, dass wir dies tun.[23]

Laut Rubin ist es unerlässlich, biologische Erkenntnisse zu dementieren und sich stattdessen voll und ganz der Überzeugung hinzugeben, dass Geschlecht und sexuelle Orientierung in einer ungerechten Hierarchie konstruiert sind,[24] obwohl die Autorin einräumt, dass es leichter wäre, zu akzeptieren, was viel wahrscheinlicher ist: dass es von Natur aus verschiedene sexuelle Orientierungen gibt und einige zu Unrecht diskriminiert werden.

Rubins *Thinking Sex* ist sowohl ein Vorzeichen der kommenden Entwicklung des Konzepts der Intersektionalität als auch eine Ablehnung damaliger Formen des radikalen Feminismus. In Bezug auf die Hierarchie sexuellen Begehrens bemerkt sie: «Diese Art der Sexualmoral hat mehr mit rassistischen Ideologien als mit echter Ethik zu tun. Die dominanten Gruppen gelten als rein und tugendhaft, die Unterprivilegierten als lasterhaft.»[25] Wie Rubin außerdem erkennt, ist die Sexualität «ein Überträger der Unterdrückung. [Er] bewegt sich quer zu anderen Arten der sozialen Ungleichheit und sortiert Gruppen und Einzelpersonen nach seiner eigenen immanenten Dynamik.»[26] In diesem Zusammenhang nimmt Rubin auch den damals vorherrschenden (radikalen) Feminismus aufs Korn, der eine sehr negative Einstellung zu Sex und Sexualität hatte und den Schwerpunkt auf die materiellen Schäden der sexuellen Objektifizierung legte – ein Ansatz, den Rubin (nicht ganz zu Unrecht) mit gesellschaftlich konservativen bis rechten Ansichten vergleicht.

Laut Rubin ist ein radikaler Konstruktivismus, der sich auf Diskurse rund um das Thema Sexualität konzentriert, die Grundvoraussetzung für die Befreiung von Menschen, deren sexuelle oder geschlechtliche Identität nicht den Normen cisgender, geschlechtskonform und heterosexuell entspricht. Die Ablehnung biologischer Erkenntnisse wird als politische Notwendigkeit betrachtet und geht mit einem profunden moralischen Relativismus in Bezug auf die sexuelle Orientierung (einschließlich einer Verteidigung der Pädophilie) einher. Wir sehen also, dass die Vertreter der Queer-*Theorie* die Wissenschaft verwerfen, wenn deren Ergebnisse der *Theorie* widersprechen, dass sie den Liberalismus verwerfen, wenn er der universellen Menschlichkeit oberste Priorität einräumt, und dass sie den Feminismus ablehnen, wenn er Frauen als Klasse betrachtet, die von einer anderen Klasse, den Männern, unterdrückt wird. Stattdessen hat «Queerness» immer erste Priorität.

Die einflussreichste Vertreterin der Queer-*Theorie* ist Judith Butler. Ihr Werk hat schon innerakademisch die Grenzen der Queer-*Theorie* weit überschritten und wirkt mittlerweile sogar weit in die Gesellschaft hinein. Butler ist eine vom französischen feministischen Denken beeinflusste amerikanische Philosophin, die sich ebenfalls stark auf den Postmodernismus und insbesondere auf das Werk Foucaults und Derridas stützt. Auch ihr wichtigster Beitrag zur Queer-*Theorie* besteht darin, den gemeinhin unterstellten Zusammenhang zwischen anatomischem Geschlecht (den biologischen Kategorien männlich und weiblich), Gender (den Verhaltensweisen und Eigenschaften, die gewöhnlich mit einem der beiden Geschlechter assoziiert werden) und sexueller Orientierung (der Art des sexuellen Begehrens) in Frage zu stellen.

In den Neunzigerjahren reagierte Butler phobisch auf jeden Anflug von biologischem Essenzialismus. Sie begründete ausführlich, dass die Geschlechtsidentität und das anatomische Geschlecht zwei verschiedene Dinge seien und kein notwendiger Zusammenhang zwischen ihnen bestehe. Die Geschlechtsidentität ist für sie *ausschließlich* sozial konstruiert, eine Behauptung, die so hanebüchen ist, dass extensive *Theorie*arbeit notwendig war, um ihr Glaubwürdigkeit zu verleihen. Dies gelang Butler vor allem durch die Einführung ihres bekanntesten Konzepts: der *Gender-Performativität (gender performativity)*. Es handelt sich um einen bemerkenswert komplizierten Gedanken, den sie in ihrem 1993 erschienenen Buch *Körper von Gewicht: Die diskursiven Grenzen des Geschlechts* entwickelt und als «die ständig wiederholende und zitierende Praxis» bezeichnet, «durch die der Diskurs die Wirkungen erzeugt, die er benennt».[27] Demzufolge wird etwas geschaffen, indem man es in sinnvolle Kategorien einordnet und durch die in der Sprache codierten Verhaltensweisen und Erwartungen «real» werden lässt. Neben anderen Merkmalen stechen dabei sofort das von Foucault abgeleitete postmoderne politische Prinzip und das mit ihm verbundene Thema Macht der Sprache ins Auge.

Obwohl die Gender-Performativität (oder Performativität der Geschlechtsidentität) vielleicht an ein Bühnenschauspiel denken lässt, ist das Konzept von einem Zweig der Linguistik abgeleitet, der nichts mit Schauspielerei zu tun hat. Ein männlicher Schauspieler könnte zum Beispiel auf der Bühne eine Frauenrolle spielen, ohne zu vergessen, dass er nach wie vor ein Mann ist. Das ist es jedoch nicht, was Butler meint, wenn sie die Geschlechtsidentität als «performativ» bezeichnet, denn ein solches Bewusstsein würde eine «vorgängige existierende Identität, an der ein Akt oder Attribut gemessen werden könnte»,[28] voraussetzen, die es, wie sie betont, in Bezug auf die Geschlechtsidentität nicht gibt. Stattdessen werden Geschlechterrollen, wie sie in ihrem richtungsweisenden

Buch *Das Unbehagen der Geschlechter* (1990) festhält, oft unwissentlich durch Sozialisation vermittelt und eingeübt – als Bündel von Verhaltensweisen, Manieren und Erwartungen. Die Geschlechtsidentität ist für Butler etwas, das eine Person *tut*, und nichts, was etwas damit zu tun hätte, wer sie *ist*. Die Gesellschaft zwingt sie auf und verbindet sie mit sprachlichen Signalwörtern wie «männlich» und «maskulin». Für Butler können die Menschen wegen des enormen Sozialisationsdrucks und der Normativität der Geschlechterrollen gar nicht anders, als diese «richtig» zu spielen, als ob sie ein geprobtes Skript verinnerlicht hätten, und dadurch letztlich die soziale Realität namens «Gender» auf Dauer zu stellen.

Butlers Ansicht nach steht bei der Geburt nicht fest, ob Menschen männlich, weiblich, hetero oder schwul sind, und deshalb verhalten sie sich später auch nicht in Übereinstimmung mit solchen vermeintlich angeborenen Faktoren. Stattdessen verläuft ihre Sozialisation von Geburt an unter dem Einfluss allgegenwärtiger Rollen und der mit ihnen verbundenen sozialen Erwartungen und Instruktionen (Normativität). Daher repräsentieren Heterosexualität oder Homosexualität für Butler an sich auch keine stabilen oder festen Kategorien, sondern sind Rollenerwartungen, denen Menschen gerecht werden. Indem Menschen entsprechende Rollen «aufführen», also die mit ihnen verbundenen sozialen Erwartungen erfüllen (Performativität), erzeugen sie die (repressive) Illusion, dass die Rollen selbst real, stabil und von Natur aus gegeben sind. Deshalb ist die Vorstellung der *diskursiven Konstruktion* – also die Idee, dass die Art, wie eine bestimmte Gesellschaft über die Dinge spricht, die Dinge selbst legitimiert und als offensichtlich wahr erscheinen lässt – der Schlüssel zum Verständnis der Queer-*Theorie*.

Butlers ironisch distanzierter Blick auf die Geschlechtsidentität ist also sehr stark an Foucault angelehnt. Auch sie zeichnet das Bild einer riesigen, gleichermaßen bewusst wie unbewusst ablaufenden Verschwörung – ein vertrautes Thema der angewandten postmodernen *Theorie*. Laut Butler enthüllt sich «das Postulat einer wahren geschlechtlich bestimmten Identität […] als regulierende Fiktion».[29] Die «regulierenden Fiktionen» anatomisches Geschlecht, Gender und sexuelle Orientierung werden ihrer Ansicht nach durch die allgegenwärtige Gender-Performativität aufrechterhalten: «Sie sind Teil jener Strategie, die den performativen Charakter der Geschlechtsidentität […] verschleiert.»[30] Für Butler besteht die Mission der Queer-*Theorie* und des queeren Aktivismus deshalb darin, «die performativen Möglichkeiten [der] Konfigurationen der Geschlechtsidentität jenseits des einschränkenden Rahmens der maskulinen Herrschaft und der Zwangsheterosexualität zu vervielfältigen».[31] Das heißt: Wenn wir die Geschlechtsidentität als performativ erkennen, sehen wir auch, dass sie so aufgeführt werden kann, dass sie weder das Maskuline noch das Heterosexuelle privilegiert.

Butler entwickelt diese *Theorie*, indem sie sich einerseits auf Derridas Idee des *Phallogozentrismus* stützt – demnach wird die soziale Realität durch eine Sprache konstruiert, die das Maskuline bevorzugt – und andererseits Adrienne Richs Konzept der *erzwungenen Heterosexualität*[32] erweitert. Laut diesem Konzept wird die Heterosexualität in der Gesellschaft als der natürliche Seinszustand betrachtet, während die Homosexualität als Perversion im Skript steht, um der Vorschrift, «hetero zu performen», Nachdruck zu verleihen. Butler ist freilich pessimistisch, was unsere Fähigkeit zur Durchbrechung dieser angeblich hegemonialen Diskurse betrifft. (Das Konzept des hegemonialen Diskurses – eine Art, über die Dinge zu sprechen, die eine fast unangreifbare Macht besitzt – hat die *Theorie* von dem marxistischen Philosophen Antonio Gramsci übernommen.) Sie glaubt vielmehr, dass es unmöglich ist, aus den diskursiv erzeugten sozialen Konstruktionen herauszutreten: Wir können sie nur stören und unterbrechen, um Raum für diejenigen zu schaffen, die nicht passen.

Butlers Lösungsvorschlag hatte großen Einfluss auf die Aktivisten in ihrem Schlepptau. Sie befürwortete eine *Politik der Parodie*, eine Praxis der «subversiven und parodistischen Wieder-Einsetzung der Macht».[33] Mit diesem Ansatz sollen die Muster der Gender-Performativität, insbesondere der Phallogozentrismus und die erzwungene Heterosexualität, die «sich durch eine ständige Wiederholung ihrer Logik, Metaphysik und naturalisierten Ontologien selbst zu erweitern versuchen»,[34] unterlaufen werden, indem man sie absurd erscheinen lässt. Zu diesem Zweck empfiehlt Butler eine «Form von subversiver Wiederholung, [die] das Regulierungsverfahren der Identität selbst in Frage stellen könnte».[35] Dies wird oft durch «Genderfuck» bewerkstelligt, eine Strategie, die im Queer Lexikon beschrieben wird als «Geschlechtspräsentationen, die mit Geschlechtsstereotypen spielen und bewusst verwirren möchten, indem» – etwa durch den Einsatz von Drag oder «Queer-Camp-Ästhetik» – «verschiedene Geschlechterstereotype miteinander vermischt werden».

Der Einsatz der Butler'schen Parodie soll dazu motivieren, die Annahmen in Frage zu stellen, auf denen die Gender-Performativität beruht, um diese als eine sozial konstruierte Illusion sichtbar zu machen, die in ihren aktuellen Formen sowohl willkürlich als auch repressiv ist. Ziel muss sein, sich von den herkömmlichen Kategorien und den mit ihnen verbundenen Erwartungen zu befreien. Judith Butler tritt für mehr Inkohärenz ein. Wenn ein Aktivist die Inkohärenz rigider Kategorien von Geschlecht, Gender und sexueller Orientierung offensichtlich oder gar lächerlich machen kann, verliert auch die durch sie bewirkte Unterdrückung an Plausibilität. Butler vertritt diese These so hartnäckig, dass sie sogar in Frage stellt, ob das biologische Geschlecht etwas anderes sein kann als ein kulturelles Konstrukt. So schreibt sie in *Das Unbehagen der Geschlechter*:

> Wenn man den unveränderlichen Charakter des Geschlechts bestreitet, erweist sich dieses Konstrukt namens «Geschlecht» ebenso kulturell hervorgebracht wie die Geschlechtsidentität. Ja, möglicherweise ist das Geschlecht *(sex)* immer schon Geschlechtsidentität *(gender)* gewesen, so dass sich herausstellt, dass die Unterscheidung zwischen Geschlecht und Geschlechtsidentität letztlich gar keine Unterscheidung ist.[36]

Butler griff die damals vorherrschenden Formen des Feminismus direkt an, indem sie – recht umständlich – fragte: «Stellt nicht die Konstruktion der Kategorie ‹Frau(en)› als kohärentes festes Subjekt eine unvermeidliche Regulierung und Verdinglichung der Geschlechterbeziehungen *(gender relations)* dar?»[37] Könnten also die Arten, wie wir «Frau» als eine reale biologische Kategorie betrachten, die unbeabsichtigte Folge haben, der Vorstellung, was es ist, eine Frau zu sein, überhaupt erst «Stabilität und Kohärenz» zu verleihen?

Für Butler führt allein schon die Existenz kohärenter und fester Kategorien wie «Frau» zu totalitären und repressiven Diskursen. Wenngleich die meisten Menschen diesen Schluss absurd fänden, beruht ihre queere *Theorie* darauf, solche Kategorien abzulehnen und zu untergraben. Um zu unterstreichen, wie ernst es ihr ist, bezeichnet sie das Einschreiben von Personen in eine Kategorie wie etwa die Geschlechtsidentität, von der sie glauben, dass sie sie nicht angemessen oder genau genug beschreibt, als eine Art Gewalt der Kategorisierung. Laut Butler müssen Aktivismus und Forschung die vorherrschenden Diskurse stören, um die offensichtlichen Schäden dieser «Gewalt» zu minimieren.

Die Dekonstruktion von Kategorien, indem man sie als offensichtlich inkohärent entlarvt, ist auch in Eve Kosofsky Sedgwicks Werk ein zentraler Schwerpunkt. In ihren für die Queer-*Theorie* grundlegenden Beiträgen geht es letztlich darum, dass man der Versuchung widersteht, Widersprüche aufzulösen, und *Pluralität* und *Inkohärenz* schätzen lernt. Dabei heißt *Pluralität*, viele – und sogar widersprüchliche – Perspektiven gleichzeitig zu akzeptieren, und *Inkohärenz,* dass man den Versuch aufgibt, den Dingen überhaupt noch einen rationalen Sinn abzugewinnen. In Übereinstimmung mit der für den angewandten Postmodernismus symptomatischen Geisteshaltung, das Sollen dem Sein vorzuziehen, sieht Sedgwick den Nutzen dieser Werte für aktivistische Ziele. Sie schreibt:

> In Übereinstimmung mit meiner Betonung der performativen Beziehungen doppelter und konfligierender Definitionen ist das theoretische Rezept für eine praktische Politik, die sich aus diesem Verständnis ergibt, eine mehrgleisige Bewegung, deren idealistische und materialistische Impulse, deren am Minderheitenmodell und am universalistischen Modell orientierte Strategien und, was das betrifft, auch deren gender-separatistische und gender-integrative Analysen ebenfalls parallel verlaufen würden, ohne dass großer Wert auf ideologische Rationalisierung zwischen den Polen gelegt würde.[38]

Sedgwick sagt hier, dass eine produktive Bewegung alle Ideen, die in der LGBT-Wissenschaft und im LGBT-Aktivismus zu finden sind – auch Ansätze, die sich widersprechen –, inkorporieren könnte, ohne ideologische Differenzen auflösen zu müssen. Sie vertritt die Ansicht, dass die Widersprüche sogar politisch wertvoll seien, nicht zuletzt weil das hinter dem Aktivismus steckende Denken dadurch sehr schwer verständlich und kritisierbar sei. Diese Einschätzung ist wirklich durch und durch queer.

Ideen wie diese kommen in Sedgwicks Buch *The Epistemology of the Closet* (1990) am deutlichsten zum Ausdruck. Es stützt sich auf Foucaults Idee, dass die Sexualität ein durch wissenschaftliche Diskurse in die Welt gesetztes soziales Konstrukt ist – und zwar insbesondere durch von medizinischen Autoritäten legitimierte Diskurse, welche Homosexualität als Psychopathologie klassifizieren. Freilich weicht Sedgwick zugunsten Derridas einigermaßen radikal von Foucault ab. Sie stellt Foucaults Ansicht, dass Homosexualität und Heterosexualität durch dominante Diskurse geschaffen werden, auf den Kopf und geht stattdessen davon aus, dass das binäre Denken durch die Binarität von Homosexualität und Heterosexualität – wenn man so will: durch den Diskurs, der die Binarität von Homo- und Heterosexualität setzt – entstanden ist: Menschen sind entweder schwul *oder* hetero, männlich *oder* weiblich, maskulin *oder* feminin. Für Sedgwick liegen allen sozialen Binaritäten sexuelle Binaritäten zugrunde. In *The Epistemology of the Closet* wird das von Anfang an deutlich gemacht:

> In diesem Buch wird die Ansicht vertreten, dass ein Verständnis von praktisch jedem Aspekt der modernen westlichen Kultur zwangsläufig nicht nur unvollständig, sondern in dem Ausmaß in seiner Kernsubstanz beschädigt ist, wie es keine kritische Analyse der modernen Definition von homosexuell und heterosexuell beinhaltet.[39]

Für Sedgwick bildet also ein binäres Verständnis der sexuellen Orientierung die Grundlage, auf der alles sonstige binäre Denken beruht. Außerdem vertritt sie die Ansicht, dass dieses gesamte Denken falsch sei. Deshalb ist ein Verständnis der fluiden Komplexitäten sexueller Orientierung für sie der Schlüssel zur Abschaffung vieler Formen des Schwarz-Weiß-Denkens in der Gesellschaft. Sedgwick spielt daher eine wichtige Rolle bei der Etablierung der zutiefst queer-*theoretischen* Neigung, jede Art von Binarität zu «hinterfragen» und sich ihr zu widersetzen, damit diese kein Werkzeug der Unterdrückung bleibt.

Insbesondere Sedgwicks Symbolik des Verstecks *(closet)* beruht auf dieser Idee falscher Binaritäten. Man ist nie völlig sichtbar oder völlig verborgen. Manchen Personen ist die sexuelle Orientierung eines Menschen bekannt, anderen nicht. Manche Dinge werden gesagt, andere nicht, und sowohl aus dem Gesagten als auch aus dem Nichtgesagten lässt sich Wissen gewinnen. Das Versteck symbolisiert daher widersprüchliche Realitäten, die zum selben Zeitpunkt existieren. Dies zu erfassen und sichtbar zu machen, ist ein Kernanliegen von Sedgwicks queer-*theoretischem* Ansatz, und in diesem Anliegen erkennen wir die beginnende Ausdehnung des Begriffs *queer* auf Angelegenheiten außerhalb der Sexualität und den Beginn seiner Verwendung als Verb.

Mit ihrem postmodernen Ansatz identifiziert Sedgwick die Sprache, und insbesondere «Sprechakte», als den Weg, auf dem die ungerechten Binaritäten und «das Versteck» konstruiert und aufrechterhalten werden. Folglich erkennt sie im Entlarvungs- auch das Befreiungspotenzial ihrer Theorie. Sie schreibt:

> Eine Annahme, die dem Buch zugrunde liegt, besteht darin, dass die Beziehungen des Verstecks – die Beziehungen des Bekannten und des Unbekannten, des Expliziten und des Impliziten im Umfeld der Definition von Homo- und Heterosexualität – das Potenzial haben, tatsächlich auch in Bezug auf Sprechakte in einem allgemeineren Sinne entlarvend zu sein.[40]

Diese Beziehungen bedürfen laut Sedgwick – hier folgt sie Derrida – der Dekonstruktion. So hebt sie etwa eine Analyse hervor, die anerkennt, dass die Homosexualität im Vergleich zur Heterosexualität als minderwertig angesehen wird, dass der Begriff «Heterosexualität» aber gar nicht existieren würde, wenn Homosexualität keine Kategorie der Differenz wäre. Mit dieser Feststellung soll das Machtverhältnis im Binärsystem dekonstruiert werden: Weil das Konzept der Heterosexualität überhaupt von der Existenz und dem untergeordneten Status der Homosexualität abhängig ist, kann man nicht sagen, dass Heterosexualität einen vorrangigen Status hätte. Auf diese Weise versucht Sedgwick, die Heteronormativität zu dekonstruieren, die weitverbreitete Erwartung, dass Heterosexualität normal und Standard sei.

Sedgwick hält es für nützlich, von diesem Verständnis der Binaritäten in der Sexualität auf andere Binaritäten in der Gesellschaft zu schließen, um auf diese Weise Hierarchien von Überlegenheit und Unterlegenheit zu destabilisieren. In diesem Punkt kommt Derridas Einfluss besonders stark zum Ausdruck. Wie andere seiner Jünger versucht auch Sedgwick die Spannung hervorzuheben und auszunutzen, die ihrer Meinung nach entsteht, wenn man zwei scheinbar widersprüchliche Ansichten gleichzeitig vertritt. In Bezug auf die sexuelle Orientierung handele es sich dabei um die «minorisierende» und die «universalisierende Sichtweise». In der minorisierenden Sichtweise ist die Homosexualität die Eigenschaft einer Minderheit, während die Mehrheit heterosexuell ist. Dagegen wird die sexuelle Orientierung aus der universalisierenden Perspektive als ein Spektrum betrachtet, in dem jeder seinen Platz hat. Folglich ist auch jeder ein kleines bisschen (oder auch sehr) schwul. Die beiden Ideen wirken widersprüchlich, aber Sedgwick hält diesen Widerspruch für produktiv. Oder wie sie es ausdrückt:

> In diesem Buch wird keine gedankliche Perspektive vertreten (und ich glaube auch nicht, dass es derzeit eine solche gibt), aus der die gegensätzlichen Positionen des minorisierenden und des universalisierenden Verständnisses einer Definition der sexuellen Orientierung so versöhnt werden könnten, dass ihre «Wahrheit» zutage tritt. Stattdessen werden die performativen Effekte des durch ihre Überlappung erzeugten, in sich widersprüchlichen Kraftfelds mein Thema sein.[41]

Laut Sedgwick kann produktive politische Arbeit dadurch geleistet werden, dass man die Aufrechterhaltung eines klaren Widerspruchs erzwingt, weil dies bei den relevanten Begriffen ein stabiles Gefühl für deren Bedeutung untergräbt. Die Inkohärenz, zwei widersprüchliche Modelle von Sexualität gleichzeitig zu befürworten, kann uns helfen, die Komplexität und Veränderlichkeit der sexuellen Orientierung zu akzeptieren. So sind wir hier einmal mehr mit der Verpflichtung konfrontiert, das Konzept der objektiven Wahrheit und konkrete Kategorien abzulehnen, und mit der Idee, dass Inkohärenz und Fluidität befreiend und politisch notwendig seien. Queer-*Theoretiker* können dieses Denken auf fast alles ausdehnen – eine Methode, die sie als «Queering» der behandelten Themen bezeichnen. So haben sie etwa schon die Kategorien von Zeit und Geschichte[42] oder von Leben und Tod[43] «gequeert».

Die postmodernen Prinzipien und Themen der Queer-*Theorie*

Die Queer-*Theorie* ist eine explizit postmoderne *Theorie*-Form innerhalb der heutigen Identity Studies, und sie verdankt Foucault zum großen Teil ihr grundlegendes Konzept der sozialen Konstruktion von Sexualität durch den Diskurs. Das postmoderne Wissensprinzip (Unmöglichkeit objektiver Realität) und das politische Prinzip des Postmodernismus (Strukturierung der Gesellschaft durch Systeme der Macht und Privilegierung, die über unser Wissen bestimmen) stehen folglich im Zentrum der Queer-*Theorie*. Sie spiegeln sich in dem grundlegenden Konzept, dass die Wissenschaft eine Form repressiver Disziplin ist, die Geschlechtskonformität und Heterosexualität erzwingt, indem sie Kategorien etabliert und versucht, mit rigoroser Autorität und sozialer Legitimität Wahrheiten über sie zu verkünden.

Von den vier Hauptthemen des Postmodernismus sind das Verwischen von Grenzen und der intensive Fokus auf der Sprache (auf Diskursen) absolut zentral für die Queer-*Theorie*. Diese zwei Themen stehen dem Konzept einer stabilen Realität, über die man offen diskutieren könnte, am feindlichsten gegenüber und sind deshalb ausgesprochen selbstzerstörerisch. Freilich vermeidet die Queer-*Theorie* die Selbstzerstörungswut des ursprünglichen Postmodernismus, indem sie das Verwischen von Grenzen zu ihrer bevorzugten Form des politischen Aktivismus macht, die sie als «Queeren» bezeichnet. Dadurch verleiht sie ihrer Destruktivität, die sich mitunter auch gegen sie selbst richtet, einen politischen Zweck. Ein Großteil des Queerens bezieht sich auf Diskurse, was zu einer fast pathologischen Besessenheit von unseren Sprechweisen über Geschlecht, Gender und sexuelle Orientierung führt. Dies hat zu einer wilden Vermehrung von Begriffen geführt, die subtile Unterschiede in der Geschlechtsidentität und sexuellen Orientierung markieren, ja die eine unerreichbare Sensibilität für die Sprache erfordern, obwohl sie in einem fluiden und veränderlichen Raum weilen.

Die beiden anderen Themen des Postmodernismus tauchen, wenn auch weniger offen, ebenfalls in der Queer-*Theorie* auf. Die Queer-*Theorie* geht stets davon aus, dass das Verständnis von Geschlecht und sexueller Orientierung ein kulturelles Konstrukt ist. Diese Haltung hat sie mit der postkolonialen *Theorie* gemein – mit der Folge, dass sich Queer-*Theoretiker* oft der postkolonialen *Theorie* bedienen und umgekehrt. Wenngleich es zwischen den Vertretern der beiden *Theorie*stränge und ihren Zielen erhebliche Unterschiede gibt, wird oft aufeinander zurückgegriffen, denn ihre stark von Foucault und Derrida beeinflussten Methoden sind absolut kompatibel. Auch der Verlust des Individuellen und die Leugnung des Universellen sind in der Queer-*Theorie* implizit, da das geschlechtliche und sexuelle Selbst des Individuums als ein durch Machtdiskurse konstruiertes angesehen wird – Machtdiskurse, die es gezwungenermaßen erlernen muss und nur in geringem Maße unterlaufen kann. Universalität ist eine queer-*theoretische* Unmöglichkeit, da sie eine gemeinsame menschliche Natur voraussetzen würde – ein Konzept, das von der Queer-*Theorie* strikt abgelehnt wird.

Mit ihrem Schwerpunkt auf dekonstruktiven Techniken und ihrer Auffassung von Wissen als Konstrukt der Macht ist die Queer-*Theorie* wohl die reinste Form des angewandten Postmodernismus. Sie liegt einem Großteil des Transaktivismus zugrunde und taucht auch in vielen Formen der Social-Justice-Forschung auf. Der konzeptionelle Rahmen der Intersektionalität ist Teil der grundlegenden Texte der Queer-*Theorie*, und obwohl die Bezeichnung *Intersektionalität* eher mit der Critical-Race-*Theoretikerin* Kimberlé Crenshaw assoziiert wird, sprach Butler zeitgleich und allem Anschein nach unabhängig von ihr von «Überschneidungen» mit anderen Formen marginalisierter Identität. Laut Butler überschneidet sich die «Geschlechtsidentität […] mit den rassischen, ethnischen, sexuellen, regionalen und klassenspezifischen Modalitäten diskursiv konstituierter Identitäten».[44] Ihre Queer-*Theorie* lässt sich also leicht als Schlüsseldimension in das intersektionale Denken integrieren, und es ist sehr wahrscheinlich, dass intersektionale Feministinnen die Queer-*Theorie* in ihre Arbeit einbeziehen.

Das vermutlich wichtigste Merkmal der Queer-*Theorie* besteht freilich darin, dass sie sich von dem ihr vorausgehenden liberalen Feminismus und LGBT-Aktivismus grundlegend unterscheidet. Die Behauptung, dass sie der einzige Weg sei, um Menschen zu befreien, die weder heterosexuell noch geschlechtskonform sind, wird durch den Erfolg der universellen liberalen Ansätze vor und nach ihrer Entstehung widerlegt. Der liberale Aktivismus und das liberale Denken vor der *Theorie* konzentrierten sich darauf, vorurteilsbehaftete Einstellungen gegenüber Menschen eines bestimmten Geschlechts, einer bestimmten Geschlechtsidentität oder einer bestimmten sexuellen Orientierung zu verändern, indem sie sich auf unsere vielen Gemeinsamkeiten, unsere gemeinsame Menschlichkeit und universelle liberale Prinzipien beriefen. Auf diese Dinge könnte sich vermutlich auch der Transaktivismus konzentrieren, da sich die Wissenschaft im Zusammenhang mit der Transthematik weiterentwickelt – wenn die Queer-*Theorie* nicht aktiv versuchte, alles Universelle oder Normative zu untergraben.

Sie zielt stattdessen in schlechter Mission darauf ab, die Konzepte von Geschlecht, Gender und sexueller Orientierung zu modifizieren oder zu dekonstruieren. Sie hat die Tendenz, dadurch verwirrend und irrelevant zu werden, wenn nicht sogar den Großteil der Gesellschaft, die sie verändern will, gegen sich aufzubringen. Queere Aktivisten, die sich auf die Queer-*Theorie* stützen, neigen dazu, mit einer erstaunlichen Anspruchshaltung und Aggressivität zu agieren, die von den meisten Leuten als anstößig empfunden wird. So machen sie etwa maßgebliche sexuelle Orientierungen und Geschlechtsidentitäten lächerlich und stellen Personen, die diese anerkennen, als rückständig und tölpelhaft dar. Menschen gefällt es im Allgemeinen eher nicht, wenn ihnen gesagt wird, dass ihr Geschlecht, ihre Geschlechtsidentität und ihre sexuelle Orientierung nicht real oder falsch oder schlecht seien – ein Sachverhalt, den queere *Theoretiker* eigentlich sehr gut verstehen müssten.

Außerdem lässt der Gedanke, dass Heterosexualität ein soziales Konstrukt sei, völlig außer acht, dass der Mensch eine Spezies ist, die sich sexuell fortpflanzt. Und der Gedanke, dass Homosexualität ein soziales Konstrukt sei, unterschlägt die zahlreichen Belege, dass sie auch eine biologische Realität ist. Ungeachtet der «Befreiung», die durch diesen Ansatz vielleicht erreicht werden mag, droht er die beträchtlichen Fortschritte zunichte zu machen, welche Aktivisten der Lesben- und Schwulenbewegung dadurch erzielt haben, dass sie sich der Ansicht widersetzten, ihre von Liebe oder sexuellem Begehren motivierten Beziehungen seien lediglich einer «Wahl des Lebensstils» geschuldet, welcher, in zwei Manifestationen desselben Prinzips, einfach ins Leben *theoretisiert* oder weggebetet werden könnte. Obwohl Homosexualität selbstredend ein völlig akzeptabler Lebensstil wäre, sprechen alle wissenschaftlichen Befunde – und das überwältigende Zeugnis von Schwulen und Lesben – dafür, dass sie viel mehr ist als das.[45]

Es ist einem produktiven Aktivismus nicht gerade förderlich, abweisend, ironisch, antiwissenschaftlich und mit Absicht weitgehend unverständlich zu sein. Genauso wenig hilft man Menschen, die ihr Geschlecht, ihre Geschlechtsidentität oder ihre sexuelle Orientierung gern als normal akzeptiert hätten, damit weiter, sie unaufhörlich von jedem vermeintlich problematischen Gefühl der Normalität befreien zu wollen. Obwohl die Queer-*Theorie* also vorgibt, sich für Lesben, Schwule, Bisexuelle und Transpersonen einzusetzen, ist die Mehrheit der LGBT-Menschen weder mit ihr vertraut noch unterstützt sie sie. Solange sie dennoch weiterhin behauptet, Themen wie Geschlecht, Gender und sexuelle Orientierung auf die einzig legitime Art zu erforschen und zu diskutieren, schadet sie ausgerechnet den Anliegen, die sie am dringendsten unterstützen möchte.

5 Critical-Race-*Theorie* und Intersektionalität

Den Rassismus beenden, indem man ihn überall sieht

Die Critical-Race-*Theorie* ist im Grunde ein amerikanisches Phänomen. Ihre Ideen sind stark von der Geschichte rassistischer Diskriminierung in den Vereinigten Staaten geprägt, obwohl sie seit einiger Zeit auch außerhalb der USA zum Tragen kommen. Die Critical-Race-*Theorie* geht davon aus, dass Race ein soziales Konstrukt ist, das geschaffen wurde, um die Privilegien der Weißen und deren Vorherrschaft aufrechtzuerhalten. Der Gedanke wurde lange vor der Postmoderne von W. E. B. Du Bois entwickelt. Er vertrat die Ansicht, dass mit der Idee der «Rasse» biologische Faktoren für Unterschiede geltend gemacht werden sollten, die eigentlich sozialer und kultureller Natur sind, um die ungerechte Behandlung von ethnischen Minderheiten, und insbesondere Afroamerikanern, zu legitimieren.

Es gibt gute Gründe, diese These für richtig zu halten. Wenngleich einige durchschnittliche Unterschiede in menschlichen Populationen – wie etwa Hautfarbe, Beschaffenheit der Haare, Augenform und die relative Anfälligkeit für bestimmte Krankheiten – beobachtbar sind und die geografische Herkunft einer Person durch DNA-Tests festgestellt werden kann, ist nicht klar, warum diese Unterschiede für so bedeutend gehalten wurden, dass man die Menschheit in sogenannte «Rassen» einteilte. Biologen sprechen von Populationen, bei denen sich anhand genetischer Marker ein geringfügig unterschiedliches evolutionäres Erbe feststellen lässt; dies jedoch auf das zu reduzieren, was wir gewöhnlich unter «Rasse» verstehen, ist so oft falsch, dass es in der Praxis fast nutzlos ist. In der Medizin hat der Begriff «Rasse» zum Beispiel kaum einen Wert, weil sozial konstruierte Rassenkategorien nicht zuverlässig und sinnvoll auf biologisch relevante genetische Abstammungslinien projiziert werden können. Außerdem entbehrt die zeitgenössische Vorstellung von «Rasse» jeder historischen Grundlage. Sehr wahrscheinlich wurde dieser Kategorie in früheren Epochen keine Bedeutsamkeit zugemessen. Die Bibel zum Beispiel, die vor mehr als 2000 Jahren im Mittelmeerraum geschrieben wurde, wo es schwarze, braune und weiße Menschen gab, ist voll von moralistischem Tribalismus, erwähnt aber fast nie eine Hautfarbe. Und im spätmittelalterlichen England bezog sich der Ausdruck «schwarze» Menschen oft schlicht auf die Haarfarbe von Europäern, die man heute als «weiß» betrachtet.

Vermutlich haben noch andere Faktoren dazu beigetragen, aber die Begriffe Rasse und Rassismus, wie wir sie heute verstehen, sind sehr wahrscheinlich soziale Konstruktionen, die von den Europäern zur Rechtfertigung des europäischen Kolonialismus und atlantischen Sklavenhandels mit Leben erfüllt wurden. Europäische Historiker haben die Zunahme von Vorurteilen aufgrund der Hautfarbe in der frühen Neuzeit, von etwa 1500 bis 1800, untersucht und sind zu dem Schluss gekommen, dass Vorurteile aufgrund der Religionszugehörigkeit im Lauf des 17. Jahrhunderts allmählich durch rassistische Vorurteile ersetzt wurden, also durch die Überzeugung, dass manche Rassen überlegen und andere minderwertig seien.[1] Um die Missstände des Kolonialismus und die Verschleppung, Ausbeutung und Misshandlung von Sklaven zu rechtfertigen, mussten die Opfer als minderwertig oder als Untermenschen betrachtet werden (selbst wenn sie zum Christentum konvertiert waren). Das ist vielleicht ein wenig verwirrend, weil auch andere Völker zu anderen Zeiten unbestreitbar Sklaverei, Kolonialismus und sogar völkermörderischen Imperialismus praktizierten und diese Gräuel mit ähnlichen Argumenten rechtfertigten. Auch sie betrachteten die Versklavten oder Besiegten als minderwertig, und das ebenfalls oft unter Berufung auf ihre Haut-, Haar- und Augenfarbe, die heute mit der Rassenzugehörigkeit in Verbindung gebracht werden könnten. Diese Art von Diskriminierung und sogar Dehumanisierung war schon vor dem 17. Jahrhundert weitverbreitet, aber im Falle des späteren Europas und seiner Kolonien sprechen ein paar entscheidende Unterschiede für eine besondere Form der Ideologie.

Erstens wurde das Konzept der Rasse in Europa bis zum 16. Jahrhundert noch nicht konsequent mit *Erblichkeit* in Verbindung gebracht. Davor ging man allgemein davon aus, dass Merkmale wie die Hautfarbe weitgehend durch die Umwelt und nicht durch die Gene bestimmt seien, wenngleich die verwandten Begriffe im Altgriechischen *(genos)* und im Lateinischen *(genus)* sowie Aufzeichnungen aus China und anderswo darauf hindeuten, dass die Abstammung nicht völlig außer Acht gelassen wurde.[2] Zweitens wurden die konstruierten Vorstellungen von Rasse gezielt dazu benutzt, die Gräueltaten des europäischen Kolonialismus und des atlantischen Sklavenhandels zu rechtfertigen. Drittens – und das ist vielleicht am wichtigsten – stützte sich diese Rechtfertigung auf ein neu aufkommendes wissenschaftliches Denken in den Bereichen, die wir heute als Sozial- und Naturwissenschaften bezeichnen, obwohl sie sich damals noch nicht so klar in Disziplinen wie die «Anthropologie», «Soziologie» und «Biologie» aufgespalten hatten und auch noch nicht über so etwas verfügten wie strenge wissenschaftliche Methoden.

Dies ist wichtig, denn der Naturalismus und die Wissenschaft entwickelten sich bald zu einer Methodik der Wissensproduktion und Legitimation von Ideen, wie sie die Welt noch nicht gesehen hatte. Es ist diese legitimierende Autorität der Wissenschaft, die der Postmodernismus letztlich am heftigsten bekämpft. Der Aufstieg der Wissenschaften – und einer intellektuellen und politischen Kultur, die Wissenschaft als legitim akzeptierte – führte zusammen mit den Schrecken des Kolonialismus und atlantischen Sklavenhandels zu neuen sozialen Konstruktionen von Rasse. Die Vertreter der *Theorie* sprechen deshalb heute auch vom «wissenschaftlichen Ursprung» des Rassismus. Demzufolge haben die damaligen wissenschaftlichen Diskurse, die noch auf sehr tönernen Füßen standen, die ersten *sozialkonstruktivistischen Rassisten* möglich gemacht. Anders ausgedrückt: Infolge einer übermäßig vereinfachten, überzogenen und eigennützigen wissenschaftlichen Kategorisierung entstanden soziale Konstruktionen mit extrem niedriger Auflösung: Schwarzsein *(blackness)* und Weißsein *(whiteness)*, die schon bald mit Werturteilen verknüpft wurden. So wurde der Rassismus, wie wir ihn heute verstehen, geboren.

Als erste stellten ehemalige amerikanische Sklaven wie die Abolitionistin und Frauenrechtlerin Sojourner Truth[3] und der Abolitionist und Schriftsteller Frederick Douglass[4] im 19. Jahrhundert die Annahmen in

Frage, die dem Rassismus zugrunde lagen. Im 20. Jahrhundert widmeten sich dann einflussreiche Kritiker des Rassenbegriffs wie W. E. B. Du Bois[5] und Winthrop Jordan[6] der Geschichte des auf der Hautfarbe beruhenden Rassismus in den Vereinigten Staaten. Die Bemühungen dieser Wissenschaftler und Reformer hätten ausreichen müssen, um den Rassismus als die hässliche und unhaltbare Ideologie zu entlarven, die er ist, doch der Glaube an die rassische Überlegenheit der Weißen lebte fort. Besonders extrem und langlebig war er im amerikanischen Süden, wo die Sklaverei bis zur Emanzipation der Sklaven durch Abraham Lincoln im Jahr 1863 ein wichtiger Wirtschaftsfaktor blieb. Die Gesetze der Rassentrennung (Jim Crow laws) und legale Segregation blieben noch weit darüber hinaus bis Mitte der Sechzigerjahre und in mancher Hinsicht noch länger in Kraft. Selbst nach den Erfolgen der Bürgerrechtsbewegung unter Martin Luther King jr., als Rassendiskriminierung illegal wurde und sich die Einstellungen aus historischer Perspektive bemerkenswert schnell änderten, verschwanden die althergebrachten rassistischen Narrative nicht. Um sie aufzugreifen, zu beleuchten und anzugehen, wurde die Critical-Race-*Theorie* entwickelt.

Ein kritischer Ansatz

Die Critical-Race-*Theorie* entstand formal in den Siebzigerjahren im Rahmen der kritischen Untersuchung rechtlicher Bestimmungen in Bezug auf Race-Fragen. Das Wort *kritisch* bedeutet in diesem Zusammenhang, dass die Methoden bewusst darauf angelegt sind, Probleme zu identifizieren und anzuprangern, um revolutionäre politische Veränderungen voranzutreiben. Viele Aktivisten sahen darin eine Notwendigkeit, weil trotz einer Reihe tiefgreifender, aber unvollkommener gesetzlicher Reformen, die darauf abzielten, Rassendiskriminierung zu verhindern, der Rassismus in subtiler Form weiter existierte. Um ihn zu bekämpfen, bediente man sich fortan verstärkt der Mittel der Kulturkritik, die damals auf dem Vormarsch war, und griff schließlich auch in den Werkzeugkasten der *Theorie*.

In der Folge spaltete sich der kritische Ansatz zur Analyse von Rassenproblemen, wie auch andere Methoden der Kulturkritik, von Anfang an in mindestens zwei Versionen auf: eine «materialistische» und eine «postmoderne», die sich beide vom liberalen Ansatz unterschieden. Wie ihre Bezeichnung impliziert, entwickelten materialistische Kritiker des Race-Konzepts Theorien darüber, welchen Einfluss materielle (wirtschaftliche, rechtliche, politische) Systeme auf ethnische Minderheiten haben. Vertreter der postmodernen *Theorie* beschäftigten sich hingegen mehr mit sprachlichen Machtsystemen und zielten daher darauf ab, Diskurse zu dekonstruieren, implizite Vorurteile aufzudecken und den ihnen zugrundeliegenden rassistischen Annahmen und Haltungen entgegenzuwirken. Die Kritik der materialistischen Vertreter an den Postmodernisten läuft darauf hinaus, dass immaterielle und subjektive Diskursanalysen, die gewöhnlich aus wohlhabenden und akademischen Milieus stammen, besonders dringliche und weitverbreitete materielle Probleme, insbesondere Armut, vernachlässigen. Demgegenüber vertreten die Postmodernisten die Ansicht, dass die materielle Realität zwar von praktischer Bedeutung ist, aber nicht sinnvoll verbessert werden kann, solange in den Diskursen immer noch weiße Menschen bevorzugt werden.

Beide Inkarnationen der Critical-Race-*Theorie*, die materialistische wie die postmoderne, sind radikale Gegenreaktionen auf den Liberalismus. Die Critical-Race-*Theoretiker* Richard Delgado und Jean Stefancic beschreiben diesen Sachverhalt wie folgt:

> Im Gegensatz zum traditionellen Bürgerrechtsdiskurs, der Inkrementalismus und schrittweisen Fortschritt betont, stellt die Critical-Race-Theorie die Grundlagen der liberalen Ordnung einschließlich der Gleichheitstheorie, der juristischen Argumentation, des aufklärerischen Rationalismus und der neutralen Prinzipien des Verfassungsrechts radikal in Frage.[7]

Weiter heißt es dort:

> [C]ritical-Race-Forscher geben sich mit dem Liberalismus als Rahmen für den Umgang mit Amerikas Race-Problemen nicht zufrieden. Viele

> Liberale glauben an eine «farbenblinde» (color blind) Gesellschaft und neutrale verfassungsrechtliche Prinzipien. Sie glauben an Gleichheit, insbesondere an die Gleichbehandlung aller Menschen, unabhängig von ihrer unterschiedlichen Geschichte oder aktuellen Situation.[8]

Dieser offene Antiliberalismus der Critical-Race-*Theorie* steht selbst fortwährend in der Kritik.

Der verstorbene Derrick Bell, der erste festangestellte afroamerikanische Professor an der Harvard Law School, wird oft als Stammvater der Critical-Race-Theorie angesehen. Er prägte den Begriff, indem er in seinem Spezialgebiet der kritischen Rechtstheorie den Begriff «Recht» durch den Begriff «Rasse» ersetzte. Bell war ein Materialist, der vielleicht am besten dafür bekannt ist, dass er die Bürgerrechtsbewegung und die mit ihr in Zusammenhang stehenden Diskurse einer eingehenden Kritik unterzog. Er war offener Verfechter einer revisionistischen Perspektive auf die amerikanische Geschichte und ist vor allem für seine These von der «Interessenkonvergenz» bekannt, die er in seinem 1970 erschienenen Buch *Race, Racism, and American Law*[9] formulierte. Laut dieser These räumen die Weißen den Schwarzen nur dann Rechte ein, wenn es in ihrem eigenen Interesse liegt – eine finstere Sichtweise, die die Möglichkeit leugnet, dass es seit der Jim-Crow-Ära irgendeinen moralischen Fortschritt gegeben hat. Das ist keine Übertreibung, denn Bell buchstabierte seine Position in seinem Buch *And We Are Not Saved: The Elusive Quest for Racial Justice* (1987)[10] wie folgt aus: «Der Fortschritt in den amerikanischen Rassenbeziehungen ist weitgehend eine Fata Morgana, die die Tatsache verschleiert, dass die Weißen weiterhin, bewusst oder unbewusst, alles in ihrer Macht Stehende tun, um ihre Herrschaft zu sichern und ihre Kontrolle aufrechtzuerhalten.»[11] Von diesem zynischen Pessimismus ist Bells Analyse durchdrungen. So vertritt er die Ansicht, dass die Weißen die Rassentrennung nicht etwa aus menschlichen Erwägungen aufgehoben hätten, sondern aus Eigeninteresse und Selbstschutz vor schwarzem Radikalismus während des Kalten Krieges (und zu anderen Zeiten).[12] Weil Bell die US-amerikanische Gesellschaft von einem allgegenwärtigen und irreparablen System weißer Dominanz geprägt sieht,[13] ist er der Meinung, dass selbst die Aufhebung der Rassentrennung zu einer ganzen

Reihe neuer Probleme führte, durch die sich die weiße Vorherrschaft immer wieder gegen die Interessen der Schwarzen behauptete, etwa durch Vergeltungsmaßnahmen der Weißen wie den Wegzug aus bestimmten Wohngebieten.[14] Solche Positionen waren typisch für die Critical-Race-Theorie der damaligen Zeit. Bells Zeitgenosse Alan Freeman vertrat eine ähnlich negative und pessimistische Haltung und schrieb eine Reihe juristischer Abhandlungen, in denen er nachzuweisen versuchte, dass die antirassistische Gesetzgebung in Wirklichkeit den Rassismus unterstütze.[15]

Natürlich reicht die einfache rechtliche Gleichstellung von Menschen anderer Hautfarbe oder ethnischer Zugehörigkeit nicht aus, um alle sozialen Ungleichheiten aus der Welt zu schaffen. Es ist ein redliches und nützliches Unterfangen, messbare Ungleichheiten im politischen, rechtlichen und wirtschaftlichen Bereich zu untersuchen, indem man etwa die Finanzierung von Schulen in mehrheitlich von Weißen und mehrheitlich von Schwarzen bevölkerten Gebieten, die Unterschiede bei der Verurteilung schwarzer und weißer Straftäter, die Ungleichheiten bei der Wohnungs- und Kreditvergabe in schwarzen und weißen Gemeinden oder die Unterschiede in der Repräsentation schwarzer und weißer Menschen in angesehenen Berufen vergleicht, um herauszufinden, warum diese Ungleichheiten entstanden sind. Dennoch gibt es aus liberaler und allgemeiner Perspektive neben der pessimistischen Grundhaltung der materialistischen Critical-Race-Theorie eine Reihe weiterer Kritikpunkte, die gegen sie vorgebracht werden können. So befürworten deren Vertreter oft Schwarzen Nationalismus und Segregation[16] statt Kooperation und universelle Menschenrechte. Außerdem beruhen ihre angeblich empirischen Analysen der materiellen Realität, die in der Regel zu dem Schluss kommen, dass Rassismus und Diskriminierung überhaupt nicht abnähmen, allem Anschein nach oft auf einer bewussten Auswahl und Verallgemeinerung der schlimmsten Beispiele.

Der Pessimismus der Materialisten hat überlebt, doch ihr Ansatz nicht. Sie dominierten die Critical-Race-Theorie von den Siebziger- bis in die Achtzigerjahre, aber seit den Neunzigerjahren sind die Postmodernisten auf dem Vormarsch. Sie verschoben den Schwerpunkt im Lauf der Zeit auf Mikroaggressionen, Hatespeech, *safe spaces,* kulturelle Aneignung, implizite Assoziationstests, Repräsentation in den Medien, «Weißsein» *(whiteness)* und all die inzwischen vertrauten Merkmale des aktuellen Diskurses um den Begriff «Race».[17] Dieser Wandel ist größtenteils einigen Vertreterinnen der kritischen *Theorie* wie etwa bell hooks, Audre Lorde und Patricia Hill zu verdanken, die in den späten Achtziger- und in den Neunzigerjahren an Prominenz gewannen und das radikale schwarze feministische Denken förderten. Sie verwischten genüsslich die Grenzen zwischen den wissenschaftlichen Disziplinen und kämpften leidenschaftlich gegen das Patriarchat und die weiße Vorherrschaft, indem sie auf eine besonders geschlechtssensible Art rechtliche mit soziologischen, literarischen und autobiographischen Ansätzen vermischten. Zu ihren Schwerpunkten gehörte bezeichnenderweise die Klage über das «Weißsein» des Feminismus; dadurch bereiteten sie für eine weitere Welle einflussreicher *Theoretikerinnen* die Bühne: Patricia Williams, Angela Harris und Kimberlé Crenshaw. Crenshaw war eine Schülerin Derrick Bells und hatte ihm bei der Entwicklung des Begriffs «Critical-Race-Theorie» assistiert. Crenshaw, Harris und Williams stützten sich fortan vermehrt auf eine postmoderne Variante der «Critical-Race-*Theorie*», die die Klassenanalyse mit einbezog, und auf den Feminismus, der Ideen über Geschlecht und Sexualität beisteuerte. Das Ergebnis war eine sehr vielschichtige und «ausgefeilte» Analyse von Identität und Erfahrung, die für soziale, rechtliche und ökonomische Faktoren sensibel bleiben sollte. Indem sie verschiedene Systeme der Macht und Privilegierung untersuchten und die Erfahrungen von Unterdrückten innerhalb dieser Systeme als Quelle des Wissens betrachteten, entfernten sie sich von der materialistischen Analyse und näherten sich dem Postmodernismus an.

Dieser Perspektivwechsel brachte neue Verpflichtungen mit sich. Verschwunden war der Fokus auf den materiellen Realitäten, die für ein systemisches und strukturelles Verständnis des Rassismus und insbesondere der Armut relevant gewesen waren. An die Stelle des Materialismus trat die Analyse diskursiver Macht. Gleichzeitig setzte die Critical-Race-*Theorie* große Stücke auf die Identitätspolitik und deren vermeintlich wissenschaftliche Rechtfertigung: die Standpunkttheorie – also die Vorstellung, dass, grob gesagt, die eigene Identität und Position in der Gesellschaft einen Einfluss darauf haben, wie man Wissen erwirbt. Diese Entwicklungen sind, zusammen mit der Verwischung von Grenzen und der Verabschiedung des Individuums zugunsten einer Gruppenidentität, Anzeichen dafür, dass das postmoderne Denken die Critical-Race-Theorie ab den frühen Neunzigerjahren zu dominieren begann.

Die Schwerpunktverlagerung ist in allen Schriften aus dieser Zeit zu erkennen. So ist etwa Patricia Williams, Professorin für Wirtschaftsrecht, am besten für ihren autobiografischen Essay in Buchlänge, *The Alchemy of Race and Rights* (1991), bekannt.[18] Der Verlag Harvard University Press schreibt über das Buch, es operiere an «der Schnittstelle zwischen Race, Geschlecht und Klasse», und evoziert bereits die für postmoderne Ansätze so typische Grenzverwischung, wenn es weiter heißt: «Williams stellt das Gesetz als einen mythologischen Text dar, in dem die Mächte des Handels und der Verfassung, des Reichtums und der Armut, der Vernunft und des Wahnsinns über komplexe und sich überschneidende Grenzen des Diskurses hinweg Krieg führen. Indem sie diese Grenzen bewusst überschreitet, verfolgt sie einen Weg zur Rassengerechtigkeit, der letztlich transformativ ist.»[19] In der so verstandenen Critical-Race-*Theorie* ist auch die Konzentration auf Sprache und Diskurs, die es zu untergraben gelte, deutlich zu erkennen. Natürlich hat dabei das Argument des angewandten Postmodernismus seine Berechtigung, dass es viel schwieriger ist, gesellschaftliche Ungleichgewichte zu korrigieren, wenn man sich zuvor nicht mit den vorurteilsbehafteten Einstellungen und Annahmen auseinandersetzt, die sich oft in der Art, wie über die Dinge gesprochen wird, also in Diskursen manifestieren.

Die beste praktische Anwendung dieser Erkenntnis wäre eine streng wissenschaftliche (und nicht rein theoretische und interpretative) Erforschung der sozialen Einstellungen zu «Race». Für die Vertreter des angewandten Postmodernismus geht es bei der Beschäftigung mit Diskursen jedoch in erster Linie um Positionalität – den Gedanken, dass die eigene, durch die Gruppenidentität bestimmte Position innerhalb der Gesellschaft diktiert, wie man die Welt versteht und in ihr verstanden wird. Sie ist, wie schon in den ersten Zeilen von *The Alchemy* deutlich wird, ein zentraler Gedanke der Critical-Race-*Theorie*: «[D]ie Position des Subjekts ist in meiner Analyse des Rechts alles», schreibt Williams dort. Dann betont sie die Notwendigkeit, Sprache und Diskurs zu untergraben, indem man die Grenzen zwischen (rechtlichen und anderen) Bedeutungen verwischt:

> Ich interessiere mich für die Art und Weise, wie die juristische Sprache die Komplexität der Bedeutung, die einem gegebenen Problem innewohnt, verflacht und absolut setzt; ich versuche, die üblichen Grenzen des kommerziellen Diskurses herauszufordern, indem ich absichtlich ein zweistimmiges und relationales statt ein traditionelles juristisches Fachvokabular verwende.[20]

Das postmoderne Konzept eines «positionalen» Selbst, einer sozial konstruierten Identität, die einen bestimmten Platz innerhalb der von Privilegien und Unterdrückung geprägten Landschaft zuweist, kommt bei Williams sehr deutlich zum Ausdruck. Die Rechtswissenschaftlerin Angela Harris entwickelt diese Idee weiter, indem sie in einem ihrer Texte eine (Standpunkt-)Theorie des multiplen Bewusstseins vorschlägt: «Es ist eine Prämisse dieses Artikels, dass wir nicht mit einem ‹Selbst› geboren werden, sondern aus einer Fülle von partiellen, manchmal widersprüchlichen oder sogar antithetischen ‹Selbsts› bestehen».[21] Diese Idee eines multiplen Bewusstseins, das in Identität und Positionalität verwurzelt ist, taucht in der postmodernen Forschung über die Vermischung verschiedener Schichten marginalisierter Identität immer wieder auf und hat gewaltigen Einfluss darauf, wie Wissen innerhalb der feministischen Forschung und der Critical-Race-*Theorie* analysiert und verstanden wird.

Trotz der offensichtlichen Schwierigkeit, ständig die Auswirkungen der eigenen sozialen Position als Sprecher und Wissender zu bedenken und sie zu den sozialen Positionen der Menschen im eigenen Umfeld in Beziehung zu setzen, ist die Critical-Race-*Theorie* normalerweise außergewöhnlich klar in ihrer Darstellung. Tatsächlich ist die frustrierend obskure und mehrdeutige postmoderne Sprache der postkolonialen und queeren *Theorien* hier auffallend abwesend, wahrscheinlich aufgrund ihrer Entstehung aus den Rechtswissenschaften. Die Vertreter der Critical-Race-*Theorie* bleiben der übergeordneten Rolle des Diskurses bei der Konstruktion der sozialen Realität verpflichtet und befassen sich mit Themen von scheinbar unendlicher Komplexität; dies lässt sie in der Regel jedoch nicht an der Vermittlung von Bedeutung durch eine klare Sprache verzweifeln. Ihr politisches Ziel beschränkt sich nicht auf die Dekonstruktion oder Störung von Metanarrativen. Deshalb sind die Grundsätze der Critical-Race-*Theorie* (auch weil ihre Vertreterinnen dazu neigen, sie aufzulisten) viel einfacher zu erkennen als in anderen Spielarten der postmodernen *Theorie*.

So werden die Grundüberzeugungen in der einflussreichen Einführung *Critical Race Theory* von Richard Delgado und Jean Stefancic wie folgt formuliert:

> «Rassismus ist alltäglich, nicht abnormal.» Das heißt: Er ist die alltägliche Erfahrung von People of Color in den Vereinigten Staaten.
>
> «[Das] System weißer Vorherrschaft über People of Color erfüllt für die dominante Gruppe sowohl wichtige psychische als auch materielle Zwecke.» Das heißt: Die weiße Vorherrschaft ist systemisch und kommt den Weißen zugute. Daher kann eine «farbenblinde» Politik nur die ungeheuerlichsten und nachweislichsten Formen der Diskriminierung bekämpfen, mehr nicht.
>
> «Die These von der ‹sozialen Konstruktion› besagt, dass Rasse und Rassen Produkte des sozialen Denkens und der sozialen Beziehungen sind.» Um dieses Problem anzugehen, bedarf es der Intersektionalität und des Antiessentialismus – der Ablehnung der Idee, dass ethnische Unterschiede angeboren sind.
>
> Es gibt eine «spezifische Stimme der Hautfarbe», und ein «Minderheitenstatus […] geht vermutlich mit der Kompetenz einher, über Race und Rassismus zu sprechen». Dies wird nicht als Essentialismus, sondern als Folge gemeinsamer Unterdrückungserfahrungen verstanden. Das ist, mit anderen Worten, Standpunkttheorie.[22]

Diese Grundüberzeugungen vermitteln ein klares Bild von den Positionen der Critical-Race-*Theorie*: Rassismus gibt es immer und überall. Er wirkt sich stets zum Nachteil von People of Color aus, und diese sind sich dessen bewusst. Gleichzeitig wirkt er sich zum Vorteil weißer Menschen aus, die diese Tatsache jedoch verdrängen, gerade weil sie für sie von Vorteil ist.[23] Andere Wissenschaftler und Pädagogen haben diese Überzeugungen um ein ausgeprägtes Misstrauen gegenüber dem Liberalismus, eine Ablehnung des Leistungsprinzips[24] und die Selbstverpflichtung auf die Verwirklichung sozialer Gerechtigkeit im Sinne der Social-Justice-Bewegung ergänzt.[25]

Die Ausbreitung der Critical-Race-*Theorie*

Die Critical-Race-*Theorie* ist von der Rechtswissenschaft aus in viele andere Bereiche vorgedrungen, die mit der Idee der Social Justice zu tun haben. Dabei war die Pädagogik besonders stark betroffen. Dazu stellen Delgado und Stefancic fest:

> Obwohl die CRT [...] als eine Bewegung in der Rechtswissenschaft begann, hat sie sich schnell über diese Disziplin hinaus verbreitet. Heute betrachten sich viele Wissenschaftler im Bildungsbereich als Vertreter der Critical-Race-Theorie. Sie machen Gebrauch von ihren Ideen, um Probleme im Zusammenhang mit schulischer Disziplinierung und Hierarchie, Kurssystemen, Affirmative Action, High-Stakes-Tests, Kontroversen über Lehrangebot und Geschichte, zweisprachiger und multikultureller Bildung sowie alternativen und Charter Schools [staatlich finanzierte Schulen mit privater Trägerschaft] zu verstehen.[26]

Die Autoren listen die Fächer auf, in denen die Critical-Race-*Theorie* am stärksten Fuß gefasst hat, und liefern damit einen Hinweis darauf, wie leicht sie sich in Disziplinen außerhalb der Rechtswissenschaft einbetten lässt:

> Politikwissenschaftler denken über Wählerstrategien nach, die von Vertretern der Critical-Race-Theorie geprägt wurden, während Lehrende in der Frauenforschung das Thema Intersektionalität behandeln: die missliche Lage von Women of Color und anderen Gruppen, die von zwei oder

> mehr Diskriminierungskategorien betroffen sind. Seminare in Ethnologie enthalten oft eine Einheit über Critical-Race-Theorie, und Abteilungen für Amerikanistik nutzen Studien zum Weißsein, die von Vertretern der CRT entwickelt wurden. Soziologen, Theologen und Gesundheitsexperten verwenden die Critical-Race-Theorie und ihre Ideen. Philosophen greifen darauf zurück, um Probleme wie standpunktbedingte Diskriminierung oder die Frage, ob die westliche Philosophie in Orientierung, Werten und Argumentation grundsätzlich weiß ist, zu analysieren.[27]

In der Tat. Wie in Kapitel 8 diskutiert wird, ist die Vernunft laut den Critical-Race- und feministischen Ansätzen der angewandten postmodernen *Theorie* eine westliche philosophische Tradition, die Frauen und People-of-Color-Minderheiten zu Unrecht benachteiligt. Deshalb nimmt die Critical-Race-*Theorie* eine eindeutig aktivistische Haltung ein:

> Im Gegensatz zu einigen akademischen Disziplinen hat die Critical-Race-Theorie eine aktivistische Dimension. Sie versucht nicht nur, unsere gesellschaftliche Situation zu verstehen, sondern auch, sie zu verändern. Sie will nicht nur herausfinden, wie sich die Gesellschaft entlang rassistischer Linien und Hierarchien organisiert, sondern sie positiv umgestalten.[28]

Folglich sind wir auch in allen Lebensbereichen mit dem Sprachgebrauch von Aktivisten der Critical-Race-*Theorie* konfrontiert, und man könnte leicht den Eindruck gewinnen, dass die Critical-Race-*Theorie* selbst recht rassistisch klingt, wenn sie weißen Menschen (weil sie in einer von weißen Menschen dominierten Gesellschaft weiß sind) tiefgreifende moralische und charakterliche Mängel zuschreibt – ein Eindruck, den die Critical-Race-*Theorie* freilich ebenfalls als rassistisch brandmarken würde. Man erzählt uns, dass der Rassismus in der Kultur verankert sei und wir ihm nicht entkommen könnten. Wir hören, dass weiße Menschen grundsätzlich rassistisch seien. Man sagt uns, Rassismus sei «Vorurteil plus Macht», weshalb nur weiße Menschen rassistisch sein könnten. Man informiert uns, dass nur People of Color über Rassismus reden könnten und weiße Menschen zuzuhören hätten, weil sie nicht das durch die

Selbsterfahrung von Rassismus verursachte Stehvermögen besäßen, um diesen zu bekämpfen. Wir hören, dass es in Wirklichkeit rassistisch sei, Menschen ohne Ansehen ihrer Race zu betrachten (also «farbenblind» zu sein), weil es sich dabei um den Versuch handele, den allgegenwärtigen Rassismus zu ignorieren, der die Gesellschaft beherrsche, und die Privilegien der Weißen zu erhalten. Wir hören diese Mantras in vielen Lebensbereichen, aber an den Universitäten sind sie besonders verbreitet. Delgado und Stefancic sehen das positiv:

> Als dieses Buch in Druck ging, demonstrierten Studenten an mehreren Dutzend Universitäten für «Safe Spaces» und Schutz vor einem Klima täglicher rassistischer Beleidigungen, Epitheta und Verunglimpfungen und der Zurschaustellung konföderierter Symbole und Flaggen. Diese Probleme mit dem «Campus-Klima» führen bei den Universitätsverwaltungen zu einem ernsthaften Umdenken, und das aus gutem Grund. Angesichts der scharfen Angriffe auf «Affirmative Action» müssen die Universitäten sicherstellen, dass ihr Campus so inklusiv wie möglich ist. Gleichzeitig ist offenbar eine neue Generation von Millennials wieder bereit, sich illegitimen Autoritäten entgegenzustellen.[29]

Die Critical-Race-*Theorie* ist an vielen Universitäten zu einem festen Bestandteil der Campus-Kultur geworden, und sie ist interessanterweise an den elitärsten Institutionen am stärksten. Die Intersektionalität ist aus dieser Kultur nicht mehr wegzudenken und auch außerhalb der Universitäten lebendig.

Die Critical-Race-*Theorie* als angewandter Postmodernismus

Trotz der immer stärkeren postmodernen Konzentration der Critical-Race-*Theorie* auf Diskurse, Einstellungen und Vorurteile bezweifeln einige Wissenschaftler, dass sie wirklich postmodern ist. Ein weitverbreiteter Einwand lautet, dass der Postmodernismus typischerweise gemeinsam geteilten Sinn und stabile Identität (oder Subjekthaftigkeit) ablehnt. Deshalb müsste Identitätspolitik aus einer orthodoxen postmodernen Perspektive eigentlich wenig einleuchten.

Diese Annahme ist berechtigt, wenn man nur die ursprünglichen Vertreter und Vertreterinnen des Postmodernismus als «echte» Postmodernisten anerkennt. Allerdings haben die Anhänger der Critical-Race-*Theorie* in den späten Achtziger- und frühen Neunzigerjahren einige zentrale Ideen des Postmodernismus aus der radikal dekonstruktiven Phase übernommen und sie an ein neues, bewusst politisch anwendbares Projekt angepasst. Die neuen Vertreter der Critical-Race-*Theorie* lehnten es ausdrücklich ab, sich in endloser und zielloser Dekonstruktion zu ergehen, und sahen diese Praxis des ursprünglichen Postmodernismus zum Teil als Produkt des privilegierten Status weißer männlicher Philosophen wie Foucault und Derrida, die es versäumten, ihre Privilegierung zu reflektieren. So schrieb etwa bell hooks in den Achtzigerjahren, die ursprünglichen Vertreter des Postmodernismus seien reiche weiße Männer gewesen, die sich nur deshalb jeder Vorstellung von Subjekthaftigkeit und von einer gemeinsamen Stimme hätten entledigen wollen, weil sie bereits zur dominanten Gruppe der Gesellschaft zählten.[30] Ähnlich argumentierte Angela Harris in ihrem einflussreichen Essay *Race and Essentialism in Feminist Legal Theory* aus dem Jahr 1990, der Feminismus habe die schwarzen Frauen im Stich gelassen, weil er ihre Erfahrung als bloße Variation der Erfahrung weißer Frauen behandelt habe. Diese Ideen entwickelten sich zu einem Kerngedanken der Critical-Race-*Theorie*, der für die Entwicklung des Konzepts der *Intersektionalität* entscheidend werden sollte.

Intersektionalität

Die Gründungsfigur der Critical-Race-*Theorie*, die in ihrem Werk am deutlichsten für eine stärker politisierte, angewandte Form des Postmodernismus eintritt, ist Kimberlé Crenshaw, die Stammmutter des Konzepts der *Intersektionalität*. Intersektionalität war ursprünglich eine Heuristik, wurde dann lange als Theorie behandelt und wird heute von Crenshaw als eine «Praxis» bezeichnet. Crenshaw stellte die Idee der Intersektionalität 1989 in der polemischen rechtswissenschaftlichen Arbeit *Demarginalizing the Intersection of Race and Sex: A Black Feminist Critique of Antidiscrimination Doctrine, Feminist Theory and Antiracist Politics* erstmals vor.[31] Darin behandelt sie drei Gerichtsverfahren wegen Diskriminierung und verwendet die Metapher einer Straßenkreuzung, um die Art und Weise zu untersuchen, wie verschiedene Formen von Vorurteilen eine Person mit zwei oder mehr marginalisierten Identitäten «treffen» können. Sie geht davon aus, dass eine solche Person – ähnlich wie jemand, der auf einer Straßenkreuzung steht und aus irgendeiner Richtung oder sogar aus mehreren Richtungen überfahren werden kann – womöglich nicht weiß, welche ihrer Identitäten in einem gegebenen Augenblick gerade diskriminiert wird. Sie argumentiert überzeugend, dass Gesetze zur Verhinderung von Rassismus *oder* Diskriminierung aufgrund des Geschlechts zu kurz greifen, um diesem Problem Rechnung zu tragen, also etwa der Tatsache, dass eine schwarze Frau besonderen Formen der Diskriminierung ausgesetzt sein könnte, die weder eine weiße Frau noch einen schwarzen Mann treffen würden.

Dieser scharfe, wenn auch scheinbar kaum umstrittene Gedanke sollte die Welt verändern. Er wurde zwei Jahre später in Crenshaws höchst einflussreichem Aufsatz *Mapping the Margins: Intersectionality, Identity Politics, and Violence against Women of Color* (1991) ausführlicher formuliert. Hier definiert sie Intersektionalität als ein «provisorisches Konzept, das die zeitgenössische Politik mit der postmodernen Theorie verbindet».[32] Ihrer Ansicht nach ermöglicht es ein postmoderner Ansatz der Intersektionalität sowohl der Critical-Race-*Theorie* als auch dem Feminismus, politischen Aktivismus zu integrieren und zugleich ein kulturkonstruktivistisches Verständnis von Race und Geschlecht beizubehalten. In der Folge konnten immer mehr Kategorien marginalisierter Identität in intersektionale Analysen einbezogen werden; dadurch gewannen das Konzept der Intersektionalität, die damit verbundene Forschung und der daraus folgende Aktivismus scheinbar an Raffinesse und Komplexität. Diese von Patricia Hill Collins in ihrem 1990 erschienenen Buch *Black Feminist Thought* als «Matrix der Herrschaft» bezeichnete[33] theoretische Komplexität spornte Wissenschaftler und Aktivisten zwei Jahrzehnte lang zu immer neuen Aktivitäten an. *Mapping the Margins* lieferte dafür die Mittel, weil es ausdrücklich Identitätspolitik empfiehlt und liberalen Universalismus ablehnt, der versucht, die soziale Bedeutung von Identitätskategorien aufzuheben und Menschen unabhängig von ihrer Identität gleich zu behandeln. Durch Identitätspolitik soll die soziale Bedeutung von Identitätskategorien dagegen wiederhergestellt werden, um sie als Quellen von Empowerment und Gemeinschaft aufzuwerten. Crenshaw schreibt:

> Wir alle können den Unterschied zwischen folgenden Aussagen erkennen: «Ich bin Schwarz» und: «Ich bin eine Person, die zufällig Schwarz ist». «Ich bin Schwarz» nimmt die gesellschaftlich aufgezwungene Identität auf und ermächtigt sie zu einem Anker der Subjektivität. «Ich bin Schwarz» wird nicht nur zu einem schlichten Statement des Widerstands, sondern zu einem positiven Diskurs der Selbstidentifikation, der eng mit positiven Aussagen wie dem schwarznationalistischen «Black is beautiful» verbunden ist. «Ich bin eine Person, die zufällig Schwarz ist» hingegen ist eine Selbstidentifikation, die sich um eine gewisse Universalität (im Sinne von: «Ich bin zunächst einmal ein Mensch») und, damit einhergehend, um eine Zurückweisung der aufgezwungenen Kategorie («Schwarz») als zufällig, unwesentlich, nicht entscheidend bemüht.[34]

In seiner Rückkehr zu der sozialen Bedeutung der Kategorien Race und Geschlecht und in seiner Stärkung schwarzer und weiblicher Identitätspolitik kann *Mapping the Margins* als Grundlagentext für die heutige Theorie und Praxis der Social-Justice-Bewegung betrachtet werden. Darin wurde auch eine wichtige Bedingung revitalisiert, unter der die soziale Konstruktion von Rassismus gelingen kann – die Verdinglichung sozial konstruierter Kategorien von Race –, nachdem liberale Ansätze zuvor jahrzehntelang mit erheblichem Erfolg Kritik daran geübt hatten. Damit legte Crenshaw den Grundstein für den «strategischen Rassismus», der in den letzten Jahren die rassistische Dimension der Social-Justice-Forschung charakterisiert hat und in Kapitel 8 genauer behandelt wird. Die Theorie der Intersektionalität ist innerhalb der Social-Justice-Forschung und bei der jüngsten expliziten Absage an den liberalen Universalismus zugunsten einer identitätsbasierten Politik ein enorm wichtiges

Bezugssystem geworden. Indem sie auf den postmodernen Kulturkonstruktivismus zurückgreift, zugleich aber Unterdrückung als objektiv real ansieht und für interventionistische politische Ziele eintritt, verdichtet sie die Entstehung, das sittliche Gebot, die Methode und das Ethos des angewandten Postmodernismus wie unter einem Brennglas. Sie ist daher paradigmatisch für den Schritt zur Anwendung in den späten Achtziger- und frühen Neunzigerjahren.

Die Intersektionalität und die Wende zum angewandten Postmodernismus

In *Mapping the Margins* kritisiert Crenshaw zwei Arten, die Gesellschaft zu verstehen: den (universellen) Liberalismus und den (hochgradig dekonstruktiven) Postmodernismus. Der liberale Mainstream-Diskurs über Diskriminierung reicht demnach nicht aus, um zu verstehen, wie die Diskriminierung von Menschen mit mehr als einer Kategorie marginalisierter Identität durch Machtstrukturen aufrechterhalten wird. Der Liberalismus versucht in individualistischer und universalistischer Absicht, die Verknüpfung zwischen sozialen Erwartungen und Identitätskategorien aufzulösen (etwa die Erwartung, dass schwarze Menschen niedere Arbeiten verrichten oder dass Frauen sich vorrangig als Hausfrau und Mutter verstehen) und allen Menschen unabhängig von ihrer Identität sämtliche Rechte, Freiheiten und Chancen zugänglich zu machen. Dass er Identitätskategorien nur eine geringere Priorität einräumt, ist laut Crenshaw inakzeptabel. Sie schreibt: Für

> Afroamerikaner, […] weitere People of Color, Schwule und Lesben und andere […] ist identitätsbasierte Politik eine Quelle der Stärke, der Gemeinschaft und der intellektuellen Entwicklung. Die positive Bewertung der Identitätspolitik steht jedoch in Spannung zu den herrschenden Vorstellungen von sozialer Gerechtigkeit. Race, Geschlecht und andere Identitätskategorien werden im liberalen Mainstream-Diskurs meist als Überbleibsel von Vorurteilen oder Dominanz behandelt, das heißt, als inhärent negative Rahmenbedingungen, innerhalb derer die soziale Macht darauf

> hinwirkt, diejenigen auszuschließen oder zu marginalisieren, die anders sind. Nach diesem Verständnis sollte das Ziel unserer Bemühungen darin bestehen, diese Kategorien von jeder sozialen Bedeutung zu befreien. In bestimmten Strängen feministischer und antirassistischer Befreiungsbewegungen besteht jedoch implizit die Ansicht, dass soziale Macht durch Hervorhebung von Differenz nicht die Macht der Herrschenden sein muss; sie kann auch Quelle sozialer Ermächtigung und Rekonstruktion sein.[35]

Crenshaw leitet hier eine wichtige Veränderung ein. Auf dem Höhepunkt seiner dekonstruktiven Phase ermöglichte der Postmodernismus die Analyse von Machtstrukturen und verstand Race und Geschlecht (folgt man Crenshaw) sinnvollerweise als soziale Konstrukte. Wegen seiner radikal-skeptizistischen Fehleinstellung verlor er jedoch die Realität dieser sozialen Strukturen und Kategorien aus den Augen, die man unbedingt anerkennen muss, wenn man Diskriminierung bekämpfen will. Crenshaw kritisiert diesen Aspekt des radikal dekonstruktiven Postmodernismus, besteht aber darauf, dass das politische Prinzip des Postmodernismus ansonsten schlüssig ist:

> Zwar ist das deskriptive Projekt des Postmodernismus zu hinterfragen, wie Bedeutung sozial konstruiert wird, insgesamt vernünftig, aber diese Kritik missversteht manchmal die Bedeutung der sozialen Konstruktion und verzerrt ihre politische Wirksamkeit [...] Zu sagen, dass eine Kategorie wie Race oder Geschlecht sozial konstruiert ist, heißt nicht, dass sie in unserer Welt keine Bedeutung hätte. Im Gegenteil, es ist ein großes und andauerndes Projekt unterdrückter Menschen – und tatsächlich waren die postmodernen Theorien diesem Projekt sehr dienlich –, über die Art und Weise nachzudenken, wie sich Macht um bestimmte Kategorien gruppiert und gegen andere ausgeübt wird.[36]

Und so fordert Crenshaw in den frühen Neunzigerjahren ein völlig neues Denken, welches akzeptiert, dass komplexe Schichten von Diskriminierung und Kategorien von Menschen und Machtsystemen objektiv existieren, auch wenn sie sozial konstruiert sind. Das meint Intersektionalität.

Ihre Vertreter begrüßen ausdrücklich das politische Prinzip des Postmodernismus und akzeptieren eine Variante des postmodernen Wissensprinzips, das Wissen als positional versteht. Crenshaws Konzept der Intersektionalität impliziert, wenigstens in dem politischen Kontext, in dem sie schreibt, eine explizite Ablehnung universeller Grundsätze zugunsten der Gruppenidentität, und der intersektionale Feminismus und die Critical-Race-*Theorie* sind ihr bis heute darin gefolgt.[37]

Innerhalb dieses Denkens sind Gender und Race Gegenstand eines neuen politischen Aktivismus und einer auf dem Vormarsch befindlichen Identitätspolitik geworden, anstatt – wie es der Liberalismus versucht – zur Bedeutungslosigkeit verdammt zu werden. Intersektionalität ist die Achse, um die sich der angewandte Postmodernismus von Anbeginn drehte, und eine Saat, die 20 Jahre später in der Social-Justice-Forschung aufging. Es ist deshalb wichtig, das Konzept der Intersektionalität zu verstehen und zu begreifen, wie es die postmodernen Prinzipien und Themen bewahrt und sie zugleich gebrauchsfähig gemacht hat.

Komplex, aber auch schrecklich einfach

Seit der Begriff Intersektionalität geprägt wurde, haben sich seine Bedeutung und sein Zweck enorm erweitert. Für die intersektionalen Soziologinnen Patricia Hill Collins und Sirma Bilge ist Intersektionalität

> eine Möglichkeit, die Komplexität der Welt, der Menschen und der menschlichen Erfahrungen zu verstehen und zu analysieren. Die Ereignisse und Bedingungen des sozialen und politischen Lebens und das Selbst können selten eindimensional erklärt werden. Sie werden generell auf vielfältige und sich wechselseitig beeinflussende Weisen von mehreren Faktoren geformt. Wenn es um soziale Ungleichheit geht, ist es besser, das Leben der Menschen und die Organisation von Macht in einer gegebenen Gesellschaft so zu verstehen, dass sie nicht von einer einzigen Differenzlinie der sozialen Spaltung, sei es Race, Geschlecht oder Klasse, geprägt sind, sondern von vielen Linien, die zusammenwirken und sich gegenseitig beeinflussen. Intersektionalität als analytisches Werkzeug er-

möglicht Menschen einen besseren Zugang zur Komplexität der Welt und zu sich selbst.[38]

Aus der intersektionalen Perspektive kann die Zahl der Differenzlinien fast unendlich sein, aber sie können nicht auf das *Individuelle* reduziert werden. (Oft wird gescherzt, dass das Individuum der logische Endpunkt eines intersektionalen Ansatzes sei, aber dies beruht auf einem fehlenden Verständnis der fundamentalen Abhängigkeit von der *Gruppenidentität.* Selbst wenn eine Person eine einzigartige Mischung marginalisierter Identitäten, also intersektional ein einzigartiges Individuum wäre, müsste sie durch jede einzelne dieser Gruppenidentitäten verstanden werden – wobei die Details durch die *Theorie* ausgefüllt werden müssten. Die Person würde jedenfalls nicht als Individuum verstanden werden.) Deshalb sind für das Konzept der Intersektionalität zahlreiche Kategorien relevant. Zu den Kategorien Race, Geschlecht, sexuelle Orientierung, Gender, Religion, Immigrantenstatus, körperliche Fähigkeiten, geistige Gesundheit und Körpergröße kommen zahlreiche Subkategorien wie exakte Hautfarbe, Körpergestalt und ein Wirrwarr an Geschlechtsidentitäten und sexuellen Orientierungen hinzu, die in die Hunderte gehen. Sie alle müssen in Relation zueinander verstanden werden, damit die Positionalität, die jede ihrer Überschneidungen mit sich bringt, identifiziert und adressiert werden kann. Daher ist die Intersektionalitätstheorie intern nicht nur unglaublich komplex, sondern auch unübersichtlich, da sie für so viele Interpretationen offen ist und mit so vielen Elementen von Identität gleichzeitig operiert, von denen ein jedes einen anderen relativen Grad der Marginalisierung impliziert, ohne dass sie alle direkt vergleichbar wären.

Demgegenüber haben die übergreifende Idee des Intersektionalitätskonzepts oder die *Theorien*, auf denen es beruht, nichts Komplexes an sich. Sie könnten gar nicht einfacher sein. Die *Theoretiker* wiederholen immer wieder denselben Vorgang: Sie suchen nach den Machtungleichgewichten und Vorurteilen, von deren Existenz sie ausgehen, und hacken darauf herum. Sie reduzieren alles und jedes auf eine einzige Variable, ein einziges Gesprächsthema, eine einzige Ausrichtung und Auslegung: auf Vorurteile, die auf der Grundlage der von der *Theorie* postulierten Machtdynamiken zu verstehen sind. So können beispielsweise verschiedene Ergebnisse nur eine Erklärung haben, nämlich vorurteilsbeladene Voreingenommenheit. Es geht einzig und allein um die Frage, wie sie sich in der gegebenen Situation manifestiert. In jeder Situation soll irgendeine Form eines mittels der *Theorie* identifizierbaren Vorurteils existieren, und es muss nur ein Weg gefunden werden, um dessen Existenz zu beweisen. In diesem Sinne ist Intersektionalität ein Werkzeug, eine «Praxis», die darauf angelegt ist, jede Komplexität und Nuance einzuebnen, damit ihre Vertreter in Übereinstimmung mit ihrer Weltsicht Identitätspolitik propagieren können.

Das Kastensystem der Social-Justice-Bewegung

Wegen seiner internen Komplexität und einseitigen Konzentration auf Repression ist das Konzept der Intersektionalität von Unterteilungen und Unterkategorien durchsetzt, die in Konkurrenz oder sogar in unerbittlichem Widerspruch zueinander stehen. Einige Menschen in den Vereinigten Staaten argumentieren in diesem Zusammenhang, dass sich schwule weiße Männer[39] und nicht-schwarze People of Color – die allgemein als diskriminierte Gruppen gelten – ihrer Privilegien und ihrer Schwarzenfeindlichkeit bewusst werden müssten.[40] Auch die Forderung, schwarze Menschen mit hellerer Haut sollten ihre privilegierte Stellung gegenüber dunkelhäutigeren schwarzen Menschen erkennen, wurde erhoben.[41] Heterosexuelle schwarze Männer wurden schon als «die weißen Menschen unter den schwarzen Menschen» bezeichnet.[42] Auch ist nicht selten zu hören, dass Transmänner, wenngleich sie wegen der Einstellungen zu ihrem Transstatus immer noch als unterdrückt gelten, erkennen sollten, dass sie in einen männlichen privilegierten Status aufgestiegen sind und deshalb die Stimmen der Transfrauen verstärken sollten, die als weibliche Transpersonen doppelt unterdrückt werden.[43] Schwule Männer und Lesben können sich auf einmal mit der Position konfrontiert sehen, dass sie überhaupt nicht unterdrückt werden, vor allem wenn sie sich nicht zu Transmännern bzw. Transfrauen hingezogen fühlen, was als eine Form von Transphobie und Misgendering gewertet wird.[44] Asiaten und Juden kann der marginalisierte Status wegen des relativen wirtschaftlichen Erfolgs ihrer demografischen Gruppe, ihrer «Weißheit» oder anderen Faktoren abgesprochen werden.[45] Queerness muss dekolonisiert, also unter antirassistischen Gesichtspunkten diverser werden, und ihre konzeptuellen Ursprünge bei Weißen wie Judith Butler sollten kritisch untersucht werden.[46]

In der realen Welt kann der Versuch, alle marginalisierten Identitäten gleichzeitig als einzigartige Stimmen mit der inhärenten unbestreitbaren Weisheit ihrer jeweiligen kulturellen Gruppe zu «respektieren», Konflikt und Widerspruch auslösen. So wurde etwa der lebenslange Menschenrechtsaktivist Peter Tatchell des Rassismus beschuldigt, weil er schwarze Rap-Musiker kritisierte, die in ihren Songs den Mord an Schwulen glorifizierten.[47] Verwirrung und Streit bei der Frage, wen man unterstützen sollte, kam auf, als Kosmetikerinnen, die einer ethnischen Minderheit angehörten, eine Transperson «misgenderten» (unter Missachtung ihrer Geschlechtsidentität behandelten), weil sie sich weigerten, den Schambereich um ihre Hoden mit Wachs zu enthaaren, da in ihrer Religion und Tradition der Kontakt mit männlichen Genitalien verboten ist.[48]

Dank all dieser «Verfeinerungen» sind die Intersektionalisten sehr beschäftigt, in internen Streit verstrickt und gespalten; aber sie nehmen dies für das höhere Ziel in Kauf, all die verschiedenen *theoretisch* unterdrückten Gruppen in einer einzigen Metagruppe der «Unterdrückten» oder der «Anderen» unter dem übergreifenden Metanarrativ von *Social Justice* zu vereinen und auf diese Weise ein Kastensystem zu etablieren. Die heutige Social-Justice-Bewegung unterscheidet sich daher deutlich von dem Aktivismus für universelle Menschenrechte, der die Bürgerrechtsbewegungen auszeichnete.[49] Deren liberale und egalitäre Ansätze zielten und zielen weiterhin darauf ab, Chancengleichheit herzustellen, Diskriminierung zu kriminalisieren, Entrechtung zu beseitigen und Voreingenommenheit zu überwinden, indem Vorurteile aufgrund unveränderlicher Merkmale gesellschaftlich geächtet werden. Auf diese Weise schaffen sie ein erreichbares Ziel für jedes wohlmeinende liberale Individuum: nämlich Menschen unabhängig von ihrer Identität gleich zu behandeln. Die Social-Justice-Bewegung betrachtet diesen liberalen Ansatz bestenfalls als naiv, was die Beschreibung der Realität einer zutiefst vorurteilsbeladenen Gesellschaft betrifft, und erkennt darin schlimmstenfalls die vorsätzliche Weigerung, anzuerkennen, dass wir in einer solchen Gesellschaft leben. Folglich besteht die einzige Möglichkeit, im Rahmen der Social-Justice-Ideologie ein rechtschaffener Mensch zu sein, in der Annahme, dass die erwähnten Machtungleichgewichte und Vorurteile – maskiert durch die falschen egalitären Versprechungen des Liberalismus – immer und überall existieren, und der praktischen Schlussfolgerung, sie mittels der einzig wahren *theoretischen* Analyse fleißig aufspüren zu müssen. Laut Collins and Bilge ist

> soziale Gerechtigkeit möglicherweise die umstrittenste Kernidee der Intersektionalität, aber sie erweitert den Kreis von deren Anwendern um auch jene, die sie als analytisches Werkzeug für soziale Gerechtigkeit nutzen. Das Streben nach sozialer Gerechtigkeit ist keine notwendige Voraussetzung für Intersektionalität. Aber die Menschen, die für die Nutzung des Konzepts der Intersektionalität als analytischem Werkzeug eintreten, und die Menschen, die soziale Gerechtigkeit als einen zentralen und nicht als einen peripheren Bereich ihres Lebens ansehen, sind oft ein und dieselben. Diese Menschen stehen dem Status quo in der Regel eher kritisch als unkritisch gegenüber.[50]

Ähnlich argumentiert auch Rebecca Lind. Sie definiert Intersektionalität als «eine facettenreiche Perspektive, die den Reichtum multipler, sozial konstruierter Identitäten anerkennt, die sich in jedem von uns zu einem einzigartigen Individuum verbinden».[51] Mit dieser Methode wird jedoch das «einzigartige Individuum» nicht wirklich als Individuum verstanden. Wie bereits erwähnt, kann die Anzahl der Differenzlinien sozialer Spaltung gemäß der Intersektionalität fast unendlich sein, doch die so definierten Gruppen lassen sich nicht auf das *Individuelle* reduzieren. Laut der *Theorie* kann man die Gesellschaft, ihre Mitglieder und ihre Erfahrungen nur dann wirklich verstehen, wenn man die verschiedenen Gruppen und die sozialen Konstruktionen um diese Gruppen herum versteht. Diese konzeptionelle Verschiebung erleichtert es, eine Gruppenidentität herzustellen, und fördert so eine – oft radikale – Identitätspolitik.

Wegen der schieren Vielseitigkeit der Intersektionalität als Werkzeug spricht sie Personen an, die in vielen verschiedenen Bereichen engagiert sind, die von juristischem Aktivismus und akademischer Analyse bis hin zu Affirmative Action und Bildungstheorie reichen.[52] Auch der Mainstream-Aktivismus nimmt die Intersektionalität und insbesondere ihr Konzept der *Privilegiertheit* gerne auf – eine Idee, die oft um den Preis von Mobbing und Einschüchterung rigoros durchgesetzt wird.

Das Meme der Social Justice

Dass sich der Einflussbereich der Intersektionalität stark erweiterte, war vielleicht unvermeidlich. Ange-Marie Hancock behandelt in ihrem Buch über die intellektuelle Geschichte der Intersektionalität deren wachsende Popularität sowohl im intellektuellen und akademischen Bereich als auch als eine Art Meme und stellt fest, dass im Netz viele verschiedene Definitionen und Konzeptualisierungen von Intersektionalität existieren.[53] Sie schreibt: «Deshalb ist die Intersektionalität als analytischer Rahmen im Begriff, in der akademischen Welt, im Non-Profit-Sektor (einschließlich der globalen Philanthropie) und in der Politik maximale Aufmerksamkeit zu erlangen.»[54] Im Kulturbereich beruft man sich laut Hancock oft auf die Intersektionalität, um Menschen zu *canceln*, und so unterschiedliche öffentliche Akteure wie Michelle Obama und die Mitglieder der feministischen Friedensgruppe Code Pink sind dafür kritisiert worden, dass sie nichts «verstehen und nicht von einem Standpunkt aus handeln, der sich durch eine profunde Kenntnis der im Spiel befindlichen multikategorialen Machtdynamiken auszeichnet».[55] Unter Anwendung der Critical-Race-*Theorie* argumentiert Hancock, dass das Mainstreaming von Intersektionalität selbst problematisch ist, weil es die Intersektionalität «weiß macht» und «memifiziert»: Die Gefahr, dass Intersektionalität von den Erfahrungen schwarzer Frauen[56] abgetrennt wird, besteht laut Hancock auf allen Ebenen, sei es, indem man das Konzept auf (den weißen Mann) Foucault zurückführt oder indem man es um unzählige Formen simplifizierter Kulturkritik erweitert («memifizieren»).[57]

Wie Hancock anmerkt, ist die Intersektionalität viral geworden. Sie hat – insbesondere im Aktivismus – schnell neue und unerwartete Anwendungen gefunden, von denen viele in der akademischen Literatur zum Thema gerechtfertigt werden. Im Jahr 2017 stellte Crenshaw selbst fest, dass sich das Konzept der Intersektionalität über den von ihr beabsichtigten Rahmen hinaus ausgedehnt und zu einer Methode entwickelt hat, um über die komplizierten Überschneidungen marginalisierter Identitäten zu sprechen, anstatt etwas zur Linderung der Unterdrückung zu tun.[58] So kommt es, dass sich Critical-Race-*Theorie* und Intersektionalität – zusätzlich zu der Verwirrung, die sich aus der hochgradig interpretativen Anwendung postmoderner Prinzipien und Themen ergibt – auch noch durch ein großes Maß an Zwiespältigkeit, Pessimismus und Zynismus auszeichnen. Die Überzeugung, dass der Rückgang rassistischer Einstellungen größtenteils eine Fata Morgana war und dass weiße Menschen People of Color nur dann Rechte und Chancen zugestehen, wenn es in ihrem eigenen Interesse liegt, kann insbesondere unter Aktivisten, auf dem Campus und an Arbeitsplätzen mit hoher Konkurrenz zu tiefgreifender Paranoia und massiver Feindseligkeit führen. Diese Emotionen treten gelegentlich zutage und spalten Institutionen von innen heraus, vor allem wenn wohlmeinende Menschen, die sich nicht ständig gegen Vorwürfe des Rassismus und der weißen Vorherrschaft verteidigen wollen, sich in diesen Situationen entweder unterwerfen, sich zurückziehen oder sie vermeiden.[59]

Die für die Critical-Race-*Theorie* charakteristische paranoide Geisteshaltung, die davon ausgeht, dass immer und überall Rassismus herrscht und nur darauf wartet, gefunden zu werden, ist für diejenigen, die sie übernehmen, höchstwahrscheinlich weder hilfreich noch gesund. Wer stets vermutet, dass er gerade oder demnächst diskriminiert wird, und unaufhörlich herauszufinden versucht, wie dies geschieht, dürfte in kaum einer denkbaren Situation etwas zum Besseren verändern. Misstrauen kann auch kontraproduktiv sein. In *The Coddling of the American Mind* beschreiben der Rechtsanwalt Greg Lukianoff und der Sozialpsychologe Jonathan Haidt diesen Prozess als eine Art umgekehrte Verhaltenstherapie, nach der die Klienten geistig und emotional weniger gesund sind als zuvor.[60] Der Hauptzweck einer Verhaltenstherapie besteht darin, sich selbst zu trainieren, *nicht* jede Situation als Katastrophe zu betrachten und in den düstersten Farben zu zeichnen, und ihr Ziel besteht darin, ein positiveres und stabileres Verhältnis zur Welt zu entwickeln, damit man sich so gut wie möglich auf sie einlassen kann. Bringt man umgekehrt jungen Leuten bei, in jeder Interaktion Beleidigungen, Feindseligkeit und Vorurteile zu wittern, dürften sie die Welt zunehmend als feindlich betrachten, ohne sich noch in ihr entfalten zu können.

Edle Ziele, schreckliche Mittel

Ein zentrales Ziel der Critical-Race-*Theorie* und der Theorie der Intersektionalität besteht darin, dem Rassismus ein Ende zu setzen, und zwar mit dem unwahrscheinlichen Mittel, alle Menschen immer und überall für Rassismus zu sensibilisieren. Ihre Vertreter gehen von der Annahme aus, dass Rassismus normal und dauerhaft ist; das Problem bestehe vor allem darin, dass Menschen – insbesondere weiße Menschen – ihn nicht sehen, eingestehen und thematisieren. Oder wie die einflussreichen aktivistischen Wissenschaftlerinnen Heather Bruce, Robin DiAngelo, Gyda Swaney (Salish) und Amie Thurber es 2014 auf der denkwürdigen National Race and Pedagogy Conference an der Puget Sound University[61] formulierten: «Die Frage ist nicht: ‹Fand Rassismus statt?›», denn davon sei auszugehen, «sondern vielmehr ‹Wie manifestierte sich der Rassismus in dieser Situation?›» Wir sollen folglich anerkennen, dass Rassismus immer auftritt und unsere Aufgabe darin besteht, Situationen auf Anzeichen von Rassismus zu prüfen. Dieser Auftrag folgt aus den Überzeugungen, dass erstens «alle Mitglieder der Gesellschaft so sozialisiert sind, dass sie, wenn auch an unterschiedlichen sozialen Orten, am System des Rassismus teilnehmen», und dass zweitens «alle weißen Menschen unabhängig von ihren Absichten vom Rassismus profitieren».[62] Diese Behauptungen führen zu einigen bekannten Imperativen der Critical-Race-*Theorie*: «Rassismus muss kontinuierlich identifiziert, analysiert und bekämpft werden. Niemand ist je damit fertig», und: «Der Race-bezogene Status quo ist für die meisten Weißen bequem. Daher ist alles, was der weißen Bequemlichkeit dient, verdächtig.» Außerdem: «Widerstand ist eine vorhersehbare Reaktion auf antirassistische Erziehung und muss explizit und strategisch angegangen werden.»[63]

Die Kernprobleme der Critical-Race-*Theorie* sind: dass sie Kategorien rund um das Thema Race wieder soziale Bedeutung zuschreibt und damit Rassismus entfacht, dass sie rein auf der *Theorie*ebene argumentiert, dass sie sich auf das postmoderne Wissensprinzip und das politische Prinzip des Postmodernismus stützt, dass sie zutiefst aggressiv ist, dass sie ihre Relevanz für alle Aspekte sozialer Gerechtigkeit behauptet und dass sie nicht zuletzt von der Annahme ausgeht, Rassismus sei immer und überall gegeben. Demzufolge muss jede Interaktion zwischen einer Person mit dominanter und einer Person mit marginalisierter ethnischer Identität durch ein Machtungleichgewicht gekennzeichnet sein (das politische Prinzip des Postmodernismus). Die Aufgabe der *Theoretiker* oder Aktivisten besteht darin, auf dieses oft als Rassismus oder weiße Vorherrschaft bezeichnete Machtgefälle aufmerksam zu machen und mit seiner Demontage zu beginnen. Die von der Critical-Race-*Theorie* unterstellte Allgegenwart und Ewigkeit des Rassismus verleiht ihm gleichsam – ähnlich der Sünde oder der Verderbtheit – einen mythologischen Status.[64] Weil das Mitglied einer rassistisch marginalisierten Gruppe laut der *Theorie* über eine einzigartige Stimme und Gegenerzählung verfügt, die in dem Maße als autoritativ *zu gelten hat*, wie sie gemäß der *Theorie* «authentisch» ist (das postmoderne Wissensprinzip), gibt es keine wirkliche Möglichkeit, seine Lesart der Situation zu bestreiten. Deshalb wird alles, was das marginalisierte Individuum als Rassismus interpretiert, standardmäßig als Rassismus angesehen – eine Weltsicht, die zu Voreingenommenheit und skrupellosem Missbrauch einlädt. In der Forschung hat das Theorien hervorgebracht, die nur auf Theorien (und auf der *Theorie*) aufgebaut sind; es gibt keine echte Möglichkeit, sie zu testen oder zu falsifizieren. Unterdessen suchen die Anhänger der Critical-Race-*Theorie* so lange aktiv nach offenen und versteckten rassistischen Vergehen, bis sie welche finden, und sie lassen keine alternativen oder mildernden Erklärungen zu – Rassismus ist nicht nur permanent überall und latent in Systemen vorhanden; er ist auch absolut unverzeihlich. Dies kann zu empörten Mobs und öffentlicher Bloßstellung führen und lenkt tendenziell die gesamte Aufmerksamkeit auf die Beziehungen zwischen verschiedenen (identitär definierten) ethnischen Gruppen, die dadurch unvermeidlich immer heikler und belasteter werden.

Darüber hinaus ist es unwahrscheinlich, dass weiße Menschen (oder die Minderheiten selbst) die erwünschten Verhaltensveränderungen an den Tag legen, wenn man alles unablässig als rassistisch interpretiert. Dieses Vorgehen könnte dem antirassistischen Aktivismus sogar schaden, weil es Skepsis und Empörung und einen Widerwillen gegen die Unterstützung lobenswerter Initiativen zur Überwindung von Rassismus hervorruft. Einige Studien zeigen heute schon, dass Diversity-Trainings, in denen Mitgliedern dominanter Gruppen vermittelt wird, dass der von ihnen selbst aufrechterhaltene Rassismus überall vorkommt, die Feindseligkeit gegenüber Randgruppen verstärkt haben.[65] Es ist schlechte Psychologie, Menschen, die sich selbst nicht für Rassisten halten (und Rassismus vielleicht sogar aktiv bekämpfen), zu sagen, dass sie dennoch Rassisten seien und nichts dagegen tun könnten – und sie dann um Hilfe zu bitten. Noch weniger hilfreich ist es, ihnen zu sagen, dass sogar ihre guten Absichten ein Beweis für ihren latenten Rassismus sind. Am schlimmsten aber ist es, wenn man sie mit Doppelbotschaften quält, etwa indem man ihnen sagt, dass sie rassistisch seien, wenn sie die ethnische Zugehörigkeit wahrnehmen, aber auch, wenn sie sie nicht wahrnehmen, was sie sich nur aufgrund ihres privilegierten Status leisten könnten. Schließlich drohen die Vertreter der Critical-Race-*Theorie* durch ihre starke und bewusste Fokussierung auf Race und ihre Ablehnung der «Farbenblindheit» das soziale Tabu aufzuheben, laut dem niemand nicht nach seiner Hautfarbe oder ethnischen Zugehörigkeit beurteilt werden darf. Die obsessive Konzentration auf Race in Kombination mit einer Kritik an den liberalen Werten des Universalismus und Individualismus (für die Vertreter der *Theorie* größtenteils ein Mythos, der weißen Menschen nutzt und der Erhaltung des Status quo dient) verheißt vermutlich sowohl für die Minderheiten im Besonderen als auch für den sozialen Zusammenhalt im weiteren Sinne nichts Gutes. Solche Einstellungen zerren an dem Gewebe, das die Gesellschaften der Gegenwart zusammenhält.

6 Feminismen und Gender Studies

Vereinfachung als Raffinement

Der Feminismus, dessen Ziel darin besteht, die Lebensbedingungen von etwas mehr als der Hälfte der Weltbevölkerung zu verbessern, ist seit knapp einem Jahrhundert eine der bedeutendsten sozialen Bewegungen der Menschheitsgeschichte. Er ist seit jeher umstritten und hat viele Gegner – vielleicht nicht zuletzt wegen seines Erfolgs. Um die Jahrtausendwende vollzog sich jedoch ein Wandel innerhalb der Bewegung. Diese Veränderungen führten zu einer breiten Neuorientierung in der feministischen Forschung und im feministischen Aktivismus: Eine überraschend hohe Anzahl von Aktivistinnen folgte plötzlich einem neuen, «immer raffinierteren» Ansatz namens «Intersektionalität», der mehrere Formen der Identitäts-*Theorie* miteinander verknüpfte. Liberale, materialistische und radikale Ansätze, die im vorhergehenden Jahrhundert den Feminismus geprägt hatten, wurden nun zugunsten der Intersektionalität über Bord geworfen, und eine Vielzahl marginalisierter Identitäten wurde direkt vor den Augen der früheren Feministinnen in die Welt hinein*theoretisiert.* Zugleich ergab sich daraus die neue Notwendigkeit, alles durch eine Lupe zu betrachten, die potentielle Repression, Engstirnigkeit, Ungerechtigkeit und «Kränkung» vergrößerte – und die eigene Komplizenschaft innerhalb dieser Systeme der Macht und Privilegierung. Der Wandel vollzog sich derart rasch und nachhaltig, dass er zu Beginn der Nullerjahre eine Serie von Publikationen auslöste, in denen – einem akademischen Todesröcheln gleichend – darauf insistiert wurde, dass materialistische und radikale Denkansätze im Feminismus nach wie vor gebraucht würden.[1]

Schon wenig später wurden solche Rettungsversuche von Aufsätzen abgelöst, die den dramatischen Umbruch erklärten und darlegten, warum er der Hochkultur des feministischen Denkens an amerikanischen Universitäten die richtige Richtung wies.

Von außen betrachtet erscheint der intersektionale Ansatz sperrig, mühsam und unverständlich. Er ähnelt einem allgemeinen Hauen und Stechen, bei dem alle Beteiligten wegen kleinlicher Differenzen und Kränkungen miteinander im Clinch liegen und sich gegenseitig das Leben schwer machen. So werden beispielsweise die diversen unterdrückten Stämme aufgerufen, einander erst unter der Bündnis- und später der Solidaritäts-Flagge zu unterstützen. Beides analysiert die *Theorie* dann jedoch als problematisch, da die Bedürfnisse privilegierter Verbündeter «in den Mittelpunkt gestellt werden», was unweigerlich auf Kosten unterdrückter, zunehmend ausdifferenzierter Minderheiten geht. Man kann sich des – übrigens zutreffenden – Eindrucks kaum erwehren, dass es nachgerade unmöglich ist, irgendetwas richtig zu machen. Aber vielleicht ist das ja auch die Absicht.

Feminismus, damals und heute

Der Feminismus, so viel sei fairerweise eingeräumt, war niemals eine einheitliche Bewegung. Das mag daran liegen, dass Feminismus – in der grundlegendsten Definition – die «Überzeugung von der Gleichheit der Geschlechter» bedeutet, und gemäß dieser Definition ist heute die Mehrheit der Bevölkerung feministisch.[2] Feministische Forschung und Aktivismus waren jedoch seit jeher ideologischer und theoretischer ausgerichtet, und die dominanten Ideologien und Theorien haben sich im Lauf der Zeit – begleitet von vielen Flügelkämpfen – immer wieder von Grund auf gewandelt. Feminismus im politischen und philosophischen Sinne umfasst daher eine unübersichtliche Vielzahl von Gruppen: radikale Kulturfeministinnen, radikal lesbische Feministinnen, radikal libertären Feminismus, Separatistinnen, psychoanalytischen französischen Feminismus, Frauenrechtlerinnen, liberale Feministinnen, neoliberale Feministinnen, marxistische Feministinnen, sozialistisch/materialistische Feministinnen, islamische Feministinnen, christliche Feministinnen, jüdische Feministinnen, Choice-Feminismus, Gleichheitsfeminismus, Postfeministinnen und intersektionalen Feminismus.[3] All diese Gruppen sind an den Rechten, Rollen und Erfahrungen von Frauen in unserer Gesellschaft interessiert, unterscheiden sich aber weitgehend darin, wie sie diese auffassen.

Da die Zahl der unterschiedlichen Gruppen zu groß ist, um an dieser Stelle alle eingehender zu erörtern, beschränken wir uns auf vier (stark vereinfacht dargestellte) feministische Richtungen: liberalen Feminismus, radikalen Feminismus, materialistischen Feminismus und intersektionalen Feminismus. In der zweiten Welle des Feminismus von den Sechziger- bis Mitte der Achtzigerjahre hatte der liberale Feminismus die breiteste Basis. Radikaler und materialistischer Feminismus waren weitere, einander teils überlappende, teils konkurrierende wissenschaftliche feministische Strömungen. Der intersektionale Feminismus ist eine neue Variante und löste die anderen Richtungen ab Mitte der Neunzigerjahre ab. Seit diesem Jahrtausend ist der intersektionale Feminismus dominant, dessen Perspektive die Ursache für die tiefgreifenden, oben angedeuteten Veränderungen war.

Die drei wichtigsten Strömungen in der zweiten Welle des Feminismus waren der liberale, der materialistische und der radikale Feminismus. Der liberale Feminismus arbeitete schrittweise darauf hin, Frauen alle Rechte und Freiheiten einer liberalen Gesellschaft zugänglich zu machen. Die Bewegung hatte eine breite Anhängerschaft in der liberalen Gesellschaft und gestaltete das soziale Gefüge insbesondere in Bezug auf die Arbeitswelt erfolgreich um. Die anderen beiden Richtungen waren aktivistischer ausgerichtet und dominierten in der akademischen Feminismus-Forschung. Das wichtigste Thema des materialistischen Feminismus war der Zusammenhang zwischen Patriarchat und Kapitalismus und die daraus folgende Unterdrückung von Frauen in Beruf und Familie. Seine Verfechterinnen beriefen sich in unterschiedlichem Maße auf marxistische und sozialistische Ideen. Radikale Feministinnen beschäftigten sich in erster Linie mit dem Patriarchat und betrachteten Frauen und Männer als Klassen von Unterdrückten und Unterdrückern. Als Revolutionärinnen wollten sie die gesellschaftliche Ordnung von Grund auf verändern, das Konzept der Geschlechtsidentität (aber *nicht* des anatomischen Geschlechtes) demontieren und Patriarchat und Kapitalismus stürzen. Diese drei Richtungen (mit ihren zahlreichen Untergruppen, die wir hier nicht alle aufzählen können) entwickelten sich in unterschiedlichen Kontexten jeweils unterschiedlich. Es ist wichtig festzuhalten, dass der Ansatz der liberalen Feministinnen gesellschaftlich den meisten Zuspruch erhielt, während der radikale und materialistische (letztlich sozialistische) Feminismus an den Universitäten dominierte, vor allem ab den Siebzigerjahren.

In den Achtziger- und Neunzigerjahren änderte sich die Situation, als eine neue Generation von *Theoretikerinnen* eine neue Generation von Aktivisten erfolgreich mit einem «raffinierteren» Ansatz ausstattete, der Versatzstücke der postmodernen *Theorie* in sich trug. Es handelte sich um eine Variante des angewandten Postmodernismus, die in ihrer Betonung der «realen» Unterdrückung von Identitäten auch für den feministischen Aktivismus relevant wurde. Das damit verbundene Konzept der Intersektionalität griff außerdem Aspekte der Queer-*Theorie*, der postkolonialen *Theorie* und insbesondere der Critical-Race-*Theorie* auf. Dadurch veränderte sich der Feminismus fundamental, sowohl im öffentlichen Bewusstsein als auch in akademischer Hinsicht. Die darauffolgende dritte feministische Welle thematisierte vor allem Fragen der Identität in Bezug auf ethnische Herkunft, Gender und Sexualität, während die Frage der sozialen Herkunft zusehends an Bedeutung verlor.[4] Statt von einer gemeinsamen, geteilten Identität aller Frauen auszugehen, der sogenannten «Schwesternschaft», bestritten intersektionale und queere Frauen schlichtweg, dass Frauen ihnen allen gemeinsame Erfahrungen machten, und verkomplizierten vielmehr die Idee, was Frausein überhaupt bedeutete. Liberale Feministinnen lehnten starre Geschlechterrollen ab und kämpften für Gleichberechtigung; radikale Feministinnen sahen die Geschlechtsidentität als ein repressives soziales Konstrukt und wollten es abschaffen. Intersektionale Feministinnen betrachteten Gender nun als ein kulturelles Konstrukt, aber auch als eine Realität, die als solche anerkannt werden musste.

Eine «immer raffiniertere» Theorie

Zu Beginn der Jahrtausendwende war der Wandel zum intersektionalen Feminismus unverkennbar. Zuvor hatten feministische Forschung und Aktivismus Frauen als Klasse betrachtet, deren Situation sie verbessern wollten. Als der angewandte Postmodernismus im Feminismus an Einfluss gewann, verschob sich der Schwerpunkt von den materiellen Nachteilen innerhalb sozialer Strukturen wie Recht und Gesetz, Wirtschaft und Politik auf repressive Diskurse. Im Jahr 2006 fasste Judith Lorber, inzwischen emeritierte Professorin für Soziologie und Gender Studies, die vier wichtigsten Punkte dieses paradigmatischen Wandels zusammen:

1. Gender – nicht das biologische Geschlecht – wird zentrales Thema.
2. Gender und Sexualität werden als soziale Konstrukte betrachtet.
3. In diese Konstrukte wird Macht hineingelesen – und zwar die Macht eines im Foucault'schen Sinne alles durchdringenden Netzes.
4. Der *Standpunkt* – die eigene Identität – steht im Mittelpunkt.[5]

Mit diesen Veränderungen ging, so Lorber, ein «immer raffinierteres» Denkmodell des Feminismus einher. In Wahrheit spiegeln sie jedoch den unverkennbaren Einfluss der angewandten postmodernen *Theorie* wider. Jeder dieser vier Punkte verkörpert das postmoderne Wissensprinzip und das politische Prinzip des Postmodernismus, wie sie sich in Form der Queer-*Theorie* (daher liegt der Schwerpunkt auf der Geschlechtsidentität, die als soziales Konstrukt aufgefasst wird), in der Critical-Race-*Theorie* (Intersektionalität) und der postkolonialen *Theorie* (eine erweiterte Intersektionalität bezieht postkoloniale Themen ein) darstellten. Innerhalb dieses neuen feministischen Paradigmas wird Wissen «situiert», also dem jeweils eigenen «Standpunkt» in der Gesellschaft zugeordnet. Standpunkt wiederum bezeichnet die jeweilige Zugehörigkeit zu intersektionalen Identitätsgruppen. Objektive Wahrheit ist somit unerreichbar, denn Wissen ist mit Macht verknüpft, während Wissen und Macht über Diskurse vermittelt werden, die Verhältnisse der Dominanz und Unterdrückung innerhalb der Gesellschaft schaffen, aufrechterhalten und legitimieren würden.

Diese angewandten Ableitungen der *Theorie* verfügen über eine Reihe von Eigenschaften, die es wohl auch nahegelegt haben, sie zu übernehmen. Als bevorzugtes Analysewerkzeug erweist sich hier die neu verzweckte Intersektionalität. Sie lieferte Aktivisten neben einer Fülle neuer Probleme, die es zu hinterfragen galt, auch neue Anklagen, die erhoben werden konnten – insbesondere innerhalb der Gruppen. Der Black Feminism und die Critical-Race-*Theorie* beschuldigten nun beispielsweise den

Feminismus, er sei «weiß» und missachte unter dem üblen Einfluss weißer Privilegierung all jene Probleme, die aufgrund der ethnischen Herkunft relevant seien. Queere Feministinnen beschuldigten ihrerseits den Feminismus, er sei exklusiv und schließe erst lesbische, dann LGB-, dann LGBT- und schließlich LGBTQ-Problemstellungen aus, da er von diversen normativen Annahmen und den damit verbundenen Privilegien ausgehe. Diese Diskussionen zeitigten bei immer stärker sensibilisierten Wissenschaftlern und Wissenschaftlerinnen eine gesteigerte «wokeness», und zwar nicht nur im Hinblick auf Unterdrückungsmechanismen. Auch der Feminismus selbst ließ sich so als Komplize gesellschaftlicher Unterdrückung zurecht*theoretisieren*. Letzteres wurde schließlich unter dem Begriff Gender Studies subsumiert, die zwar aus dem feministischen Projekt erwachsen sind und feministischem Denken ihren Stempel aufdrücken, sich jedoch eigentlich davon abgrenzen.

Werfen wir einen Blick auf die Geschichte, um die Sachlage zu verdeutlichen. Gender als Gegenstand wissenschaftlicher Studien tauchte in den Fünfziger- und Sechzigerjahren auf, vor allem in der Literaturwissenschaft. Zunächst hieß das Feld einfach «Frauenforschung», weil es sich mit Inhalten beschäftigte, die Frauen betrafen, und sie außerdem politisch ermächtigen wollte. Schlüsseltexte sind Simone de Beauvoirs bahnbrechendes Buch *Das andere Geschlecht* (1949), in dem die Autorin argumentiert, Frauen würden durch die kulturelle Auffassung ihrer Minderwertigkeit gegenüber Männern konstruiert, und Betty Friedans *Der Weiblichkeitswahn* (1963), das Kritik an der Idee übte, Häuslichkeit und Mutterschaft seien erfüllende Daseinsinhalte für Frauen.[6] [7] Kate Millet analysierte in *Sexualität und Herrschaft* (1970) die negative Darstellung von Frauen in literarischen Texten, und Germaine Greer vertrat in *Der weibliche Eunuch* (1970) die Ansicht, Frauen seien sexuell unterdrückt, ihren eigenen Körpern entfremdet und sich nicht bewusst, wie sehr Männer sie insgeheim hassten.[8] [9] Diese Texte stimmen inhaltlich mit dem radikalen Feminismus überein; sie postulieren, Frausein sei sozial konstruiert und von Männern aufgezwungen (innerhalb hierarchischer Machtsysteme), und plädieren für den revolutionären Umsturz des Patriarchats.

In den Siebzigerjahren und bis weit in die Achtzigerjahre hinein beschäftigte sich die Feminismus-Forschung vor allen Dingen mit der Rolle der Frau in der Familie und im Beruf sowie mit gesellschaftlichen Rollenerwartungen, dass Frauen weiblich, gefügig und schön, wenn nicht gar sexuell verfügbar sein sollten. Marxistische Vorstellungen von Frauen als einer untergeordneten Klasse, die existiert, um Männer zu unterstützen (die ihrerseits wiederum den Kapitalismus unterstützen), gab es zuhauf, und Feministinnen kamen zu «bewusstseinsbildenden» Treffen zusammen. Dort versuchten sie, sich über ihre eigene Unterdrückung und deren soziale Konstruktion Klarheit zu verschaffen, getreu dem marxistischen Konzept des «falschen Bewusstseins» – also der Denkweisen, die jemanden daran hindern, die Realität seiner eigenen Situation zu erkennen. Es ähnelt dem Konzept der «verinnerlichten Misogynie», das Frauen beschreibt, die die gesellschaftlich erzwungene Minderwertigkeit der Frau als normal und naturgegeben ansehen. Doch in den ausgehenden Achtzigerjahren und dem darauffolgenden Jahrzehnt trat allmählich ein Wandel ein, als sich der Einfluss des angewandten Postmodernismus in Queer- und postkolonialer *Theorie* und in der Intersektionalität abzeichnete.

In ihrem Essay *Shifting Paradigms and Challenging Categories* (2006) beschreibt Judith Lorber, wie marxistische Feministinnen Frauen als Klasse wahrnahmen.[10] Sie argumentiert, dass «marxistische Feministinnen ihre Analyse erweiterten und die Ausbeutung der Hausfrau als integralen Bestandteil der kapitalistischen Ökonomie aufzeigten»,[11] nachdem sie sich in den Siebziger- und Achtzigerjahren mit der fehlenden Gleichberechtigung am Arbeitsplatz beschäftigt hatten. Diese materialistische, feministische Sicht bildet ein Metanarrativ über Männer, Frauen und Gesellschaft ab, das auf der schlichten Binarität repressiver Mann/unterdrückte Frau beruht. Für postmoderne *Theoretiker* war dieses Gegensatzpaar inakzeptabel; sie stützten sich auf Derridas Annahme, dass jedes «Sprachspiel» eine vergleichbare Dynamik von Dominanz und Unterordnung aufweist. Folgerichtig bezog sich die neue *Theorie*, die im Feminismus in den späten Achtzigerjahren beträchtlich an Einfluss gewann, stark auf die Queer-*Theorie*, um Kategorien wie «Frauen» und «Männer» an ihren linguistischen Wurzeln zu packen.

Jane Pilcher und Imelda Whelehan fassen diese konzeptuelle Veränderung in ihrem Bericht über die Entwicklung der Gender Studies zusammen.[12] Diese seien wichtig, stellen sie fest, denn aus postmoderner Sicht «ist der individuelle Status und die Position derjenigen, die wir unter dem Namen ‹Frau› oder ‹Mann› zu Gruppen zusammenfassen, über Zeit, Raum und Kultur hinweg derart unterschiedlich, dass es keine Berechtigung für gemeinsame Begriffe gibt».[13] In den Nullerjahren ging eine vorherrschende Denkströmung innerhalb des Feminismus denn auch davon aus, dass es schlechthin inkohärent sei, überhaupt von «Frauen» und «Männern» zu sprechen, denn die Geschlechtsidentität sei mittels dominanter Diskurse zu verschiedenen Zeiten und an verschiedenen Orten stets unterschiedlich konstruiert worden. Außerdem, so wurde argumentiert, würden in der *Theorie* «‹Frauen› und ‹Männer› als – diskursiv, performativ oder repetitiv entstandene – Konstruktionen oder Repräsentationen betrachtet und weniger als ‹wirkliche› Entitäten».[14] Aus dieser neuen Perspektive ist das Geschlecht eine grundsätzlich instabile Ausgangsbasis für wissenschaftliche Untersuchungen, die zudem Gefahr läuft, Erfahrungen von Menschen innerhalb anderer kultureller Rahmenbedingungen zu vernachlässigen. Das war der Startschuss für einen neuerlichen Wandel, weg vom *Feminismus* und hin zu breiteren, thematisch weniger begrenzten Untersuchungen von Gender und Gender-Identität. Der Versuch, «Frauen» und «Männer» mit den Mitteln der *Theorie* zu erforschen, musste daran scheitern, das Wesentliche zu erfassen. Für die Vertreterinnen und Vertreter des angewandten Postmodernismus ging es um «Gender». Nach ihrer Definition beschreibt der Begriff jenes Verhalten und jene Erwartungen, die Männer und Frauen aufgrund sozialer Rollenzuschreibungen performativ darstellen; sie können gestört, verwirrt und kompliziert werden, obwohl man sich nicht gänzlich davon befreien kann.

Die *Theorie* hat nicht nur den Feminismus radikal verändert, indem sie die Auffassung von Gender als sozialem Konstrukt veränderte, und zwar von einem vereinfachenden, repressiven binären Gegensatz hin zu einem fließenden und instabilen Phänomen mit Befreiungspotenzial. Die *Theorie* rückte auch die Intersektionalität in den Mittelpunkt des Feminismus.[15] Genau dieser neue Blickwinkel, so Pilcher und Whelehan, markierte den konzeptuellen Übergang vom Feminismus zu den Gender

Studies. «Da Gender inzwischen als komplexer, facettenreicher Bereich gesehen wird, der Berührungspunkte mit vielen Disziplinen hat, eingeschlossen die Untersuchung von Beziehungen innerhalb und zwischen Geschlechtsidentitäten, ist Gender Studies ein weitverbreiteter, wiewohl nicht unumstrittener Begriff.»[16] Anders ausgedrückt: In der Phase des angewandten Postmodernismus setzte sich allmählich als die einzig wahre Art des praktizierten Feminismus durch, unterschiedliche Gruppierungen mit Minderheiten-Status unter der Fahne der *Unterdrückung* zu vereinen. Mittlerweile musste der Feminismus den Gender Studies unter der Schirmherrschaft der Queer-*Theorie* weichen und übernahm zudem noch die Intersektionalität als große vereinheitlichende *Theorie* der sozialen Macht und Ungerechtigkeit.

Lorber beschreibt diese neue Pluralität und Unbestimmtheit, in der die vorherige Fixierung auf Frauen als eine von Männern unterdrückte Klasse nicht länger haltbar ist:

> Mittlerweile nimmt die feministische Forschung nicht mehr ausschließlich weiße Frauen, sondern Männer und Frauen aus einer Vielzahl unterschiedlicher sozialer Gruppen in den Blick. Sie zeigt sich sensibel in Bezug auf multikulturelle Perspektiven und ist bemüht, Daten nicht unter ausschließlich westlich orientierten Gesichtspunkten auszuwerten. Indem die feministische Forschung das eng verflochtene und wechselseitige Zusammenspiel von Gender, Geschlecht und Sexualität berücksichtigt, überwindet sie herkömmliche Binaritäten. Sie ist mit der Lösung des Problems beschäftigt, wie sich Vergleichskategorien entwickeln lassen, die zugleich kritisch dekonstruiert werden.[17]

In der Zwischenzeit hatten die Gender Studies ihr postmodernes Ding durchgezogen. Demzufolge war Wissen ein kulturelles Konstrukt (postmodernes Wissensprinzip) innerhalb ausgeklügelter Strukturen der Macht und Privilegierung (politisches Prinzip des Postmodernismus); Kategorien wurden dekonstruiert, Grenzen und Begrifflichkeiten verwischt, Diskurse waren das zentrale Thema, kultureller Relativismus wurde praktiziert, und die Einsichten von Identitätsgruppen besaßen hohen Stellenwert (die vier Themen der Postmoderne).

Den Wandel fächert Lorber in vier verschiedene Aspekte auf. Erstens rückt Gender, als übergreifendes gesellschaftliches Organisationsprinzip, zum zentralen Thema auf:

> Der Paradigmenwechsel in der feministischen Sozialwissenschaft setzt ein mit dem Konzept von Gender als Organisationsprinzip der Sozialordnung in modernen Gesellschaften und sozialen Institutionen, eingeschlossen Wirtschaft, Politik, Religion, Militär, Erziehung und Medizin – und nicht nur die Familie. Dieser Konzeptualisierung zufolge ist Gender nicht nur Teil der Persönlichkeitsstrukturen und der Identität, sondern auch ein formaler, bürokratischer Status und ein Status in multidimensionalen Stratifizierungssystemen, politischen Ökonomien und Machthierarchien.[18]

Als Lorber diesen Perspektivwechsel im Jahr 2006 festhielt, hatte sich der Feminismus bereits entsprechend neu ausgerichtet: nach der Überzeugung, dass Gender für die vorherrschenden Systeme der Macht und Privilegierung von zentraler Bedeutung ist. Außerdem hatte er sich das postmoderne Konzept der Welt zu eigen gemacht – er hatte sich, mit anderen Worten, gemäß der *Theorie* umgestaltet. Feministisches Denken verstand den Begriff «Patriarchat» folglich nicht mehr buchstäblich als «Herrschaft der Väter» (oder Ehemänner), sondern fasste – in Foucault'schen Begriffen – vage Vorstellungen männlicher Dominanz darunter, die jeden Diskurs durchdringen. In diesem neuen Paradigma galten Macht und Privilegierung als «Organisationsprinzip», das in «multidimensionalen Stratifizierungssystemen Status zuweist»; demnach prägt die hierarchische Kategorisierung von Menschen ihre Denk- und Sprechweise.

Lorber fährt fort:

> Der zweite Aspekt des Paradigmenwechsels besteht darin, dass Gender und Sexualität sozial konstruiert werden. Dieses Prinzip liefert die Grundlage für Gender als Organisationsprozess, die Rahmenbedingungen für direkte Interaktionen und die verhaltensbezogenen Aspekte der persönlichen Identität.[19]

In dieser angewandt postmodernistischen Variante wurde Gender zu etwas, das von und mit Menschen gemacht wird und das wir uns alle gegenseitig antun. Ebenso wie das Verb «queeren» *(to queer)* in der Queer-*Theorie* aufgrund der vermeintlichen Bedeutung von Sprechakten entstand – Wirklichkeit entsteht durch das eigene Sprechen –, wurde auch «gendern» *(to gender)* zu einem gebräuchlichen Verb. Folglich wandten sich die Vertreterinnen der Gender Studies der Frage zu, wie gesellschaftliche Strukturen «gegendert» sind. Um ein Beispiel zu nennen: Während früher eine Werbung, die eine Frau bei der Verwendung eines Geschirrspülmittels zeigte, möglicherweise als Bestätigung für patriarchalische Erwartungen und die Ausbeutung von Frauen in einem materialistischen Sinne gedeutet worden wäre, wurde sie nach der Wende zum angewandten Postmodernismus als eine Form des «Genderns» häuslicher Aufgaben betrachtet – als diskursive Legitimierung der Vorstellung, der Abwasch gehöre zum Frausein. «Gendern» findet dann statt, wenn die Werbung diese Vorstellung als Teil einer Reihe gesellschaftlich legitimierter Diskurse präsentiert, die weibliche Gender-Rollen definieren, in die Frauen hineinsozialisiert werden. Diese Sichtweise hebt den sozialen Konstruktivismus hervor.

Lorber erläutert anschließend die Rolle der Macht bei der Aufrechterhaltung sozialer Konstruktionen:

> Der dritte Schwerpunkt liegt auf der Analyse der Macht und der sozialen Kontrolle, die einander in der gesellschaftlichen Konstruktion von Gender und Sexualität überlappen. Dadurch wird die Hegemonie der dominanten Männer und ihre Version von Männlichkeit und Heterosexualität offengelegt.[20]

Trotz des Wandels zum Postmodernismus in den Achtziger- und Neunzigerjahren blieb der Einfluss von Simone de Beauvoir, aus deren Sicht Frauen in der Gesellschaft Menschen zweiter Klasse waren, sehr präsent. Nicht anders verhielt es sich mit einer Reihe von radikal feministischen Ideen hinsichtlich der Frage, wie weibliche Rollenmodelle den männlichen untergeordnet sind. Dennoch waren im Feminismus die Abkehr von materialistischen Anliegen im Hinblick auf Gesetzgebung, Politik und Wirtschaft und die Hinwendung zur postmodernen Diskursanalyse unverkennbar (obwohl immer noch davon ausgegangen wurde, dass die Konstruktion der Geschlechtsidentität Männer zum Standardgeschlecht und Heterosexualität zum Standard der sexuellen Orientierung machte, während Frauen und Homosexualität aus einer Position des Anders-Seins zu diesen konstruiert wurden). Diese älteren feministischen Ideen wurden zwar beibehalten, aber unter neuen Vorzeichen betrachtet. Was zuvor als von Männern auferlegte (rechtlich) verbindliche Rollenmodelle, Einschränkungen und offen sexistische Erwartungen an Gender-Rollen betrachtet worden war, wurde im Zeitalter des angewandten Postmodernismus nun subtileren, interaktiven, erlernten, aufgeführten und verinnerlichten Erwartungen zugeschrieben, die sich verstetigt hatten. Das entspricht Foucaults postmoderner Auffassung von Macht.

Lorber geht auf die Konstruktion von Wissen nach dem Paradigmenwechsel ein und hebt hier die Bedeutung des Standpunktes (Welchen Gruppen gehört eine Person an? Welche soziale Position nehmen diese Gruppen innerhalb der übergeordneten Machtverhältnisse ein?) und der Intersektionalität hervor:

> Viertens hat die feministische Sozialwissenschaft Forschungsansätze und -methodologien entwickelt, mit denen die Standpunkte unterdrückter Frauen überall auf der Welt in den Vordergrund gerückt werden und in denen sich die zunehmend ausdifferenzierte intersektionale Analyse von Klassenzugehörigkeit, ethnischer Herkunft, Religion und Sexualität abbildet.[21]

Lorber zufolge sind Standpunkttheorie und Intersektionalität inzwischen von zentraler Bedeutung für die Wissensproduktion in den Gender Studies. Als ihr Buch 2006 erschien, waren aus der «Frauenforschung» – die meist radikal oder materialistisch orientiert war und mit einer recht einfachen Form der Standpunkttheorie arbeitete, die von biologischen Geschlechtskategorien und der Konstruktion von Gender im Dienst des Kapitalismus ausging – die postmodern ausgerichteten Gender Studies geworden, die, so Lorber, ein «immer raffinierteres» intersektionales Modell auf den Weg brachten.

Besagter Zugewinn an Komplexität ist aller Wahrscheinlichkeit nach der Grund dafür, warum intersektionales Denken und die *Theorie*, auf der es beruht, sich so schnell auf breiter Basis durchsetzen konnten.[22] Obwohl die (meist liberalen feministischen) Aktivistinnen enorme Fortschritte bei der rechtlichen, beruflichen und sozialen Gleichstellung der Frau erzielt hatten, wurden sie Opfer ihres eigenen Erfolgs. So gut wie alle Ziele waren erreicht, es blieb im Vergleich zu früheren Zeiten nur noch wenig zu tun. Auch die hierarchischen Patriarchat-Kapitalismus-Modelle der radikalen und materialistischen Feministinnen hatten an Überzeugungskraft eingebüßt. Intersektionales Denken erschloss derweil neue Felder, nicht nur innerhalb der Gesellschaft, sondern auch *innerhalb des Feminismus*. Die intersektionale Wende wurde von Wissenschaftlern und Aktivistinnen vorangetrieben, die Elemente der Queer-*Theorie*, der postkolonialen *Theorie* und insbesondere der Critical-Race-*Theorie* nutzten, um die Annahmen des bis dato vorherrschenden Feminismus zu problematisieren und eine Gesellschaft zu dekonstruieren, die sie als überaus kompliziert und repressiv beschrieben. Die intersektionale *Theorie* lieferte somit einen neuen, «immer raffinierteren» Ansatz, um die Machtdynamiken in der Gesellschaft zu erfassen, und konnte ihre fragwürdigen Modelle dadurch auf noch diffusere und weniger falsifizierbare Weise umgestalten.[23]

Eine derartige Hinwendung zu «raffinierteren» und nebulöseren Modellen lässt sich vor allem dann beobachten, wenn Menschen aus persönlichen oder ideologischen Gründen an einem eindeutig fehlerhaften theoretischen Ansatz festhalten. Leon Festinger hat dieses Phänomen in seiner Arbeit über UFO-Kulte als Erster beschrieben und damit dem neuen Konzept der kognitiven Dissonanz den Weg bereitet.[24] Festinger beobachtete, dass die unerschütterlichen UFO-Gläubigen ihre Überzeugungen keineswegs aufgaben, wenn das Vorhergesagte nicht eintraf und sich keine außerirdischen Wesen blicken ließen. Stattdessen lösten sie den Widerspruch auf, indem sie behaupteten, dass ihre Annahmen doch stimmten, aber in einer nicht belegbaren Weise (so behaupteten sie ausdrücklich, dass Gott den Planeten gerade wegen des festen Glaubens der UFO-Gläubigen verschont hatte).

Vor dem angewandten Postmodernismus sahen die marxistische, die sozialistische und andere radikal feministische Theorien Macht als eine vorsätzliche Top-Down-Strategie mächtiger Männer in patriarchalischen und kapitalistischen Gesellschaften, doch die Entwicklungen in der zweiten Welle des Feminismus machten das Konzept irgendwie überflüssig. Während rückständige Männer mit patriarchalischen Ansprüchen weiterhin existierten, wurde es zunehmend unhaltbar, die westliche Gesellschaft als durch und durch patriarchalische Klassenherrschaft einzustufen oder die meisten Männer als Verschwörer, die aktiv den Erfolg von Frauen verhindern wollten. Die postmoderne *Theorie* eröffnete Möglichkeiten, an einigen dieser Überzeugungen festzuhalten – männliche Dominanz besteht weiterhin auf Kosten der Frauen – und sie zugleich in so verschwommenen Begriffen neu zu definieren, dass daraus reine Glaubensfragen wurden, die keinerlei empirische Belege erforderten: soziale Konstruktionen, Diskurse und Sozialisation. Foucaults Idee eines diffusen Netzes der Macht, das unaufhörlich in jedem von uns durch unwissentlichen Sprachgebrauch wirksam ist, war genau das Richtige.[25]

Doing Gender Studies

Was genau wird nun in den Gender Studies mithilfe dieses immer raffinierteren Modells, das Race, Klasse, Gender und Sexualität berücksichtigt, erforscht? Ganz einfach alles. Gender Studies sind so interdisziplinär angelegt, dass diejenigen, die in diesem Bereich forschen und lehren, sich berechtigt fühlen, alles zu untersuchen, womit sich Menschen typischerweise beschäftigen. Der gemeinsame Nenner besteht in der besonderen Methodik, und zwar einer Gender-Analyse, die auf Intersektionalität, Queer-*Theorie* und postkoloniale *Theorie* zurückgreift und damit letztlich auf postmoderne Konzepte des Wissens, der Macht und des Diskurses.

Betrachten wir einmal das Konzept des «Genderns» als repressiven Akt. Im Allgemeinen ist es keine Handlung, die bewusst von mächtigen Individuen ausgeführt wird, sondern etwas, das durch soziale Interaktion auf allen Ebenen der Gesellschaft entsteht. Diese Interaktionen werden mit jeder neuen Identitätsschicht, die dem analytischen Mix hinzugefügt wird, komplexer. In ihrem überaus einflussreichen, im Jahr 1987 erschienenen Aufsatz *Doing Gender* – übrigens der am häufigsten zitierten Arbeit im Feld der Gender Studies, die seit ihrer Erstveröffentlichung in über dreizehntausend akademischen Aufsätzen, Artikeln und Büchern erwähnt wird – zielten Candace West und Don H. Zimmerman auf «ein neues Verständnis von Gender als Routine-Repertoire, das in jede Interaktion eingebettet ist».[26] Sie schreiben:

> Wir behaupten, dass Frauen und Männer unweigerlich am «doing gender» beteiligt sind; ihre Kompetenz als Mitglieder der Gesellschaft hängt unweigerlich davon ab, wie sie produziert wird. Das Herstellen von Geschlechterrollen und Geschlechtszuschreibungen (doing gender) umfasst eine gebündelte Vielfalt sozial gesteuerter Tätigkeiten auf der Ebene der Wahrnehmung, der Interaktion und der Alltagspolitik, welche bestimmte Handlungen mit der Bedeutung versehen, Ausdruck weiblicher oder männlicher «Natur» zu sein.[27]

Mit der Abwendung von Geschlechtszugehörigkeit *(sex)* hin zur Geschlechtsidentität *(gender)*, die als soziale Konstruktion begriffen wird, verwerfen West und Zimmerman ausdrücklich die Biologie als Grundlage von Unterschieden in männlichen und weiblichen Verhaltensweisen, Vorlieben oder Charaktereigenschaften und halten fest:

> Doing Gender bedeutet, Unterschiede zwischen Mädchen und Jungen, zwischen Frauen und Männern herzustellen, die nicht natürlich, essenziell oder biologisch sind. Sind die Unterschiede erst konstruiert, dienen sie dazu, die «Essenzialität» der Geschlechterrollen zu verstärken.[28]

Dieser Prozess, argumentieren sie, sei das Ergebnis einer Sozialisation, die bei Fünfjährigen bereits so gut wie abgeschlossen ist.

> Ein «Mädchen» oder «Junge» zu sein, bedeutet nicht nur, mehr Kompetenzen als ein «Baby» zu haben, sondern auch eine gewisse weibliche oder männliche Kompetenz zu besitzen, es bedeutet also das Erlernen von Verhaltensmustern der eigenen «essenziell» weiblichen oder männlichen Identität.[29]

In Judith Butlers inzwischen zum Klassiker avancierten Buch *Das Unbehagen der Geschlechter*, das ungefähr gleichzeitig mit *Doing Gender* erschien und stark von Foucaults Ideen über die Konstruktion der Sexualität beeinflusst war, wird Gender, ähnlich wie Spracherwerb, durch Lern- und Reproduktionsprozesse realisiert. West und Zimmerman haben ein ähnliches Verständnis von Gender.[30]

Der Auffassung von Gender als etwas, das «gemacht» wird, fügten Candace West und Sarah Fenstermaker 1995 eine intersektionale Perspektive hinzu. In einem erweiterten Konzept von «Doing Gender» unter der Losung «Doing Difference» untersuchen West und Fenstermaker insbesondere die Überschneidungen zwischen Gender und ethnischer und sozialer Herkunft. Bereits hier zeichnet sich der zunehmende Schwerpunkt auf dem Standpunkt ab, auf den Lorber ein Jahrzehnt später hinweist. Seither haben sich die Gender Studies mit einer stetig wachsenden Anzahl unterschiedlicher Identitäten befasst und sind noch komplizierter geworden, insbesondere seit die Bedeutung von Trans Studies zugenommen hat. 2010 problematisierte und erweiterte Catherine Connell diesen Strang der Analyse und beschäftigte sich mit dem Konzept des «redoing gender», das ihrer Meinung nach in «Doing Gender» nicht ausreichend berücksichtigt worden war. Gleichwohl behielt sie die Vorstellung bei, dass «Routineinteraktionen» zwischen Menschen zur Kontrolle der Darstellungsformen von Gender eine zentrale Rolle spielen.[31]

Gender Studies, so viel ist offensichtlich, haben nichts mehr mit Gender-Erwartungen an Frauen in Abhängigkeit von ihrer Reproduktionsfunktion zu tun, sondern sind zu einem breiten Forschungsfeld avanciert, das sich mit einer Vielzahl komplexer, schwer fassbarer Identitäten auseinandersetzt – und zwar im Wesentlichen immer auf dieselbe Weise, nämlich indem so lange nach einem «problematischen» Aspekt Ausschau gehalten wird, über den man sich beschweren kann, bis er sich schließlich findet.

Der Tod des liberalen Feminismus

Nicht nur radikale und materialistische Feministinnen sind weitgehend von postmodernen Intersektionalisten verdrängt worden. Liberale Feministinnen – seit jeher mehr im alltäglichen Aktivismus engagiert als im akademischen – mussten ebenfalls den postmodernen Feministinnen weichen. Da der liberale Feminismus mit Idealen der Moderne übereinstimmte, also einer säkularen, liberalen Demokratie, der Idee individueller Handlungsfähigkeit innerhalb eines Rahmens universeller Menschenrechte und der aufklärerischen Forderung nach Vernunft und Wissenschaft das Wort redete, war er die erklärte Zielscheibe der Postmodernisten. In ihrem Bericht aus dem Jahr 2004 über das aufstrebende Feld der Gender Studies erklären Pilcher und Whelehan, woran das liegt:

> Liberaler Feminismus bezieht sich auf vielfältige Aspekte des liberalen Denkens, wie es die westliche Gesellschaft seit der Aufklärung dominiert; demzufolge kann das Problem der untergeordneten sozialen Stellung der Frau innerhalb bestehender Institutionen der liberalen Demokratie angegangen werden. Die entscheidende Frage, an der sich der Kampf für Liberale entzündet, ist der Zugang zu Bildung; im Sinne von Mary Wollestonecraft wird argumentiert, dass Männer und Frauen mit gleicher Bildung auch gleichen Zugang zu gesellschaftlichen Positionen haben. Liberale Feministinnen würden niemals von «Revolution» oder «Befreiung» sprechen, das ist die Sprache von Radikalen und Sozialisten; liberale Feministinnen sind davon überzeugt, dass sich Demokratie als Herrschaftsform zur Herstellung der Gleichberechtigung beider Geschlechter eignet. Diese liberale Position gilt allgemein als die vorherrschende «vernünftige», trifft auf die Mehrzahl aller Frauen zu, die sich als «Feministinnen» bezeichnen, und ist im breiten gesellschaftlichen Diskurs sehr sichtbar.[32]

Liberale Feministinnen sind im Allgemeinen der Meinung, dass die Gesellschaft bereits fast alle Möglichkeiten bietet, die Frauen benötigen, um im Leben erfolgreich zu sein. Sie fordern lediglich den gleichen Zugang zu diesen Chancen wie Männer und befürworten Maßnahmen, die diesen Zugang ermöglichen und schützen – Bildungsmöglichkeiten, erschwingliche Kinderbetreuung, flexible Arbeitszeiten usw. Der liberale Feminismus geht nicht automatisch davon aus, dass unterschiedliche Ergebnisse im Gesellschaftsgefüge immer auf Diskriminierung zurückzuführen sind, und scheut daher den gleichstellungsbasierten Ansatz des intersektionalen Feminismus. Der liberale Schwerpunkt auf der Beseitigung der sozialen Bedeutung von Identitätskategorien – also der rechtlichen und sozialen Anforderungen, den Erwartungen an Gender, soziale oder ethnische Herkunft zu entsprechen – zielt darauf ab, die Errungenschaften der Aufklärung und der Bürgerrechtsbewegung weiterzuentwickeln, statt sie für sozialistische oder postmoderne Ziele aufzugeben. Folglich waren auch viele liberale Feministinnen davon überzeugt, dass ihre Arbeit größtenteils erledigt sei, wenn Frauen Männern rechtlich gleichgestellt waren, sie ihre Entscheidungen zur Reproduktion selbst kontrollieren konnten und sich gesellschaftliche Erwartungen so tiefgreifend gewandelt hatten, dass niemand mehr überrascht war, wenn Frauen in allen Berufsgruppen auftauchten.

Dieser liberale feministische Ansatz wird von den angewandten Postmodernisten erbittert bekämpft und problematisiert, möchten sie doch bestimmten Identitätskategorien erneut gesellschaftliche Bedeutung verleihen, damit Identitätspolitik angewandt und eine Sinnstruktur für (insbesondere ethnische) Minderheiten geschaffen werden kann. In diesem Sinne ist auch Kimberlé Crenshaw zu verstehen, wenn sie betont, es sei wichtig zu sagen «Ich bin Schwarz» und nicht «Ich bin eine Person, die zufällig Schwarz ist», ebenso das queer-*theoretische* Projekt, das LGBTQ-Identitäten sichtbarer machen soll.[33] Einwände gegen den Liberalismus gehören zu den Grundsätzen jeder Spielart der angewandten postmodernen *Theorie*. Erinnern wir uns beispielsweise an die Behauptung der Critical-Race-*Theorie*, der Liberalismus komme in erster Linie den weißen Herrschenden zugute, oder an die der postkolonialen *Theorie*, die ihn als imperialistischen Universalismus ansieht, oder an den Widerstand der Queer-*Theorie* gegen die liberale (der Aufklärung verpflichtete) Wissenschaft, die versucht, Varianten des sexuellen Begehrens und der Geschlechtsidentität zu verstehen, statt sie als sündhaft oder kriminell zu verurteilen. Das von der Aufklärung inspirierte liberale Vertrauen in die

Existenz objektiver, von Wissenschaft und Vernunft untermauerter Wahrheiten stellt sich aus Sicht des Postmodernismus vor allem als ein Versuch dar, weiße, heterosexuelle Wissensdiskurse als Norm zu etablieren. Der *Theorie* zufolge ist Chancengleichheit, wie sie die liberalen Feministinnen erreichen möchten, prinzipiell unmöglich, und das Versprechen der Gleichstellung des Liberalismus ist nur eine weitere Lüge der Herrschenden, um die dem System innewohnende, irreparable Ungerechtigkeit zu verschleiern. Die Position der *Theorie* lautet, dass es für manche Frauen (weiß, cisgender, heterosexuell usw.) mehr Chancengleichheit gibt als für andere, und dass sich ebenjene Frauen an der Fortdauer der ungerechten Systeme mitschuldig machen.

Während radikale (marxistische) Feministinnen das kapitalistische und patriarchalische System stürzen wollen, das ihrer Ansicht nach Frauen unterdrückt, und postmoderne Feministinnen bestehende Machtstrukturen problematisieren und die Kategorien, durch die sie aufrechterhalten werden, analysieren und dekonstruieren, möchten liberale Feministinnen (und Liberale im Allgemeinen) die Institutionen und Prozesse einer säkularen, liberalen Demokratie bewahren und verbessern. Pilcher und Whelehan unterscheiden zwischen drei Zielsetzungen innerhalb des Feminismus: Gleichheit, Differenzierung und Diversität (oder Gleichstellung). Liberale Feministinnen (und bis zu einem gewissen Grad auch radikale) bevorzugen den Ansatz der Gleichheit, der «für Frauen die gleichen Rechte und Privilegien zu erreichen sucht, die Männer besitzen, indem Bereiche der Ungleichbehandlung erkannt und durch gesetzliche Reformen beseitigt werden».[34] Intersektionale Feministinnen kritisieren diesen Ansatz häufig, weil er ihrer Ansicht nach die Erwartung widerspiegelt, dass marginalisierte Gruppen sich weißen, männlichen Wissens- und Weltkonzepten anpassen müssen.

Irrungen und Wirrungen der Diversitäts-*Theorie*

Diversitäts-*Theoretiker* – Intersektionalisten – plädieren für einen völlig anderen Ansatz. Sie streben einen Wandel hin zu «gegenseitigem Respekt» und der «Anerkennung von Unterschieden» an, also ein Gefühl der

Solidarität und Verbundenheit innerhalb marginalisierter Gruppen.[35] Man beachte, dass damit der Respekt für die Unterschiede zwischen sozialen und kulturellen Gruppen gemeint ist – nicht jedoch für Individuen mit unterschiedlichen Ansichten. Das Recht auf unterschiedliche Auffassungen wird nicht verteidigt, der Wert von Ideen, die erkennbar bestimmten Gruppen entstammen, hingegen bestätigt. Dafür sind Kulturrelativismus und Standpunkttheorie nötig – also die Ansicht, dass die Zugehörigkeit zu einer marginalisierten Gruppe einen besonderen Zugang zur Wahrheit gewährt, da Mitglieder dieser Gruppe zugleich über Erkenntnisse über das herrschende System wie auch über ihre eigene Unterdrückung verfügen. Diversitäts-*Theorie* lässt daher im Feminismus in der Regel keinen individualistischen Ansatz zu, ebenso wenig wie einen, der persönliche Entscheidungen von Frauen in den Mittelpunkt stellt (der sogenannte Choice-Feminismus – in etwa: Wenn es sich für dich gut anfühlt, dann ist es auch gut), eine Variante, die einige *Theoretikerinnen* sogar als Verrat bezeichnen.[36] Der intersektionale Ansatz ist daher widersprüchlich und unübersichtlich. Er wird angewandt, um bestimmten herrschenden Gruppen bestimmte Werte und Überzeugungen zuzuschreiben, diese als autoritär oder problematisch zu bewerten und die ideologische und intellektuelle Diversität innerhalb von Gruppen zu missachten. Dieses *theoretische* Konstrukt nutzt der intersektionale Ansatz, um soziale Gleichstellung – nicht aber Gleichheit – zu erreichen, also die Neuanpassung sozialer und ökonomischer Teilhabe, damit Bürger (oder Gruppen von Bürgern) «gleichgemacht» werden.

Die Auffassung, dass unterschiedliche Gruppen unterschiedliche Erfahrungen machen und jeweils unterschiedliche Überzeugungen und Werte haben, geht insbesondere auf einige schwarze Feministinnen zurück. Sie kritisierten an der zweiten Welle des Feminismus, diese ignoriere schlichtweg, dass schwarze Frauen mit anderen Vorurteilen und Stereotypen konfrontiert werden als weiße Frauen. bell hooks schreibt in ihrem 1982 erschienenen Buch *Ain't I a woman?* (der Titel spielt auf die berühmte Rede von Sojourner Truth an):

> Als die Frauenbewegung in den Sechzigerjahren aufkam, war es deutlich, dass sie von weißen Frauen, die sie dominierten, auch als deren «eigene»

> Bewegung angesehen wurde, also als Vehikel, das es weißen Frauen erlaubte, ihre gesellschaftlichen Kränkungen zum Ausdruck zu bringen. Nicht nur, dass weiße Frauen so handelten, als sei die feministische Ideologie ausschließlich für ihre eigenen Interessen geschaffen. Sie waren auch nicht bereit, anzuerkennen, dass nicht-weiße Frauen Teil der kollektiven Gruppe der Frauen innerhalb der amerikanischen Gesellschaft waren.[37]

In ähnlicher Absicht widmet sich Patricia Hill Collins in ihrem Buch *Black Feminist Thought* (1990) den Stereotypen, die ausschließlich afroamerikanische Frauen betreffen.[38] Einige davon hatte der (weiße) Feminismus ausgeklammert – unter anderem *The Mammy*, eine unterwürfige und geschlechtslose Figur; *The Matriarch*, die durchsetzungsfähige (und somit unweibliche) Herrscherin über die Familie; *The Welfare Mother*, eine passive Gebärmaschine; und *Jezebel*, eine sexuell aggressive und verfügbare schwarze Frau –; sie gingen laut Collins auf Sprachbilder zurück, die die Sklaverei rechtfertigen sollten. Versuche (weißer) Feministinnen, solche rassistischen, sexuellen Tropen einzubeziehen, kamen bei Collins allerdings auch nicht gut an. 1993 schreibt sie in einem Essay:

> Langjährige Bemühungen, die feministische Theorie «einzufärben», indem man die Erfahrungen von Women of Color einbezieht, stellen bestenfalls den Versuch dar, die Voreingenommenheit in der Frauenforschung zu mindern. Im schlimmsten Fall enthält diese Kolorierung jedoch auch voyeuristische Elemente und akademischen Kolonialismus.[39]

Diese «immer raffiniertere» neue *Theorie* ist im Grunde allzu einfach – alles ist *irgendwie problematisch*, und das liegt an den identitätsbasierten Machtdynamiken. Außerdem lässt sie sich in der Praxis nicht anwenden, ein Merkmal, das als besondere Komplexität fehlinterpretiert wird. Collins möchte, dass weiße Frauen künftig den Erfahrungen von Women of Color Raum geben, allerdings ohne sie zu vereinnahmen, damit ihre Stimmen gehört und verstärkt werden – jedoch ohne sie auszubeuten oder sich als voyeuristische Konsumentinnen an ihrer Unterdrückung zu laben. Derart unmögliche, widersprüchliche, doppeldeutige Forderungen sind kennzeichnend für die angewandte postmoderne *Theorie* und treiben weiterhin ihr Unwesen in den Gender Studies und anderen Feldern der Social-Justice-Forschung. Und hier geht es nur um die Frage der Hautfarbe und ethnischen Zugehörigkeit (Race). Ähnliche Probleme ergeben sich aus der Anwendung der Queer-Theorie, und infolgedessen haben Versuche, mehr lesbische, schwule, bisexuelle und Trans-Stimmen miteinzubeziehen, häufig zu Frustration geführt.

Eine klassenblinde Theorie

Ein Opfer dieses «immer raffinierteren» intersektionalen Modells, das sich in erster Linie auf die Macht von Diskursen konzentriert, ist die Vernachlässigung der in materieller Hinsicht relevantesten Variable für viele der Probleme, mit denen Frauen (und viele ethnische und sexuelle Minderheiten) konfrontiert sind: die ökonomische Klasse. Diese auffällige Nichtbeachtung bereitet vielen liberalen Feministinnen des linken Flügels, sozialistischen Feministinnen und Sozialisten im Allgemeinen ernste Sorgen.[40]

Es ist nicht ohne Ironie, dass in der Sozialtheorie die Klassenfrage ausgerechnet durch die Frage der *Privilegierung* ersetzt wurde. Das Konzept der Privilegierung wird insbesondere mit der Theoretikerin Peggy McIntosh in Verbindung gebracht, einer wohlhabenden Weißen und Verfasserin des Essays *White Privilege: Unpacking the Invisible Knapsack* (1989).[41] McIntosh, deren Arbeit stark von der Critical-Race-*Theorie* beeinflusst ist, konzentrierte sich darin auf die Privilegien *Weißer*, doch das Konzept sozialer Privilegien, das nicht mit der ökonomischen Klassenzugehörigkeit verbunden ist, wurde bald auf andere Identitätskategorien ausgedehnt – männlich, heterosexuell, cisgender, dünn, Menschen ohne Behinderung und so weiter –, um die relative statistische Nicht-Diskriminierung und Nicht-Entrechtung dieser Gruppen zu beschreiben und sie mit den Erfahrungen verschiedener marginalisierter Identitätskategorien zu vergleichen. Das Bewusstsein der eigenen Privilegierung hat seither das Klassenbewusstsein als zentrales Anliegen der akademischen, aktivistischen und politischen Linken abgelöst: Der eigene privilegierte Status wird mit dem Werkzeug der angewandten postmodernen *Theorie* intersektional analysiert. Dieser Versuch, das Drehbuch umzuschreiben und das Fehlen von Diskriminierung und Entrechtung als ungerecht und problematisch zu bewerten, hatte für linke Politik in der gesamten entwickelten Welt zweifellos katastrophale Konsequenzen.

Die traditionelle kapitalismuskritische Linke ist angesichts dieser Verlagerung weg von der Klasse und hin zu Fragen rund um die Geschlechtsidentität, ethnische Herkunft und Sexualität tief beunruhigt und befürchtet, dass das linke Projekt dadurch von der Arbeiterklasse abgetrennt und von der akademischen Bourgeoisie gekapert wird. Noch beunruhigender ist der Gedanke, dass die Arbeiterklasse auf diese Weise direkt der populistischen Rechten in die Arme getrieben werden könnte.[42] Wenn die Arbeiterklasse, die die politische Linke traditionell unterstützt hat, glaubt, dass sie von dieser im Stich gelassen wird, könnte das viele Wählerstimmen und damit politische Macht kosten. Und je mehr sich die Linke von universalistischen Zielsetzungen abkehrt, desto wahrscheinlicher wird dieses Szenario. Die Historikerin Linda Gordon von der New York University hat den Groll der Arbeiterklasse gegen den Trend zur Intersektionalität zusammengefasst:

> Manche Kritik mag zwar schlecht informiert sein, sie lässt sich aber gut nachvollziehen. Ein armer weißer Mann assoziiert Intersektionalität damit, dass ihm gesagt wird, er habe als Weißer Privilegien: «Als diese Feministin zu mir gesagt hat, ich hätte ‹weiße Privilegien›, hab ich ihr gesagt, einen Scheiß hilft mir meine weiße Haut.» Er erklärt: «Haben Sie schon mal einen eiskalten Winter in Illinois ohne Heizung oder fließend Wasser verbracht? Ich schon. Oder als Zwölfjähriger Nudeln in der Kaffeemaschine gekocht und das Wasser aus der öffentlichen Toilette geholt? Ich schon.»[43]

Als die Intersektionalität im politischen Aktivismus und in der Forschung allmählich den Ton anzugeben begann, hörte man immer häufiger, dass «heterosexuelle, weiße, cisgender Männer» das Problem seien. Suzanna Danuta Walters, Chefredakteurin der angesehenen feministischen Fachzeitschrift *Signs: Journal of Women in Culture and Society*, verfasste eine Kolumne für die *Washington Post* mit der unverblümten Überschrift: *Why can't we hate men?*[44] Dass sich Intersektionalistinnen damit bei heterosexuellen weißen Männern beliebt machen, ist eher unwahrscheinlich, schon gar nicht, wenn diese mit Armut, Obdachlosigkeit und anderen Nöten zu kämpfen hatten.

Von Maskulinitäten und Männern

Die Entwicklung des Studienfelds «Männer und Maskulinität» innerhalb der Gender Studies wird die Situation aller Wahrscheinlichkeit nach nicht entschärfen. Obwohl in dem Bereich hauptsächlich männliche Wissenschaftler arbeiten, sind die Rahmenbedingungen feministisch. Die Zeitschrift *Men and Masculinities*, gegründet von Michael Kimmel, Verfasser von *The Politics of Manhood: Profeminist Men Respond to Mythopoetic Men's*, liefert reichlich Beweise dafür.[45] Nirgendwo innerhalb der Gender Studies finden sich Männer oder Maskulinitäten, die nicht durch die feministische Brille betrachtet werden. Das ist allerdings auch keine Überraschung, steht es doch mit den Grundannahmen der *Theorie* im Einklang. Wenn Männer für sich selbst sprächen, handelte es sich um einen Diskurs der Macht in der Sprache der Macht, und Frauen, die für Männer sprächen, würden diese Diskurse der Macht bedienen; beides ist unzulässig.

Studien über Männlichkeit und Maskulinität stützen sich vor allem auf das Konzept der «hegemonialen Maskulinität», das von der australischen Gender-*Theoretikerin* Raewyn Connell (die auch als «Robert» oder «Bob» veröffentlicht) stammt.[46] Hegemoniale Maskulinität bezieht sich auf Formen der Männlichkeit, von denen angenommen wird, dass sie Dominanz gegenüber Frauen und ein aggressives und wettbewerbsorientiertes männliches Verhalten festschreiben. Letzteres wird wiederum durch hegemoniale – dominante und mächtige – Diskurse verstärkt, die festlegen, wie ein «echter Mann» zu sein hat. Hegemoniale Maskulinität ist mit dem Konzept der «toxischen Männlichkeit» verknüpft; Letzteres geht auf Terry Kupers und seine Arbeit über Diskurse männlicher Gefängnisinsassen zurück. Seiner Definition nach ist darunter «die Konstellation sozial regressiver männlicher Merkmale, die männliche Dominanz, Abwertung von Frauen, Homophobie und mutwillige Gewalt unterstützen», zu verstehen.[47] Dieses umstrittene Konzept hat sich als nützliches Werkzeug erwiesen, um die *Theorie* auf die vermeintlich dringenden Fragen anzuwenden, warum die amerikanische Gesellschaft den rüpelhaften Donald Trump zum Präsidenten gewählt hat und warum die American Psychological Association «traditionelle Männlichkeit» als psychische Erkrankung behandelt sehen möchte, wie der Verband in seinen *Guidelines for Psychological Practice with Men and Boys* (2018) vorschlug.[48] [49] Angesichts dieser Entwicklung würde sich Michel Foucault vermutlich im Grabe umdrehen.

Obwohl einige Wissenschaftler – etwa Nancy Dowd in *The Man Question* (2010) – den Versuch unternommen haben, die Gleichsetzung von Maskulinität mit Frauenfeindlichkeit, Dominanz und Gewalt in Frage zu stellen, setzt sich der Intersektionalismus mit Männern im Allgemeinen nur auseinander, wenn ihre Identität irgendwie marginalisiert ist.[50] Der von Eric Anderson Mitte der Nullerjahre geprägte Begriff der «inklusiven Maskulinität» wurde gefeiert, weil er Homosexualität und Feminismus in den Mittelpunkt rückte (bis man feststellte, dass Anderson die Methoden der angewandten postmodernen *Theorie* ablehnte und einen streng wissenschaftlichen, empirischen Ansatz bevorzugte, woraufhin der Begriff prompt problematisiert wurde).[51] Untersuchungen, in denen spezifische Probleme von Männern adressiert werden, sind rar gesät, einfach weil Männer Männer sind – und damit nicht zu den von der *Theorie* sanktionierten Themen wie Feminismus, Rassismus oder Sexualität gehören.

Zusammenfassung der Verschiebungen

Die dominierende Form des Feminismus innerhalb der Gender Studies ist der intersektionale Feminismus, der sich auf die Critical-Race-*Theorie*, die Queer-*Theorie* und die postkoloniale *Theorie* stützt. Mit der Weiterentwicklung der *Theorie* und der Wende zum angewandten Postmodernismus entfernten sich die Gender Studies rasch von der ursprünglichen

Frauenforschung und ihren Wurzeln in der materialistischen Analyse. Durch diese Verschiebung beruhte der Feminismus innerhalb der Gender Studies Mitte der Nullerjahre auf folgenden vier Grundsätzen:

1. Gender ist hochgradig bedeutsam für die Art und Weise, in der Macht innerhalb der Gesellschaft strukturiert ist.
2. Gender ist ein soziales Konstrukt.
3. Auf Gender beruhende Machtstrukturen privilegieren Männer.
4. Gender ist mit anderen Formen der Identität verbunden, die anerkannt werden müssen, und dieses Wissen ist relativ und wiederum an die Identität gebunden.

In den frühen Nullerjahren war der Feminismus nahezu vollständig in den Gender Studies aufgegangen, die sich sowohl das postmoderne Wissensprinzip – radikaler Skeptizismus gegenüber objektivem Wissen – als auch das politische Prinzip des Postmodernismus – die Gesellschaft ist aus Strukturen von Macht und Privilegierung aufgebaut – zu eigen gemacht hatten. Die wissenschaftlichen Wurzeln des radikalen und materialistischen Feminismus wurden größtenteils gekappt, und an ihre Stelle traten nebulöse Kategorien und Kulturrelativismus – eine unvermeidliche Konsequenz, da sich die Gender Studies wesentlich auf Intersektionalität und Queer-*Theorie* stützten. Da die Königsdisziplin der Gender Studies die Diskursanalyse ist, liegt ihr Schwerpunkt folglich auch auf der Sprache. Die Betonung der Gruppenidentität und die intersektionale Standpunkttheorie – das Rückgrat des Social-Justice-Denkens – lassen universelle oder individuelle Konzepte nicht zu. Der Satz «Die universelle Frau gibt es nicht» könnte das Motto der Gender Studies sein.[52]

Dieser analytische Rahmen hatte jedoch auch Vorteile. Er verkomplizierte die vereinfachten Metanarrative des radikalen und materialistischen Feminismus, die Frauen als unterdrückte Klasse und Männer als deren Unterdrücker darstellten, indem er erkannte, dass Macht nicht auf eine so simple und absichtsvoll binäre Weise ausgeübt wird. Er machte den Weg zu einer differenzierten Analyse frei. Insbesondere für afroamerikanische Feministinnen war das ein Fortschritt, da sie jetzt aufzeigen konnten, dass sie unter ganz anderen Stereotypen und Beschränkungen litten als weiße Feministinnen, die ihre Forschungsgebiete daraufhin entsprechend erweiterten. Auch bei der Erforschung der Geschlechtsidentität wurden Fortschritte erzielt; sie wurde fortan als weitaus komplexer wahrgenommen und beschränkte sich nicht mehr auf patriarchalisch zugewiesene geschlechtliche Rollenzuschreibungen, indem z. B. auch Vorurteile und Formen der Diskriminierung in den Blick genommen wurden, die Transmänner und -frauen erlebten.

Dennoch haben die Gender Studies seit der Wende zur Intersektionalität mit erheblichen Problemen zu kämpfen. Die Annahme, dass allen Interaktionen zwischen Menschen mit dominanter und marginalisierter Geschlechtsidentität auch geschlechtsspezifische Machtungleichgewichte zugrunde liegen (und dass die Ungleichgewichte stets das männliche Geschlecht begünstigen), hat die Fähigkeit zu einer streng wissenschaftlichen Erforschung von Geschlecht und Gender stark beeinträchtigt. Der gegenwärtige analytische Rahmen lässt die Möglichkeit einer Situation, in der keine genderbezogenen Machtungleichgewichte existieren, gar nicht erst zu, ebenso wenig eine Situation, in der Männer benachteiligt werden. Während das Argument «Das Patriarchat schadet auch den Männern» häufig zu hören ist, wird das Argument, dass männliche Dominanz nicht an jeder Ungleichheit Anteil hat, von vorneherein ausgeschlossen. Es ist auch unmöglich zu sagen, dass Männer als Geschlecht durch irgendetwas anderes als die unbeabsichtigten Folgen ihrer eigenen Dominanz systematisch benachteiligt werden können – beispielsweise durch das soziale Prestige des intersektionalen Feminismus oder dadurch, dass es keine vergleichbare Bewegung gibt, die männliche Probleme anspricht und dieselbe Wertschätzung genießt.

Die Probleme, die sich aus der Erklärung aller Unterschiede zwischen den Geschlechtsidentitäten anhand sozialkonstruktivistischer Ideen der Queer-*Theorie* und des radikalen Feminismus ergeben, sind ebenfalls weitreichend. Dadurch können biologische Erklärungen, warum Männer und Frauen im Allgemeinen andere Lebensentscheidungen treffen, graduell unterschiedliche psychologische Merkmale haben oder sich mit Blick auf das sexuelle Begehren unterschiedlich verhalten, in der intersektionalen feministischen Analyse nicht berücksichtigt werden. Es gibt eine Reihe von Belegen, dass solche Unterschiede bestehen und sich sogar noch verstärken, wenn Frauen unabhängige Entscheidungen treffen – wobei es auch erstaunlich wäre, wenn wir als einzige Primaten nicht über derartige Unterschiede verfügten. Innerhalb der Gender Studies können solche Erkenntnisse jedoch keine Rolle spielen, was die Glaubwürdigkeit jeder strengen und ergiebigen wissenschaftlichen Arbeit in diesem Feld untergräbt.[53] [54]

Schließlich führt der Versuch, sämtliche Analysen innerhalb der Gender Studies auf den intersektionalen Ansatz zu begrenzen, unablässig das vereinfachende Konzept der gesellschaftlichen Privilegierung in den Mittelpunkt zu stellen, lediglich auf der Grundlage des analytischen Konzepts Identität (aber nicht Ökonomie) zu operieren und darüber hinaus Elemente der Critical-Race-*Theorie* und der Queer-*Theorie* mit einzubinden, zu höchst verworrenen *theoretischen* und abstrakten Ergebnissen, die es erschweren – oder sogar verunmöglichen – zu anderen Schlussfolgerungen zu gelangen als der starken Vereinfachung: dass heterosexuelle weiße Männer ungerechterweise privilegiert sind, dass sie Buße tun und überhaupt allen aus dem Weg gehen müssen. Da der eigene Standpunkt als derart relevant für den Zugang zu Wissen gilt, ist es für viele Wissenschaftler und Wissenschaftlerinnen zunehmend schwierig geworden, überhaupt Gender Studies zu betreiben, es sei denn, sie sind farbige Transfrauen, was nur auf wenige zutrifft. Die Folge davon ist ein gewaltiger Ausstoß an wissenschaftlichen Papieren, in denen Forscher performativ ihre Positionalität darlegen und ihre eigene Arbeit problematisieren, statt irgendetwas Nützliches zu tun. Letztlich erweisen die Gender Studies der Sache der sozialen Gerechtigkeit damit einen Bärendienst: Ihr eigener *theoretischer* Rahmen hindert sie daran, sinnvolle Wissenschaft in diesem Feld zu treiben. Das ist der Preis, den die Disziplin für ihr «immer größeres Raffinement» zahlen muss.

7 Disability Studies und Fat Studies

Identitätstheorie für Selbsthilfegruppen

Im Verlauf ihrer Entwicklung hat sich die *Theorie* zunehmend obsessiver mit Identität und Positionalität beschäftigt. Nach dem postmodernen Wissensprinzip ist es unmöglich, objektives Wissen zu erlangen; stattdessen favorisiert die *Theorie* das auf gelebter Erfahrung beruhende, spezielle «Wissen» von Individuen einer bestimmten Identität, die die Gesellschaft auf eine bestimmte Art positioniert hat. Im Wesentlichen ist das politische Prinzip des Postmodernismus nichts anderes als ein Aufruf zur Identitätspolitik, die darauf hinausläuft, dass Menschen eine Identität als Teil einer marginalisierten Gruppe annehmen oder aber einer relativ privilegierten Gruppe zugeschrieben werden. Dieser Ansatz wird durch das postmoderne Thema der Fragmentierung des Universellen flankiert, in deren Folge die Gruppe an die Stelle des Individuums tritt. Die gleiche Tendenz ist auch innerhalb der postkolonialen *Theorie* sichtbar, wenn der oder die «Andere» vor den Anschauungen des Westens gerettet werden muss. Und sie lässt sich in der Queer-*Theorie* beobachten, die sich bevorzugt queeren Formen von Sexualität, Gender und anderen Identitäten widmet, während «normale» Identitäten schon allein wegen der vermeintlichen Implikationen ihrer Existenz problematisiert werden. Auch in der Critical-Race-T*heorie* verhält es sich nicht anders; hier wird dafür plädiert, sich mit dem eigenen, sozial konstruierten Status in Bezug auf Hautfarbe und ethnische Zugehörigkeit zu identifizieren und spezifische Kulturvorstellungen zu übernehmen, zu fördern und zu schützen. Wir sehen die identitätspolitische Schlagseite auch im intersektionalen Feminismus, der unablässig erforscht, wie sich unterschiedliche Identitäten überschneiden und immer weitere, abseitigere Identitäten hervorbringen. Auch die postmodernen Disability und Fat Studies, die so sehr im sozialen Konstruktivismus aufgehen, dass sie die objektiven, realen Konsequenzen von Behinderung und Übergewichtigkeit beinahe verleugnen, bilden hier keine Ausnahme: Sie ähneln einem Kabuki-Theater, in dem die Theorie dazu benutzt wird, Initiativen von Selbsthilfegruppen in Wissenschaft und schlecht informierten Aktivismus zu verwandeln.

Mit der Wende zum angewandten Postmodernismus in den späten Achtziger- und den frühen Neunzigerjahren – also zeitgleich mit den Gender Studies – entstanden erste kritische Ansätze zur Erforschung von Behinderung und Fettleibigkeit. Sie führten zu zwei neuen Bereichen innerhalb der postmodernen Identitätsforschung: Disability Studies und Fat Studies. Nicht anders als die Gender Studies haben diese beiden Disziplinen mit Blick auf ihr Untersuchungsgebiet nahezu alle anderen wissenschaftlichen und aktivistischen Ansätze verdrängt, die eher praktisch ausgerichtet waren, ohne gleich alles zum sozialen Konstrukt zu erklären und durch hochgradig emotionale Appelle mit Identitätspolitik zu verknüpfen. Obwohl Disability und Fat Studies sich in vielerlei Hinsicht ähneln, stellen wir sie hier aufgrund ihrer unterschiedlichen Geschichte getrennt voneinander vor.

Disability Studies

Die Behindertenbewegung entstand in den Sechzigerjahren, zeitgleich mit der Bürgerrechtsbewegung, der zweiten Welle des Feminismus und der Gay-Pride-Bewegung, die ähnliche Ziele verfolgten. Ursprünglich kämpfte sie für die Inklusion und Akzeptanz von Behinderten und für die Verbesserung von deren Lebensbedingungen. Das Ziel war, Behinderten dieselben Möglichkeiten zu eröffnen wie Nicht-Behinderten. Zunächst erzielte die Bewegung eindrucksvolle Erfolge und brachte alles in allem große Fortschritte mit sich.

Ihre vernünftige Zielsetzung änderte sich jedoch in den Achtzigerjahren. Mit der Wende zum angewandten Postmodernismus – nachdem die Bewegung den intersektionalen Feminismus, die Queer-*Theorie* und die Critical-Race-*Theorie* anverwandelt hatte – erkannten die Disability Studies in Nicht-Behinderung ein soziales Konstrukt; seither haben sie sich zunehmend radikalisiert und leugnen die Realität. Unterschiedliche Formen von Behinderung werden seither als kulturelle Konstrukte betrachtet – ebenso wie Nicht-Behinderung (das Fehlen von Behinderung). Behinderung (bestimmte behandelbare psychische Erkrankungen eingeschlossen) wurde zu einem Set von miteinander verbundenen marginalisierten Identitätsgruppen umdefiniert, und diese wurden wiederum den normalen «nicht-behinderten» Identitäten gegenübergestellt. Infolgedessen schwenkten die Disability Studies zum intersektionalen und queeren *Theorie*-Ansatz über, der für zunehmende Intransparenz und Abstraktion innerhalb der Bewegung sorgte und sich als ungeeignet erwies, die Möglichkeiten und Lebensqualitäten Behinderter zu verbessern.

Der Umschwung zu «dis/abled»[1]-Forschung und einem entsprechenden Aktivismus in den Achtzigerjahren zog auch eine Bedeutungsverschiebung nach sich: Behinderung war keine individuelle Einschränkung mehr, sondern ein Zustand, der einem Individuum von einer abweisenden und desinteressierten Gesellschaft gleichsam aufgebürdet wurde. Beispielsweise galt ein tauber Mensch vor diesem Wandel als eine Person, die nichts hört und von dieser Beeinträchtigung in bestimmter Hinsicht eingeschränkt wird. Nach der Verschiebung wurde dieser taube Mensch als eine Person gesehen, die nichts hört und von der Gesellschaft zu einem Behinderten «gemacht» wird, weil sie es versäumt, den Bedürfnissen aller Nicht-Hörenden ebenso gerecht zu werden wie denen aller (normal) Hörenden. Mit anderen Worten: Jemand ist nur *behindert* aufgrund der gesellschaftlichen Erwartung, dass Menschen im Allgemeinen nicht-behindert sind und davon profitieren. Behinderung ist ein Zustand, der den Betroffenen auferlegt wird.

Diese Schwerpunktverlagerung hat sich offenbar in zwei Phasen abgespielt. Zunächst ersetzte das, was allgemein als das «soziale Modell der Behinderung» bezeichnet wird, das «medizinische Modell der Behinderung» (oder auch «individuelles Modell»). Dieser Schritt vollzog sich in den Achtzigerjahren und wird meist auf den britischen Sozialarbeitsforscher Michael Oliver zurückgeführt. Innerhalb des medizinischen oder individuellen Modells gilt Behinderung als etwas, das die Betroffenen beeinträchtigt. Die Lösung besteht darin, die Behinderung zu heilen oder zumindest so zu behandeln, dass die Betroffenen trotzdem ein weitgehend normales Leben führen können.[2] Das soziale Modell nimmt hingegen die Gesellschaft in die Pflicht, Behinderten die Teilhabe am gesellschaftlichen Leben zu ermöglichen. Oliver schreibt:

> Das soziale Modell der Behinderung erkennt diese zwar als Grund für individuelle Beeinträchtigung an, verortet sie aber noch übergreifender. Man könnte es etwa so zusammenfassen: Behinderung ist der Nachteil oder die Einschränkung von Handlungsmöglichkeiten, die durch politische, ökonomische oder kulturelle Normen einer Gesellschaft verursacht wird, die wenig oder überhaupt nicht auf Menschen mit einer Behinderung Rücksicht nimmt und sie weitgehend von der Teilhabe am alltäglichen Leben ausschließt. (Behinderung ist daher, wie Rassismus oder Sexismus, eine Form der Diskriminierung und sozialen Unterdrückung) […] Das soziale Modell der Behinderung bewirkt, wie alle neuen Paradigmen, einen grundlegenden Wandel im Blick der Gesellschaft auf die Welt und die Art, in der besondere Probleme wahrgenommen werden.[3]

Oliver hatte dabei einen konzeptuellen Wechsel im Blick: weg von einer binären Auffassung von Behinderten und Nichtbehinderten, hin zu der Vorstellung eines Spektrums an Fähigkeiten, deren Bedeutung zu unterschiedlichen Zeiten und in unterschiedlichen Kulturen auch unterschiedlich definiert worden war. Das Verständnis von Behinderung, wie es noch in den Achtzigerjahren und besonders in Großbritannien vorherrschend war, durchlief nun einen Wandel. Fortan wurde der Gesellschaft die Verantwortung dafür zugewiesen, Behinderte entweder zu befähigen oder sie zu beeinträchtigen. Dieses neue Konzept forderte, dass die Gesellschaft sich dem Individuum anpassen musste und nicht umgekehrt.

Es gibt keinen Hinweis darauf, dass Olivers Ansatz ursprünglich postmodernistisch war oder seine Sicht auf Behinderung als soziales Konstrukt besonders radikal. Das hat sich mittlerweile verändert. Sein Buch *Social Work with Disabled People* liegt heute in der vierten Auflage vor und bezieht sich in wichtigen Punkten auf spätere Arbeiten innerhalb der Identitäts-Forschung. Beispielsweise ist die aktuelle Auflage eindeutig von der intersektionalen *Theorie* beeinflusst:

> Erfahrungen sind zweifellos kulturell verankert und spiegeln die Unterschiede zwischen Klasse, Race, Gender etc. wider, was eine entsprechende kulturelle Voreingenommenheit der Diskurse zur Folge hat. Die Anwendung des sozialen Modells fördert das Verständnis, indem deutlich aufgezeigt wird, dass die Erfahrungen mit Behinderung in der Vergangenheit in den entsprechenden Reaktionen auf Beeinträchtigungen kulturell verankert waren. Das soziale Modell kann innerhalb unterschiedlicher Kulturen von allen Vertretern der ethnischen, queeren oder Gender-Forschung angewandt werden, um Behinderung in diesen Kontexten darzustellen. Zugleich sollte in all diesen Disziplinen auch ein Gespür für Behindertendiskriminierung entstehen.[4]

Disability Studies stützen sich gegenwärtig insbesondere auf die beiden postmodernen Prinzipien: Wissen ist ein soziales Konstrukt, und die Gesellschaft besteht aus Systemen der Macht und Privilegierung. In dieser Hinsicht sind die Disability Studies häufig von der Critical-Race-*Theorie* inspiriert. Alles in allem ist zudem der Einfluss Michel Foucaults und Judith Butlers unverkennbar. Folglich gehören auch verschwommene Grenzen und Kategorien und die überbordende Bedeutung von Diskursen zu den großen postmodernen Themen der Disziplin – neben radikalem Misstrauen gegenüber der Wissenschaft. Auch in den Disability Studies steht das Konzept des Individuums in der Kritik, denn der Individualismus, so die Überzeugung, beinhaltet die «neoliberale Erwartung», sich seiner Behinderung anzupassen und ein produktives Mitglied der kapitalistischen Gesellschaft zu werden.

Ableismus

Innerhalb des Feldes der Disability Studies versteht man unter «Ableismus» die (in der *Theorie* problematische) Annahme, dass Nichtbehinderung generell besser ist als Behinderung, ja dass es «normal» ist, nicht-behindert zu sein. Dagegen bringt der «Disablismus» Vorurteile gegenüber Behinderten zum Ausdruck, darunter die Vorstellung, Behinderung würde außerhalb des üblichen Verständnisses von «normal» liegen, und die Überzeugung, dass ein Nichtbehinderter einem Behinderten überlegen sei. Ableismus und Disablismus rücken in den Disability Studies als Teil einer umfassenden Konstellation der Voreingenommenheit ins Blickfeld. Die selbsterklärte Autistin und behinderte, asexuelle und genderqueere Aktivistin Lydia X. Y. Brown greift zu folgender Definition:

> Ableismus beschreibt das Wertesystem einer Able-Normativität, die vermeintlich neurotypische und körperlich gesunde Menschen privilegiert. Disablismus dagegen beschreibt eher die gewalttätige Unterdrückung, die auf Menschen zielt, deren Bodyminds von der Norm abweichen und die daher als behindert gelten. Anders ausgedrückt: Ableismus ist für den Heterosexismus das, was Disablismus für den Queer-Antagonismus ist.[5]

Die Queer-*Theorie*, deren Schwerpunkt auf der Dekonstruktion des vermeintlich Normalen liegt, hat sich in den Disability Studies daher als besonders fruchtbar erwiesen. Genau wie die Queer-*Theoretikerin* Judith Butler Adrienne Richs Konzept der «erzwungenen Heterosexualität» aufnimmt – die Gesellschaft betrachtet Heterosexualität als den natürlichen Seinszustand –, trägt Robert McRuer den Begriff auch in die Disability Studies. In seinem Buch *Crip Theory: Cultural Signs of Queerness and Disability* (2006)[6] untersucht er, wie sich Queer-*Theorie* und Disability Studies wechselseitig beeinflussen, und argumentiert:

> Genau wie erzwungene Heterosexualität verdeckt auch die zwanghafte Funktionstüchtigkeit gesunder/fähiger Körper – bei vermeintlich freier Entscheidung – nur ein System, das in Wirklichkeit keine Wahl lässt [...]. Ebenso wie die Ursprünge der heterosexuellen/homosexuellen Identität inzwischen für viele Menschen verschleiert werden und die erzwungene Heterosexualität als Disziplinierungsmaßnahme von überall und nirgendwoher zu kommen scheint, verhält es sich auch mit den Ursprüngen behinderter/nicht-behinderter Körper [...], die sich allesamt in ein System der zwanghaften Nichtbehinderung einzugliedern haben, das ebenso von überall und nirgendwoher zu kommen scheint.[7]

Foucaults Einfluss ist hier unverkennbar. Die Textpassage verweist auf seine Vorstellung einer auf allen Gesellschaftsebenen wirksamen Macht, die Menschen dazu zwingt und sie darauf beschränkt, bestimmte Erwartungen zu erfüllen.[8] Die Lösung besteht darin, kategoriale Grenzen bis zu ihrer Auflösung zu verwischen. Foucault und die sich auf ihn beziehenden Queer-*Theoretiker* vertraten die Position, dass Sexualität und Wahnsinn lediglich Konstrukte eines medizinischen Diskurses seien, der Menschen ungerechterweise als «normal» oder «nicht-normal» kategorisiert, um die «Nicht-Normalen» vom gesellschaftlichen Diskurs auszuschließen. Diese in den Disability Studies dominierende Sicht, dass also der Status der Befähigung von Menschen ungerechterweise als normal bzw. körperlich gesund *(abled-bodied)* oder anormal bzw. körperlich behindert *(disabled)* konstruiert wird, hat in diesem Feld für viel Verwirrung gesorgt.

Der neue, postmodernistische Ansatz passte hervorragend zum sozialen Modell der Disability Studies und bildete die Grundlage für die zweite Phase der Verschiebung in Richtung angewandter Postmodernismus. Für Dan Goodleys Buch *Disability Studies: Theorising Disableism and Ableism* (2014) ist er von zentraler Bedeutung. In direkter Anlehnung an Foucault schreibt Goodley: «Behinderung wird normativ aus Sicht der Medikalisierung betrachtet: ein Prozess, in dem das Leben durch reduktionistische, medizinische Diskurse verarbeitet wird.»[9] Goodley greift auf das Foucault'sche Konzept der Bio-Macht zurück, das den wissenschaftlichen Diskurs mit besonderem gesellschaftlichem Prestige und absolutem Wahrheitsanspruch ausstattet. Er durchdringt die Gesellschaft und erschafft die Kategorien, die er beschreibt.[10] Dass Goodley hier das postmoderne Wissensprinzip und das politische Prinzip des Postmodernismus übernimmt – den wissenschaftlichen Diskurs versteht er als repressiv und keineswegs gründlicher als andere Arten des Wissenserwerbs –, wird besonders deutlich, wenn er Wissenschaft mit Kolonialismus in Verbindung bringt:

> Wir wissen, dass koloniales Wissen durch die Mobilisierung der damit zusammenhängenden Diskurse als neutral und universal konstruiert wird, etwa durch humanitäre und philanthropische Diskurse oder solche,

> die Armut mildern sollen. Wir könnten daher auch fragen: Wie wird ableistisches Wissen naturalisiert, neutralisiert und universalisiert?[11]

Es ist beunruhigend, dass Goodley die Diagnose, Behandlung und Heilung von Behinderung als zynische Praktiken ansieht, die auf korrupten ableistischen Behauptungen beruhen, unterstützt von einem «neoliberalen» System, das Menschen zwingt, zu vollständig autonomen, hochgradig funktionsfähigen Individuen zu werden, damit sie mit ihrer Arbeit am kapitalistischen Markt teilhaben. Noch größere Besorgnis weckt seine Behauptung, «Autonomie, Unabhängigkeit und Rationalität sind die erwünschten Tugenden des neoliberalen Ableismus».[12]

Das politische Prinzip des Postmodernismus, wonach die Welt ein Konstrukt von Machtsystemen ist, durchzieht Goodleys gesamtes Buch. Die Gesellschaft beschreibt er in intersektionalen Begriffen als «eine Mischung sich überlappender, privilegierter Diskurse» und führt aus:

> Ich argumentiere, dass ableistische kulturelle Reproduktion und einschränkende materielle Bedingungen (disabling material conditions) nicht unabhängig von Hetero/Sexismus, Rassismus, Homophobie, Kolonialismus, Imperialismus, Patriarchat und Kapitalismus betrachtet werden können.[13]

Olivers soziales Modell ist für Goodley folglich nicht ausreichend intersektional. Neben der fehlenden Race- und Genderanalyse kritisiert er, dass Behinderung hier nicht in Begriffen der Queer-*Theorie* untersucht wird, nämlich als eine «Identität, die gewürdigt werden sollte, weil sie Normen in Frage stellt und gesellschaftliche Werte umdeutet».[14]

Die Vorstellung, behinderte Menschen trügen im Dienst des postmodernen Umsturzes von Kategorien die Verantwortung, aufgrund ihrer Behinderung soziale Normen in Frage zu stellen – oder sich sogar Behandlungs- und Heilungsversuchen zu widersetzen –, ist eine weitere beunruhigende Entwicklung innerhalb der Disability Studies, und Goodley ist keineswegs der einzige Verfechter solcher Überzeugungen. Auch Fiona Campbell äußert sich in ihrem vielzitierten Buch *Contours of Ableism: The Production of Disability and Abledness* ähnlich und sieht es, wie

Goodley, als grundsätzlich problematisch an, dass Behinderung als heilungsbedürftig gilt.[15]

> Besonders kennzeichnend für den ableistischen Standpunkt ist die Überzeugung, dass Beeinträchtigung oder Behinderung (unabhängig welchen «Typs») inhärent negativ ist und falls möglich gemildert, geheilt oder gar eliminiert werden sollte.[16]

Innerhalb der Wissenschaft und des Aktivismus wird der ausdrückliche Wunsch, Behinderungen vorzubeugen oder sie zu heilen, schockierend häufig umgedeutet, so als würde man *behinderte Menschen* (und nicht die mit ihrer Behinderung einhergehenden Einschränkungen) wegwünschen – eine zynische Masche, die sich eines Wortspiels bedient. Campbell geht sogar noch weiter. Ausgehend von Butlers Queer-*Theorie* beschreibt sie Nicht-Behinderung bzw. körperliche Gesundheit *(able-bodiedness)* und Behinderung als gesellschaftlich erlernte, performative Akte. Diese konstituieren einander in einem binären Gegensatzpaar, das beseitigt werden müsse:

> Sei es in den «für die Spezies typischen Körpern» (in der Wissenschaft), im «normativen Bürger» (in der politischen Theorie) oder im «vernunftgesteuerten Menschen» (Rechtswissenschaft), jeder dieser Signifikanten weist auf eine Fabrikation hin, die bis zu den Quellen unseres Lebens zurückreicht und somit Ergebnis und Instrument einer politischen Konstitution ist. Das Hervorbringen solcher Regelwerke der ontologischen Trennung scheint von der Macht losgelöst […]. Tag für Tag werden die Identitäten von *Behinderten* und *Nicht-Behinderten* performativ wiederholt.[17] (Hervorhebungen im Originial)

Das ist nicht nur verrückt und auch nicht nur eine Fetischisierung des Außenseiters. Nein, das ist angewandter Postmodernismus. Durch diese tendenziöse Passage weht eindeutig der Geist von Jacques Derrida und Judith Butler. Aus Derridas Sicht erzeugen unsere Auffassungen von Behinderung und Nicht-Behinderung einander wechselseitig durch hierarchische Dichotomie – das heißt, wir verstehen jedes Konzept nur als das jeweils Nicht-Andere und betrachten beide nicht als gleichwertig. Die Idee der hierarchischen Dichotomie wird hier durch Butlers Konzept der *Performativität* ergänzt, das diese wiederum aus ihrer Anwendung von Derridas und Foucaults Thesen auf den gleichnamigen Begriff aus der Sprachphilosophie von John Austin gewann.

Campbell beruft sich auch auf die Critical-Race-*Theorie*, insbesondere im Hinblick auf deren Postulat, Rassismus sei ein so normaler, alltäglicher und natürlicher Teil des westlichen Lebensstils geworden, dass ihn niemand mehr wahrnehme oder hinterfrage.[18] Diesen Grundsatz passt sie an die Disability Studies an und argumentiert, Ableismus sei eine so alltägliche Form des Vorurteils, dass wir uns die Frage, warum es besser sei, körperlich gesund statt beeinträchtigt zu sein, gar nicht erst stellten. Sie kritisiert sogar Behinderte wegen ihres «verinnerlichten Ableismus» – einer falschen Haltung der Selbstabwertung –, wenn diese den Wunsch äußern, nicht behindert zu sein. Sie schreibt: «Indem Behinderte sich unwissentlich ableistisch verhalten, betreiben sie ihren eigenen Untergang und tragen dazu bei, dass Beeinträchtigung als ein nicht wünschenswerter Zustand betrachtet wird.»[19]

Derartige Vorstellungen sind innerhalb der Disability Studies nichts Ungewöhnliches. Lydia X. Y. Brown beschreibt Behinderung beispielsweise als eine Identität, die gefeiert werden sollte. In ihrem Bericht über eine Diskussion mit einer zum Islam konvertierten Freundin, die erklärt, warum sie den Hijab trägt, obwohl sie nicht an das zugrundeliegende Konzept der Sittsamkeit glaubt, ist das offensichtlich:

> Den Hijab zu tragen ist das äußerliche Zeichen dafür, eine Muslima zu sein. Sie stellt ihr «Muslima-Sein» performativ dar und möchte es repräsentieren. Sie wählt den Hijab, damit andere Menschen – ob Muslim oder nicht – sie sofort identifizieren können, ebenso wie ich, als Autistin, die normalerweise nicht instinktiv mit den Händen oder Armen wedelt – es ist keine Geste, auf die ich ohne Not zurückgreifen würde –, vor allem in der Öffentlichkeit absichtsvoll und häufig herumwedele, um auf mich aufmerksam zu machen, damit andere Menschen – seien sie autistisch oder nicht – mich als autistisch wahrnehmen. Ich setze es als äußerliches Zeichen ein [wie vielleicht auch eine Muslima sich entschließt, den Hijab

zu tragen, selbst wenn sie keine religiösen Überzeugungen in Bezug auf Kopfbedeckungen hegt].[20]

Es ist unwahrscheinlich, dass dieses unverhohlen aufmerksamkeitsheischende, performative Verhalten bei Autisten generell auf Gegenliebe stößt (oder das rein performative Tragen des Hijab bei Muslimen). Nichtsdestoweniger beharren manche Aktivisten darauf, dass ihre Behinderungen – eingeschlossen behandelbare psychische Erkrankungen wie Depression, Angstzustände oder sogar Suizidgefährdung – etwas Positives seien, und setzen sie zu anderen Aspekten ihrer Identität in Beziehung, die sich für eine ermächtigende Identitätspolitik nutzen lassen.[21]

Diesen politisch motivierten Ansatz sollte man von dem persönlichen Entschluss unterscheiden, die Realität der eigenen Behinderung auf positive Weise anzunehmen. Der Unterschied weist Ähnlichkeit mit der Unterscheidung «Ich bin Schwarz/Ich bin eine Person, die zufällig Schwarz ist» der Critical-Race-*Theorie* auf (s. Kapitel 5). In seinem Buch *No Pity: People with Disabilities Forming a New Civil Rights Movement* widerspricht Joseph Shapiro der Vorstellung, es sei ein Kompliment, wenn eine körperlich gesunde Person eine behinderte Person für nicht-behindert hält. Er schreibt:

> Das wäre so, als würde jemand versuchen, einem Schwarzen ein Kompliment zu machen: «Du bist der am wenigsten schwarze Mensch, den ich je getroffen habe.» Oder so falsch, wie einem Juden zu sagen: «Ich denke an dich nie als jüdische Person.» Oder so plump wie die Bemerkung «Du verhältst dich nicht wie eine Frau», um einer Frau zu schmeicheln.[22]

Shapiro rückt die Behindertenbewegung in die Nähe der Gay-Pride-Bewegung. Eine Behinderung sollte ihm zufolge etwas sein, worauf man stolz ist:

> Wie Homosexuelle in den frühen Siebzigerjahren weisen inzwischen auch viele Behinderte die «Stigmatisierung» zurück, dass ihr körperlicher Zustand traurig oder bemitleidenswert sei. Sie sind stolz auf ihre Identität als Behinderte und zeigen sie, statt sie zu verbergen.[23]

Während niemand das Gefühl haben sollte, er müsse sich aufgrund seiner Sexualität, Hautfarbe, ethnischen Zugehörigkeit, Religion, Geschlechtsidentität oder seines körperlichen Zustandes schämen, teilen vermutlich nicht viele Behinderte die Ansicht, dass sie ihre Behinderung regelrecht feiern müssten – und es würde ihnen außerdem auch nicht dabei helfen, eine wirksame Behandlung zu finden, wenn das ihr Wunsch ist. Und trotz aller Behauptungen der Disability Studies sollten sie sich wegen dieses Wunsches auch nicht schämen.

Zusätzliche Probleme ergeben sich, wenn Aktivisten Behinderung als ein Identitätsmerkmal definieren, das gefeiert oder zur politischen Ermächtigung eingesetzt werden sollte, aber eine ärztliche Diagnose verweigern. Diese Einstellung ist eine Folge des postmodernen Wissensprinzips, das die Vorstellung leugnet, Ärzte seien qualifizierter als andere, um Behinderung zu diagnostizieren. Das ermuntert Menschen, die einer Identitätsgruppe angehören möchten, regelrecht zur Selbstdiagnose. Ein Gespräch zwischen Lydia X. Y. Brown (LB) und Jennifer Scuro (JS) verdeutlicht das beispielhaft:

LB: Manche sagen zu mir: ‹Ich glaube, ich bin autistisch, aber das traue ich mich nicht zu sagen, weil es nie diagnostiziert wurde›, also nie von jemandem mit ein paar Buchstaben, die auf den Namen folgen, festgestellt wurde. Darauf antworte ich dann: ‹Tja, es ist nicht meine Aufgabe dir zu sagen, wie du dich identifizieren solltest oder nicht›, aber ich persönlich glaube nicht, dass man den medizinisch-industriellen Komplex und seine monopolistische Definitionshoheit darüber, wer Autist ist und wer nicht, weiter stärken sollte.

JS: Ja, als ich mich mit dem Bereich Diagnose beschäftigt habe und mit dem Problem des diagnostischen Denkens, das ja ausschließlich ausgebildeten Diagnostikern vorbehalten ist, wurde mir plötzlich klar, dass wir alle uns damit auseinandersetzen und diagnostisch denken müssen.[24]

Im Gespräch wird offenbar dafür plädiert, dass Menschen sich selbst als Behinderte identifizieren, um sich einer Identitätsgruppe anzuschließen (postmodernes Thema), um die Fähigkeit zur Wissensproduktion der medizinischen Wissenschaft in Frage zu stellen (postmodernes Wissensprinzip) oder, politisch motiviert, um die vorherrschende Überzeugung zu untergraben, Behinderung sei etwas, das man besser vermeide oder behandeln lasse (politisches Prinzip des Postmodernismus). Es leuchtet nicht ein, inwiefern das alles für Behinderte hilfreich sein sollte.

Die wohlmeinende Fürsprache führt auf Abwege

Die Disability Studies hatten zunächst einen guten Start. Trotz einiger beunruhigender konzeptueller Verschiebungen bestanden ihre Ziele ursprünglich darin, behinderte Menschen von überbordendem Anpassungsdruck zu befreien und stattdessen die Gesellschaft an ihre Pflicht zu erinnern, diesen Anpassungsdruck zu lindern. Diese Bestrebungen schlugen sich nicht zuletzt in der Gesetzgebung nieder, erleichterten auf diesem Wege den Zugang behinderter Menschen zum Arbeitsmarkt und ermöglichten eine Chancengleichheit, die ihnen vorher verwehrt war. Man kann diese konkreten Zielsetzungen mit der Stoßrichtung der zweiten Welle des Feminismus, der Bürgerrechtsbewegung oder der Schwulenbewegung vergleichen, und es war nur angemessen, dass die Wissenschaft den gesellschaftlichen Umgang mit Behinderten weiter erforschte, um deren Lage zu verbessern.

Leider hat die angewandte postmoderne *Theorie* schließlich auch die Disability Studies auf Irrwege geführt. Der obsessive Identitäts-Ansatz zwingt Behinderte förmlich dazu, sich mit ihrer Beeinträchtigung zu identifizieren, sie zu glorifizieren und zu politisieren. Während eine übermäßige Pathologisierung und Verwendung medizinischer Bezeichnungen das Leben behinderter Menschen einschränken kann, hilft es dieser oder jeder anderen Gruppe ebenso wenig, die Medizin unter Generalverdacht zu stellen. Der intersektionale Ansatz fördert und verkompliziert das Problem bestehender Vorurteile gegenüber körperlich und psychisch Beeinträchtigten, indem er es unnötigerweise unter einer Fülle sich «überschneidender Diskurse der Privilegierten» begräbt. Insbesondere die Critical-Race-*Theorie*, die das analytische Modell für die Behauptung liefert, Behinderung sei letztlich eine soziale Konstruktion, führt hier in eine Sackgasse; im Unterschied zu sozialen Kategorien wie

Race sind physische und psychische Beeinträchtigungen objektiv wahr und werden von den Betroffenen erlitten, ja ihr Leben wird dadurch substanziell beeinflusst (und nicht, weil sie die Behinderung aufgrund ihrer Sozialisierung als negativ wahrnehmen).

Es ist darüber hinaus geradezu unmoralisch, von Behinderten zu erwarten, ihre Behinderung als identitätsstiftend zu erfahren und sie zu glorifizieren, um ableistische kulturelle Normen nachhaltig zu unterlaufen. Einige behinderte Menschen mögen Kraft und Trost aus einem politischen Identity-First-Aktivismus schöpfen, aber vielen geht es nicht so. Sie wünschen sich vielmehr – was absolut verständlich ist –, von ihrer Beeinträchtigung befreit zu sein, und suchen für sich und andere nach Wegen, ihre körperlichen und psychischen Leiden zu mildern. Das ist ihr gutes Recht. Dass man sie deshalb eines verinnerlichten Ableismus beschuldigt, ist dreist und beleidigend. Vielleicht möchten behinderte Menschen ihre Identität nicht in erster Linie aus ihrer Behinderung ableiten, sondern aus anderen Facetten ihres Selbst, die besser auf ihre Persönlichkeit schließen lassen. Ein Aktivismus zugunsten Behinderter, der diesen Namen auch verdient, würde ein solches Bestreben unterstützen, statt es zu problematisieren.

Physische oder mentale Behinderung als identitätsstiftend anzusehen, führt außerdem zu dem Problem, dass Betroffene dadurch von dringend benötigten Behandlungen abgehalten werden könnten. Eine extreme Folge könnte etwa sein, dass taube Menschen auf medizinisch-technologische Hilfen zur Rückerlangung ihrer Hörfähigkeit verzichteten, weil sie anschließend ihre Identität als Gehörlose verlieren würden. Natürlich soll jeder nach seiner Fasson selig werden, aber in diesem Fall wären die Prioritäten eindeutig durcheinandergeraten. Die Mehrzahl gehörloser Menschen, deren Beeinträchtigung ohne Nebenwirkungen durch ein Hörgerät geheilt werden könnte, würde den Eingriff nicht ablehnen, und es wäre sicher kontraproduktiv, sie als Verräter an der eigenen Identität zu brandmarken.[25] Disability Studies und der dazugehörige Aktivismus machen sich daher zu Unrecht zum Sprachrohr derjenigen, deren Sache sie angeblich vertreten, und erweisen sich als Hemmschuh für die richtige Diagnostizierung und adäquate Behandlung von Betroffenen. Darüber hinaus kann die vollständige Identifizierung einer Person mit ihrem Behindertenstatus dazu führen, dass sie andere Persönlichkeitsaspekte entwertet, deren Beachtung vielleicht mehr Selbsterfüllung und eine gesteigerte Lebensqualität mit sich brächte. Angesichts der derzeitigen Probleme mit einer anschwellenden Opferkultur, die marginalisierten Identitäten einen besonderen und überlegenen Status zuspricht, könnte die Versuchung, eher mehr als weniger behindert zu sein und sich vorwiegend auf diese Beeinträchtigung zu konzentrieren, durchaus zunehmen.[26] Das ist insbesondere dann beunruhigend, wenn Menschen sich ohne professionelle Diagnose oder medizinische Hilfe als behindert wahrnehmen und verstehen. In dieser Hinsicht sind die Disability Studies ein gutgemeinter Fehlschlag.

Fat Studies

Ähnliche Probleme finden sich in einem den Disability Studies verwandten Feld, den Fat Studies. Deren Anfänge gehen ebenfalls auf die Sechzigerjahre und den damals aufkommenden Fat-Aktivismus zurück; seither wurden die Fat Studies in unterschiedlichen Spielarten durchdekliniert, sind aber erst seit kurzem ein eigenständiger Zweig innerhalb der Identitäts-Forschung. Fat Studies beziehen sich stark auf die Queer-*Theorie* und den Feminismus, insbesondere im Vereinigten Königreich, und setzen einen ausgeprägt intersektionalen Schwerpunkt. Negative Darstellungen von Fettleibigkeit werden in die Nähe von Rassismus, Sexismus und Homophobie gerückt, die Wissenschaft wird ausdrücklich abgelehnt. In typisch postmoderner Manier konzentrieren sich die Fat Studies auf Fettleibigkeit als ein soziales Konstrukt und rufen Fettleibige dazu auf, medizinische Ratschläge auszuschlagen und sich stattdessen auf das «Wissen» einer solidarischen Gemeinschaft zu berufen, die Fettleibigkeit als positiv ansieht. Fat Studies stützen sich auf das postmoderne Wissensprinzip, das Wissen als ein durch Diskurse aufrechterhaltenes Machtkonstrukt betrachtet – in diesem Fall auf Diskurse, die im «Hass» auf Übergewichtige wurzeln, kombiniert mit Misogynie und Rassismus. Es verwundert daher nicht, dass die Fat Studies über hochkomplexe Strukturen der Repression *theoretisieren*, einen radikalen Skeptizismus der

Wissenschaft gegenüber an den Tag legen und für Varianten des Wissenserwerbs plädieren, die persönliche Erfahrungen einschließen und bis zur Lyrik reichen.

Obwohl die Bewegung im Vereinigten Königreich besonders populär ist, stammt sie wahrscheinlich aus den USA; die Gründung der National Association to Advance Fat Acceptance (NAAFA)[27] im Jahr 1969 war der Auftakt für den Fat-Aktivismus und die Entwicklung des Fat Underground[28] in den Siebzigerjahren. Fat-Aktivismus ist eng verbunden mit den sozialen, kulturellen und politischen Veränderungen in den Kultur- und Identitätswissenschaften und im Postmodernismus der Siebzigerjahre. Postmoderne Auffassungen und die angewandte postmoderne *Theorie* gewannen allerdings später als in anderen Identitäts-Wissenschaften an Einfluss. Wahrscheinlich liegt der Grund dafür darin, dass Fat Studies erst seit kurzem ein eigenes wissenschaftliches Feld sind, obwohl feministische Wissenschaftler bereits seit längerer Zeit über das gesellschaftliche Schlankheitsideal bei Frauen *theoretisiert* hatten. Den Fat Studies zufolge verhinderte eine allgegenwärtige und sozial akzeptierte Fett-Phobie, dass die Disziplin ernst genommen wurde, und sie betrachten jede wissenschaftliche Untersuchung, in der Übergewichtigkeit als gefährliches, aber meist behandelbares medizinisches Problem auftaucht, als feindlichen Angriff (oder Fett-Phobie).

Zunächst wurden Wissenschaft und Aktivismus, die dann später in die Fat Studies mündeten, als Fat-Feminismus bezeichnet. Die Bewegung war in erster Linie mit radikalen und radikal-lesbischen Verästelungen des Feminismus verbunden, und die Anzahl der Anhängerinnen war überschaubar. Das änderte sich erst in den Neunzigerjahren, als die Body-Positivity-Bewegung, die für Körperakzeptanz und das Wohlfühlen im eigenen Körper eintrat, aus liberalen gesellschaftlichen Strömungen hervorging. Die Health-at-Every-Size-Bewegung verfolgte ähnliche Ziele; sie existierte seit den Sechzigerjahren in den unterschiedlichsten Formationen, gelangte aber erst 2003 zu einer gewissen Bekanntheit, als der Verband für Size Diversity and Health den einprägsamen Namen der Bewegung übernahm.[29] 2010 veröffentlichte Linda Bacon, Professorin für Physiologie und Psychotherapie, ein erfolgreiches Buch mit dem Titel *Health at Every Size: The Surprising Truth About Weight*[30] und vertrat darin die Position, dass jeder Körper, auch ein fülliger, gesund sein kann.[31] Aus ärztlichen Reihen kommen jedoch Gegenargumente.[32]

Die Fat Studies entwickelten sich rasch und übernahmen den Ansatz des angewandten Postmodernismus. Bald war die Disziplin durch und durch intersektional geprägt und trat mit unlogischen Forderungen hervor: «Wir können die Repression von Gewicht/Kleidergröße nicht offenlegen, ohne die Intersektionalität jeder Repression anzusprechen».[33] 2012 etablierten sich die Fat Studies als unabhängige Disziplin durch die Gründung des gleichnamigen wissenschaftlichen Journals *Fat Studies*. Negative Bewertungen der Fettleibigkeit – darunter auch die Sorge über mögliche gesundheitliche Auswirkungen von Übergewichtigkeit – wurden darin als Vorurteile gegenüber den unveränderlichen und charakteristischen Eigenschaften eines Menschen angesehen. Die Zeitschrift behauptete: «Das Feld der Fat Studies ist mit akademischen Disziplinen zu vergleichen, die den Schwerpunkt auf Race, ethnische Herkunft, Gender oder Alter legen.»[34]

Die Entwicklung der Fat Studies hat Charlotte Cooper, die wohl führende Fat-Studies-Wissenschaftlerin und Autorin des Buches *Fat Activism: A Radical Social Movement* (2016), detailliert und umfassend nachgezeichnet. Die Britin Cooper hält fest, wie der Fat-Aktivismus zunächst vom radikalen Feminismus aufgegeben worden war, um im postmodernen Feminismus dann wieder in den Fokus zu rücken:

> Die Ursprünge des Fat-Feminismus gingen in einer Variante des Feminismus auf, die heute als problematisch, nicht mehr zeitgemäß und undurchsichtig gilt, also innerhalb des radikalen Feminismus und zeitweise auch des lesbischen Separatismus. Im Lauf der queeren dritten Welle des Feminismus und des postmodernen Feminismus erhoben sich kritische Stimmen gegen diesen radikalen Feminismus, unter anderem wegen seines Essenzialismus und Fundamentalismus.[35]

In den Fat Studies wird eine negative Haltung gegenüber Adipositas mit Rassismus, Sexismus, Homophobie, Transphobie, Disablismus und Imperialismus gleichgesetzt, obwohl es eindeutige Beweise dafür gibt, dass Übergewichtigkeit das Ergebnis übermäßigen Kalorienkonsums ist und schwerwiegende gesundheitliche Folgen haben kann. Fat-Aktivismus und die Fat Studies sind inzwischen intersektional und feministisch und berufen sich insbesondere auf die Queer-*Theorie* und Butlers Politik der Parodie.[36] In ihrem Buch beschreibt Cooper ein Fat-Aktivismus-Event, das aus Protest gegen die Olympischen Spiele in London 2012 – die als extrem und intrinsisch fettleibigkeitsfeindlich galten – organisiert wurde, die sogenannten «Fattylympics»; in einem Londoner Park wurden die Olympischen Spiele mit bewusst albernen Sportwettkämpfen in einem strategischen Akt des Widerstands und Protests durch den Kakao gezogen.

Insbesondere die Queer-*Theorie* und Judith Butler haben die Entwicklung der Fat Studies beeinflusst. Beispielsweise eröffnet Charlotte Cooper ihr Buch, indem sie sich selbst als «offen queer» bezeichnet und Fat-Aktivistinnen ermutigt, «dem gesellschaftlichen Druck des Mitmachens und der Assimilation, falls möglich, zu widerstehen und queere Strategien einzusetzen, die der Bewegung neue Energie verleihen».[37] Foucaults Konzept der Bio-Macht – wissenschaftliche Diskurse durchdringen in diskursiven Ausschlussverfahren die Gesellschaft und üben illegitime Macht als Wissensproduzenten aus – findet sich hier erneut und wird auf eher paranoid anmutende Weise angewandt. Cooper schreibt:

> In der *Geschichte der Sexualität* und an anderer Stelle ist Macht kein Hoheitsbereich der Autoritäten, der von oben nach unten in alle Schichten hineinwirkt, sondern ein dynamisches Feld, in das jeder von uns involviert ist.[38]

Sie behauptet außerdem:

> Michel Foucaults Arbeit über Gouvernementalität wird im Allgemeinen angewandt, um die Verhältnisse zwischen Körpern und Macht theoretisch darzulegen, und wurde von denjenigen herangezogen, die sich für Fettleibige im Hinblick auf deren soziale Kontrolle, Stratifizierung, Überwachung, Reglementierung, Bewachung und Selbstbestimmung interessieren.[39]

Dabei handelt es sich keineswegs um einen Spleen von Charlotte Cooper. Kathleen Bosco vom Dekanat des Marymound Manhattan College vertritt im *Fat Studies Reader* eine ähnliche Sicht.[40] Die felsenfeste Überzeugung, es gebe untergründige Diskurse, mittels derer Macht ausgeübt und Disziplin aufrechterhalten wird, findet sich in nahezu allen Texten des Fat-Aktivismus und beruft sich nicht nur auf Foucault, sondern auch auf Judith Butler.[41] Aus der Sicht Coopers ist «der Diskurs über Fettleibigkeit totalitär, und damit meine ich, er stattet sich selbst mit absoluter Deutungshoheit aus, alles andere zählt nicht».[42] Marilyn Wann erklärt:

> Jeder, der in einer Kultur lebt, die Fettleibige hasst, hat wohl oder übel deren feindliche Überzeugungen, Behauptungen und Stereotype verinnerlicht und übernimmt auch die Position dieser Wertesysteme in Bezug auf das Körpergewicht. Niemand von uns kann darauf hoffen, sich jemals vollständig von dieser Zurichtung und aus dem Netz dieser Macht zu befreien.[43]

Treten wir zurück und fassen die Dinge mit etwas Abstand ins Auge. Stellen Sie sich ein Netz der Macht vor. Dieses Konzept der Gesellschaft konstituiert die postmodernistische Weltanschauung. Es postuliert, dass wir von Geburt an durch unsere Identität auf eine bestimmte Weise positioniert werden und damit auf unterschiedlichen Ebenen Zugang zur Macht haben – privilegiert zu sein, heißt demnach, direkten Zugang zum Netzwerk dieser Macht zu haben –, dass wir lernen, unsere Position performativ auszuüben und – als Teil des Systems – die Macht durch uns selbst «zu leiten», häufig ohne zu wissen, dass dieses Netz der Macht existiert. Dieser Lernprozess läuft durch Sozialisation in «hegemoniale» und gesellschaftlich akzeptierte Identitätsrollen ab und ist selten intentional. Indem wir unsere Rollen darstellen, stützen wir die sozialen und kulturellen Annahmen, die den Zugang zur Macht gewähren oder verweigern. Darüber hinaus hat der Zugang zur Macht automatisch einen korrumpierenden Einfluss, der uns dazu bringt, unsere Rollen auszufüllen und so uns selbst und andere dazu zu bringen, die Ungerechtigkeiten des Systems zu akzeptieren, unseren eigenen Zugang zur Macht zu rechtfertigen und den Ausschluss anderer zu rationalisieren. Diese Prozesse werden durch Diskurse konstituiert – die Art, wie wir über etwas reden, auch mit nonverbalen Mitteln. Dieses Konzept der Gesellschaft, das auf die obskure und komplexe Sprache der frühen postmodernen *Theoretiker* zurückgeht, hat sich weiterentwickelt und zu einem Glaubenssystem verfestigt. Daher kann man häufig erleben, wie *Theoretiker* des angewandten Postmodernismus mit einem so felsenfesten Vertrauen darauf zurückgreifen, als handele es sich um eine absolute Wahrheit – etwas, das für die Vordenker der Postmoderne unvorstellbar gewesen wäre.

Theorie – Eine paranoide Fantasy-Fabel

Um sich in diesem komplexen Netz von mit Macht aufgeladenen Diskursen zurechtzufinden, muss man als erstes lernen, sie aufzuspüren. Dafür wurde die *Theorie* erfunden. In einem sich selbst rechtfertigenden Zirkelschluss besteht sie darauf, dass wir sie zwingend benötigen. Für einige Wissenschaftler der Fat Studies ist Gender – und daher auch der intersektionale Feminismus und die Queer-*Theorie* – in diesem Kontext besonders entscheidend:

> Sexismus ist ein kodiertes Set an Verhaltensmustern, das nur schwer zu entschlüsseln ist, wenn man nicht weiß, wie man es erkennen kann. Um sexistisches Verhalten aufzudecken, sind eine spezifische Ausbildung und Sprache nötig. Diese kritische Sprache wird häufig als verdächtig eingestuft, als übermäßig intellektuell oder als paranoides Fantasieprodukt.[44]

Für andere ist der Kapitalismus die eigentliche Ursache des Problems, selbst wenn intersektionale und queere Ansätze sich bei der Bewertung und Störung von Diskursen als produktiv erwiesen haben. So macht sich Charlotte Cooper beispielsweise ein ganz ähnliches Argument zu eigen wie Goodley in *Disability Studies*. Für Cooper zwingen die Kräfte des Neoliberalismus (ungefähr: der kapitalistischen Gesellschaft) Menschen dazu, sich an die Gesellschaft anzupassen, statt diese Anpassung umgekehrt von der Gesellschaft zu fordern. Aus diesem Grund kritisiert Cooper die Body-Positivity-Bewegung als eine Form der «Gentrifizierung», da sie «den Individualismus gegenüber dem Kollektiv befürwortet».[45] Ihr Einwand lautet, dass Body Positivity letztlich die Verantwortung an das Individuum zurückweist, das seinen Körper lieben und in ihm glücklich sein soll, statt die Gesellschaft daran zu hindern, Fettleibigkeit als etwas Negatives zu sehen – ein problematischer Ansatz, manchmal auch als *Responsibilisierung* bezeichnet. Oder wie «Liz», ein Mitglied in Coopers sogenannter Fat Community, in einem Interview für Coopers Buch *Fat Activism* argumentiert: «Hass auf Fettleibige wird durch den Kapitalismus geschürt, denn die Unternehmen bringen lauter Produkte auf den Markt, die Dicke dünn machen sollen», und «die Kapitalismuskritik legt als Ausgangsbasis für den Aktivismus offen, inwieweit infolge der Gentrifizierung des Fat-Aktivismus der Zugang zu gesellschaftlichen Positionen und nicht mehr so sehr gesellschaftliche Veränderung zur ausschlaggebenden Motivation geworden ist.»[46]

Die Vorstellung, ein intersektionales Netz der Macht würde den Fat-Aktivismus umspinnen, klingt schon ziemlich paranoid und verworren. Biologie und Ernährungswissenschaften werden als eine Art Bio-Macht im Sinne Foucaults interpretiert, die Menschen einschränkt und diszipliniert. Erkenntnisse der medizinischen Wissenschaft, die auf die Folgen von Übergewichtigkeit verweisen, werden als repressives, disziplinierendes Narrativ, das den Betroffenen aufgezwungen wird, ausgelegt. «Dicke Menschen ‹übergewichtig› zu nennen, heißt, die Vielfalt der Menschen in ärztliche Kategorien einzuzwängen», und «diese Medikalisierung von Diversität ist gleichbedeutend mit dem Versuch der ‹Heilung› natürlicher Unterschiede», erklärt uns Marilyn Wann in Anlehnung an Foucault im Vorwort des *Fat Studies Reader*.[47] Kathleen LeBesco zieht ebenfalls Parallelen zwischen Übergewichtigkeit und Homosexualität und sinniert, dass genauso wie die Homosexualität auch Übergewichtigkeit als ein natürliches Phänomen anerkannt werden sollte, das nicht kuriert werden muss. Obwohl es belastbare Beweise dafür gibt, dass Übergewichtigkeit gesundheitliche Risiken zur Folge hat und die Lebensdauer verkürzt – was man von Homosexualität nicht behaupten kann –, stellt LeBesco Mutmaßungen an, dass fettleibige Menschen, die ihr Gewicht für ein Problem halten, so konditioniert wurden, dass sie ihre eigene Repression akzeptieren.

> Dass fettleibige und queere Menschen von Herzen gern Wissenschaft und Medizin als Lösung ihrer sozial konstruierten Probleme auffassen würden, erinnert stark an das Stockholm-Syndrom – schließlich tragen ja gerade Wissenschaft und Medizin seit langem zur Unterdrückung von Fettleibigen und Queeren bei und haben ein Argument nach dem anderen geliefert, um das homosexuelle oder «übergewichtige» Individuum (geistig oder körperlich) zu brandmarken.[48]

Eine Antwort darauf wäre, die eigene Fettleibigkeit anzunehmen oder sogar noch weiter zuzunehmen. «Es dauert eben seine Zeit, einen richtig fetten Körper zu kriegen», schreibt die Wissenschaftlerin Allyson Mitchell, «und es dauert noch länger, einen fetten Körper zu politisieren.»[49] LeBesco geht sogar einen Schritt weiter und argumentiert, «wissenschaftliches Wissen» sei «nicht alles», deutet darüber hinaus an, Fett-Phobie werde durch Eugenik angetrieben, und plädiert für soziale und politische Widerstandstechniken im Umgang mit Hass gegen Fettleibige.[50] Den Wert der Gesundheit hervorzuheben, verwirft sie als problematische Ideologie unter dem Stichwort Gesundheitswahn.

Dieser wird durch den Nutritionismus oder Ernährungswahn verstärkt, der sich angeblich ausschließlich auf den Nährstoffgehalt der Nahrung und auf Diätetik (Diäten und ihre Auswirkungen auf die Gesundheit) konzentriert. Es gibt ein benachbartes, kritisches Feld der Diätetik und Ernährungswissenschaft, das mehr an ihrer Verknüpfung mit der Social-Justice-Bewegung arbeitet, als Erkenntnisse über ihren eigentlichen Gegenstandsbereich zutage zu fördern. Lucy Aphramor und Jacqui Gingras bedauern beispielsweise, dass Diätetik und Ernährung auf wissenschaftlichen Grundlagen beruhen:

> Für die Diätetik ist Wissen das, was die dominierende wissenschaftliche Literatur mit strengen und quantifizierbaren Methoden hervorgebracht hat. Eine derart ausschließliche Ausrichtung auf rationales Wissen muss sich darauf auswirken, wie Diätetik gelehrt und praktiziert wird.[51]

Und weiter heißt es:

> Die geforderte wissenschaftliche Gründlichkeit schiebt zugleich dem Bestreben, den Modus der Erzeugung von Bedeutung zu verstehen, einen Riegel vor: Sprache ist kein neutrales Instrument, sondern ein mit Macht aufgeladener politischer Vektor. Die Wörter, die wir benutzen, beeinflussen unsere Fähigkeit, neue Möglichkeiten zu erschaffen.[52]

Statt mit wissenschaftlichen Mitteln Diäten, Ernährung und deren Auswirkung auf die Gesundheit zu untersuchen, haben sich die beiden kritischen Diätetikerinnen entschlossen, mit Hilfe der Dichtkunst als «einer praxisorientierten Kultur» zu arbeiten und so den Status quo in Frage zu stellen.[53] Sie fordern ein «Umdenken innerhalb der Diätetik im Hinblick darauf, welche Rolle die Haltung gegenüber Fettleibigkeit und Gender bei der Legitimierung und Konstruktion der Wissenschaft spielt.»[54] Es darf bezweifelt werden, ob das zu relevanten Studien führt oder eine andere Folge hat als die, dass sich jemand zeitweise besonders wichtig vorkommt.

Das Buch *Critical Dietetics and Critical Nutrition Studies* richtet sich an Studenten im Grundstudium und ist gerade deswegen besonders beunruhigend. Während die Health-At-Every-Size-Bewegung die wissenschaftliche Forschung zumindest nicht rundheraus verleugnete und stattdessen «nur» fragwürdige Schlussfolgerungen aus medizinischen Studien zog, um zu behaupten, man könne mit jedem Gewicht ein gesundes Leben führen, sehen die Critical Dietetics in der Wissenschaft keinen größeren Nutzen als in anderen Ansätzen zur Erforschung von Lebensmitteln, Ernährung, Diät und Übergewicht:

> Obwohl wir wissenschaftliche Methoden nicht summarisch als Möglichkeit des Wissenserwerbs über die Welt verwerfen, so ist es aus kritischer Sicht doch unmöglich, objektives, wert- und vorurteilsfreies Wissen zu produzieren. Diese kritische Sicht verwirft auch die Vorstellung, dass eine Art, Wissen über die Welt hervorzubringen, einer anderen überlegen oder auch nur gleichwertig sein könnte [...]. Daher berufen sich die Critical Dietetics auf den Poststrukturalismus und die feministische Wissenschaft (zwei andere Ansätze), die festhalten, dass es die eine Wahrheit über auch nur eine einzige Sache nicht gibt, die multiple Wahrheiten in Abhängigkeit von dem jeweiligen Fragesteller und dessen Absichten für

> möglich halten und erklären, dass es kein unpolitisches Wissen gibt, eingeschlossen das sogenannte positivistische (also als neutral und unvoreingenommen geltende) Wissen.[55]

Noch deutlicher kann man die Existenz objektiver Realität nicht abstreiten. «Poststrukturalismus und feministische Wissenschaft» werden hier angeführt, um die überwältigenden Beweise dafür zu verwerfen, dass Ernährung eine entscheidende Rolle für die körperliche Gesundheit spielt und Übergewichtigkeit das Risiko von Herzerkrankungen, Krebs und Diabetes – ganz abgesehen von polyzystischen Ovarsyndromen, Gelenkproblemen, Beweglichkeits- und Atmungsproblemen – erhöht und nachweislich das Leben verkürzen kann. Auch Cooper wählt den Ansatz der mit dem Schlagwort «Fett-Phobie» gekennzeichneten Gesundheitsverleugnung. Sie plädiert für eine «gerechte Forschung»,[56] in der empirische Daten über Adipositas einfach vom Tisch gewischt und durch das «Körperwissen einer Gemeinschaft» ersetzt werden, um so «jenes Wissen freizusetzen, das Fettleibige bereits besitzen».[57]

Die Selbsthilfegruppe als Forschungsgemeinschaft

Fat Studies und Fat-Aktivismus sind an unterschiedlichen Orten und zu unterschiedlichen Zeiten entstanden und haben sich vielfach verzweigt. Neben den Ursprüngen im radikalen Feminismus umfasst Fat-Aktivismus auch die Body-Positivity-Bewegung, die den eigenen Körper glorifiziert, die etwas fragwürdige, aber populäre Health-At-Every-Size-Richtung und (seit jüngster Zeit) einen intersektionalen queeren feministischen Zweig nebst der dazugehörigen *Theorie*. Die Vielfalt dieser Ansätze legt nahe, dass ein Bedürfnis nach Fürsprache und Gemeinschaft innerhalb der Gruppe der Übergewichtigen besteht. Fat-Aktivismus könnte durchaus eine wichtige Rolle in der Gesellschaft spielen, wenn es darum geht, Diskriminierung und Vorurteile gegenüber fettleibigen Menschen zu kritisieren und ein unterstützendes Netzwerk zu bilden, ohne dabei in radikalen sozialen Konstruktivismus, Paranoia und Wissenschaftsleugnung abzudriften.

Leider ist der irrationale und ideologische wissenschaftliche Aktivismus der Identitäts-Forschung gerade innerhalb der Fat Studies derzeit besonders ausgeprägt. Die Fat Studies verfügten über keinen eigenen und konsistenten Rahmen und mussten etliche Formen der identitätsgetriebenen *Theorie* aus einem äußerst verworrenen und unübersichtlichen Feld berücksichtigen – von der Critical-Race-*Theorie* über die feministische bis zur Queer-*Theorie* ist hier alles vertreten, garniert mit antikapitalistischer Rhetorik und einigen Ideen aus den Disability Studies. Innerhalb der Fat Studies wird viel Zeit darauf verwandt, sich in Aktivismus- und Forschungssparten einzugliedern, die sich mit Fragen von Race, Sexualität und Geschlecht beschäftigen – aber gerade diese Vergleiche hinken, weil Übergewicht letztlich eine Folge überreichlicher Ernährung bleibt. Nochmals: Ein sinnvoller Aktivismus könnte hier durchaus der Vorstellung entgegentreten, dass übermäßige Kalorienaufnahme lediglich auf mangelnde Selbstdisziplin oder auf überzogene Gier zurückzuführen ist, und stattdessen psychologische und physiologische Ursachen in den Blick nehmen, die es für viele Menschen so schwer machen, das Problem in den Griff zu bekommen. Aber die Fat Studies haben einen anderen Ansatz gewählt. Sie haben postmoderne Prinzipien und Themen in ihren Ansatz integriert, der abgesehen davon viel Ähnlichkeit mit einer Selbsthilfegruppe aufweist, die sich selbst als besonders wissenschaftlich auszeichnen möchte.

So macht sich der Fat-Aktivismus angreifbar für die Kritik, er würde andere Formen des Aktivismus dadurch untergraben, dass er auf eine zu enge Verwandtschaft mit ihnen pocht. Die Vorstellung, Adipositas und Homosexualität seien vergleichbar, könnte beispielsweise den mühsam erreichten Konsens gefährden, dass Homosexualität angeboren und vollkommen normal ist. Daneben ist es eindeutig unmoralisch, Übergewichtigen, die unter ihrer Fettleibigkeit leiden, vorzuwerfen, sie würden an einem Stockholm-Syndrom leiden oder hätten die gesellschaftliche Fett-Phobie verinnerlicht. Da aber die Auslöschung des Individuums zugunsten der Gruppenidentität und die Konzentration auf die Macht der Sprache ein Hauptanliegen der Fat Studies sind, hält sie diesen Schachzug sowohl für notwendig als auch für tugendhaft. Vor allem ist Fat-Aktivismus in dieser Form potenziell gefährlich. Menschen, die große Mühe haben, ihr Gewicht zu kontrollieren, und unter niedrigem Selbstwertgefühl leiden, könnten sich veranlasst sehen, den medizinischen Konsens zu negieren, dass Übergewicht ein Gesundheitsrisiko epidemischen Ausmaßes ist. Sollte der Fat-Aktivismus auf gesellschaftlicher Ebene genauso bedeutsam werden wie derzeit der feministische und antirassistische Aktivismus, könnten Ärzte, Wissenschaftler und Forscher möglicherweise aus Angst vor Übergriffen in Zukunft zurückhaltender sein, Übergewichtige über ihren Gesundheitszustand aufzuklären – was dann wiederum deren Möglichkeiten mindern würde, rationale Entscheidungen zu treffen.

Insgesamt sind die Fat Studies alles andere als ein strenger Forschungsansatz. Trotzdem haben sie in verschiedenen wissenschaftlichen Bereichen Fuß gefasst, die man unter dem Begriff Social-Justice-Forschung zusammenfassen könnte. Trotz erheblicher Unterschiede haben diese Disziplinen eines gemeinsam: Im Allgemeinen werden sie als «Critical X» oder als «X Studies» bezeichnet, wobei X jeweils das bezeichnet, worüber sie sich beklagen oder was sie disruptiv verändern oder modifizieren wollen. Obwohl eine breite Palette von Themen angesprochen wird, gibt es ein allen gemeinsames Element: die *Theorie*, und zwar so angewandt, dass die ihr zugrundeliegenden postmodernen Behauptungen als *objektiv wahr* angenommen werden. Dieser *Theorie* wollen wir nun unsere Aufmerksamkeit zuwenden.

8 Social Justice und das Denken

Die Wahrheit der Social Justice

Etwas zu verdinglichen bedeutet, abstrakte Konzepte so zu behandeln, als wären sie real. Seit den Zehnerjahren und mit zunehmender Durchschlagskraft ist die Forschung in den Geistes- und Sozialwissenschaften unter dem breiten Banner der Social Justice – die wir im Folgenden als Social-Justice-Forschung bezeichnen – in eine neue dritte Phase des postmodernen Projekts eingetreten. Wissenschaftler und Aktivisten sind übereingekommen, den ursprünglich abstrakten und sich selbst anzweifelnden Postmodernismus wie selbstverständlich zu verdinglichen.

Wie in Kapitel 1 diskutiert, wurde in den fundamentalen postmodernen Prinzipien hervorgehoben, dass objektives Wissen unmöglich ist, dass Wissen ein Machtkonstrukt darstellt und dass die Gesellschaft aus Machtsystemen und Privilegien besteht, die es zu dekonstruieren gilt. In Kapitel 2 bis 7 haben wir vorgestellt, wie dieses Denken allmählich in der angewandten Phase der Achtziger- und Neunzigerjahre praktische Bedeutung erhielt und der Postmodernismus sich in die postkoloniale *Theorie*, die Queer-*Theorie*, die Critical-Race-*Theorie*, den intersektionalen Feminismus und die Disability und Fat Studies aufspaltete. Seither, und ganz besonders seit 2010, haben sich die postmodernen Ideen in der intersektionalen Social-Justice-Forschung und im Aktivismus vollends konkretisiert und allmählich – als vermeintlich faktenbezogene Beschreibungen der Wirkungsweise von Wissen, Macht und sozialen Beziehungen zwischen Menschen – im öffentlichen Bewusstsein verankert.

Das postmoderne Wissensprinzip und das politische Prinzip des Postmodernismus bildeten in der ersten Phase die Voraussetzungen (ungefähr von 1965 bis 1990) der Dekonstruktion und wurden dann in der zweiten Phase des angewandten Postmodernismus (ungefähr von 1990 bis 2010) zu einer umsetzbaren Praxis umgedeutet, allerdings nahezu ausschließlich im akademischen Bereich und in aktivistischen Zirkeln. In der dritten Phase des Postmodernismus werden diese Prinzipien schließlich als grundlegende Wahrheiten behandelt, sowohl innerhalb der Universitäten oder im Aktivismus als auch darüber hinaus. Nachdem die Prinzipien, Themen und Überzeugungen der *Theorie* jahrzehntelang im akademischen und aktivistischen Feld herumspukten, mauserten sie sich nun zu Selbstverständlichkeiten, von denen die Menschen «einfach wissen», dass sie sie wissen. Folglich gilt die Überzeugung, die Gesellschaft sei durch partikulare, aber weitgehend unsichtbare identitätsbasierte Systeme der Macht und Privilegierung strukturiert, welche wiederum durch die Art, in der über etwas geredet wird, Wissen konstruieren, mittlerweile in der Social-Justice-Forschung und im Aktivismus als objektiv wahr. Klingt das nach einem Metanarrativ? Richtig. Und genau das ist es auch. Social-Justice-Forschung, Lehrende und Aktivisten sehen diese Prinzipien und Schlussfolgerungen als *die* Wahrheit an – und sie gehen damit um, als hätten sie das Gegenstück zur Keimtheorie von Krankheiten entdeckt, allerdings in Bezug auf Vorurteile und Repression innerhalb der Gesellschaft.

Diese Verdinglichung der beiden postmodernen Prinzipien bewirkt, dass der einstige radikale Skeptizismus der Postmoderne im Hinblick auf die grundsätzliche Verlässlichkeit des Wissens sich allmählich in die absolute Überzeugung verwandelte, dass Wissen im Dienst der Macht konstruiert wird und somit nur mit Hilfe eines *Close Readings* unseres Sprachgebrauchs entschlüsselt werden kann. Darum lesen wir in der Social-Justice-Forschung unaufhörlich, dass das Patriarchat, die weiße Vorherrschaft, der Imperialismus, die Cisnormativität, die Heteronormativität, der Ableismus und die Fat-Phobie die Gesellschaft buchstäblich prägen und alle infizieren. Sie sind allem immanent – immer und überall unter der Oberfläche des schönen Scheins gegenwärtig, der sie jedoch nicht völlig verbergen kann. Es handelt sich um die Verdinglichung des postmodernen Wissensprinzips. Diese «Realität» wird als äußerst problematisch betrachtet und muss, um sie zu korrigieren, unablässig präzise bestimmt, verurteilt und demontiert werden. Texte der Social-Justice-Forschung bringen – wie eine Art Gospel – die absolute Gewissheit darüber zum Ausdruck, dass alle Weißen rassistisch sind, alle Männer sexistisch, dass Rassismus und Sexismus Systeme darstellen, die – selbst wenn niemand rassistische oder sexistische Absichten oder Überzeugungen hat (im gewöhnlichen Sinne der Worte) – vorhanden und repressiv sind, dass Geschlecht keine biologische Kategorie ist, sondern vielmehr ein breites Spektrum umfasst, dass Sprache ein Medium der Gewaltausübung sein kann, dass das Leugnen von Genderidentität Menschen umbringen kann, dass der Wunsch, Behinderung und Übergewicht zu behandeln, verurteilt und dass alles dekolonisiert werden muss. Das ist die Verdinglichung des politischen Prinzips des Postmodernismus.

Dieser Ansatz misstraut strengen wissenschaftlichen Abgrenzungen und sucht sie zu verwischen. Der Schwerpunkt liegt auf der Sprache, welche Ungleichgewichte der Macht hervorbringt und perpetuiert. Der Ansatz ist geprägt von einem weitreichenden kulturellen Relativismus und konzentriert sich auf marginalisierte Gruppen. Universelle Prinzipien oder individuelle Haltungen bleiben außen vor. Diese vier Themen des Postmodernismus bilden auch methodisch und moralisch das Rückgrat der Social-Justice-Forschung. Allerdings haben sich das Register und der Tonfall geändert. In der neuen Social-Justice-Forschung wurden die *theoretischen* Prinzipien und Themen simplifiziert und in einer viel direkteren Sprache ausgedrückt, je mehr Vertrauen die *Theoretiker* in ihre fundamentalen Lehren setzten. Die Social-Justice-Forschung steht somit für die dritte Phase des Postmodernismus: Sie ist der krönende Abschluss in Gestalt des verdinglichten Postmodernismus. Ein moralischer Mensch, der sich *der* Wahrheit laut der Social-Justice-Forschung bewusst ist, muss ihrem Metanarrativ folgen und aktiv die von der *Theorie* vorgegebene Sicht vertreten, wie unsere Welt funktioniert und wie Alternativen aussehen sollten.

Aufgrund dieser Verdinglichung der Prinzipien, die mit der Wende zum angewandten Postmodernismus einsetzte, lässt die Social-Justice-Forschung sich nicht ganz sauber in eine bestimmte Variante der *Theorie* einordnen. Sie ist so intersektional, dass sie sich, je nach Bedarf, auf alle Varianten stützt, unablässig die Gesellschaft problematisiert und sogar sich selbst gelegentlich anzweifelt, abgesehen von einer eisernen Regel: Die *Theorie* darf niemals geleugnet werden; die *Theorie* ist objektiv wahr. Die Social-Justice-Forschung ist daher zu einer Art *Theorie* von Allem geworden, ein Satz von Wahrheitsbehauptungen, der nicht mehr weiter hinterfragt werden darf, dessen maßgebliche Grundsätze vom ursprünglichen Postmodernismus übernommen wurden und in den daraus abgeleiteten *Theorien* erstarrten.

Der Postmodernismus entfaltet sich

Wenn wir die ersten Postmodernisten der späten Sechzigerjahre als radikale, verzweifelte Skeptiker betrachten und die zweite Welle ab den Achtzigerjahren als jene der wiedergewonnenen Hoffnung und des neuen Antriebs, die Kernideen der Postmoderne für praktische politische Handlungen umzusetzen, ist die dritte Welle, die sich Ende der Nuller- und in den frühen Zehnerjahren abzeichnete, inzwischen über alle Zweifel erhaben. Sie agiert selbstgewiss und mit aktivistischem Eifer. Das Scheitern des Marxismus, des traditionellen analytischen Rahmens der akademischen Linken, hatte unter den ersten Postmodernisten Desillusionierung zur Folge; sie machten sich die zynische Annahme zu eigen, dass es keine objektive und verlässliche Wahrheit gebe. Die Metanarrative, denen sie mit Skepsis begegneten, schlossen zwar auch das Christentum, die Wissenschaft, das Konzept des Fortschritts ein, aber mit dem Scheitern des Marxismus ging die Hoffnung unter, eine «gerechtere» Gesellschaft erschaffen zu können. Ihr Bestreben galt daher vornehmlich dem ironischen Demontieren, Dekonstruieren und der Disruption bestehender Strukturen, nicht ohne dabei eine gewisse fröhliche Verspieltheit an den Tag zu legen. So war die Kulturtheorie in den Siebzigerjahren verfasst.

Als die erste Welle des verzweifelten Skeptizismus – die dekonstruktive Hochphase des Postmodernismus – nach zwanzig Jahren abklang, war die akademische Linke, die mittlerweile wieder Hoffnung gefasst hatte, auf der Suche nach einer positiveren und einsetzbaren Form der *Theorie*. Mit den beiden Prinzipien und den vier Themen des Postmodernismus ausgestattet, versuchte sie etwas Neues und schrieb die postmoderne *Theorie* zu einer Reihe von angewandten postmodernen *Theorien* um. Innerhalb der postkolonialen *Theorie* gab es Versuche, die unterschiedlichen Selbstwahrnehmungen des Ostens zu rekonstruieren (obgleich

Bhabha und Spivak in diesem Punkt pessimistisch blieben). Falls irgend möglich, wollte man das «Andere» vor dem Westen retten, hauptsächlich indem man ihn zum Abrissprojekt deklarierte. Die innerhalb der Queer-*Theorie* herrschende Überzeugung, dass sämtliche Kategorien performativ und sozial konstruiert seien, löste ihrerseits einen bestimmten Aktivismus aus. Durch die Dekonstruktion der Kategorien, das Verwischen von Grenzen und eine Perspektive, aus der alles flüchtig und veränderlich erschien, zielte die Queer-*Theorie* darauf ab, diejenigen, die nicht in die sozial konstruierten Kategorien von Geschlecht, Gender und Sexualität passten, von den gesellschaftlichen Erwartungen zu «befreien». Die Critical-Race-*Theorie* war aufgrund ihrer Anfänge in der Rechtswissenschaft konkreter und praktisch umsetzbarer, formulierte aber bald jene intersektionalen Ansätze, die auf schwarze feministische Wissenschaftlerinnen zurückgingen und letztlich auch den Feminismus dominieren sollten. Intersektionaler Feminismus strebte nach Ermächtigung *(empowerment)* durch Identitätspolitik und wollte kollektives Handeln ermöglichen, was im Großen und Ganzen die derzeitige kulturelle Gemengelage umreißt. Disability Studies und die junge Disziplin Fat Studies fuhren auf der Grundlage der Queer-*Theorie* ebenfalls schweres *theoretisches* Geschütz auf. Ansatz und Forschungsbereich hatten hier jedoch einen konkreteren Bezug: Die medizinische Wissenschaft wurde zum sozialen Konstrukt umgedeutet, und es galt, auf die jeweilige behinderte oder übergewichtige Identität stolz zu sein, sie militant in Anspruch zu nehmen und zu verteidigen. In den Neunzigerjahren war die Wende zum angewandten Postmodernismus somit vollzogen, und alles drehte sich nur noch um Identität und Identitätspolitik.

Während sich diese *Theorien* im Lauf der ausgehenden Neunziger- und in den frühen Nullerjahren innerhalb der Identitätsforschung ausdifferenzierten – wie etwa die Gender Studies, die Sexualitäts- und die ethnische Forschung –, verfolgten sie gemeinsame Ziele und legten das Gewicht zunehmend auf Intersektionalität. Studierte man Mitte der Nullerjahre eines der Schlüsselthemen – Geschlecht, Gender-Identität, Race, Sexualität, Immigrationsstatus, Indigenität, kolonialen Status, Behinderung, Religion und Gewicht –, wurde erwartet, dass man auch die anderen Themen mit in den Blick nahm. Obwohl Wissenschaftler in ihrer

Arbeit Schwerpunkte setzen konnten – und nach wie vor können –, gab es doch eine Menge Schnittpunkte und einen Zug zur Vermischung. Schlussendlich führte das zu einer Art Generalwissenschaft, die sich bevorzugt mit marginalisierten Gruppen sowie Systemen der Macht und Privilegierung beschäftigte.

Überraschenderweise taucht die ökonomische Klasse auf der Liste intersektionaler Identitätsmarker praktisch nicht mehr auf. Gelegentlich wird der Punkt zwar angesprochen, bleibt aber ohne substantielle Bedeutung. Traditionelle Marxisten müssen sich zu Recht dafür kritisieren lassen, dass sie sich ausschließlich auf die Ökonomie als relevanten Faktor der Gesellschaft konzentriert und deswegen andere Repressionsmechanismen übersehen oder unterschätzt haben, namentlich im Hinblick auf Frauen oder sexuelle Minderheiten. Die feministische Bewegung, die sich in den frühen Siebzigerjahren formierte, und die Schwulenbewegung, die kurze Zeit später folgte, wirkten hier als nützliches Korrektiv. Heute wird die ökonomische Klasse so gut wie nicht mehr erwähnt, es sei denn im «intersektionalen» Zusammenhang mit anderen Formen der marginalisierten Identität. Es ist folglich kein Wunder, dass viele Menschen aus der Arbeiterklasse oder aus ärmeren Schichten sich der heutigen Linken entfremdet haben. Und es ist auch nicht ohne Ironie, dass ausgerechnet eine Bewegung, die Privilegien ausdrücklich problematisiert, von hochgebildeten Wissenschaftlern der oberen Mittelklasse und Aktivisten geführt wird, die ihren eigenen privilegierten Status innerhalb der Gesellschaft nicht zu erkennen vermögen.

Als sich viele dieser marginalisierten Gruppen zusammenschlossen und aus verschiedenen gedanklichen Richtungen schließlich ein großes Bündel ähnlicher, miteinander konkurrierender Probleme entstand, wuchs auch das Vertrauen der Social-Justice-Forschung und der Aktivisten in die zugrundeliegenden Behauptungen. Anfang 2010 waren Mehrdeutigkeit und Zweifel – bis zu diesem Zeitpunkt charakteristische Merkmale der Postmoderne – gewichen, und mit ihnen auch der nahezu unverständliche akademische Jargon, den Alan Sokal und Jean Bricmont bekanntlich Mitte der Neunzigerjahre als «Eleganten Unsinn» bezeichneten.[1] Fünfzehn Jahre später war die Sprache zwar nach wie vor technisch, aber verständlicher.

Ursache dafür ist mit Sicherheit die Wende zum angewandten Postmodernismus, als sich Wissenschaftler-Aktivisten vom radikalen Skeptizismus distanzierten und stattdessen behaupteten, man müsse systemische Repression als etwas objektiv Reales ansehen, um dagegen anzukämpfen. Kimberlé Crenshaws *Mapping the Margins* (1991), der Grundlagentext der Intersektionalität, legt beispielsweise großen Wert auf die Unterscheidung zwischen «Ich bin Schwarz» und «Ich bin eine Person, die zufällig Schwarz ist». Dieser Tenor klingt auch bei anderen Wissenschaftlern der Critical-Race-*Theorie* an, wie etwa bei bell hooks oder verschiedenen Queer-*Theoretikern* und -*Theoretikerinnen*, die ähnliche Feststellungen in Bezug auf Schwule, Lesben, Bisexuelle, Transpersonen und abweichende Gender- und Queer-Identitäten untersuchten. Die postkoloniale *Theorie* beschäftigte sich ebenfalls zunehmend mit Identitäten auf der Grundlage nationaler Herkunft. Und durch den Einfluss der Disability und Fat Studies waren auch durch Übergewicht oder Behinderung geprägte Identitäten – eingeschlossen psychische Erkrankungen wie Depression oder Angstzustände – bald nichts Ungewöhnliches mehr. In den Zehnerjahren schließlich hatte sich dieser Ansatz zu Glaubenssätzen verstetigt, die Aktivisten und *Theoretiker* bedenkenlos äußerten.

Identität gehört heute zu den Kernthemen der Social-Justice-Forschung, und der Blick durch diese Brille bestimmt, was wahr ist; ein weiteres Kernanliegen ist folglich Identitätspolitik, mit der aktiv die Welt verändert werden soll. Ein nicht unbeträchtlicher Teil der Forschung wird daher seit 2010 als «feministische», «queere» usw. *Epistemologie* oder *Pädagogik* etikettiert. Sogar wenn die Wörter Epistemologie oder Pädagogik fehlen, analysiert nahezu die gesamte Social-Justice-Forschung, wie etwas gesagt wird, woran geglaubt wird, was angenommen, gelehrt und übermittelt wird und welche Vorurteile durch die Lehre selbst, durch Diskurse und Stereotype, in die Gesellschaft importiert werden. Die Forschung geht von der *theoretischen* Prämisse aus, dass die Gesellschaft aus Systemen der Macht und Privilegierung besteht, die durch Sprache aufrechterhalten werden und daher Wissen aus der Perspektive der Privilegierten produzieren, welches die Erfahrungen marginalisierter Gruppen leugnet. Social Justice greift die Wissenschaft und jede andere analytische

Methode an, die diesen Prämissen und den aus ihnen hervorgehenden Forderungen widerspricht.[2]

Infolgedessen nimmt die Social-Justice-Forschung Anstoß an allen wissenschaftlichen Ansätzen, die Vernunft und Evidenz als Weg der Wahrheitsfindung bevorzugen, und fordert stattdessen «epistemische Gerechtigkeit» und «Forschungsgerechtigkeit». Das bedeutet, dass wir die gelebten Erfahrungen, Emotionen und kulturellen Traditionen von Minderheiten berücksichtigen, sie als «Wissen» ansehen und Forschung anhand dieser Kriterien betreiben, sie also dem vernunft- und evidenzbasierten und ungerechtfertigterweise dominierenden Wissen vorziehen sollten. Forschungsgerechtigkeit beinhaltet nicht selten, dass weiße, männliche, westliche Wissenschaftler absichtlich nicht zitiert werden, zugunsten von denjenigen mit intersektional marginalisiertem Status. Das kann sogar so weit gehen, dass Beiträge vermeintlich privilegierter Identitätsgruppen regelrecht ausgeblendet werden – eine Gepflogenheit, die es mitunter erschwert, die Ausgangsideen der eigenen Praxis zu den weißen und männlichen Vätern der Postmoderne zurückzuverfolgen. In einem ziemlich verblüffenden, aber durchaus typischen Beispiel zitiert die schwarze Feministin Kristie Dotson ausgiebig Gayatri Spivak in Bezug auf «epistemische Gewalt», erwähnt jedoch mit keinem Wort, dass Spivak sich auf Michel Foucault bezieht.[3] Faulheit oder Nachlässigkeit kann man getrost ausschließen (Dotson arbeitet sehr gründlich, und Spivak erwähnt auf beinahe jeder Seite von *Can the Subaltern Speak?*, dass ihre Ideen auf Foucault zurückgehen). Sehr viel wahrscheinlicher ist, dass es sich hier in Übereinstimmung mit der Forderung nach Forschungsgerechtigkeit um den Versuch handelt, die frühen Postmodernisten absichtlich unsichtbar zu machen. Oder wie es in einem ähnlich gelagerten Fall bei Hancock heißt:

> Einer meiner Kritikpunkte am Text betraf dessen Einbindung der intersektionalen Theorie, insbesondere die Verwendung von Michel Foucaults Konzept der Macht und den Verzicht auf Patricia Hill Collins' Ausführungen in *Black Feminist Thought*. Ich hatte dafür zwei Gründe: Wenn die Autorin beabsichtigte, sich sinnvoll und intersektional mit Fragen der Diversität und des feministischen Denkens auseinanderzusetzen, wäre es

> richtig, die Arbeit einer führenden schwarzen Feministin und deren Äußerungen zu intersektionaler Macht zugrunde zu legen. Zweitens war mir, angesichts dieser Unterscheidung, nicht klar, inwiefern der Bezug auf Foucault einen weiterführenden Beitrag insbesondere innerhalb der intersektionalen Wissenschaft liefern konnte.[4]

Mit anderen Worten: Egal, woher das Konzept ursprünglich stammt, die einzige intersektional angemessene Forschungsmethode besteht darin, die Arbeit einer schwarzen, feministischen *Theoretikerin* zu zitieren.

Eine Menagerie neuer Begriffe

Wenn eine Ideologie ihre zentralen Grundsätze verdinglicht, entsteht unter den Anhängern häufig ein lebhaftes Interesse an Wissen und Wissensproduktion. Das liegt daran, dass die Ideologie den Nachweis dafür antreten muss, dass ihre Behauptungen auf der Realität beruhen. Im Allgemeinen ist dies in erster Linie ein philosophisches Unterfangen – die Arbeit von Theologen, Metaphysikern und Theoretikern, die am Konzept des Wissens herumbasteln, um sicherzustellen, dass ihre moralischen Überzeugungen sich als solche qualifizieren. (Aus diesem Grund beschreibt Platon Wissen als *begründete und wahre Überzeugung*.) Das Interesse der Social-Justice-Forschung gilt vor allem der Beziehung zwischen Identität und Wissen. Das bedeutet, dass alle vermeintlichen Ungerechtigkeiten innerhalb von Systemen des Wissens und der Wissensproduktion (Wissenschaft, im weitesten Sinne) sowie die Form, in der sie durch Bildung weitergegeben werden, erkannt, offengelegt und nach Möglichkeit disruptiv verändert werden müssen.

Hierbei handelt es sich um eine altbekannte Gewohnheit aller Ideologen. Noch vor dem Einfluss des Postmodernismus lag der Schwerpunkt der Identitätsforschung bereits auf der Frage nach der Beziehung zwischen der eigenen Identität und der eigenen Befähigung, etwas zu wissen. So entwickelten sich innerhalb der feministischen Philosophie der Achtzigerjahre eine Reihe von Epistemologien – Theorien, wie Wissen und Erkenntnis zustande kommen. Drei Methoden dienten zur Begründung der feministischen Behauptungen: der feministische Empirismus, die Standpunkttheorie und der postmoderne radikale Skeptizismus. Der feministische Empirismus nimmt an, dass die Wissenschaft als Prozess im Großen und Ganzen korrekt abläuft, mit der Einschränkung allerdings, dass sie, bevor der Feminismus sich etablierte, mit männlichen Vorurteilen belastet war, die wahre Objektivität verhinderten. In den Neunzigerjahren, während der Wende zum angewandten Postmodernismus, kam die empirische Methode auch als Kollateralschaden der damals wütenden «science wars» aus der Mode.[5] Die anderen beiden Methoden spielen in der Social-Justice-Forschung eine erheblich größere Rolle, stimmen sie doch mit dem postmodernen Wissensprinzip überein, dass Wissen auf Identität zurückgeht; mittlerweile bilden sie das Rückgrat des intersektionalen Ansatzes der Epistemologie. Übergreifend gilt das Interesse vor allem der Frage nach der Verbindung von Wissen und Wissensproduktion und den auf *Theorie* fußenden Vorstellungen von Gerechtigkeit und Ungerechtigkeit. Diese Fragestellungen werden seit den Zehnerjahren breit in die Gesellschaft hineingetragen.

Miranda Fricker prägte in ihrem Buch *Epistemic Injustice: Power and the Ethics of Knowledge* (2007) dafür den Begriff «epistemische Ungerechtigkeit».[6] Fricker zufolge tritt epistemische Ungerechtigkeit ein, wenn einer Person in ihrer Eigenschaft als Wissende Unrecht getan wird. Wie sie ausführt, kann das auf vielerlei Arten geschehen: Jemand wird nicht als Person anerkannt, welche die *Fähigkeit* besitzt, etwas zu wissen; ihr Wissen wird nicht als valide anerkannt; sie wird an ihrer Fähigkeit, etwas zu wissen, gehindert; ihr Wissen wird nicht verstanden. Fricker unterscheidet zwei Arten epistemischer Ungerechtigkeit: die *intrinsische Ungerechtigkeit* der individuellen Zeugenschaft *(testimonial injustice)* – Personen werden aufgrund ihrer Identität für nicht glaubwürdig gehalten – und die *hermeneutische Ungerechtigkeit*, wenn die treffende Sprache oder das treffende Vokabular nicht vorliegt, um das Wissen einer Person zu verstehen.

Frickers Analyse, die auf der Annahme beruht, dass bestimmte Gruppen aufgrund ihrer Identität intrinsisch benachteiligt werden, ist nicht völlig von der Hand zu weisen. Es trifft zu, dass Menschen dem Wissen bestimmter Individuen oder Gruppen mehr vertrauen als dem Wissen von anderen, und dies mag mitunter an sozialen Vorurteilen (z. B. Rassismus) liegen. Und Mitglieder marginalisierter Gruppen werden manchmal in ihrem Streben nach Wissen gehemmt: Lesben und Schwule könnten in kleinen Communitys wie erzkatholischen Dörfern vielleicht Probleme haben, ihre eigene Sexualität zu begreifen, und Atheisten fällt es hier womöglich schwer, eine Vorstellung von ihrem eigenen Unglauben zu erlangen, weil sie nicht darüber diskutieren können.

Fricker zufolge verweisen diese Ungerechtigkeiten jedoch auf Probleme, die weniger von Gruppen als von Individuen hervorgebracht und bewältigt werden. Daher plädiert sie dafür, jeder von uns möge eine oder mehrere «Tugenden» kultivieren, um epistemische Ungerechtigkeit zu vermeiden. Ihr individualistischer Ansatz passte nicht recht ins Konzept der Social-Justice-Postmodernisten und zu deren Überzeugung, Wissen sei intrinsisch mit Identität verbunden. Folglich kam aus diesen Reihen auch die Kritik, dass Frickers Ansatz das Problem stark vereinfache und die Notwendigkeit einer breiten strukturellen Veränderung außer Acht lasse.[7] Da Frickers Arbeit vor allem auf Individuen abzielt, spielt *soziale* Ungerechtigkeit eine untergeordnete Rolle. Seither haben Wissenschaftler ihr Werk erweitert und neu ausgerichtet, um (epistemische) Ungerechtigkeit als ein Merkmal sozialer Gruppen zu beschreiben, das durch soziale Machtdynamiken innerhalb des herrschenden Gesellschaftssystems hervorgerufen wird, in dem diese Gruppen operieren. Seit 2007 konzentriert sich die Social-Justice-Philosophie insbesondere in den Feldern Bildung und Recht schwerpunktmäßig auf die Frage, wie ungleich unterschiedliches Wissen behandelt wird – und zwar angeblich stets als Folge der Zugehörigkeit zu unterschiedlichen Identitäten.[8]

Daraus hat sich ein umfangreiches Fachvokabular entwickelt. Kristie Dotson hat 2014 Frickers Konzept der epistemischen Ungerechtigkeit, das sie als Oberflächenaspekt eines größeren und weniger sichtbaren identitätsgruppenbasierten Problems betrachtet und als *epistemische Unterdrückung* bezeichnet, erweitert und neu kontextualisiert.[9] Epistemische Unterdrückung tritt laut Dotson dann ein, wenn Wissensformen und Methoden der Wissensproduktion marginalisierter Gruppen – eingeschlossen Volksweisheiten und Hexenkunst – unserer vorherrschenden Auffassung von Wissen zuwiderlaufen und also ausgeschlossen werden. Beeinflusst von den Prinzipien des Postmodernismus, kategorisieren Social-Justice-Wissenschaftler unterschiedliche Wissensformen und Formen des Wissenserwerbs als «marginalisiert» oder «dominant» und haben natürlich eine eindeutige Präferenz für Ersteres. Sie sind allerdings nicht so sehr an der *Effizienz* dieser alternativen Methoden interessiert, also daran, inwieweit sie Überzeugungen an die Realität zurückbinden; dieser Aspekt ist bestenfalls zweitrangig. Da die kritische Social-Justice-Forschung von der Annahme ausgeht, dass Wissen von Machtdynamiken abhängt, gilt ihr Interesse vor allem der Frage, welchen Einfluss die Identität darauf ausübt, ob und wie jemand verstanden oder ob ihm zugehört wird. Das hat eine breite Palette von Begriffen hervorgebracht. Dotsons Begriff der epistemischen Unterdrückung führt ihre bereits 2011 erschienene Arbeit über epistemische Gewalt fort: Demzufolge wird das eigene kulturellen Wissen marginalisierter Gruppen durch das Wissen der dominanten Kultur unterdrückt; diese Unterdrückung ist laut Dotson das Ergebnis einer «vorsätzlichen Ignoranz» der Zuhörer, die das Verständnis verweigern.[10] Derartige Begriffe schienen in den frühen und mittleren Zehnerjahren geradezu zu wuchern. So prägte etwa Nora Berenstain 2016 den Begriff der *epistemischen Ausbeutung*, um jene Ungerechtigkeit zu beschreiben, die entsteht, wenn von marginalisierten Gruppen/Menschen erwartet wird, dass sie ihr Wissen teilen.[11] Folglich ist es ein Akt der Unterdrückung, sich nicht darum zu bemühen, einen marginalisierten Wissenden nach seinen eigenen Bedingungen zu verstehen, genauso wie es ein Akt der Ausbeutung (sprich: Unterdrückung) ist, wenn man von einer marginalisierten Wissensträgerin verlangt, ihr Wissen in ihren eigenen Begriffen zu erklären. Im Jahr 2013 prägte der *Theoretiker* José Medina den melodramatischen Begriff *hermeneutischer Tod*; beschrieben wird damit ein so weitgehendes Scheitern, sich verständlich zu machen, dass die Selbstwahrnehmung des Betroffenen zerstört wird. Am entgegengesetzten Ende dieser Skala steht das Konzept der *hermeneutischen Privatsphäre*, also das Recht darauf, vollkommen unverständlich zu sein.[12] Marginalisierte Menschen können demnach bis zum psychischen Tod unterdrückt werden, weil sie nicht verstanden werden; ihr Recht darauf, vollkommen unverständlich sein zu dürfen, muss jedoch ebenfalls respektiert werden. Wer dieses verminte Gelände betritt – und das gilt auch für diejenigen, die bestimmt niemanden unterdrücken wollen –, begibt sich in Lebensgefahr. Frickers Begriff *testimonial injustice* hat zu einer wachsenden Anzahl verwandter Begriffe wie *testimonial betrayal, epistemic freedom* und *epistemic responsibility* geführt. [13] [14] [15] Auch wenn wir in unserer Argumentation nun zum nächsten Punkt übergehen, sind wir sicher, dass Sie die übergreifende Idee verstanden haben: «Wissen» und die Forderung nach Respekt für verschiedene Wissensformen sind ein Schwerpunktthema innerhalb der Social-Justice-Forschung.

Du bist, was du weißt

Welcher Zweck verbirgt sich hinter dieser Obsession mit Wissensformen und Wissenden? Nun: Strengere wissenschaftliche Methoden sollen delegitimiert werden, sobald sie der Social-Justice-Forschung und ihren ideologischen Zielen in die Quere kommen. Social-Justice-Wissenschaftler verweisen dann gern darauf, dass Wissenschaft und Vernunft – auch wenn sie nachweislich die Realität präzise beschreiben und Vorhersagen darüber zu treffen imstande sind – gegenüber der Vielfalt identitätsbasierter «Wissensformen» ohnehin übermäßig privilegiert seien. Für die Social-Justice-Forschung besteht das Problem darin, dass wissenschaftliche Formen der Wissensproduktion auf Objektivität und Universalität zielen und (jedenfalls nach Ansicht der meisten Menschen) dieses Ziel auch häufig erreichen. Weil es evidenzbasierte, wissenschaftliche Erklärungen für einige der sozialen Problemstellungen gibt, die Identitäts-Gruppen betreffen, steht die Wissenschaft häufig im Gegensatz zu postmodernen Prinzipien, insbesondere was die Überzeugung angeht, alles sei sozial konstruiert. Darüber hinaus haben viele Philosophen, Naturwissenschaftler und andere Forscher mit begründeten Argumenten Schwachstellen in der *Theorie* und den Annahmen, Methoden und Schlussfolgerungen der Social-Justice-Forschung aufgedeckt. Diese Art der Kritik verträgt sich in der Regel nicht gut mit dem postmodernistischen Kern der Social-Justice-Forschung und provoziert offene und direkte Angriffe. Dies liegt nicht nur an der irritierenden Angewohnheit von Wissenschaft und Vernunft, Fehler in den der *Theorie* verpflichteten

Ansätzen zu enthüllen, sondern auch daran, dass sie auf universellen Prinzipien beruhen und folglich gegen das postmoderne Wissensprinzip und die postmoderne Akzentuierung der Gruppenidentität, um die herum die Social-Justice-Forschung sich organisiert hat, verstoßen.

Dagegen wird häufig das politische Prinzip des Postmodernismus ins Feld geführt. Da die Wissenschaft ein derart hohes Ansehen als verlässliche Wissensproduzentin genießt, kann mit ihr etwas nicht stimmen. Postmodernisten von Lyotard bis Foucault haben sie deshalb schon vor fünfzig Jahren als Diskurs der Macht verunglimpft, und die Social-Justice-Forschung und Social-Justice-Aktivisten treten nun in ihre Fußstapfen. Ihr Argument lautet, dass Wissenschaft und Vernunft nicht selten Ungerechtigkeiten bemäntelt haben; diese Auffassung lässt sich umso besser aufrechterhalten, je zynischer man die Geschichte auslegt.[16] Derartige Behauptungen beziehen sich häufig auf weit zurückliegende Perioden der Wissenschaft und berufen sich beispielsweise gern auf Argumente aus der wissenschaftlichen Community des 19. Jahrhunderts, die den Kolonialismus befürworteten, die man heute jedoch als Pseudowissenschaft verwerfen würde. Manchmal ist das Misstrauen auch darauf zurückzuführen, dass die Wissenschaft Forschungsergebnisse vorlegt, die nicht mit sozialkonstruktivistischen Vorstellungen übereinstimmen, etwa dass es Unterschiede zwischen den Geschlechtern gibt. Und mitunter stützten sich die Einwände auch auf vermeintliche Diskriminierung: «Formale und informelle Beschränkungen, die eine Teilhabe von Frauen und ethnischen Minderheiten beschränkten, führten letztlich dazu, dass weiße Männer innerhalb der Wissenschaften bevorzugt wurden und einen überproportionalen Einfluss auf sie ausübten.»[17] Diese Klagen bleiben jedoch im Ungefähren, stützen sich auf die kulturkonstruktivistische Annahme, dass alle Ungleichheiten das Ergebnis von Unterdrückung sein müssen – statt beispielsweise etwas mit im Durchschnitt unterschiedlichen Interessen von Männern und Frauen zu tun zu haben –, und werden typischerweise von der Kritik an Einstellungen und Problemen begleitet, die seit Jahrzehnten nicht mehr in Erscheinung treten.

Social-Justice-Forschung plädiert daher nicht für die Wissenschaft, sondern für «andere Wissensformen», die sich aus der *theoretischen* Interpretation prägender gelebter Erfahrungen ableiten. Das Argument lautet hier, vernunft- und evidenzbasierte Wissenschaft, in die Herrschaftsverhältnisse gleichsam eingebrannt seien, würde ungerechterweise gegenüber Traditionen, Folklore und Gefühlen bevorzugt. Ohne das leiseste Bewusstsein für den impliziten Rassismus und Sexismus, der damit einhergeht, sieht die *Theorie* Evidenz und Vernunft als kulturelles Eigentum weißer westlicher Männer an.

Die Beispiele dafür sind zahlreich. Bekanntlich bezeichnete Dotson 2012 die Vorherrschaft von vernunft- und wissenschaftsbasierten Diskursen als «Kultur der Rechtfertigung» und sprach sich stattdessen für eine «Kultur der Praxis» aus, die unterschiedliche Wissensbestände beinhaltet, um eine Vielzahl von Gruppen mit größerer Diversität in die Philosophie einzubinden.[18] Andere Wissenschaftler haben argumentiert, dass der rationale und wissenschaftliche Ansatz anglo-amerikanische Erkenntnistheoretiker daran hindere, sich umfassende und vielfältige Wissensformen zu erschließen.[19] Wieder andere sprechen sich für Emotionen aus, die zu Unrecht als Instrument verlässlichen Wissenserwerbs vernachlässigt würden. Allison Wolf versteht unter dieser Trennung von Verstand und Emotion ein Konstrukt der westlichen Philosophietradition. Sie plädiert dafür, Emotionen als Wissensform in den Vordergrund zu rücken.[20]

Dieser Ansatz ist beunruhigend, herablassend und potenziell gefährlich. Nichtsdestoweniger ist das zugrundeliegende Konzept eines auf Erfahrung beruhenden Wissens nicht völlig unbegründet. Häufig ist es wichtiger, zu wissen, wie Dinge erfahren werden, als nur Fakten zu kennen. Wenn beispielsweise der Vater einer Freundin an Herzversagen gestorben ist, möchten wir wissen, wie es ihr geht und wie wir ihr in ihrem Kummer beistehen können. Faktenbasierte Informationen über Herzinfarkte sind in diesem Fall weniger hilfreich. Dennoch gibt es faktisches Wissen über Herzinfarkte, und es ist verlässlich. Dieses Wissen kann nicht einfach durch die Selbsterfahrung eines Herzinfarktes erworben werden oder durch den Verlust eines geliebten Menschen, der einem Herzinfarkt erlegen ist. Manchmal müssen wir mit derjenigen, die den Verlust eines nahestehenden Menschen erlitten hat, mitfühlen, aber manchmal müssen wir auch einfach einen Herzspezialisten aufsuchen.

Obgleich die Postmodernisten die ach so tiefgreifende Erkenntnis der

Trennung zwischen Fakten und Erfahrung für sich beanspruchen, ist sie in der Philosophie außerhalb der postmodernen *Theorie* nichts Neues: Es handelt sich um den Unterschied zwischen *Wissen dass* oder propositionalem Wissen und *Wissen wie* oder praktischem Wissen. Das Problem besteht nicht darin, dass es diese Unterschiede gibt oder dass beide Seiten jeweils wertvolle Informationen liefern. Problematisch wird es erst dann, wenn wir nicht erkennen, dass unser Erfahrungswissen durch Interpretation zum Teil so stark verzerrt wird, dass es sich zum Verständnis der damit zusammenhängenden Phänomene nicht länger eignet.

Dennoch basiert die Argumentation der Social-Justice-*Theoretikerin* Alexis Shotwell auf dieser verwirrenden Grundlage. Sie führt aus: «Dass propositionales Wissen im Vordergrund steht und als die vermeintlich einzige wahre Form des Wissens betrachtet wird, ist bereits eine Form epistemischer Ungerechtigkeit. Diese Fixierung vernachlässigt andere epistemische Ressourcen, die den Unterdrückten helfen, gerechtere Welten zu erschaffen.»[21] Die Annahme, dass das praktische Wissen der Unterdrückten von übergeordneter Bedeutung sei, wenn wir uns mit Phänomenen der realen Welt auseinandersetzen, ist hier grundlegend. Und zwar grundlegend wegen des postmodernen politischen Prinzips: Erfahrungen liefern «Ressourcen, die den Unterdrückten helfen, gerechtere Welten zu erschaffen». Vorausgesetzt wird außerdem, dass «Unterdrückte» generell über dasselbe praktische Wissen verfügen, das vermutlich durch ihre Identität definiert ist. Dass Shotwell postmoderne Prinzipien vertritt, wird deutlich, wenn sie schreibt: «Eine größere Vielfalt an Wissensformen und gelebten menschlichen Erfahrungen hilft uns dabei, epistemische Ungerechtigkeiten zu erkennen, zu analysieren und sie wiedergutzumachen.»[22] Darin spiegelt sich nicht nur die Besorgnis über «das ungleiche Wissensfeld»,[23] sondern auch eine handfeste *Standpunkttheorie*.

Eine andere Art von Farbenblindheit

Die Standpunkttheorie geht von zwei Annahmen aus: Zum einen machen Menschen innerhalb der gleichen sozialen Gruppen, sprich Identitäten – Race, Gender, Geschlecht, Sexualität, Status der Befähigung und so weiter –, die gleichen Erfahrungen von Dominanz und Unterdrückung und interpretieren diese – vorausgesetzt, sie verstehen ihre eigenen Erfahrungen richtig – auch auf die gleiche Art. Daraus folgt die Annahme, dass sie aufgrund ihrer Erfahrungen über eine maßgeblichere und vollständigere Perspektive verfügen. Zum anderen geht die Standpunkttheorie davon aus, dass die eigene, relative Position innerhalb der sozialen Machtdynamik darüber entscheidet, was man wissen und nicht wissen kann. Die Privilegierten sind aufgrund ihrer Privilegien verblendet, und die Unterdrückten haben eine Art zweites Gesicht, weil sie sowohl die dominante Position als auch die Erfahrung der Unterdrückung kennen. Die feministische Epistemologin Nancy Tuana schreibt:

> Die Standpunkttheorie war als Methode konzipiert, die Werte und Interessen wie etwa Androzentrismus, Heteronormativität und Eurozentrismus – die allen angeblich neutralen Methoden innerhalb der Wissenschaft und der Epistemologie zugrunde liegen – sichtbar machen und ihre Auswirkungen verdeutlichen sollte. Dem Wissen selbst so viel Aufmerksamkeit zu widmen, erhellte die unterschiedlichen Mittel, die zu repressiven Praktiken führen oder epistemische Ungleichheiten, Exklusion und Marginalisierung befördern. Das Ziel feministischer und anderer Befreiungsbewegungen bestand darin, das eigentliche Wissen in dem Sinne zu verändern, dass gerade jenes Wissen, das bisher durch dominante Interessen und Werte verschleiert worden war, ins Zentrum der Aufmerksamkeit rückte, und dadurch Instrumente zu erkennen und zur Verfügung zu stellen, um Wissensbestände und Praktiken zu untergraben, die zur Repression beitragen.[24]

Die Idee besteht – knapp zusammengefasst – also darin, dass Mitglieder dominanter Gruppen eine Welt von und für dominante Gruppen erfahren, während Mitglieder unterdrückter Gruppen die Welt als Mitglieder unterdrückter Gruppen erfahren, und zwar in einer Welt von und für dominante Gruppen. Letztere verstehen demnach sowohl die dominante Perspektive als auch die Perspektive der Unterdrückten, während Mitglieder dominanter Gruppen lediglich die dominante Perspektive kennen. Standpunkttheorie lässt sich vielleicht am besten mit einer Art Farbenblindheit vergleichen, wobei eine Person desto weniger Farben erkennen kann, je privilegierter sie ist. Ein heterosexueller weißer Mann – eine Figur dreifacher Dominanz – könnte daher nur noch Grautöne wahrnehmen. Eine schwarze Person könnte Rotschattierungen wahrnehmen, eine Frau Grünschattierungen; eine LGBT-Person nimmt blaue Farbtöne wahr; eine schwarze Lesbe wäre in der Lage, drei Farben zu sehen – zusätzlich zur Skala der Grautöne, die wir alle wahrnehmen. Medina bezeichnet das als «kaleidoskopisches Bewusstsein» und «Meta-Luzidität».[25] Unterdrückte Identitäten besitzen folglich eine umfassendere Wahrnehmungsfähigkeit, und ihre Sicht auf die Realität ist vollständiger und präziser – das sind gute Gründe, um ihnen zuzuhören und ihren Berichten zu glauben.[26]

Die Standpunkttheorie wird häufig wegen ihres Essenzialismus kritisiert – also für verallgemeinernde Gedanken wie «Alle schwarzen Personen empfinden so».[27] Das ist nicht ganz falsch, beruht es doch auf einem Konzept, mit dem wir bereits Bekanntschaft gemacht haben: dem *strategischen Essenzialismus*, von dem die Rede ist, wenn Mitglieder einer unterdrückten Gruppe sich selbst essenzialisieren (oder – in diesem Fall – die Authentizität ihrer gelebten Erfahrung in Bezug auf Macht), um im Namen einer gemeinsamen Identität politische Ziele zu erreichen. Die Befürworter der Standpunkttheorie verteidigen sie jedoch mit einem anderen Argument. Sie umschiffen diesen Vorwurf, indem sie anführen, die Theorie setze ja nicht voraus, dass *alle Mitglieder einer Gruppe gleich seien*, sondern vielmehr, dass sie *in einer ungerechten Gesellschaft auf dieselben Probleme träfen*, obwohl sie die Wahl hätten, zu welchen Diskursen sie etwas beitragen wollten. Mitglieder der Gruppen, die die Standpunkttheorie kritisch sehen – oder sogar abstreiten, dass sie unterdrückt werden –, werden kurzerhand wegerklärt: Entweder sie haben ihre Unterdrückung internalisiert (falsches Bewusstsein) oder sie dienen sich in der Hoffnung auf Anerkennung oder Begünstigung dem dominanten System an («Onkel Tom» oder «einheimischer Informant»), indem sie sich zum Sprachrohr und Verstärker dominanter Diskurse machen.

Standpunkttheorie ist gewissermaßen die Wurzel der Identitätspolitik und bildet den fundamentalen Unterschied der Social-Justice-Bewegung zur liberalen Bürgerrechtsbewegung ab. Die einflussreiche schwarze Feministin Patricia Hill Collins sieht die Beziehung zwischen Standpunkttheorie und Identitätspolitik als entscheidendes Element des Fortschritts an.[28] Ähnlich, aber vielleicht etwas tiefgehender, argumentiert auch Kristie Dotson, bekanntlich die einflussreichste schwarze Erkenntnistheoretikerin, es sei für dominante soziale Gruppen nahezu unmöglich, etwas außerhalb ihrer eigenen Wissensbestände wahrzunehmen, welche von der Mehrheit der Gesellschaft als Wissen *schlechthin* betrachtet werden. In ihrem 2014 veröffentlichten Aufsatz *Conceptualizing Epistemic Oppression* stellt sie verschiedene Ordnungen der Repression auf. Die beiden ersten sind Frickers Formen der epistemischen Ungerechtigkeit. Die dritte und bedeutendste Ordnung ist «irreduzibel». Gemeint ist damit eine epistemische Ungerechtigkeit, die nicht nur einem ungerechten sozialen System zugeschrieben werden kann, sondern die innerhalb des Wissenssystems selbst besteht. Eine Änderung von innen heraus ist damit so gut wie unmöglich.[29] Dotson vertritt die Position, diese Systeme des Wissens – «Schemata» – seien auf die dominanten Gruppen ausgelegt und schlössen alle anderen aus. Da diese Schemata so reibungslos funktionierten, seien sich dominante Gruppen nicht bewusst, dass es Dinge gibt, von denen sie nichts wissen, nämlich Dinge, die nur innerhalb der unterdrückten Wissenssysteme bekannt sein können.[30]

Dotson behauptet schließlich, dass Wissen inadäquat ist, wenn es das Erfahrungswissen von Minderheiten außen vor lasse. Dieses Wissen, so Dotson, unterscheidet sich aufgrund der Machtdynamik zwischen den Gruppen grundlegend vom Wissen dominanter Gruppen. Darüber hinaus stellt das Wissen, das dominante Gruppen produzieren – Wissenschaft und Vernunft eingeschlossen –, lediglich das Produkt ihrer eigenen kulturellen Traditionen dar und ist dem Wissen anderer Kulturen keineswegs überlegen. Dotson geht hier ausdrücklich von zwei postmodernen Prinzipien aus. Ihr für die Standpunkttheorie zentrales Argument bestreitet, dass Wissenschaft und Vernunft allen Menschen zustehen und für alle gleich sind, und schreibt stattdessen beides weißen westlichen Männern zu. Und Dotson geht noch weiter. Die logische Implikation ihrer Kategorie der Unterdrückung dritter Ordnung lautet: Wenn ein Mitglied einer dominanten Gruppe bestreitet, seine Systeme der Wissensproduktion seien dadurch begrenzt, dass sie praktische und außerhalb ihrer Systeme liegende Wissensbestände nicht einschließen, dann liegt dies nur daran, dass er nicht in der Lage sei, aus seiner eigene Kultur herauszutreten. Mit anderen Worten: Legitime Meinungsverschiedenheiten sind keine Option.

José Medina legt diese Sichtweise verständlich und scheinbar noch gründlicher in seinem Buch *The Epistemology of Resistance* (2013) dar. Medina beschreibt darin die Mitglieder privilegierter Gruppen als «epistemisch verdorben», was er damit begründet, dass sie «nur unter großen Schwierigkeiten ihre Fehler, Vorurteile, Widersprüche und falschen Annahmen bezüglich ihrer Position und Perspektive in der Welt erkennen können».[31] Die Untersuchung von Wissen beruht in der Social-Justice-Forschung auf der Voraussetzung, dass Privilegien Menschen verderben und sie unfähig machen, andere Wissensformen zu schätzen. Medina argumentiert, dass dieser verdorbene Zustand «epistemische Laster» hervorbringt, nämlich *epistemische Arroganz*, *epistemische Faulheit* sowie *aktive Ignoranz*. Die Erfahrung von Unterdrückung hingegen verleiht die entgegengesetzten «epistemischen Tugenden», nämlich *epistemische Demut*, *epistemische Neugier/Fleiß* und *epistemische Aufgeschlossenheit*.[32]

Diese Laster und Tugenden spielen in Verbindung mit den dazugehörigen Privilegien und Erfahrungen von Unterdrückung eine wichtige Rolle innerhalb der Critical-Race-*Theorie* und der postkolonialen *Theorie*; der Standpunkt der Unterdrückten ermöglicht hier ein doppeltes oder multiples Bewusstsein, da Unterdrückte gleichzeitig in mehreren Systemen agieren.

Dieser Gedankengang, der die Unterdrückten mit einem deutlich breiteren Spektrum an Perspektiven ausstattet als ihre Unterdrücker, wird häufig Marx zugeschrieben; es wäre jedoch zutreffender, an dieser Stelle auf Hegel als den philosophischen Ahnherrn des Postmodernismus zu verweisen, auch wenn Marx eine bedeutende Rolle dabei gespielt haben mag, Hegels Ideen für die Postmoderne zu erschließen.[33] Wie so oft zeigen sich zwischen Postmodernismus und Marx bedeutende Unterschiede. Entscheidend ist hier die Frage, ob der Unterdrückte aufgrund einer aufgezwungenen, aber verborgenen Macht am falschen Bewusstsein leidet und nicht weiß, was seine Gedanken wirklich lenkt – wie die Marxisten meinen –, oder ob nicht vielmehr die *Unterdrücker* aufgrund ihrer Sozialisation in einem Wissenssystem, das sie begünstigt, am falschen Bewusstsein leiden, wie es Postmodernisten zunehmend sehen. Der postmoderne *Theoretiker* Charles Mills hebt die Unterschiede zur marxistischen Idee hervor:

> Die rassistisch Unterdrückten – immerhin Opfer des Genozids, der Enteignung und der Sklaverei! – sind häufig sehr wohl in der Lage, ihre Situation zu erkennen. Es ist nicht (oder nicht immer) der Fall, dass es Gefangenen unweigerlich an Konzepten oder hermeneutischen Ressourcen fehlt, um ihre Situation zu begreifen; vielmehr mangelt es den Privilegierten an Konzepten bzw. sie halten diese – insofern sie nicht mit der weißen suprematistischen Ideologie übereinstimmen – für unglaubwürdig oder sogar unverständlich. Selbst wenn sie «hören» könnten, was Schwarze sagen, wären sie nicht befähigt, sie tatsächlich zu «hören», denn der schwarze Erfahrungsrahmen ist konzeptuell inkohärent mit ihrem eigenen dominanten Rahmen. Weiße sind Gefangene (um das Bild auf den Kopf zu stellen) ihrer eigenen kognitiven Bedingungen, die sie davor schützen, sich mit den Realitäten der sozialen Unterdrückung auseinanderzusetzen, und sie zugleich epistemisch lähmen.[34]

Mit anderen Worten: Die Social-Justice-Forschung verdinglicht das postmoderne Wissensprinzip – es wird «real» – und kombiniert es mit dem politischen Prinzip des Postmodernismus, also dem Bestreben, die vermeintlich jeder sozialen Interaktion innewohnenden Systeme der Macht zu verändern. Zu diesem Zweck erfolgt ein Rückgriff auf die vier postmodernen Themen, die nun mit einem ungewohnten Maß an Überzeugung ins Feld geführt werden.

Du sollst der *Theorie* nicht widersprechen

Eine besonders beunruhigende Entwicklung in der Social-Justice-Forschung – vielleicht das, worüber man sich die meisten Sorgen machen sollte – ist die zunehmende Schwierigkeit, über relevante Themen des Bereichs – oder über die eigentliche Social-Justice-Forschung – in anderen Begriffen zu sprechen als denjenigen, die das Feld selbst geprägt hat. Gespräche sind nur in der offiziell genehmigten Terminologie möglich, Standpunkttheorie und Identitätspolitik müssen als valide bestätigt werden. Die Verdinglichung der postmodernistischen Annahmen hat dazu geführt, dass abweichende Meinungen in der Regel nicht toleriert werden. Das lässt sich daran erkennen, dass eine abweichende Meinung bestenfalls als Unvermögen angesehen wird, sich mit der Wissenschaft richtig auseinanderzusetzen – gerade so, als müsse Auseinandersetzung notwendig Übereinstimmung zur Folge haben. Im schlimmsten Fall jedoch gilt eine abweichende Meinung als ein grundlegender moralischer Fehler. Diesen Vorwurf kennt man sonst eher von religiösen Ideologien – wer nicht glaubt, hat den Text nicht richtig gelesen oder ist eben ein unbelehrbarer Sünder –, und er hat in der streng akademischen Forschung eigentlich nichts zu suchen. Und doch ist er die mehr oder weniger direkte Konsequenz eines verdinglichten Postmodernismus.

Wie ernst das Problem ist, hat sich (insbesondere unter Akademikern) noch nicht ausreichend herumgesprochen: Es handelt sich um ideologische Verschlossenheit, die fehlende Bereitschaft, andere Meinungen zu akzeptieren, und den autoritären Willen, anderen die gesellschaftlichen Konzepte der Social-Justice-Forschung und deren moralischen Imperativ aufzunötigen.[35] Es ist kein Problem, gesellschaftliche Gerechtigkeit für ein wichtiges Thema zu halten, sondern, ganz im Gegenteil, sogar unabdingbar für ein funktionierendes gesellschaftliches Zusammenleben. Ebenso wenig ist es grundsätzlich ein Problem, wenn schlechte Ideen innerhalb der Universitäten Fuß fassen und populär werden. Auf diese Art gewinnen wir neue Erkenntnisse, machen Fortschritte – indem wir den unterschiedlichsten Ideen Platz einräumen, sie untersuchen, testen und kritisieren. (Einige Ideen, die inzwischen unstrittig sind – etwa die Big-Bang-Theorie – hielt man seinerzeit für verrückt und völlig unmoralisch.) Ein Problem entsteht erst dann, wenn eine bestimmte Denkschule sich weigert, ihre Ideen einer gründlichen Überprüfung zu unterziehen, diese Prüfung aus Prinzip ablehnt und behauptet, jeder Versuch, die Thesen aufmerksam und kritisch zu betrachten, sei unmoralisch und unaufrichtig und damit zugleich auch der Beweis für die Richtigkeit der Thesen. Wie ernst das Problem ist, wollen wir hier anhand von drei Beispielen aus den Zehnerjahren aufzeigen.

Beispiel 1: *Being White, Being Good: White Complicity, White Moral Responsibility and Social Justice Pedagogy*

Autorin: Barbara Applebaum (2010)

In ihrem Buch argumentiert die Social-Justice-Pädagogin Barbara Applebaum, dass alle Weißen am Rassismus mitschuldig sind, da sie aufgrund ihrer Hautfarbe automatisch an dem System der Macht und Privilegierung, das die Critical-Race-*Theorie* beschreibt, teilhaben. Obgleich Applebaums Buch in der Öffentlichkeit weitgehend unbekannt ist, gilt es in *Theorie*-Zirkeln als ein Grundlagentext zu den Themen «critical whiteness» und «critical education». Die Autorin vertritt darin die Position, dass alle Weißen privilegiert und somit auch allesamt aktiv am Rassismus beteiligt seien.

Sie schreibt:

> Weiße Studenten gehen oft davon aus, dass Verantwortung in dem Augenblick aufhört, wo das Bewusstsein für die eigenen Privilegien einsetzt. Tatsächlich hindert das Eingeständnis ihrer Privilegien weiße Studenten jedoch daran, sich zu ihrer Mitschuld am systemischen Rassismus zu bekennen.[36]

Hier wird deutlich gesagt, dass es keineswegs ausreicht, sich die eigenen Privilegien einzugestehen. Weiße Studenten müssen anerkennen, dass sie, einfach weil sie weiß sind, zur Aufrechterhaltung eines systemischen Rassismus beitragen. Es wird vorausgesetzt, dass sie Rassismus erlernt und internalisiert haben und ihn auch dann ausüben, wenn sie sich dessen nicht bewusst sind. Falls Sie sich jetzt an Foucaults Machtdiskurse erinnert fühlen, die sich in jedem Mitglied der Gesellschaft abbilden, haben Sie sich nicht getäuscht. «Foucaults Verständnis der Macht», so Applebaum, «ist unerlässlich zum Verständnis der Wirkungsweise von Diskursen.»[37] «Diskurs fungiert dabei nicht nur als ein Prisma, das der Realität Bedeutung verleiht», teilt uns die Autorin mit, «sondern Macht konstituiert auch auf diskursive Weise Subjekte.»[38] Wir treffen hier erneut auf das Bild der Macht als ein Netz, welches durch die in ihm positionierten Menschen wirkt, die performativ oder sprechend jeweils gemäß ihrer Direktiven handeln – und insgesamt an ein (Achtung, Nerd-Alarm!) Borg-Kollektiv aus Star Trek erinnern.

Applebaum fordert von ihren Lesern, dieses Paradigma zu glauben, selbst wenn sie vorsorglich darauf hinweist, dass es rein *technisch* nicht verboten ist, eine andere Meinung zu haben.

Sie schreibt:

> Man kann anderer Meinung sein und sich trotzdem für den Stoff interessieren, beispielsweise indem man Fragen stellt, nach Präzisierungen strebt oder das Verständnis zu vertiefen sucht. Die Thesen abzustreiten hätte allerdings zur Folge, dass man sich selbst zu sehr vom Stoff distanziert und ihn letztlich verwirft, ohne sich wirklich mit der Materie auseinandergesetzt zu haben.[39]

Man darf also Fragen zu Applebaums Thesen stellen und versuchen, sie zu verstehen. «Die Wahrheit» abzustreiten (was wir im Allgemeinen als widersprechen bezeichnen), kann jedoch nur bedeuten, dass man sich nicht intensiv genug oder auf die falsche Art mit dem Thema beschäftigt hat. Applebaum geht folglich davon aus, dass ihre These wahr ist. Sie ist überzeugt davon, im Besitz *der* Wahrheit (gemäß der Social-Justice-Forschung) zu sein und schimpft alle aus, die nicht mit ihr übereinstimmen: «Die schlichte Tatsache, dass sie die Existenz systemischer Unterdrückung überhaupt in Frage stellen, bildet eine Funktion ihres Privilegs ab, nämlich wählen zu können, ob sie Diskussionen über systemische Unterdrückung führen wollen oder nicht.»[40] Man könnte meinen, dass Applebaum nicht wirklich offen ist für die Möglichkeit, manche Menschen könnten anderer Meinung sein als sie. Ihre Studenten scheinen jedenfalls dieser Ansicht zu sein:

> Studenten, die an Kursen über systemische Ungerechtigkeit teilnehmen, beklagen sich hinterher in den Bewertungen der Dozenten häufig, sie hätten keine abweichende Meinung vertreten dürfen. Studenten behaupten

> oft, diese Kurse seien doktrinär und ließen nur eine bestimmte Sichtweise zum Thema Rassismus zu, die sie nicht akzeptieren wollten.[41]

Applebaum plädiert jedoch dafür, abweichende Meinungen nicht zuzulassen. Sie führt das Beispiel eines Studenten an, der den Gender Pay Gap in Frage stellte:

> Ihm Widerspruch zu gestatten und dann Zeit für den Versuch aufzuwenden, seine Überzeugungen zu ändern, geht häufig auf Kosten der marginalisierten Studenten, deren Erfahrungen (und sei es auch nur indirekt) durch seine Behauptungen in Frage gestellt werden.[42]

Die Critical-Education-*Theorie* hält es für gefährlich, wenn Studenten Widerspruch äußern. Der Grund dafür ist, dass sie sich auf das postmoderne Wissensprinzip beruft, wonach die soziale Realität und das, was als wahr gilt, durch Sprache konstruiert werden. Widerspruch würde es dominanten Diskursen ermöglichen, sich durchzusetzen, geäußert und gehört zu werden, was laut der *Theorie* als gefährlich gilt. Applebaum erklärt dazu, dass «Sprache unsere Realität konstituiert, indem sie den konzeptuellen Rahmen liefert, aus dem Bedeutung abgeleitet wird».[43] Sie ergänzt: «Selbst wenn jemand sich auf die Position zurückzieht, dass er nur für sich selbst spricht, handelt es sich dennoch nicht um einen neutralen Sprechakt und verstärkt durch Auslassung die Weiterführung dominanter Diskurse.»[44] Setzt man dieses Verständnis von der Macht der Sprache (ein postmodernes Thema) und ihren Auswirkungen auf die soziale Gerechtigkeit (durch das postmoderne politische Prinzip) voraus, liegt es natürlich nahe, dass kontrolliert werden muss, was gesagt wird und was nicht. Dieser Imperativ prägt die gesamte Social-Justice-Forschung.

Nachdem Applebaum die einzig legitime Form des Widerspruchs – die aus ihrer Sicht darin besteht, sich verstärkt um Verständnis zu bemühen (heißt: zuzustimmen) – definiert und Widerspruch mit der Weigerung gleichgesetzt hat, sich auf die einzig wahre Wahrheit einzulassen, fährt sie fort:

> Widerstand darf nicht dazu führen, dass die Diskussion im Seminar entgleist! Natürlich könnten diejenigen, die sich nicht engagieren wollen, dies möglicherweise als Verbot abweichender Meinungsäußerung verstehen, aber das liegt nur daran, *dass* sie das Engagement verweigern. (Hervorhebung im Original)[45]

Da ist in der Tat jeder Widerstand zwecklos.

Beispiel 2: *Tracking Privilege-Preserving Epistemic Push-Back in Feminist and Critical Race Philosophy Classes*

Autorin: Alison Bailey (2017)

Bailey postuliert in ihrem Essay, dass jeder, der im Widerspruch zur Social-Justice-Forschung steht, sich unaufrichtig verhält und lediglich versucht, ungerechte Machtstrukturen in einem System, das heterosexuelle weiße Männer privilegiert und soziale Gerechtigkeit verhindern will, aufrechtzuerhalten. Sie definiert: «Bei einem solchen Privilegien erhaltenden, epistemischen Push-Back handelt es sich um eine Art vorsätzlicher Unwissenheit, die dominante Gruppen im Verlauf von Diskussionen entfalten, in denen der Versuch unternommen wird, soziale Ungerechtigkeiten offenzulegen.»[46] Kritik an der Social-Justice-Forschung ist aus ihrer Sicht lediglich der Versuch, *die* Wahrheit absichtlich zu ignorieren. Darüber hinaus ist Kritik an der Arbeit der Social-Justice-Forschung unmoralisch und schädlich. Bailey schreibt:

> Ich konzentriere mich vor allem auf tief verwurzelte Reaktionen, weil sie besonders überzeugend und hartnäckig sind und starke Ähnlichkeit mit Praktiken des kritischen Denkens aufweisen, und weil ich davon überzeugt bin, dass sie in marginalisierten Gruppen psychologischen und epistemischen Schaden anrichten, wenn man sie ungehindert zirkulieren lässt.[47]

Da Social-Justice-Forscher wie Bailey davon ausgehen, dass alle Meinungen, die von ihren Ansichten abweichen, auf intellektuelles oder moralisches Versagen zurückzuführen sind, ist Widerspruch keine Option:

> Epistemische Push-Backs, mit denen Privilegien erhalten werden sollen, als kritische Beiträge zu behandeln, verleiht ihnen Wert und ermöglicht ihre noch uneingeschränktere Verbreitung; dies kann [...] unterdrückten Gruppen epistemische Gewalt antun.[48]

Deshalb sollten kritische Stimmen zum Verstummen gebracht und durch Social-Justice-Forschung ersetzt werden. Für Bailey ist bereits kritisches Denken ein Problem: Sie will es durch «kritische Pädagogik» ersetzt wissen (in der das Wort «kritisch» etwas gänzlich anderes bedeutet) und erklärt:

> Traditionelles kritisches Denken ist in erster Linie mit epistemischer Angemessenheit beschäftigt. Kritisch zu sein bedeutet, ein gutes Urteilsvermögen zu besitzen, fehlerhafte Argumente und unbewiesene Behauptungen zu erkennen, Wahrheitsansprüche, die sich auf unzuverlässige Quellen stützen, und nachlässig entwickelte und angewandte Konzepte [...] Kritische Pädagogik sieht die Forderungen, die Studenten als Reaktion auf Social-Justice-Themen erheben, nicht als Vorschläge, die man auf ihren Wahrheitswert überprüfen muss, sondern als Äußerungen der Macht, die dazu dienen, soziale Ungleichheiten festzuschreiben und zu verstetigen. Die Aufgabe besteht darin, Studenten zu unterweisen, wie sie die Macht, die unser Verständnis der Welt prägt, erkennen und abbilden können. Dies ist der erste Schritt, um sich gegen soziale Ungerechtigkeit zu wehren und Veränderungsprozesse einzuleiten.[49]

Hier findet sich das explizite Eingeständnis, dass Baileys Ziel nicht die Suche nach Wahrheit ist, sondern die Vermittlung von Inhalten der Social-Justice-Forschung – und zwar zum Zweck des Aktivismus. Obwohl dieser Essay nicht sonderlich einflussreich war, lohnt sich eine genaue Lektüre, weil er so deutlich zeigt, wie Philosophie-Seminare genutzt werden, um Studenten in *der* Wahrheit der Social-Justice-Forschung auszubilden. Und dass dieser Essay zuerst in *Hypatia*, dem führenden feministischen Philosophie-Journal, veröffentlicht wurde, ist ein alarmierender Hinweis auf die Standards, die im Feld der Social-Justice-Forschung als akzeptabel gelten, und darauf, wie selbstbewusst die derzeitigen Ausprägungen des verdinglichten Postmodernismus agieren.[50]

Bailey bezeichnet Texte, die Ansätzen der Social-Justice-Forschung widersprechen, als «Schattentexte» und will damit suggerieren, dass schriftliche Kritik weder ehrlich noch hilfreich ist und auch nicht als wissenschaftlich betrachtet werden sollte. Das Bild des *Schattentextes*, erklärt sie, komme von der Vorstellung eines Ermittlers, der sein Ziel heimlich beschatte. «Der Begriff ‹Schatten› ruft das Bild von etwas hervor, das einem anderen Etwas folgt, ohne sich zu engagieren, ohne aktiv zu werden.»[51] Sie führt zwei Beispiele für Schattentexte an. In einem weist ein junger Student darauf hin, dass Männer ebenfalls Opfer häuslicher Gewalt sein können, und im anderen argumentiert eine Studentin, man könne eine rassistische Beleidigung *erwähnen*, um darüber zu diskutieren, ohne sie deswegen als solche zu *gebrauchen*. Bailey erwidert:

> Wir diskutieren über institutionalisierten Rassismus. Jennifer, eine weiße Philosophiestudentin, erzählt eine Geschichte über rassistische Graffiti, die das «N»-Wort benutzen. Sie spricht das Wort aus und setzt dabei Anführungszeichen in die Luft. Ich bitte sie, die Geschichte des Wortes in Betracht zu ziehen und zu bedenken, dass es etwas anderes bedeuten könnte, wenn Weiße es aussprechen. Ich bitte sie, das Wort nicht zu benutzen. Sie erteilt der Klasse eine kurze Lektion über den Unterschied zwischen Gebrauchen und Erwähnen, weist mich darauf hin, dass es sich «um ein grundlegendes Konzept der analytischen Philosophie handelt» und dass es «vollkommen zulässig ist, das Wort in philosophischen Diskussionen zu erwähnen, jedoch nicht, es zu gebrauchen».[52] [...] Wenn Jennifer weiterhin philosophische Konzepte in den Dienst der strikten Weigerung stellt, die entmenschlichende Geschichte des N-Wortes zu verstehen, dann ist «Ich habe das N-Wort erwähnt, aber nicht gebraucht» ein Schattentext.[53]

Statt die Stichhaltigkeit dieser Argumente in Betracht zu ziehen oder mit ihren Studenten darüber zu diskutieren, geht Bailey davon aus, dass hier versucht wird, männliche weiße Privilegien zu bewahren. Sie benutzt sie zu Demonstrationszwecken, um das Versagen, sich wirklich zu engagieren, aufzuzeigen. «Schattentexte zu erkennen, kann epistemische Reibung bewirken: Sie helfen den Studierenden, sich auf das zu konzentrieren, was Schattentexte bewirken, statt nur auf deren Aussagen», schreibt sie.[54] Mit anderen Worten: Bailey will ihren Studenten nicht beibringen, sich mit Argumenten zu befassen; vielmehr sollen sie erkennen, in welchen Machtdiskurs Argumente eingespeist sein könnten. Das stimmt vollkommen mit den beiden postmodernen Prinzipien überein.

Studenten in Baileys Philosophiekurs werden darin unterrichtet, alle Ansichten, die vom Kanon der Social-Justice-Forschung abweichen, sofort zu erkennen und sie als «Unwissenheit» zu diskreditieren. Bailey ist davon überzeugt, dass jemand nur dann eine andere Meinung vertritt, wenn etwas «seinen Widerstand ausgelöst hat».[55] Sie schreibt:

> Ich bitte die Studenten zu überlegen, wie die Identifizierung von Schattentexten dabei helfen könnte, die Produktion von Unwissenheit nachzuverfolgen [...] sie sollten unbedingt verstehen, dass das Aufspüren von Unwissenheit nur gelingt, wenn wir unsere Aufmerksamkeit nicht auf einige wenige problematische Individuen richten, sondern lernen, Muster des Widerstandes auszumachen und den Habitus, der Unwissenheit produziert, mit der strategischen Weigerung, etwas zu verstehen, in Zusammenhang bringen.[56]

Der militant-aktivistische Ton ist unüberhörbar. Wie Applebaum ist auch Bailey mit geradezu religiöser Inbrunst von der Richtigkeit ihrer Sache überzeugt. Damit einher geht die Notwendigkeit, jeden, der anderer Meinung ist, umzuerziehen und auszuschalten. Das ist ein deutlicher Unterschied zum radikalen Skeptizismus der frühen Postmodernisten, passt aber dazu, wie sich die postmodernen Prinzipien und ihre Anwendung in den letzten fünfzig Jahren entwickelt haben.

Beispiel 3: *White Fragility: Why It Is So Hard To Talk to White People about Race*

Autorin: Robin DiAngelo (2018)

In diesem Buch entwickelt Robin DiAngelo, Dozentin für «Whiteness Studies», das Konzept der «Weißen Fragilität», das sie zum ersten Mal in einem viel zitierten Aufsatz aus dem Jahr 2011 vorgestellt hat.[57] Sie geht von dem Anspruch objektiver Wahrheit aus:

> Weiße Menschen leben in einer Gesellschaft, die zutiefst von praktischer Rassentrennung und -ungleichheit geprägt ist, und sie profitieren von dieser Trennung und Ungleichheit. Folglich sind wir Weißen gegen die Belastungen und den Stress abgeschirmt, die aus rassistischer Benachteiligung erwachsen, und haben zugleich das Gefühl, wir hätten einen wohlverdienten Anspruch auf unsere Vorteile. In Anbetracht der Tatsache, wie selten wir in einer von uns dominierten Gesellschaft Unbehagen und Unannehmlichkeiten aufgrund unserer «Race» erleben, mussten wir keine diesbezügliche Belastbarkeit entwickeln. … Diesen Mechanismus bezeichne ich als «weiße Fragilität» (White Fragility).[58]

Das mag für sich genommen eine nützliche Erkenntnis sein, die weiße Menschen veranlasst, gründlicher über möglicherweise unbewusste Vorurteile nachzudenken. DiAngelo beharrt im Weiteren jedoch darauf, die Gesellschaft sei durch die weiße Vorherrschaft geprägt, und jeder Widerspruch zu ihren Ideen sei das Ergebnis einer Empfindlichkeit, in die weiße Menschen aufgrund ihrer Privilegien hineinsozialisiert worden seien.

> Allein schon die Andeutung, Weißsein sei von Belang, löst häufig eine ganze Reihe von Abwehrreaktionen aus. Dazu gehören Emotionen wie Wut, Angst und Schuldgefühle und Verhaltensweisen wie Argumentieren, Schweigen und Rückzug aus der Stresssituation.[59]

Das negative Gefühl, als rassistisch angesehen und für eine rassistische Gesellschaft verantwortlich gemacht zu werden, interpretiert der Text als «Fragilität» und als Beweis für Komplizenschaft – oder sogar Einverständnis – mit Rassismus. Weiße Menschen profitieren von Rassismus und weißer Vorherrschaft. Das ist *die* Wahrheit gemäß der Social-Justice-Forschung, und abweichende Meinungen sind nicht erlaubt. Daran lässt DiAngelo keinen Zweifel. Wenn Argumentieren, Schweigen oder Rückzug aus der Situation – reine «Abwehrhaltungen» – als Beweise dieser

Fragilität gelten, kann man «Fragilität» nur dadurch vermeiden, sich nicht zurückzuziehen, keine negativen Emotionen zu zeigen und mit *der* Wahrheit übereinzustimmen. Im Anschluss daran muss man sich aktiv engagieren, um die Wahrheit zu entdecken, mit anderen Worten das Weißsein und weiße Privilegien zu dekonstruieren, was als notwendige Voraussetzung des «Antirassismus» angesehen wird.

Da reibt man sich doch die Augen. DiAngelo, eine Weiße, kommt zu dem Schluss, dass alle weißen Menschen Rassisten sind und auch nicht umhinkönnen, es zu sein, weil sie in Systeme mächtiger rassistischer Diskurse hineingeboren wurden.[60] Ihr zufolge können wir nicht anders, als Komplizen zu sein, und haben demzufolge auch die Verantwortung, diese rassistischen Systeme zu adressieren. Genau wie Applebaum argumentiert sie, dass es keine Rolle spielt, ob weiße Menschen individuell gute Menschen sind, die Rassismus ablehnen und nicht einmal wissen, dass sie rassistische Vorurteile haben:

> Ob jemand gut oder böse ist, ist nicht relevant. Rassismus ist ein vielschichtiges System, das in unsere Kultur eingebettet ist. Wir alle werden in das System des Rassismus hineinsozialisiert. Rassismus lässt sich nicht vermeiden. Weiße Menschen haben Schwachstellen in Bezug auf Rassismus und auch ich habe solche Schwachstellen. Rassismus ist komplex, und ich muss Rückmeldungen nicht in allen Varianten verstehen, um sie anzuerkennen. Weiße haben/ich habe unbewusste Interessen am Rassismus. Voreingenommenheit ist unterschwellig und unbewusst.[61]

Dieser persönliche Ansatz durchzieht den gesamten Text über «Weiße Fragilität». Ebenso wie der Kollektivismus und die Ablehnung der Individualität. DiAngelo schreibt als weiße Person, die sich an andere weiße Personen wendet, und beharrt darauf, «wir» sollten die Welt ebenso wahrnehmen wie sie:

> Dieses Buch ist unmissverständlich in der Identitätspolitik verwurzelt. Ich weiß, ich befasse mich mit einer unter Weißen verbreiteten Dynamik und richte mich hauptsächlich an ein weißes Publikum. Wenn ich «wir» sage, meine ich das weiße Kollektiv.[62]

Für Theoretikerinnen wie DiAngelo sind Weiße aufgrund ihrer Position im Netz der gesellschaftlichen Macht ein Kollektiv – sie können gar nicht anders, als aktiver Teil eines rassistischen Systems zu sein, das ihnen nützt. Außerdem wurde Weißen laut DiAngelo «ein tief verinnerlichtes Überlegenheitsgefühl anerzogen, das uns entweder nicht bewusst ist oder das wir uns nicht eingestehen können».[63] Weiße tun gut daran, sich ihrer Beziehung zur Macht bewusst zu werden und sich fortwährend damit auseinanderzusetzen. Hier greift das politische Prinzip des Postmodernismus.

DiAngelo verwirft auch die liberalen Prinzipien des Individualismus und der «Farbenblindheit» – dass die Hautfarbe für den Wert eines Menschen irrelevant ist, wie Martin Luther King Jr. behauptete. Gemäß *der* Wahrheit der Social-Justice-Forschung sind liberale Werte rassistisch, weil sie es weißen Menschen ermöglichen, sich vor der «Realität» ihres eigenen Rassismus und ihres Überlegenheitsgefühls zu verstecken. DiAngelo predigt:

> Wenn wir als Weiße die Ideologien des Rassismus wie «Individualismus» oder «Farbenblindheit» infrage stellen wollen, müssen wir aufhören, uns als einzigartig und/oder außerhalb von Race-Kategorien zu sehen. Unsere kollektive Race-Identität zu erforschen, bricht mit dem Schlüsselprivileg der Vorherrschaft – mit der Fähigkeit, sich lediglich als Individuum zu sehen.[64]

DiAngelos Sicht dürfte eine der reinsten Manifestationen der postmodernen Konzeption der Gesellschaft sein. Wie ihre Mitstreiter legt auch sie eine unerschütterliche Gewissheit in Bezug auf postmoderne Prinzipien und Themen an den Tag. Das deutet darauf hin, dass diese mittlerweile zu einem Social-Justice-Metanarrativ verdinglicht wurden.[65] Ihre Arbeit ist – was durchaus Anlass zur Sorge gibt – inzwischen einem breiten Publikum bekannt, auch jenseits der Universitäten. *White Fragility* stand über sechs Monate auf der Bestseller-Liste der New York Times; und auf einer ausgedehnten Lesereise rund um die Welt konnte DiAngelo das Buch außerhalb der USA bewerben. Ein weiteres Buch von DiAngelo über Rassismus, wie sie ihn versteht, wurde gerade veröffentlicht.

Zusammenfassung – Wie postmoderne Prinzipien und Themen zur Realität werden

Die Social-Justice-Forschung hat die Prinzipien und Themen des Postmodernismus in den Rang unhinterfragbarer moralischer Wahrheiten erhoben. Dieser Vorgang konstituiert die dritte Phase des Postmodernismus, die wir als den verdinglichten Postmodernismus bezeichnet haben, weil seine Abstraktionen zu erwiesenen Wahrheiten über die Gesellschaft umdeklariert worden sind.

Um zu verstehen, wie sich die drei Phasen des Postmodernismus entwickelt haben, stellt man sich am besten einen Baum vor, der tief in der radikal linken Sozialtheorie verwurzelt ist.[66] Die erste *Hochphase der Dekonstruktion* zwischen den Sechziger- und den Achtzigerjahren (gewöhnlich als «Postmodernismus» bezeichnet) bildet den Baumstamm: die *Theorie.* Die zweite Phase von den Achtzigerjahren bis Mitte der Nullerjahre, die wir als *angewandten Postmodernismus* bezeichnet haben, sind die Äste des Baumes – alle *Theorien* und Disziplinen des angewandten Postmodernismus, inklusive postkolonialer *Theorie,* Queer-*Theorie,* Critical-Race-*Theorie,* Gender Studies, Fat Studies, Disability Studies und aller anderen Varianten. In der aktuellen dritten Phase, die Mitte der Nullerjahre einsetzte, ist die *Theorie* von einer Annahme zur Wahrheit geworden. Dieser Schub hat uns die Blätter an den Zweigen der Social-Justice-Forschung beschert, in der alle Ansätze je nach Bedarf miteinander kombiniert werden. Die Konstante aller drei Phasen ist die *Theorie,* die sich in den zwei postmodernen Prinzipien und den vier postmodernen Themen manifestiert.

Das postmoderne Wissensprinzip und das politische Prinzip des Postmodernismus wurden von der Social-Justice-Forschung zu der einzig gültigen Wahrheit erklärt. Infolgedessen werden keine anderen Ansichten mehr akzeptiert, und wer nicht mit dieser Wahrheit übereinstimmt, muss damit rechnen, «gecancelt» zu werden. Dies zeigt sich in der geradezu obsessiven Fixierung darauf, wer Wissen wie produziert, und in dem expliziten Wunsch, die Methoden der Social-Justice-Forschung in möglichst viele weitere Disziplinen hineinzutragen, ja diese zu «infizieren».[67] Diese Entwicklung spiegelt sich gleichsam in dem Wunsch wider, epistemische und forschungsbezogene «Gerechtigkeit» herzustellen, indem man behauptet, rigorose Formen der Wissensproduktion seien nur das Produkt einer weißen, männlichen, westlichen Kultur und somit nicht besser als das mittels der *Theorie* interpretierte gelebte Erfahrungswissen marginialisierter Gruppen, das beständig aufgewertet und in den Vordergrund gerückt wird.

Die vier postmodernen Themen sind einzelne Facetten der Wahrheit gemäß der Social-Justice-Forschung. Das Verwischen von Grenzen und Kulturrelativismus, zwei typische Aspekte der postmodernistischen *Theorie*, werden weiterentwickelt, um den Unterschied zwischen einem nach strengen Methoden erzeugten Wissen und gelebter, praktischer Erfahrung (der Unterdrückung) verschwimmen zu lassen. Gruppenidentität wird als derart wesentlich für eine funktionsfähige Gesellschaft betrachtet, dass alle, die sich in der Social-Justice-Bewegung einsetzen, geradezu fieberhaft eine spaltende Gruppenidentitätspolitik betreiben. Der feste Glaube an die überwältigende Macht der Sprache, die skrupulös untersucht und bereinigt werden muss, wird einfach vorausgesetzt.

Dies hat mehrere Konsequenzen. Wissenschaftler und Aktivisten widmen sich mit gewaltigem Aufwand auch noch den geringsten sprachlichen Verstößen und machen aus jeder Mücke einen Elefanten – das ist die Folge des sogenannten «kritischen» Ansatzes. Aktuelle oder zurückliegende sprachliche Äußerungen werden, bevorzugt in den sozialen Medien, akribisch untersucht, und die Urheber von «Hate Speech» an den Pranger gestellt. Geht es dabei um einflussreiche Personen, wird möglicherweise sogar versucht, deren Karriere nachhaltig zu schädigen. Robin DiAngelo bezeichnet alles außer respektvoller Zustimmung als «weiße Fragilität», Alison Bailey charakterisiert Meinungsverschiedenheiten als «vorsätzliche Ignoranz» und Machtspiele zwecks Wahrung eigener Privilegien; Kristie Dotson deklariert Dissens als «schädlich»; Barbara Applebaum weist jede Kritik an den *theoretischen* Methoden der Social-Justice-Forschung als «color-talk» oder «weiße Ignoranz» zurück.

Social-Justice-Forschung stellt die dritte Phase in der Entwicklung des Postmodernismus dar. In dieser Inkarnation ist der Postmodernismus nicht mehr durch radikalen Skeptizismus, epistemische Verzweiflung,

Nihilismus und die pessimistisch getönte Lust gekennzeichnet, alles, was wir zu wissen glauben, sezieren und dekonstruieren zu wollen. Stattdessen werden dekonstruktive Methoden und postmoderne Prinzipien jetzt angewandt, um soziale Veränderungen zu bewirken – ein Anliegen, dem alles unterworfen wird. Unter dem Deckmantel der Social-Justice-Forschung hat sich der Postmodernismus zu einem großen, alles umfassenden Erklärungsmodell unserer Gesellschaft gewandelt – und damit zu einem eigenen Metanarrativ.

Kehren wir also zu dem eigentlichen Widerspruch des verdinglichten Postmodernismus zurück: Wie kann es sein, dass intelligente Menschen ein Bekenntnis zum radikalen Skeptizismus und Kulturrelativismus ablegen – das postmoderne Wissensprinzip – und zugleich vollkommen von *der* Wahrheit der Social-Justice-Forschung *(Theorie)* überzeugt sind?

Die Antwort könnte lauten, dass Skeptizismus und Relativismus des postmodernen Wissensprinzips mittlerweile auf sehr restriktive Weise ausgelegt werden: Es ist zwar unmöglich, zuverlässiges Wissen durch Evidenz und Vernunft zu erlangen, aber, so die neue These, wir können uns zuverlässiges Wissen verschaffen, indem wir den «gelebten Erfahrungen» marginalisierter Gruppen zuhören – oder, wie man vielleicht richtiger sagen muss, den Interpretationen dieser gelebten Erfahrungen, nachdem diese, mittels *Theorie*, in den richtigen Tönen eingefärbt wurden.

Die Schwierigkeit bei dieser «Art des Wissens» der Social-Justice-Forschung entspricht den Schwierigkeiten, die gnostische «Epistemologien», die auf Gefühlen, Intuition und subjektiver Erfahrung beruhen, generell mit sich bringen: Wie gehen wir vor, wenn die subjektiven Erfahrungen der Personen sich widersprechen? Das übergreifende liberale Prinzip der Konfliktlösung – das Problem auf der Grundlage der besten, evidenzbasierten Argumente zu lösen – wird bei diesem Ansatz vollständig eliminiert. Damit nicht genug, wird das liberale Prinzip sogar als eine Verschwörung eingestuft, um marginalisierte Gruppen zu unterdrücken. Wenn Mitglieder derselben marginalisierten Gruppe – oder Mitglieder unterschiedlicher marginalisierter Gruppen – ihre «gelebte Erfahrung» auf eine unvereinbare Weise interpretieren, wie lässt sich dieser Widerspruch dann auflösen? Die vernünftige Antwort – dass unterschiedliche Personen unterschiedliche Erfahrungen machen und diese unterschiedlich interpretieren, und dass darin kein logischer Widerspruch liegt – greift hier zu kurz; schließlich behauptet die Social-Justice-Epistemologie im verdinglichten Postmodernismus, dass «gelebte Erfahrungen» objektive Wahrheiten über die Gesellschaft aufdecken und weit mehr sind als nur persönliche Überzeugungen in Bezug auf die eigenen Erfahrungen.

Die radikal relativistische Antwort – dass zwei oder mehr einander widersprechende Behauptungen gleichzeitig wahr sein können – wird manchmal bemüht, führt aber insgesamt nicht weiter. Tatsächlich lösen Social-Justice-Wissenschaftler das Problem in der Praxis, indem sie einige bevorzugte (weil mit der *Theorie* konsistente) Interpretationen gelebter Erfahrungen marginalisierter Personen auswählen und sie zu den «authentischen» erklären; alle anderen werden als unreflektierte Verinnerlichung der herrschenden Ideologien oder als zynisches Eigeninteresse wegerklärt. Auf diese Weise wird der logische Widerspruch zwischen radikalem Relativismus und dogmatischem Absolutismus aufgelöst, allerdings auf Kosten einer nicht falsifizierbaren und nicht anfechtbaren Social-Justice-*Theorie*: Welche Evidenzen über die Realität (physische, biologische oder soziale) oder welche philosophischen Argumente auch angeführt werden mögen, die *Theorie* kann und wird sie allesamt wegerklären. In dieser Hinsicht sind wir also nicht weit entfernt von apokalyptischen Kulten, die für einen bestimmten Tag den Weltuntergang vorhersagen und ihre Behauptung neu anpassen, wenn das große Ereignis dann doch nicht wie vorhergesagt eintritt. (Das Raumschiff, das die Erde zerstören sollte, war schon da, doch die Außerirdischen überlegten es sich anders, als sie die fromme Hingabe der Kultmitglieder bemerkten.)

Man kann daher ohne Übertreibung sagen, dass die Social-Justice-*Theorie* eine neue Religion ist, die Vernunft, Falsifizierung, Widerlegung und Widerspruch äußerst feindlich gesinnt ist. Im Rückblick wirkt das gesamte postmodernistische Projekt wie ein Versuch, die alten Metanarrative des westlichen Denkens zu dekonstruieren – Wissenschaft und Vernunft sowie Religion und Kapitalismus –, nur um dann eine neue Religion an die Leerstelle zu setzen: Der postmoderne Glauben an einen toten Gott, der mysteriöse weltliche Kräfte in Systemen der Macht und Privilegierung wirken sieht und die Opferrolle heiligt. Dies ist, in zunehmendem Maße, die fundamentalistische Religion der doch eigentlich nominell säkularen Linken.[68]

Die *Theorie* ist längst kein Gespenst mehr, das nur an den Universitäten umgeht. Erst angewandt und anschließend verdinglicht ist der Postmodernismus als Social Justice inzwischen – religiös eifernd – durch Absolventen, Social Media und aktivistischen Journalismus in der Mitte der Gesellschaft angekommen. Der kulturelle Einfluss ist bedeutend, der Einfluss auf die Politik tiefgreifend – und er hat oft negative Folgen. Social Justice mag wie eine obskure und merkwürdige Form des akademischen *Theoretisierens* wirken, aber ignorieren darf man sie keinesfalls. Was bedeutet das alles? Was wird als nächstes geschehen? Und was muss man dagegen unternehmen? Mit diesen Fragen werden sich die letzten beiden Kapitel des Buches beschäftigen.

9 Social Justice in Aktion

Theorien sehen auf dem Papier immer gut aus

Die *Theorie* ist aus der akademischen Welt ausgebrochen und hat inzwischen einen tiefgreifenden Einfluss auf unsere Kultur gewonnen. Das mag nicht plausibel erscheinen. Wie können abstruse Theorien über Wissen, Macht und Sprache außerhalb der exklusiven Welt des akademischen Elfenbeinturms überleben und das alltägliche Leben beeinflussen? Liest der Supermarktkassierer in seiner Kaffeepause wirklich Gayatri Spivak? Verschlingt Ihre Ärztin Queer-*Theorie* im Zug? Wie wahrscheinlich ist es, dass sich Ihr Computertechniker in seiner Freizeit mit feministischer Epistemologie befasst oder dass sich Ihr bevorzugter Sportkommentator gut mit Critical-Race-*Theorie* auskennt?

Nicht sehr wahrscheinlich. Aber das behaupten wir auch nicht. Die *Theorie* ist obskur, und die meisten Menschen beschäftigen sich nie direkt mit ihr. Aber viele von uns werden von ihr beeinflusst, und niemand ist völlig sicher vor ihrem Missbrauch. In Großbritannien wurde kürzlich der behinderte Großvater und Tütenpacker Brian Leach von der Supermarktkette Asda entlassen, weil er auf Facebook einen Comedy-Sketch von Billy Connolly geteilt hatte, den einer seiner Kollegen als islamfeindlich empfand.[1] Solche Folgen können Anwendungen der postkolonialen *Theorie* haben. In den Vereinigten Staaten wurde der Software-Ingenieur James Damore von Google gefeuert, weil er in einem internen Memo geschrieben hatte, dass sich Männer und Frauen in ihrer durchschnittlichen psychologischen Konstitution unterscheiden – ein Versuch, die Frage zu beantworten, warum die Beschäftigten in der Tech-Branche zu drei Vierteln aus Männern bestehen.[2] Dieser Vorgang war eine Folge der Annahmen, die der Queer-*Theorie* und dem intersektionalen Feminismus zugrunde liegen. Der britische Fußballkommentator und Komiker Danny Baker verlor seinen Job bei der BBC, weil er nicht erkannte, dass ein von ihm getwittertes Foto eines Schimpansen mit einem schicken Mantel und einer Melone als rassistisch ausgelegt werden konnte[3] – eine Folge der Art und Weise, wie die Critical-Race-*Theorie* die Welt beschreibt. Inzwischen ist jedes wichtige Medienereignis in Hollywood von Identität und Repräsentation besessen, und Ärzte rund um den Erdball stehen vor der schwierigen Aufgabe, übergewichtige Patienten zu ihrer Gesundheit zu beraten, ohne Fat-Shaming zu betreiben.[4]

Alarmierende Beispiele wie diese häufen sich, aber viele glauben immer noch, dass es kaum Grund zur Sorge gibt. Sie weisen darauf hin, dass Mr. Leach wieder eingestellt wurde, dass Mr. Damores Ansichten tatsächlich die geschlechtliche Stereotypisierung fördern könnten und dass Mr. Baker die Konnotationen von Affenbildern hätte erkennen müssen. Sie finden auch, dass in Hollywood nicht alle Gruppen gut genug vertreten sind und Ärzte wirklich oft sensibler sein könnten. Ja, sie haben natürlich von den Protesten an den Unis gehört. Aber die Studenten haben doch schon immer protestiert. Sie sind jung und idealistisch, und es ist praktisch ein Initiationsritus. Also müssen die Berichte über intolerante Studenten übertrieben sein. Es sind doch nur ein paar Aktivisten an den Eliteuniversitäten,[5] die Triggerwarnungen und Safe Spaces fordern und mittels Deplatforming niemanden mehr auftreten lassen wollen, der nicht ihrer Meinung ist.[6] Die Mehrheit der Studenten tritt doch weiterhin für die Redefreiheit ein. Besonders an den Community Colleges und anderen Institutionen der Arbeiterklasse hält man sich in solch identitätspolitischen Fragen doch eher bedeckt und konzentriert sich auf seine Arbeit. Warum sollten wir uns über die Aktionen einiger weniger rüpelhafter Studenten an Eliteuniversitäten Sorgen machen? Yale könnte ohnehin genauso gut in Narnia sein, werden die meisten Leute denken.

Aus dieser Sicht spielen diese Themen in der realen Welt keine so große Rolle, dass man sie schrecklich wichtig nehmen müsste. Angesichts der Zunahme von Demagogie, Populismus, Nationalismus und Anti-Intellektualismus der Rechten, wie wir sie seit vielen Jahren in den Vereinigten Staaten und in Großbritannien wahrnehmen, und angesichts der bedrohlichen Zunahme des Rechtsextremismus überall in Europa und darüber hinaus – müssen wir uns da wirklich Sorgen machen, wenn ein paar Leute in ihrem Streben nach Gleichheit übereifrig werden? Vielleicht wird an den Unis ein bisschen geschrien und es werden ab und an Milchshakes geworfen, und vielleicht gehen auch ein paar Fensterscheiben zu Bruch, aber gleichzeitig ist der Rechtsterrorismus im Aufstieg begriffen,[7] und rechte Online-Communitys wie «Alt-Right» (alternative Rechte)[8] oder «Incel»[9] (*involuntary celibates* bzw. unfreiwillig abstinente Männer) breiten sich immer weiter aus und hetzen zu weit schlimmeren Gewalttaten auf. Sollten liberale Linke ihre Aufmerksamkeit nicht lieber darauf richten, statt sich um ein paar verrückte akademische Abhandlungen und geltungssüchtige Studenten zu sorgen?

Um diese nicht ganz unberechtigten Einwände zu entkräften, werden wir uns auf gängige Quellen stützen. Wir werden uns bemühen, unsere Leser davon zu überzeugen, dass die Ereignisse an den Universitäten ein echtes Problem sind, dass die oben beschriebenen Ideen Auswirkungen auf die reale Welt haben und dass die Lösung des Problems an den Universitäten keine Ablenkung vom Kampf gegen die populistische, anti-intellektuelle Rechte, sondern ein wesentlicher Teil dieses Kampfes ist.[10]

Was geschieht an unseren Universitäten, und warum ist es wichtig?

Es gibt ein Problem, das in unseren Universitäten beginnt und auf Social Justice hinausläuft. Sein unmittelbarster Aspekt besteht darin, dass die Social-Justice-Ideologie an Studenten vermittelt wird und diese damit in die Welt hinausgehen. Die Auswirkungen sind am stärksten in den von der Bewegung beherrschten Fächern, in denen den Studenten beigebracht wird, Wissenschaft, Vernunft und Empirie skeptisch gegenüberzustehen, Wissen als identitätsgebunden zu betrachten, in jede Interaktion repressive Machtdynamiken hineinzulesen, jede Facette des Lebens zu politisieren und ethische Prinzipien je nach der Identität des Betroffenen ungleich anzuwenden. Aber Social Justice etabliert sich auch als vorherrschende Campus-Kultur, in der viele dieser Ideen als gesicherte Wahrheiten gelten. Die meisten Universitäten in den Vereinigten Staaten haben inzwischen «Diversitäts-Richtlinien», die allen Studenten als Bestandteil des allgemeinen Lehrangebots beigebracht werden. Das Problem wird gewöhnlich unterschätzt. Wir stoßen oft auf die Annahme, dass sich Studenten, wenn sie ihren Abschluss haben, auf dem Stellenmarkt behaupten müssen; demzufolge müssen sie in der «realen Welt» ihre ideologischen Positionen ein Stück weit aufgeben. Was aber, wenn sie ihre Überzeugungen schlicht und einfach mit in die Berufswelt nehmen und diese Welt so umgestalten, dass sie ihnen passt?

Leider passiert genau das. Die reale Welt verändert sich und absorbiert die Fähigkeiten der Studenten. Es bildet sich eine heute schon milliardenschwere Social-Justice-Industrie, die sich ganz der Aufgabe widmet, unseren Unternehmen und Institutionen bei der Einführung und Überwachung von Social Justice zu helfen. Ein neues Amt mit der Bezeichnung «Diversitäts- und Inklusionsbeauftragter» (oder so ähnlich) ist entstanden. Es hat die Aufgabe, die Kultur einer Institution so zu ändern, dass sie mit der Social-Justice-Ideologie übereinstimmt. Die Beauftragten sind die Architekten und Vollstrecker einer sanften Revolution; sie sind Inquisitoren, die nach Beispielen für Voreingenommenheit und Ungleichbehandlung fahnden. Und sie sind keineswegs Randexistenzen. Es überrascht nicht, dass sie vor allem im Hochschulbereich zu finden sind. Dort steigt ihre Zahl Berichten zufolge wenigstens in den Vereinigten Staaten rapide an, und sie verdienen drei Mal so viel wie ein durchschnittlicher Amerikaner und mehr als die Mitglieder des Lehrkörpers.[11] Diversitäts-, Gleichstellungs- und Inklusionsbeauftragte sind freilich nicht auf den Hochschulbereich beschränkt. Sie tauchen inzwischen auch in den Verwaltungs- und Personalabteilungen auf – auch in den Kommunen. Laut einer großen Website für Stellensuche in Großbritannien werden in der Equality and Human Rights Commission in Berufsverbänden, in der Anwaltsvereinigung, in Schulen und Universitäten, bei der Polizei, in großen Unternehmen des privaten Sektors, in lokalen Behörden, in Gewerkschaften und im öffentlichen Dienst besonders oft Stellen für Gleichstellungs- und Diversitätsbeauftragte angeboten.[12] Das Amt ist in vielen größeren Behörden und Unternehmen von der Ausnahme zur Norm geworden, und seine Inhaber verfügen inzwischen über eine erhebliche institutionelle, soziale und kulturelle Macht.

An den Universitäten ist das Problem nicht auf bestimmte Klassen beschränkt. Inzwischen gibt es schätzungsweise an mehr als 200 US-amerikanischen Hochschulen «Bias Response Teams», die jeweils dem gesamten Campus dienen, indem sie, wie der Name schon sagt, auf Meldungen wegen identitätsbasierter Voreingenommenheit reagieren.[13] Zwar beeilen sich einige dieser Teams, darauf hinzuweisen, dass sie nicht die Macht haben, irgendwelche Äußerungen *direkt* zu bestrafen oder zu zensieren, sondern lediglich zu «Belehrung und Überredung» befugt sind;[14] dies ist alarmierend, wenn es nicht sogar an Orwells *1984* erinnert, je nachdem, was als Voreingenommenheit angesehen wird und welche Art von Belehrung und Training zu deren Korrektur angeboten wird. Dies gilt umso mehr, als die Bias Response Teams indirekt eine Sanktionierung oder Kündigung veranlassen können, indem sie Vorgesetzten wie Abteilungsleitern, Dekanen und Universitätspräsidenten Voreingenommenheitsberichte mit Handlungsempfehlungen vorlegen. Was aber macht «Voreingenommenheit» in diesen Fällen aus? Da die von Studenten beklagten Kränkungen die Unterstützung von Donald Trump, «phallische Schneeobjekte» und antirassistische Äußerungen wie «Ich blende bei Menschen die Hautfarbe aus» miteinschließen und Voreingenommenheit amtlich als «Geisteszustand» definiert wird, sind die Detektoren auf sehr empfindlich eingestellt.[15] Wenngleich gemeldete Studenten das Recht haben, sich der Belehrung zu entziehen, ist es wahrscheinlich, dass viele die schon mit der Einladung einhergehende Schmach nicht riskieren wollen und problematische Ideen einfach selbst zensieren. Dies ist nicht gerade förderlich für lebhafte Debatten und Meinungsvielfalt, die für die Wissensproduktion an Universitäten unerlässlich sind. Es spaltet auch die universitäre Gemeinschaft und die Arbeitsstätten, wo die Absolventen angestellt werden, und könnte sich auf beides dysfunktional auswirken.

Auch offenere Versuche, bestimmte Ansichten auf dem Campus zum Schweigen zu bringen, wurden schon unternommen. Vereinbarungen, bestimmten juristischen oder politischen Gruppen und Personen des öffentlichen Lebens keine Auftrittsmöglichkeit zu geben, sind inzwischen gang und gäbe,[16] auch wenn dieses «Deplatforming» der Öffentlichkeit oft verborgen bleibt. Bestimmte Ansichten – *wissenschaftliche* Ansichten, die von Fachleuten geteilt werden – gelten als zu gefährlich oder gar als zu «gewalttätig», um ihnen eine Plattform zu bieten. Im Gegensatz zu den Kampagnen, bei denen bereits eingeladene Referenten wieder ausgeladen werden, finden Maßnahmen, die Menschen mit bestimmten Ansichten von vornherein kein Rederecht einräumen, kaum Beachtung. In Großbritannien schränken mehr als 50 Prozent der Universitäten, insbesondere bei bestimmten Ansichten über Religion und Transidentität, die Redefreiheit ein.[17]

Das Problem hat weitreichende Konsequenzen. Eine Folge ist, dass das Wissenschaftsverständnis und die Ethik der Social-Justice-Bewegung, wenn sie übernommen werden, verlässliche und gründliche Forschung über Fragen der sozialen Gerechtigkeit vollständig verdrängen, weil die Vertreter der Bewegung alle anderen Ansätze der systemischen Voreingenommenheit bezichtigen und ihre Ergebnisse deshalb für unhaltbar erklären – oder deren Veröffentlichung verhindern und sanktionieren. In diesem Kontext kommen einem sofort die Fälle der beiden Wissenschaftler Rebecca Tuvel und Bruce Gilley in den Sinn. Tuvel untersuchte in einem wissenschaftlichen Aufsatz für die überaus renommierte Zeitschrift für feministische Philosophie *Hypatia* Parallelen zwischen Transracial- und Transgender-Identitäten und sprach sich für die Möglichkeit aus, auch eine Transracial-Identität anzunehmen. Laut der *Theorie* jedoch sind Race und Gender grundlegend verschiedene Kategorien. Einen Transgender-Status zu beanspruchen, bedeutet gemäß der Queer-*Theorie*, die Kategorien von Geschlecht und Gender aufzulösen, die laut der *Theorie* Menschen an ihrer Entfaltung hindern; dagegen bedeutet – wie wir von der Critical-Race-*Theorie* wissen – der Versuch, eine an die Hautfarbe oder die ethnische Herkunft gebundene Identität zu überwinden, dass man die soziale Bedeutung von Race ignoriert und einen illegitimen Anspruch auf selbst erlebte Unterdrückung erhebt. Dies wird als Übersprechen *(speaking over)* und Löschen *(erasing)* von People of Color betrachtet. Tuvel, eine Assistenzprofessorin mit befristeter Stelle, zahlte einen hohen Preis für ihren Fehltritt. Nicht nur wurde ihr Aufsatz zurückgezogen[18] und hatte die Zeitschrift *Hypatia* schrecklich unter der Veröffentlichung zu leiden,[19] sondern auch sie selbst wurde Opfer einer üblen Hexenjagd.[20] Ihre Kollegen griffen sie öffentlich wegen ihrer mangelnden Sensibilität an, wenngleich ihr einige privat gestanden, dass sie eigentlich ihrer Meinung waren.[21]

Bruce Gilleys Fall war vielleicht sogar noch extremer. Nach jahrelanger

Forschung über postkoloniale Gesellschaften, bei der er sich meist auf Wissenschaftler in genuin postkolonialen Kontexten stützte, schrieb er *The Case for Colonialism*: eine nuancierte Gegenposition zur zentralen These der postkolonialen *Theorie*, dass Kolonialismus immer und ausschließlich schlecht für die Kolonisierten war. Der Aufsatz wurde begutachtet und von der Fachzeitschrift *Third World Quarterly* zur Veröffentlichung angenommen – mit brisanten Folgen. Unmittelbar nach der Publikation wurden an der Portland State University, wo Gilley arbeitet, Beschwerden gegen ihn eingereicht, gepaart mit der Forderung, ihn zu entlassen, den Aufsatz zurückzuziehen und sogar, ihm den Doktortitel abzuerkennen.[22] Auch die Herausgeber der Zeitschrift, die den Aufsatz veröffentlicht hatte, wurden an den Pranger gestellt. Proteste bis hin zu Morddrohungen führten dazu, dass die Arbeit zurückgezogen wurde.[23] Beide Fälle und eine Handvoll weiterer zeigen, dass die akademischen Vertreter der Social-Justice-Ideologie akademische Ideen zensieren, die sie missbilligen.

Ein Teil der Forschung über Gender, Race und sexuelle Orientierung ist evidenzbasiert, folgt wissenschaftlich strengen Methoden und könnte dazu beitragen, Ungleichgewichte in der Gesellschaft zu beseitigen, aber sie wird von der Social-Justice-Forschung untergraben. Dies führt bei der Beurteilung einiger der wichtigsten Themen unserer aktuellen politischen Situation zu einer Vertrauenskrise. Einige Forscher behaupten zu Unrecht, Kritik an schlampiger und unethischer Wissenschaft sei durch Hass auf Minderheiten oder Frauen motiviert. Das ist erstaunlich. Man stelle sich Ähnliches für andere Fächer vor. Erschiene die Behauptung vernünftig, dass Menschen, die sich gegen empirisch unhaltbare und unethische Forschung in der Medizin wenden, einfach nur Kranke hassen und sich nicht um deren Leiden scheren? Würden Mediziner sagen: «Ja, dem medizinischen Wissensbestand sind einige schlechte Arbeiten hinzugefügt worden, aber es gibt auch gute!» Oder würden sie versuchen, die schlechten Arbeiten auszusortieren, damit Menschen keiner unwirksamen oder gefährlichen Behandlung unterzogen werden? Natürlich Letzteres, weil sie erkannt haben, dass eine sichere und wirksame Medizin für das Wohl des Menschen unerlässlich ist. Dasselbe gilt aber auch für die wissenschaftlich strenge Forschung über Themen der sozialen Gerechtigkeit. Forscher auf diesem Gebiet sollten das besser wissen als jeder andere. Dennoch erleben wir in keiner anderen ernstzunehmenden Disziplin einen solchen Drang, moralisch korrekt (oder rechtschaffen) statt auf der Grundlage von Fakten und validen Theoriemodellen zu argumentieren. Dieser Drang ist vielleicht das offensichtlichste Merkmal der Social-Justice-Forschung.

Die Probleme betreffen nicht nur die Identitätsforschung, sondern auch andere Fächer insbesondere in den Human- und Geisteswissenschaften. In Literaturwissenschaft, Philosophie und Geschichte wird die Einbeziehung der *Theorie* in den Seminaren schon lange akzeptiert und manchmal sogar verlangt. Postkoloniale Theorie und feministische Analyse sind, sowohl in ihrer materialistischen als auch in ihrer postmodernen Ausprägung, besonders stark vertreten. Andere Formen der Analyse sind bestenfalls einfach nicht erlaubt und werden schlimmstenfalls als unerträglich voreingenommen, als beleidigend oder als gewalttätig eingestuft. Sogar naturwissenschaftliche, technische, ingenieurwissenschaftliche und mathematische Fächer (MINT) sind davon betroffen. Seit 2010 gibt es eine zunehmende Anzahl von Vorschlägen aus der *Ingenieurswissenschaft*, die für die Verwendung von Konzepten der Social-Justice-Bewegung im Ingenieursberuf plädieren. Eine Arbeit aus dem Jahr 2015 enthält den Vorschlag, dass ein Ingenieur «Kompetenz in der Bereitstellung soziotechnologischer Dienstleistungen beweisen sollte, die sensibel für die Dynamik von Differenz, Macht und Privilegien zwischen Menschen und kulturellen Gruppen sind».[24] In dem von Purdue University Press publizierten Buch *Engineering and Social Justice* finden sich zahlreiche Variationen dieses Themas, gepaart mit der folgenden besorgniserregenden Empfehlung: «Die Überwindung der Auffassung, dass Wahrheit objektiv und absolut sei, ist die grundlegendste Veränderung, die wir in der Ingenieursausbildung brauchen.»[25] Inzwischen wurde auch die Ansicht vertreten, dass die Mathematik wegen ihrer Fokussierung auf Objektivität und Beweise – und weil verschiedene ethnische Gruppen bei der mathematischen Ausbildung unterschiedliche Ergebnisse erzielten – in Wirklichkeit sexistisch und rassistisch sei. In einem Aufsatz aus dem Jahr 2018 heißt es dazu:

> Um – gestützt auf indigene Weltanschauungen – neu zu konzeptualisieren, was Mathematik ist und wie sie praktiziert wird, plädiere ich für eine Bewegung gegen Objektivität, Wahrheiten und Wissen hin zu einer Art, in der Welt zu sein, die von bestimmten ersten Grundsätzen geleitet wird: *mathematx.* Diese Verlagerung der Vorstellung von der Mathematik als Substantiv zu *mathematx* als Verb birgt das Potenzial, unsere Verbindungen miteinander als menschliche und andere-als-menschliche Personen zu ehren, Problemlösung durch Freude auszubalancieren und kritische Bifokalität auf lokaler und globaler Ebene aufrechtzuerhalten.[26]

Es ist nicht klar, wie das die Mathematik verbessern könnte, doch die politische Agenda ist offensichtlich – und alarmierend. Die Einführung ähnlicher Lehrpläne auf allen Ebenen staatlicher Schulen wird im Gebiet von Seattle ernsthaft in Betracht gezogen.[27]

Auswirkungen auf den Rest der Welt

Im Gegensatz zu Vegas bleibt das, was an der Universität passiert, nicht an der Universität. Universitäten sind kulturelle Zentren, Forschungsinstitute und *Ausbildungsstätten.* Die Universitätskultur sickert geradezu osmotisch in die breitere Kultur ein. Viele Menschen besuchen Veranstaltungen an der Universität oder konsumieren ihre Produkte und öffentlichen Programme und werden dadurch von ihrer Kultur beeinflusst. Universitäten gehören, etwa im Vergleich zu konzerngebundenen Forschungszentren oder politisch motivierten Think Tanks, zu den besten und idealerweise am wenigsten *voreingenommenen* Zentren der Wissensproduktion. Als Gesellschaft orientieren wir uns an den Universitäten, um herauszufinden, welchen Aussagen, Ideen und Werten wir vertrauen können. Sie vermitteln also sowohl Wissen als auch intellektuelle Kultur an die Studenten. Auf diese Weise bringen sie die Bildungs- und Kulturelite hervor, die in die akademischen Berufe geht, Industrien leitet, Wohltätigkeitsorganisationen gründet, Medien produziert und die Politik des Staates gestaltet. Richtig betrieben, sind Universitäten unschätzbar wertvoll. Falsch betrieben, sind sie ein schädliches Mittel kultureller Indoktrination, das seinesgleichen sucht.

Die sichtbarste Manifestation der Social-Justice-Forschung ist ihr Aktivismus. Das bekannteste Beispiel sind die Aktionen der selbsternannten antifaschistischen Gruppe Antifa,[28] aber Social-Justice-Aktivismus kann viele Formen annehmen: vom friedlichen Protest bis zu Stalking und Belästigung,[29] vom Werfen von Milchshakes[30] bis zum Protest gegen «Kimono-Anproben» als «kulturelle Aneignung»,[31] von der Aufforderung an bestimmte Gruppen, «ihre Privilegien zu überprüfen», bis zu «antirassistischer» Arbeit. Der Social-Justice-Aktivismus nimmt insbesondere durch die sozialen Medien auf viele Bereiche der Gesellschaft erheblichen Einfluss. Wie schon erwähnt, haben renommierte Unternehmen wie Google, die BBC und Asda aufgrund von Beschwerden, die in der Sprache von Social Justice formuliert und über soziale Medien an die Öffentlichkeit gebracht wurden, Mitarbeiter entlassen. Wenngleich die meisten Menschen, einschließlich der Eigentümer der erwähnten Unternehmen, vermutlich keine Anhänger der Ideen von Social Justice sind, haben diese dennoch beträchtlichen Einfluss, wie die Tatsache beweist, dass Hightech-, Rundfunk- und Einzelhandelsgiganten bereit sind, die Bewegung zu beschwichtigen.

Auch wegen ihrer Produkte werden große Unternehmen immer häufiger angegriffen. Im Jahr 2019 war Macy's Gegenstand eines öffentlichen Aufschreis, der von einer einzigen beleidigten Person auf Twitter ausgelöst wurde. Die Firma musste sich öffentlich dafür entschuldigen, dass sie einen Teller produziert hatte, der Portionsgrößen in Form von Jeansgrößen anzeigte (was als «Fat-Shaming» angesehen wurde).[32] Das Produkt wurde vom Markt genommen. Der japanische Nudel-Gigant Nissin entschuldigte sich für einen Anime, der die dunkelhäutige haitianisch-japanische Tennisspielerin Naomi Ōsaka mit heller Haut und europäischen Gesichtszügen zeigte, und zog ihn zurück.[33] Gucci entschuldigte sich für einen Pullover und zog ihn zurück, weil er nach Ansicht einiger Kritiker die Wirkung von «Blackfacing» hatte.[34] Dieselbe Kritik wurde auch an von der Sängerin Katy Perry produzierten Schuhen geübt, die inzwischen ebenfalls vom Markt genommen wurden.[35]

Vielleicht ist es nicht weiter verwunderlich, dass große Konzerne dem

Druck der Social-Justice-Bewegung so leicht nachgeben. Schließlich ist es ihr übergeordnetes Ziel, Geld zu verdienen, und nicht, liberale Werte aufrechtzuerhalten. Da die Mehrheit der Verbraucher und Wähler in den westlichen Ländern generell für soziale Gerechtigkeit ist und in den englischsprachigen Ländern die meisten den Unterschied zwischen sozialer Gerechtigkeit und Social Justice nicht verstehen, halten es Konzerne manchmal auch für clevere PR, den Forderungen von Social-Justice-Aktivisten nachzugeben – wenigstens in kleinen Dingen, die keinen allzu negativen Einfluss auf den Gewinn haben.

Ähnlich lässt sich womöglich auch die windelweiche Haltung vieler Universitätsverwaltungen erklären. Zwar gelten die Universitäten in westlichen Ländern als glühende Verfechter liberaler Werte wie der Redefreiheit, aber sie sind einer zunehmenden Bürokratisierung unterworfen. Dabei wird die Macht von den Professoren auf die Verwaltung übertragen, und die Universitäten im angloamerikanischen Raum werden zunehmend wie gewinnorientierte Unternehmen geführt. Universitätsverwaltungen messen Public Relations inzwischen den gleichen Wert zu, wie das bei Konzernleitungen der Fall ist, wenngleich sie in einem ganz anderen politischen Umfeld agieren (dies gilt insbesondere für staatliche Universitäten, die direkt von gewählten Politikern abhängig sind). Sie sind dabei einer Vielfalt von Pressionen ausgesetzt, und der Schutz der akademischen Freiheit hat häufig nicht die höchste Priorität.

Online-Plattformen scheinen sich derzeit mit widersprüchlichen und oft scheinbar unerklärlichen Regeln und Verhaltenskodizes selbst zu sabotieren. YouTube,[36] Patreon,[37] Facebook[38] und Twitter[39] werden kritisiert, weil sie bestimmte Akteure, die von der Social-Justice-Bewegung als problematisch angesehen werden, verbieten oder ihre Einnahmen beschränken, aber sie werden auch dafür kritisiert, dass sie die Verbreitung von «Fake News» zulassen und die Bildung von Echokammern, einschließlich rechtsextremer Gemeinschaften, ermöglichen und dadurch Polarisierung und Extremismus Vorschub leisten. Dies ist ein kompliziertes Problem, das hier nicht angemessen behandelt werden kann, aber wenigstens erwähnt werden soll.

Die Aktivisten der Social-Justice-Bewegung sind in den sozialen Medien sehr präsent und besonders scharf darauf, Personen zu malträtieren, die in den Medien und der Kunst einflussreich sind. Die Aufrufe zur Sanktionierung prominenter Künstler, Sportler und anderer bekannter Personen, die sich, meist unwissentlich, gegen Social Justice aussprachen, werden oft als «Cancel Culture» bezeichnet.[40] Diese grausame Praxis hat oft die völlige Zerstörung von Ruf und Karriere des Betroffenen zur Folge, manchmal für eine Aussage, die er Jahrzehnte zuvor oder als Teenager gemacht hat. Der schwarze Schauspieler Kevin Hart wurde gezwungen, als Moderator der Oscar-Verleihung zurückzutreten, weil alte homophobe Tweets von ihm entdeckt wurden,[41] und als er später bei einem Autounfall verletzt wurde, feierten viele Aktivisten der Social-Justice-Bewegung das Ereignis. Die lesbische Moderatorin Ellen DeGeneres wurde ebenfalls angegriffen, weil sie ihn, mit Einschränkungen, verteidigte. Ihr Vergehen bestand darin, dass sie Harts Schuldeingeständnis im Namen einer Community akzeptierte, die dazu teilweise nicht bereit war. DeGeneres hatte zuvor schon einen Aufschrei der Empörung ausgelöst, weil einige Aktivisten fanden, dass sie rassistischen Tropen Vorschub leistete, als sie auf Twitter eine witzige Fotomontage postete, auf der sie (scheinbar) auf dem Rücken des schwarzen jamaikanischen Sprinters Usain Bolt reitet.[42] Der Hollywoodstar Matt Damon erregte den Zorn von Online-Feministinnen, weil er sagte, dass es ein breites Spektrum von sexuellen Übergriffen gebe und ein Klaps auf den Po nicht dasselbe wie eine Vergewaltigung sei,[43] und der Game-Show-Moderator Mario Lopez wurde von einem Online-Mob unter Druck gesetzt, damit er sich für die Äußerung entschuldigte, dass Eltern die selbst definierte Geschlechtsidentität eines Dreijährigen nicht unkritisch akzeptieren sollten.[44] Tennissuperstar Martina Navratilova wurde angegriffen, weil sie sagte, es sei nicht fair, wenn Transgenderfrauen im Tennis gegen Cis-Frauen anträten.[45] Der ehemalige Tennisstar John McEnroe geriet unter Beschuss, weil er die Ansicht vertrat, dass Serena Williams bei den Männern etwa auf Platz 700 der Weltrangliste stünde. Später sagte er, er bedaure die Äußerung, halte es aber nicht für welterschütternd, auf körperliche Unterschiede zwischen Männern und Frauen zu verweisen.[46] Der Beispiele sind Legion.

All diese Reaktionen kommen von Aktivisten, die Anhänger der *Theorie* sind. Ihre allem zugrundeliegende Annahme lautet, dass immer und überall Voreingenommenheit herrscht, die sich dicht unter der Oberfläche verbirgt. Die Aufgabe des *Theoretikers* als Aktivist besteht darin, Texte und Ereignisse, Kultur, Aktionen, Orte, Räume, Einstellungen, Geisteshaltungen, Formulierungen, Kleidung und jedes andere denkbare kulturelle Artefakt auf versteckte Voreingenommenheit zu untersuchen, diese zu entlarven und sie und ihre Verursacher aus der Gesellschaft zu verbannen oder ihnen wenigstens den Zugang zu den Produktionsmitteln der Kultur zu verwehren. Manchmal, wie bei dem Bild von Ellen DeGeneres auf Usain Bolts Rücken, wird das Vergehen darin gesehen, dass eine angeblich von «weißer Dominanz» geprägte Kultur gestützt werden soll (der vorgeworfen wird, schwarze Männer als «Lasttiere» zu betrachten). In anderen Fällen, wie DeGeneres' Verteidigung von Kevin Hart, wird die Äußerung als *speaking over* einer marginalisierten Community betrachtet und als Auslöschung ihrer Identität durch Negation ihres Anspruchs, beleidigt oder Opfer zu sein. In weiteren Fällen, wie denen von Damon, Lopez, Navratilova und McEnroe, besteht das Problem schlicht und einfach darin, eine Ansicht zu vertreten, die der *Theorie* zuwiderläuft.

Dass die Social-Justice-Bewegung als Sprach- und Gedankenpolizei agiert, hat auch auf die Kunst seine Auswirkungen. Was Anstoß erregt, lässt sich in zwei bisweilen gegensätzliche Kategorien einteilen: einerseits die mangelnde Repräsentation von Minderheiten, andererseits die Aneignung von Aspekten der Minderheitenkultur. Social-Justice-Aktivisten gehen davon aus, dass rassistische und von Überlegenheitswahn geprägte Einstellungen überall vorhanden sind, und suchen so lange danach, bis sie welche finden. Sie rechnen die prozentualen Anteile von Frauen, People of Color, Transpersonen, Schwulen oder Lesben, behinderten oder dicken Menschen in einem Buch oder Film aus und erheben Protest, wenn irgendeine Gruppe aus ihrer Sicht unterrepräsentiert ist. Die Abwesenheit, falsche Darstellung oder Unterrepräsentation einer der genannten Gruppen wird so verstanden, dass Minderheiten «ausradiert» werden und «ihnen das Existenzrecht abgesprochen» wird und gleichzeitig weiße Vorherrschaft, Patriarchat, Heteronormativität, Cisnormativität, Behindertenfeindlichkeit oder Fett-Phobie aufrechterhalten werden.

Das gegenteilige Problem, die Aneignung, ist ebenfalls eine nie versiegende Quelle des Anstoßes. Das Problem beruht darauf, dass Wissen laut der Standpunkttheorie in der «gelebten Erfahrung» wurzelt und es als abscheulich angesehen wird, wenn ein Charakter mit einer marginalisierten Identität von jemandem geschaffen oder dargestellt wird, der nicht zu seiner Gruppe gehört. Daher die Forderung, dass Schauspieler nur Charaktere aus ihrer eigenen Identitätsgruppe spielen sollen. Eine heterosexuelle Frau darf also beim Film keine lesbische oder Transfrau spielen und eine körperlich gesunde Person nicht die Rolle einer behinderten Person. Auch wird die Forderung erhoben, hinter den Kulissen Autoren mit bestimmten marginalisierten Identitäten zu beschäftigen, weil es verboten ist, dass jemand über eine fremde Unterdrückungserfahrung berichtet. In solchen Situationen gelingt es der Social-Justice-Bewegung, in den Medien Fuß zu fassen, da die Aktivisten, welche die Rollen fordern, damit ihre Karriere aufbauen.

Manchmal werden Bedenken wegen der mangelnden Repräsentation von Minderheiten und wegen kultureller Aneignung miteinander kombiniert, etwa als Trans-Aktivisten Scarlett Johansson dazu drängten, keine transmaskuline Figur zu spielen.[47] Manchmal sind diese Forderungen auch widersprüchlich, so etwa wenn J. K. Rowling einerseits vorgeworfen wird, dass in den Harry-Potter-Büchern weder People of Color unter den Hauptfiguren sind noch explizit homosexuelle oder transsexuelle Charaktere vorkommen,[48] aber andererseits auch, dass sie Überlieferungen über Zauberer bei den amerikanischen Ureinwohnern mit einbezieht.[49] Musiker und bildende Künstler sind besonders verwundbar für Vorwürfe kultureller Aneignung. Madonna wurde für die Aneignung indigener und hispanischer Kultur kritisiert und Gwen Stefani für die Aneignung japanischer und indigener Ästhetik.[50] Sogar schwarze Künstler sind nicht immun: Rihanna wurde vorgeworfen, sich die chinesische Kultur anzueignen,[51] und Beyoncé, sich den indischen Bollywood-Stil zu eigen zu machen.[52] All dies behindert eindeutig die Produktion von Kunst. Das ist *Theorie*, wenn sie in die Praxis umgesetzt wird.

Auch wenn Bücher, Kunst, Filme oder Videospiele als «Diskurs» überprüft und aufgrund der Machtdynamik, in die sie «hineinsprechen», problematisiert werden, kann es auf die Medien und die Kunst einen negativen Einfluss haben. Natürlich gibt es tatsächlich negative Stereotype, die kritisiert und mit Gewinn analysiert werden können. Allerdings sind viele neuere «Diskurs-Analysen» sowohl hochgradig interpretativ als auch nicht falsifizierbar. Selbst die Kinderbücher von Dr. Seuss können als rassistisch gebrandmarkt werden,[53] und Darstellungen schwarzer Menschen im Film können aufgrund angeblicher Stereotypen kritisiert werden, zu denen unter anderem gehört, dass schwarze Frauen oft als starke und harte Charaktere dargestellt werden.[54] Das Problem ist schwer zu lösen, da schwache und unterwürfige schwarze Frauen vermutlich auch nicht gut ankommen würden. Besonders «gnadenlos» wird in der Gender-Analyse vorgegangen. Feministische Forscher zählen beispielsweise die Zahl der Wörter, die in bestimmten Filmen jeweils auf Frauen und Männer entfallen,[55] und sie kritisieren die sexualisierte Darstellung von Frauen.[56]

Das ist nicht nur mühsam, sondern auch kostspielig – auch für die Gruppen, denen es angeblich helfen soll. Eine postmoderne feministische Analyse, die davon ausgeht, dass unsere gesamte Kommunikation von einem geschlechtsspezifischen Diskurs durchsetzt ist, stellt nicht nur rigorosere und maßvollere Analysen in Frage, sondern kann auch die Bandbreite möglicher weiblicher Charaktere einschränken. Die Filmgesellschaft 20th Century Fox sah sich gezwungen, sich für ein Plakat eines X-Men-Films zu entschuldigen, weil darauf die Figur Mystique von dem Bösewicht Apocalypse gewürgt wird, nachdem sich Feministinnen wie Rose McGowan über die in dem Plakat zum Ausdruck kommende «beiläufige Gewalt gegen Frauen» beschwerten.[57] Offenbar dürfen weibliche Superhelden entweder gar nicht in Kämpfe verwickelt werden oder nur in solche, die sie gewinnen, ohne selbst einen einzigen Schlag abzubekommen. Aus einer ähnlichen Ecke wurde Kritik an der Figur Sansa Stark aus *Game of Thrones* geübt, weil sie sagt, die Erfahrung von Vergewaltigung und Missbrauch habe sie stärker gemacht. Einige Feministinnen waren der Meinung, dass dies der Vergewaltigungskultur Vorschub leiste, weil es eine Art Rechtfertigung für Vergewaltigungen darstelle.[58] Nur ein ewiges Opfer ist dieser Ansicht nach nicht mit den Mächten des Bösen im Bunde. Bei der Analyse von *Game of Thrones* wird bequemerweise die Tatsache ignoriert, dass der männliche Charakter Theon, der ebenfalls sexuelle Folter erleidet und dem sogar der Penis abgehackt wird, auch als stärkere Figur aus den Qualen hervorgeht. Wie können weibliche Figuren als stark und widerstandsfähig dargestellt werden, wenn es ihnen nicht erlaubt ist, Missbrauch, Gewalt und Widrigkeiten zu überstehen? Durch solche Einschränkungen werden weibliche Charaktere vermutlich weniger interessant, ein Effekt, der sich jetzt schon beobachten lässt. So wurde die Einführung einer weiblichen «Hauptfigur» in der Serie *Doctor Who* allgemein begrüßt, aber einige Kritiker fragten sich, warum der weibliche «Doktor» weniger Fehler hat und daher weniger komplex ist als seine männlichen Vorgänger.[59] Dies geschah allem Anschein nach, um keinen feministischen Zorn auf sich zu lenken.

Noch besorgniserregender ist vermutlich der Einfluss der Social-Justice-Forschung auf die Medizin. Aktivisten, die die Ansicht vertreten, Behinderungen und Fettleibigkeit seien sozial konstruiert und vom Hass auf behinderte und fettleibige Menschen motiviert, können reales Unheil anrichten. Konkrete Probleme, die im Fach Disability Studies wurzeln, verursacht beispielsweise der Aktivismus im Zusammenhang mit Autismus, Taubheit und psychischen Erkrankungen.

So hat beispielsweise eine bestimmte Form des Aktivismus im Zusammenhang mit Autismus in den letzten Jahren stark zugenommen. Sie beruht auf der Grundannahme, dass Menschen, die unter Autismus leiden, nicht als behindert gelten sollten. Das Argument ist durchaus verdienstvoll, da viele hochgradig lebenstüchtige Autisten darauf hinweisen, dass sie vielleicht etwas ungewöhnlich gepolt, aber dennoch absolut wertvolle und glückliche Menschen sind, und da viel darauf hindeutet, dass Autismus in der Regel mit überdurchschnittlichen Systematisierungsfähigkeiten verbunden ist.[60] Andere autistische Menschen und ihre Betreuer weisen jedoch darauf hin, dass Autismus auch eine schwere Behinderung sein kann, die mit großer Not verbunden ist, und es Betroffene wegen des Social-Justice-Aktivismus schwerer haben, Unterstützung zu bekommen.[61] Wieder andere weisen darauf hin, dass die komplizierten Regeln der Social-Justice-Bewegung im Zusammenhang mit Sprache, Voreingenommenheit und sozialer Interaktion für autistische Menschen oft besonders schwer zu befolgen sind und dass neurologisch atypische Menschen, die in Technik, Ingenieurwesen und Physik überrepräsentiert sind, besonders anfällig dafür sind, mit solchen Regeln in Konflikt zu geraten.[62] James Damore, der autistische Software-Ingenieur bei Google, der die Bitte um einen Vorschlag, wie man mehr Frauen in den Hightech-Bereich bringen könnte, zu wörtlich nahm und dafür gefeuert wurde, ist ein gutes Beispiel für diesen Sachverhalt. Beängstigend ist auch, dass Autismus-Aktivisten auf die unwissenschaftliche Behauptung, Impfstoffe würden Autismus verursachen, tendenziell nicht mit inhaltlichem Widerspruch, sondern nur mit dem Vorwurf der Behindertenfeindlichkeit reagierten, da es doch nichts Schlechtes sei, autistisch zu sein – eine weitere Trübung eines ohnehin schon gefährlich verschmutzten Gewässers.

Aktivisten der Gehörlosenbewegung weisen darauf hin, dass Cochlea-Implantate manchmal nicht perfekt funktionieren und ihre Verwendung desorientierend und stressig sein kann. Deshalb sollten Gehörlose nicht unter Druck gesetzt werden, sie zu verwenden.[63] Aktivisten der Gehörlosenbewegung stellen aber auch die verblüffende Behauptung auf, dass es einem Genozid an gehörlosen Menschen gleichkomme, wenn man den Eltern gehörloser Kinder die Möglichkeit gebe, diese mit Cochlea-Implantaten auszustatten. Einige Aktivisten befürworten eine Identitätspolitik für Gehörlose, die es als Verrat betrachtet, wenn ein Gehörloser versucht, sein Hörvermögen wiederherstellen zu lassen. Dies ist alles andere als hilfreich.

Auch psychisch Kranke werden von Aktivisten oft als Menschen mit einer marginalisierten Identität betrachtet. Ein Problem bei diesem Ansatz besteht darin, dass Menschen dazu neigen, sich an ihre Identität zu binden, was einige davon abhalten kann, eine Behandlung zu suchen, um gesund zu werden. Ein weiteres Problem ist, dass Patienten Symptome körperlicher Erkrankungen wie Stress, Angst oder Depression mit den psychosomatischen Merkmalen einer identitätsstiftenden psychischen Erkrankung verwechseln könnten. Die Aktivisten in diesem Bereich leisten durchaus gute Arbeit bei der Bekämpfung böswilliger, ignoranter und kontraproduktiver Stigmatisierung psychisch Kranker, aber wenn sie psychische Krankheit zu einer Identität mit Opferstatus erklären, richten sie insbesondere bei den Kranken selbst großen Schaden an, indem sie einige dazu verleiten, ihre Krankheiten nicht als behandelbar, sondern als intrinsischen Aspekt ihrer Identität anzusehen.

Ein ähnliches Problem entsteht auch in Bezug auf den Fat-Aktivismus, da Dicksein laut der Social-Justice-Forschung ebenfalls eine marginalisierte Identität ist. Diese Haltung ist sogar noch gefährlicher als in den oben genannten Bereichen. Beim Fat-Aktivismus steht die Überzeugung im Mittelpunkt, dass Adipositas nur wegen des Hasses auf dicke Menschen und übermäßigem Vertrauen auf wissenschaftliche Diskurse als gesundheitsschädlich angesehen wird. Diese Ansicht ist sehr verführerisch für Menschen, die unter gefährlicher Fettleibigkeit leiden, und insbesondere für Frauen, denen es sehr schwer fällt, abzunehmen. Anstatt medizinische oder psychologische Hilfe zu suchen, können sie lernen, ihren Körper so zu lieben, wie er ist. Die Bewegung Body Positivity propagiert krankhaft fettleibige Models als schön und gesund trotz zahlreicher Beweise, dass zwischen Fettleibigkeit und Diabetes, Herzkrankheiten, polyzystischen Eierstöcken, Gelenk- und Atemwegsproblemen und verschiedenen Krebsarten ein Zusammenhang besteht.[64] Aktivisten der Bewegung führten eine Kampagne gegen die gemeinnützige Organisation Cancer Research, nachdem diese auf Plakatwänden über die Risiken informiert hatte.[65] Andere führten eine Kampagne gegen schlanke Models aus der Werbung.[66] Dutzende von Websites informieren krankhaft fettleibige Menschen darüber, wie sie einen Arzt finden, der ihnen nicht sagt, dass ihr Gewicht ungesund ist. Diese Einstellung kann tödlich sein.

Verhätschelung und Opferkultur

Diese gesellschaftlichen Veränderungen sind Beispiele für die Realisierung postmoderner Prinzipien und Themen. Obwohl sie vermutlich von weniger als 10 Prozent der US-amerikanischen Bevölkerung geteilt werden,[67] üben sie einen beträchtlichen Einfluss auf das Selbstverständnis der Gesellschaft aus. Dies bedeutet, dass der Postmodernismus, in seiner angewandten, verdinglichten Form, nicht nur höchst lebendig ist, sondern in unseren Gesellschaften auch eine zunehmend dominante Stellung einnimmt. Zwei wichtige Bücher, beide 2018 erschienen, befassen sich mit den Ursachen, Erscheinungsformen und potenziellen Gefahren dieser gesellschaftlichen Veränderungen: *The Coddling of the American Mind: How Good Intentions and Bad Ideas Are Setting Up a Generation for Failure*[68] von Greg Lukianoff und Jonathan Haidt und *The Rise of Victim-*

hood Culture: Microaggressions, Safe Spaces, and the New Culture Wars[69] von Bradley Campbell und Jason Manning. Lukianoff und Haidt haben Psychologie als Schwerpunkt und Campbell und Manning Soziologie, aber beide Ansätze ergänzen sich, denn es handelt sich um unterschiedliche Aspekte desselben Phänomens.

In *The Coddling of the American Mind* berichten Lukianoff und Haidt von einer dramatischen Verringerung der Belastbarkeit junger Menschen und ihrer Fähigkeit, mit schwierigen Ideen und verletzten Gefühlen umzugehen. Die Autoren verharmlosen die Kämpfe der jungen Leute nicht, betonen jedoch, dass sie auf bedenkliche Weise mit der Akzeptanz dreier «Großer Unwahrheiten» einhergehen: des Glaubens, dass der Mensch zerbrechlich ist («Was dich nicht umbringt, macht dich schwach»), des Glaubens an das gefühlsbestimmte Argument («Verlass dich stets auf dein Gefühl») und des Glaubens an ein Wir gegen Die («Das Leben ist ein Kampf zwischen guten und bösen Menschen»). Ihre Kernthese lautet, dass die Kombination dieser Unwahrheiten einen psychischen Umgang mit der Welt verursacht, der als eine Art umgekehrte Kognitive Verhaltenstherapie (KVT) funktioniert. Eine KVT befähigt Menschen, Gewohnheiten des Katastrophisierens zu überwinden, und ermutigt sie, Dinge zu relativieren, ruhig und wohlwollend über Ereignisse nachzudenken und angemessen zu handeln. Demgegenüber fördern die Großen Unwahrheiten eine negative, paranoide und selbstsabotierende Denkweise.

Dies sind unserer Ansicht nach einige der psychologischen Probleme, die durch die *Theorie* mitverursacht werden. Der Glaube, dass Menschen zerbrechlich sind und durch unangenehme oder beunruhigende Erfahrungen geschwächt werden, wird in Forschung und Aktivismus der Social-Justice-Bewegung im Zusammenhang mit marginalisierten Gruppen thematisiert, die angeblich durch dominante Diskurse geschädigt, ausradiert, entwertet oder Gewalt ausgesetzt werden. Die Verpflichtung, stets auf die eigenen Gefühle zu vertrauen, statt möglichst objektiv oder nachsichtig zu sein, entspricht dem Schwerpunkt, den Social Justice auf Erfahrungswissen statt auf objektives Wissen legt. Dies hat auch etwas mit Identität zu tun. Die Erfahrungen und Emotionen marginalisierter Menschen sind gemäß der *Theorie* maßgeblich (freilich nur, wenn sie mit der *Theorie* übereinstimmen, wenn nicht, sind sie auf die eine oder andere Weise falsch). Die Erfahrungen, Emotionen und Argumente weißer Menschen können, wenn sie nicht mit den Überzeugungen der Social-Justice-Bewegung übereinstimmen, nur auf deren Fragilität zurückzuführen sein, nicht auf ethisch und/oder sachlich vertretbare Positionen. Das alles wird durch die Überzeugung untermauert, dass das Leben ein Kampf zwischen guten und bösen Menschen ist, wie sich aus den dominanten und marginalisierten Diskursen ersehen lässt, durch die manche Menschen auf Kosten anderer versuchen, repressive Macht- und Privilegiensysteme aufrechtzuerhalten.

In *The Rise of Victimhood Culture* beschreiben Campbell und Manning die verschiedenen Arten sozialer Konfliktlösung in unterschiedlichen Zeiten und Kulturen. Sie untersuchen, wie Menschen miteinander in Beziehung treten, diese Beziehungen moralisch bewerten, ihren Platz in der Welt einnehmen und nach Status und Gerechtigkeit streben. Sie stellen fest, dass sich in jüngster Zeit eine Opferkultur herausgebildet hat, die sich sowohl von einer *Kultur der Würde* als auch von einer *Ehrenkultur* unterscheidet. In einer Ehrenkultur ist es laut den Autoren wichtig, sich von niemandem dominieren zu lassen. Menschen in dieser Kultur sind sehr empfindlich gegenüber Kränkungen und reagieren auf jedes Anzeichen von Respektlosigkeit mit sofortiger Aggression oder sogar Gewalt. Selbstständigkeit ist ein zentraler Wert der Ehrenkultur, die die westliche Welt Hunderte von Jahren dominiert hat und in einigen nicht-westlichen Gesellschaften und bestimmten Subkulturen des Westens, wie etwa in Straßengangs, immer noch weitverbreitet ist. Sie wurde von einer Kultur der Würde abgelöst, die ebenfalls Wert auf Selbstständigkeit legt, aber eine größere psychische Widerstandskraft fördert. In einer Kultur der Würde werden die Menschen dazu ermutigt, die meisten Kränkungen zu ignorieren, weniger empfindlich auf verbale Beleidigungen zu reagieren, Probleme mit anderen Personen in der Regel zu lösen und ernsthafte Konflikte mit juristischen Mitteln zu bewältigen, statt Selbstjustiz zu üben.

Wie in der Ehrenkultur wird auch in der neuen Opferkultur, deren Existenz Campbell und Manning diagnostizieren, empfindlich auf Kränkungen reagiert, doch die Reaktion besteht eher in einer Demonstration der Schwäche als der Stärke. Wie in der Kultur der Würde setzt man auch in der Opferkultur bei der Lösung von Konflikten großes Vertrauen in Autoritäten und teilt deren Abneigung gegen Selbstjustiz, aber im Gegensatz zur Kultur der Würde neigt man nicht dazu, Kränkungen zu ignorieren oder zuerst nach einer friedlichen Lösung zu suchen. In der Opferkultur verbessert es den Status, wenn man als Opfer gesehen und von mitfühlenden Dritten unterstützt wird. Es kommt darauf an, Sympathien bei anderen zu wecken und mit ihrer Hilfe um öffentliche Unterstützung zu werben. Um dies zu erreichen, neigen ihre Vertreter dazu, in viele Interaktionen Machtungleichgewichte und Viktimisierung hineinzulesen – und diese gelegentlich sogar zu erfinden –, um in den Besitz dessen zu gelangen, was Campbell und Manning als «die natürliche moralische Währung der Opferrolle» bezeichnen.[70] Der Aufstieg der Opferkultur hat viel mit der postmodernen Vorstellung einer durch sprachlich perpetuierte Macht- und Privilegiensysteme konstruierten Welt zu tun, und mit deren neuerer verdinglichter Manifestation, die davon ausgeht, dass die Unterdrückung allgegenwärtig ist, und versucht, sie sichtbar zu machen, um sie letztlich abschaffen zu können.

Die Aufwertung der Opferrolle und ein *theoretischer* Ansatz, der darauf fixiert ist, dass Macht unterdrückt und marginalisiert, gehen Hand in Hand. Jedes Opfer ist eine Bestätigung der *Theorie* und gewinnt dadurch an Status bei deren Anhängern. Der moralische Imperativ besteht darin, marginalisierte Menschen vor den unterschwelligen Schäden zu schützen, die durch Einstellungen und Diskurse verursacht werden. Um die Probleme zu sehen, muss die Gesellschaft mit Hilfe der drei Großen Unwahrheiten von Lukianoff und Haidt interpretiert werden. Und um die Probleme zu bekämpfen, gilt es, die für die Ehrenkultur typische hohe Wertschätzung von Stärke und die mit der Kultur der Würde verbundene Widerstandskraft gegen Beleidigungen aufzugeben und sich ganz dem hinzugeben, was Campbell und Manning als Opferkultur bezeichnen.

In vieler Hinsicht deutet diese Verhätschelung und Aufwertung der Opferkultur in weiten Teilen des Westens darauf hin, dass der Aktivismus für soziale Gerechtigkeit (im eigentlichen Sinne) ein Opfer seines eigenen Erfolgs geworden ist. Wer den Vorwurf erhebt, dass Menschen, die sich auf Mikroaggressionen und pronominale Fehltritte konzentrieren, keine *wirklichen* Probleme hätten, über die sie sich Sorgen machen müssten, unterschätzt das Ausmaß, in dem diese Themen wirklich als schmerzhaft empfunden werden (laut Lukianoff und Haidt ist die Selbstmordrate bei jungen Menschen tatsächlich gestiegen, wenngleich die Gründe für diesen Anstieg komplizierter sein könnten). In einer Gesellschaft, in der man sich über scheinbar unbedeutende soziale Entgleisungen oder unerwünschte Ideen und Einstellungen Sorgen machen kann, dürften freilich die meisten Mitglieder keinen direkt lebensbedrohlichen Umständen ausgesetzt sein.

In ihrer Diskussion paranoider Elternschaft und «übertriebener Sicherheitsbedürfnisse» *(safetyism)* vertreten Lukianoff und Haidt die Ansicht, dass Eltern es häufig versäumen, sich über die Ausrottung tödlicher Krankheiten wie Diphtherie und Kinderlähmung[71] und den Rückgang gefährlicher Produkte und Praktiken gebührend zu freuen, die die Kindersterblichkeit drastisch reduziert haben.[72] Stattdessen konzentrieren sie sich ängstlich auf kleinere Dinge, die auch heute noch schädlich sein könnten. Außerdem hat sich der Schwerpunkt vom körperlichen Schaden auf psychisches Unbehagen verlagert, was zu der Forderung nach *emotionaler Sicherheit* führt.[73] In ähnlicher Weise stellen Campbell und Manning fest, dass der Mensch am ehesten dazu neigt, dort nach Beweisen für Rassismus und Bigotterie zu suchen, wo diese am wenigsten offensichtlich sind, und merken dazu Folgendes an:

> Wir dachten an Emile Durkheim, den französischen Soziologen des neunzehnten Jahrhunderts, der seine Leser bekanntlich bat, sich vorzustellen, was in einer «Gesellschaft der Heiligen» passieren würde. Die Antwort lautet, dass es immer noch Sünder geben würde, weil «Vergehen, welche dem Laien verzeihlich erscheinen mögen», dort einen Skandal hervorrufen würden.[74]

Ähnlich haben wir argumentiert, dass die Entwicklung postmoderner Ideen innerhalb des Social-Justice-Kontextes mit ihrer Betonung und ihrem Katastrophisieren rassistischer, sexistischer und homophober Haltungen und Diskurse mit dem radikalen Abbau eben dieser Haltungen und Diskurse zusammenfiel. Es ist kein Zufall, dass die Wende zum angewandten Postmodernismus genau zu dem Zeitpunkt in den späten Achtzigerjahren ihren Anfang nahm, als die Bürgerrechtsbewegung, der liberale Feminismus und Gay Pride nach 20 Jahren bemerkenswert schneller Fortschritte auf rechtlicher und politischer Ebene mit dem Problem abnehmender Erträge konfrontiert waren. Nach der Aufhebung der Jim-Crow-Gesetze, dem Niedergang des britischen Weltreichs, der Legalisierung der männlichen Homosexualität und der Kriminalisierung von rassistischer und geschlechtlicher Diskriminierung wurde sich die westliche Gesellschaft ihrer langen Geschichte der Unterdrückung von Randgruppen neu bewusst, schämte sich dafür und wollte dieses Unrecht weiter korrigieren. Da jedoch die wichtigsten juristischen Schlachten schon gewonnen waren, blieb nur noch der Kampf gegen sexistische, rassistische und homophobe Einstellungen und Diskurse. Der Postmodernismus mit seinem Schwerpunkt auf Machtdiskursen und sozial konstruiertem Wissen war perfekt geeignet, um sich diesem Kampf zu widmen. Da Rassismus, Sexismus und Homophobie jedoch immer weiter zurückgehen, sind immer tiefer schürfende Lesarten von Situationen und Texten und immer kompliziertere theoretische Argumente erforderlich, um sie auszumachen. Die zunehmend interpretativen *theoretischen* Analysen in den Ansätzen der Social-Justice-Forschung sind eine direkte Folge des radikalen Abbaus von sozialer Ungerechtigkeit.

Die Institutionalisierung von Social Justice: Eine Fallstudie

Es ist durchaus gefährlich, wenn die Social-Justice-Bewegung ihre sozialkonstruktivistischen Überzeugungen gesellschaftlichen Institutionen aufzwingt. Ein gutes Beispiel sind die Ereignisse am Evergreen State College, wo sich die Ideen der Critical-Race-*Theorie* in der besonderen Version der *Theoretikerin* und Pädagogin Robin DiAngelo durchsetzten. Als der Biologieprofessor Bret Weinstein dagegen Protest erhob, dass alle Weißen aufgefordert wurden, den Campus für einen Tag zu verlassen, reagierte eine Gruppe studentischer Aktivisten militant. Das Ergebnis war Chaos: Die Aktivisten störten aus Protest auf dem ganzen Campus

Veranstaltungen. Die Lehrtätigkeit kam zum Erliegen, und die Graduierungsfeier wurde außerhalb des Campus abgehalten. Auch der College-Präsident George Bridges wurde von Aktivisten bedrängt und wiederholt beleidigt. Sie bestanden darauf, dass er seine Hände beim Sprechen nicht hob und all ihren Forderungen nachgab.[75] Die Situation eskalierte bis zu dem Punkt, als Aktivisten Türen gegen die Polizei verbarrikadierten, Fakultätsmitglieder als de facto Geiseln festhielten und mit Baseballschlägern bewaffnet Autos anhielten, um nach Weinstein zu suchen. Während sich all dies abspielte, klagten sie lautstark über ihre eigene mangelnde Sicherheit als «*black and brown bodies*» auf dem Campus, selbst dann noch, als der Universitätspräsident die Campus-Polizei anwies, sich zurückzuhalten und alles ungehindert geschehen zu lassen.

Das College geriet unter die Herrschaft eines verrückten Mobs, von der es sich bis heute nicht erholt hat. Besonders erschreckend und bezeichnend war, dass die Demonstranten nicht bereit waren, zuzuhören, und dass sie offenbar nicht in der Lage waren, die Ansichten zu verstehen, gegen die sie protestierten. Als Weinstein Beweise für den Rassismus am Evergreen forderte, schrien sie ihn nieder und behaupteten, schon dieses Verlangen sei rassistisch. Wenn er auch nur die geringste Ahnung hätte, was es bedeute, schwarz zu sein, würde er das wissen. Ihr Beweis bestehe darin, dass sie die Erfahrung jeden Tag lebten. Die Studenten versuchten gar nicht erst, ihre Anschuldigungen gegen das College zu untermauern, die allem Anschein nach auf keinerlei Tatsachen beruhten. Sie begnügten sich vielmehr mit Sprechchören der Social-Justice-Bewegung wie «Weißes Schweigen ist Gewalt!» und erhoben die Forderung, die Mitglieder der naturwissenschaftlichen Fakultät wegen ihrer grundsätzlich problematischen Ansichten zu überwachen, vorzuladen, umzuschulen und zu bestrafen.

Die Ursache für diese Vorkommnisse lässt sich in einem Wort benennen: *Theorie*. Was am Evergreen geschah, demonstriert in mikrokosmischem Maßstab, was passiert, wenn die *Theorie* in einer realen Umgebung auf eine autonome Institution angewendet wird. Das Establishment der Hochschule gab sich selbst zum Abschuss frei, indem es so viel von den «antirassistischen» Ansichten von Critical-Race-*Theoretikerinnen* wie Robin DiAngelo (und insbesondere ihr Konzept von der «weißen Fragilität») akzeptierte, dass es die Fähigkeit verlor, sich gegen die Demonstranten zu verteidigen. Als einige People of Color unter den Studenten für Weinstein Partei ergriffen und sich ähnlich wie er äußerten, schrie der Mob sie nieder und ließ ihre gelebte Erfahrung nicht gelten – vermutlich, weil diese mit der von der *Theorie* beschriebenen «authentischen» Erfahrung nicht übereinstimmte. Sobald also genügend Leute, allen voran die Dozentin Naima Lowe, die zum Zeitpunkt des Supergaus am Evergreen Medienwissenschaften unterrichtete, das College während der Unruhen beschuldigten, eine durch weiße Vorherrschaft gekennzeichnete rassistische Institution zu sein, blieb den Mitgliedern des Lehrkörpers und der College-Verwaltung – weil sie die «antirassistischen» Konzepte der Critical-Race-*Theorie* übernommen hatten – nichts anderes übrig, als die Vorwürfe zu akzeptieren und die geforderten Veränderungen in die Wege zu leiten.

Was hätten sie sonst tun können? Da sie sich *Theorien* wie die der «weißen Fragilität» zu eigen gemacht hatten, hätte jedes andere Verhalten ihre Mitschuld an genau dem Problem bestätigt, das zu bestreiten sie jeden Grund hatten. Die wenigen Mitglieder des Lehrkörpers, die, wie Bret Weinstein, Widerspruch erhoben, Skepsis äußerten, Beweise verlangten, ihre Position verteidigten, die Vorwürfe bestritten, stillschweigend gegen die vorgeschlagene Lösung stimmten oder konsequente Anstrengungen machten, sie ehrlich zu untersuchen, wurden genau deshalb der Teilnahme am rassistischen System beschuldigt und als Rassisten gebrandmarkt. Nachdem die Lehrenden und die Verwaltung des Colleges mehrheitlich akzeptiert hatten, dass «die Frage nicht lautet: Hat es Rassismus gegeben?», sondern «Wie hat sich der Rassismus in dieser Situation manifestiert?»,[76] konnten sie nur zu dem Schluss kommen, dass sie für eine rassistische Institution arbeiteten. Das war der Vorwurf. Wer den Gedanken der Social-Justice-Bewegung akzeptiert, dass die einzige Möglichkeit, sich *nicht* zum Komplizen von Rassismus zu machen, darin besteht, den Vorwurf zu akzeptieren und, wie von der *Theorie* vorgeschrieben, eine endlose Menge antirassistischer Arbeit zu verrichten, ist machtlos gegen eine extremistische Minderheit des Lehrkörpers und der Studenten, insbesondere wenn diese administrative Eliten wie den neuen College-Präsidenten George Bridges für sich gewinnen können. Es ist äußerst unwahrscheinlich, dass die Mehrheit der Studenten und Dozenten am Evergreen, die mit den von den Vertretern der Social-Justice-Bewegung geäußerten Anliegen sympathisierten, wirklich wusste, worauf sie sich einließ.

Eine solche Dynamik ist vorhersehbar, sobald die *Theorie* in ein geschlossenes System eingeführt wird. Die Ideen finden bei einigen seiner Mitglieder einen gewissen Anklang, bevor diese zu sympathisierenden Parteigängern werden und die Weltsicht der *Theorie* zu übernehmen beginnen. In diesem Stadium «wissen» sie bereits, dass es in allen Institutionen, einschließlich ihrer eigenen, systemische Voreingenommenheit gibt, dass sie unter der Oberfläche lauert und dass sie mit «kritischen» Methoden aufgedeckt und problematisiert werden muss. Am Ende tritt ein laut der *Theorie* relevanter Vorfall ein oder wird, wie es am Evergreen der Fall gewesen sein könnte, fabriziert, und die Anhänger der *Theorie* innerhalb der Institution beginnen, sich intensiv auf die «Problematik» zu konzentrieren, die sie als Ursache des Problems aufgedeckt haben. Die Ursache wird systemisch interpretiert, und die Community bricht auseinander: Jede Diskussion und jeder Streit endet damit, dass alle Personen, die den Positionen der *Theorie* nicht nahe genug stehen, mit einer Vielfalt von Beschuldigungen bombardiert und all ihre Äußerungen einem *Close Reading* unterzogen werden. Nur wer zustimmt und ebenfalls für die Positionen der *Theorie* zu kämpfen beginnt, kann dem Schicksal entrinnen, als Teil des systemischen Problems im Kern der Institution betrachtet zu werden, eine andere Lösung gibt es nicht. Wenn zu dem Zeitpunkt, an dem der Vorfall eintritt – und es wird letztlich immer einen Vorfall geben, da selbst ein Missverständnis oder ein kleiner Fauxpas als solcher gelten kann –, genug Aktivisten von der *Theorie* überzeugt sind, wird die *Theorie* die Institution verschlingen. Falls diese dabei zusammenbricht, geschieht es ihr recht, da sie ohnehin von systemischer Voreingenommenheit geprägt war. Wenn sie überlebt, und sei es nur als Schatten ihres alten Selbst, dann in Übereinstimmung mit der *Theorie* oder als ein von ihr vergiftetes Schlachtfeld. All das ist kein Fehler der *Theorie*, es ist ihr Merkmal. Es ist der Kern dessen, was mit der «kritischen» Methode von Anfang an erreicht werden sollte. Tatsächlich hat diese Dynamik auch in anderen Bereichen jenseits von Evergreen wie etwa in Online-Foren, die sich Hobbys wie dem Stricken widmeten,[77] in der Atheismus-Bewegung der frühen Zehnerjahre[78] und sogar in konservativen Kirchen[79] stattgefunden.

Auf dem Papier sieht Theorie immer gut aus

Auf dem Papier sehen die Ideen der Social-Justice-Forschung oft gut aus. Das ist bei schlechten Theorien fast immer der Fall. Nehmen wir den Kommunismus zum Beispiel. Der Kommunismus ist die Idee, dass eine fortschrittliche und technisierte Gesellschaft sich auf der Grundlage von Kooperation und gemeinsamen Ressourcen organisieren und die Ausbeutung von Menschen minimieren kann. Die Ungerechtigkeiten, die im Kapitalismus durch die Unterschiede zwischen Gewinnern und Verlierern entstehen, können beseitigt werden. Mit genügend Informationen (die freilich, wie wir heute wissen, ohne Märkte unglaublich schwer zu beschaffen sind) können wir Güter und Dienstleistungen auf eine viel fairere und gerechtere Weise verteilen, und sicherlich sind die moralischen Vorteile ausreichend, um alle guten Menschen zu einer Teilnahme an diesem System zu inspirieren. Wir müssen nur alle von der Botschaft überzeugen. Es müssen nur alle mitmachen. Das ist die Theorie. In der Praxis jedoch hat der Kommunismus einige der größten Gräueltaten der Geschichte hervorgebracht und war für den Tod von Millionen Menschen verantwortlich.

Der Kommunismus ist ein großartiges Beispiel für die menschliche Tendenz, nicht zu erkennen, dass auch die besten Theorien in der Praxis katastrophal scheitern können, selbst wenn ihre Anhänger von einer idealistischen Vision des «Gemeinwohls» motiviert sind. Der Postmodernismus war ursprünglich eine Kritik des Kommunismus und aller andere großen Theorien der Neuzeit, einschließlich der Aufklärung und der vormodernen Glaubensrichtungen vor ihr. Die zynischen *Theoretiker*, die wir heute als die ursprünglichen Postmodernisten kennen, legten die Grundlagen für einen neuen Ansatz zum Umgang mit menschlichem Größenwahn. Im Gegensatz zu ihren Vorgängern, die großartige, umfassende Erklärungen und Visionen entwickelten, wie die Welt funktionieren konnte und sollte, wollten sie alles auseinandernehmen und bis zu den Fundamenten abreißen. Sie waren nicht nur skeptisch, was bestimmte Visionen des menschlichen Fortschritts betraf. Sie waren radikal skeptisch in Bezug auf die Möglichkeit des Fortschritts überhaupt. Diese zynische Haltung war effektiv. Als sie politisch umsetzbar wurde, diente sie nicht nur dazu, sich über die Gesellschaft zu beschweren, sondern auch dazu, sie umzugestalten. So entwickelte sie sich zu den *Theorien*, mit denen wir es heute insbesondere in Forschung und Aktivismus der Social-Justice-Bewegung zu tun haben. Auf dem Papier scheinen diese *Theorien* sehr positive Aussagen zu machen: Lasst uns den Ursachen von Voreingenommenheit, Unterdrückung, Marginalisierung und Ungerechtigkeit auf den Grund gehen und die Welt heilen. Wenn wir uns alle nur ein bisschen mehr und auf die richtige Art anstrengen, könnten wir es auf die richtige Seite der Geschichte schaffen. Wir müssen nur alle von der Botschaft überzeugen. Wir müssen nur alle zum Mitmachen bringen. Wir müssen uns einfach nur zu Solidarität mit der Sache bekennen und alle Probleme ignorieren, die damit einhergehen.

Es wird nicht funktionieren. Das Social-Justice-Konzept ist eine hübsche *Theorie*, die an der Praxis scheitert und dabei enormen Schaden anrichtet. Sie kann keinen Erfolg haben, weil sie weder mit der Realität noch mit dem übereinstimmt, was die meisten Menschen intuitiv als Fairness und Reziprozität empfinden, und weil sie ein idealistisches Metanarrativ ist. Aber Metanarrative können sich überzeugend anhören. Sie können ausreichend Unterstützung mobilisieren, um die Gesellschaft und die Art, wie sie über Wissen, Macht und Sprache denkt, maßgeblich zu beeinflussen. Warum? Zum Teil, weil wir Menschen nicht so schlau sind, wie wir glauben, zum Teil, weil die meisten von uns wenigstens auf einer bestimmten Ebene Idealisten sind, und zum Teil, weil wir dazu neigen, uns selbst zu belügen, wenn wir wollen, dass etwas funktioniert. Doch die *Theorie* bleibt ein Metanarrativ, und Metanarrative sind tatsächlich unzuverlässig.

In dieser Beziehung hatten die Postmodernisten recht. Ihr katastrophaler Fehler bestand darin, dass sie effektive und anpassungsfähige Systeme für Metanarrative hielten. Religionen und viele theoretische Konstruktionen sind tatsächlich Metanarrative, aber der Liberalismus und die

Wissenschaft sind es *nicht.* Liberalismus und Wissenschaft sind deshalb Systeme und nicht nur hübsche kleine Theorien, weil sie eher auf *Skeptizismus* gegenüber den eigenen Ergebnissen als auf *Leichtgläubigkeit* angelegt sind. Der Skeptizismus ist begründet und nicht radikal. An erster Stelle kommt die Empirie und nicht die Theorie. Sie sind selbstkorrigierend. Liberale Systeme wie der regulierte Kapitalismus, die repräsentative Demokratie und die evidenzbasierte Wissenschaft lösen Konflikte, indem sie menschliche Ökonomien und Gesellschaften und die menschliche Wissensproduktion evolutionären Prozessen unterwerfen, die – im Lauf der Zeit und mit beharrlicher Anstrengung – verlässlichere Gesellschaften und Regierungen und vorläufig wahre Aussagen über die Welt hervorbringen. Der Beweis dafür ist, dass sich insbesondere im Westen in den letzten 500 Jahren fast alles verändert hat. Wie die *Theorie* hervorhebt, ist dieser Fortschritt manchmal problematisch, aber es ist dennoch *Fortschritt.* Die Dinge sind heute für die meisten Menschen die meiste Zeit besser als vor 500 Jahren, und das ist unbestreitbar.

10 Eine Alternative zur Social-Justice-Ideologie

Liberalismus ohne Identitätspolitik

Postmoderne *Theorie* und Liberalismus stehen nicht nur in Spannung zueinander, sie sind nahezu diametrale Gegensätze. Der Liberalismus betrachtet Wissen als etwas mehr oder weniger Objektives, das wir über die Realität herausfinden können; die *Theorie* betrachtet Wissen als etwas, das vollständig von Menschen geschaffen wird – als Geschichten, die wir uns selbst erzählen, und das meist mit dem unbewussten Zweck, unsere gesellschaftliche Stellung, unsere Privilegien und unsere Macht aufrechtzuerhalten. Der Liberalismus befürwortet genaue Kategorisierung und Klarheit der Darstellung; die *Theorie* verwischt Grenzen, löscht Kategorien aus und gefällt sich in künstlicher Mehrdeutigkeit. Der Liberalismus schätzt universelle menschliche Werte und das Individuelle; die *Theorie* lehnt beides zugunsten von Gruppenidentität und Identitätspolitik ab. Zwar neigt der Linksliberalismus dazu, Benachteiligte zu bevorzugen, insgesamt jedoch stellt der Liberalismus die Menschenwürde in den Mittelpunkt; die *Theorie* ist demgegenüber auf die Opferrolle konzentriert. Der Liberalismus befürwortet Meinungsverschiedenheiten und Debatten als Mittel, um der Wahrheit auf den Grund zu gehen; für die *Theorie* sind sie eine Methode, die dominante Diskurse verstärkt und bestimmte Sichtweisen unterdrückt. Sie betont, dass wir *nicht* «die» Wahrheit ergründen können, sondern nur «unsere» Wahrheiten, die in unseren Werten wurzeln. Der Liberalismus akzeptiert die Korrespondenztheorie der Wahrheit, laut der eine Aussage wahr ist, wenn sie die Realität genau beschreibt; die *Theorie* vertritt den Standpunkt, dass die Wahrheit ein «Sprachspiel» ist, Worte letztlich nur auf andere Worte verweisen und – mit der einen Ausnahme, dass sie Unterdrückung beschreiben – niemals konkret der Realität entsprechen können. Der Liberalismus akzeptiert Kritik, sogar an sich selbst, und ist daher selbstkorrigierend; die *Theorie* kann nicht kritisiert werden. Der Liberalismus glaubt an den Fortschritt; die *Theorie* ist radikal skeptisch, was die Möglichkeit des Fortschritts betrifft. Der Liberalismus ist grundsätzlich konstruktiv wegen der evolutionären Prozesse, die er hervorbringt; die *Theorie* ist grundsätzlich korrosiv wegen ihres Zynismus und ihrer «kritischen» Methoden. Dies ist keine Überraschung, da die Verfechter *kritischer* Methoden schon seit jeher *dem Liberalismus* als sozialer, politischer und ökonomischer Organisationsform ausdrücklich und bewusst kritisch gegenüberstehen.

Auch zeichnet sich der Liberalismus durch Eigenschaften und Mängel aus, die es der *Theorie* erleichtern, sein öffentliches Ansehen zu untergraben. Er toleriert Meinungsunterschiede und verschiedene Standpunkte und damit auch Menschen, die ihn nicht unterstützen. Indem er für eine freie Debatte eintritt, erlaubt er ausdrücklich Kritik an seinen eigenen Grundlagen und heißt sie sogar willkommen. Da er universale menschliche Werte proklamiert, lenkt er die Aufmerksamkeit auf die Art und Weise, wie westliche Gesellschaften diesen Werten in Vergangenheit und Gegenwart nicht gerecht geworden sind. Indem der Liberalismus die rechtliche und politische Gleichheit aller Bürger propagiert, lenkt er die Aufmerksamkeit darauf, dass manche Bürger sehr viel mehr politischen Einfluss haben als andere. Da in einer liberalen Gesellschaft stets der Fortschritt im Mittelpunkt steht, nimmt sie ihre Mängel in den Blick, in der Hoffnung, dass sie behoben oder wenigstens abgemildert werden können. Der Liberalismus ist nicht perfekt. Dennoch ist er das Gegengift zur *Theorie*.

Eine liberale Gesellschaft kann unbefriedigend sein, weil sie anonym und völlig unpersönlich ist. In einem liberalen System soll kein Individuum und keine Gruppe eine Sonderbehandlung erfahren. Das gefällt nicht jedem. Außerdem ist der Liberalismus seinem Anspruch nach vollkommen unvoreingenommen, führt aber unter der Oberfläche zu Ungerechtigkeiten, von denen einige schwerwiegend sein können und korrigiert werden müssen. Der Kapitalismus etwa ist ein im Kern liberales Wirtschaftssystem. Doch nach seiner Einführung stellte man fest, dass er in seiner unregulierten Variante eine Katastrophe ist – die Katastrophe, auf die Marx reagierte. So paradox es klingen mag: Wegen der Macht der Monopole und des Einflusses unredlicher Akteure braucht ein freier

Markt Regulierungen – eine Infrastruktur, die verhindert, dass das System aus dem Ruder läuft. Schon die alten Griechen erkannten, dass die Demokratie zur Tyrannei entarten kann, wenn sie nicht richtig gemanagt wird. Insbesondere beim amerikanischen Experiment setzte sich die Erkenntnis durch, dass demokratische Systeme einiger Institutionen bedürfen, wenn sie nicht zu einer Herrschaft des Pöbels und einer Tyrannei der Mehrheit degenerieren sollen. Deshalb etablierte man eine *repräsentative Demokratie* mit Gewaltenteilung, die die Macht der Regierung begrenzte. Solche Systeme hängen von einem liberalen Ansatz der Wissensproduktion ab. Die Vertreter der postmodernen *Theorie* haben jedoch ein zynisches Bild von den Fehlern der liberalen Ordnung und ihren Formen der Wissensproduktion. Sie betrachten sie als Mittel, mit denen die Mächtigen Unterdrückung verschleiern, und betonen, dass das liberale Gesellschaftssystem nicht über die Mechanismen verfügt, um die notorisch Benachteiligten für die systemisch verursachten Ungerechtigkeiten zu entschädigen. Deshalb wollen sie das System zerstören.

Ein weiterer wunder Punkt des Liberalismus besteht darin, dass er schwer zu definieren und deshalb für die Dekonstruktion durch die Vertreter der *Theorie* anfällig ist. Der Liberalismus ist vielleicht am besten zu verstehen als Wunsch, die Gesellschaft schrittweise gerechter, freier und weniger grausam zu machen – ein praktisches Ziel nach dem anderen. Er ist ein System zur Konfliktlösung, aber keine Lösung für menschliche Konflikte. Als ein System, das durch die Beiträge seiner Teilnehmer funktioniert, bietet er keine besonderen Autoritäten an, in die wir unser Vertrauen setzen könnten, was gegen unsere tiefsten menschlichen Intuitionen verstößt. Er ist weder revolutionär noch reaktionär, hat also weder den Antrieb, die Gesellschaft auf den Kopf zu stellen, noch die Tendenz, jeden Wandel zu verhindern. Stattdessen ist er immer eine Art *work in progress*. Er produziert Fortschritt, indem er ein Problem löst und sich danach dem nächsten zuwendet. Das heißt: Er hat ständig neue Konflikte zu lösen und neue Ziele zu erreichen. Der Liberalismus impliziert also einen evolutionären Prozess, und ein solcher ist definitionsgemäß nie abgeschlossen. Außerdem ist er stets mit Fehlern verbunden und kann manchmal sogar völlig aus dem Ruder laufen, bevor er der notwendigen Kritik und Korrektur unterzogen wird. Diese Fehler macht sich die *Theorie* durch Problematisierung zunutze. Richtig eingesetzt, kann das sinnvoll sein, weil es Probleme sichtbar macht, bevor sie außer Kontrolle geraten. Tatsächlich ist die Bereitschaft, Selbstkritik zu akzeptieren, gerade das Merkmal des Liberalismus, das von kritischen Methoden wie der postmodernen *Theorie* ausgenutzt wird, um ihn zu untergraben. Wenn der Liberalismus, wie im Falle der *Theorie*, auf zynische Weise kritisiert wird, verlieren die Menschen das Vertrauen in die liberale Ordnung und vergessen die mit der liberalen Moderne verbundenen Errungenschaften.

Hinzu kommt, dass der Liberalismus nur schwer einzuordnen ist. Es hat wenig Sinn, darüber zu sprechen, wann er begann oder wie er sich entwickelte, wenngleich wir Philosophen benennen können, die seine Essenz artikuliert haben und von denen die meisten in der Neuzeit und im Westen lebten. Zu diesen Denkern gehören Mary Wollstonecraft, John Stuart Mill, John Locke, Thomas Jefferson, Francis Bacon, Thomas Paine und viele, viele andere. Sie ließen sich vom klassischen Denken der Antike inspirieren und lieferten Konzepte und Argumente, die den Liberalismus und seine Anhänger beflügeln. Erfunden haben sie den Liberalismus allerdings nicht, denn er ist weder einer historischen Periode noch einem geografischen Ort zuzuordnen. Vielmehr ist sein grundlegender Antrieb zu jeder Zeit und an jedem Ort zu finden, immer dann, wenn Menschen ein bestehendes System modifizieren wollen, um dessen gute Teile zu erhalten und Fehler zu beseitigen – und zwar insbesondere dann, wenn die Fehler Menschen einschränken, unterdrücken oder verletzen. Er steht in Konkurrenz zu anderen menschlichen Impulsen, die einem derart unpersönlichen *System* die Lösung von Problemen nicht zutrauen. All dies macht den Liberalismus besonders anfällig für die Zersetzung durch den Postmodernismus. Die zynischen *Theoretiker* nutzen seine Mängel und negativen Begleiterscheinungen, um den Liberalismus in Bausch und Bogen zu verwerfen.

Warum freie Debatten so wichtig sind

Wir sind alle daran gewöhnt, die Redefreiheit als universelles Menschenrecht zu betrachten, das in den Verfassungen demokratischer Länder und in der Allgemeinen Erklärung der Menschenrechte verankert ist. Wenn wir die Redefreiheit auf diese Weise betrachten, haben wir die natürliche Tendenz, uns auf das Recht des *Sprechers* zu konzentrieren, der ohne Zensur oder Strafe sagen soll, was er denkt. Doch dieser Schwerpunkt führt manchmal dazu, dass die überragende Bedeutung der Redefreiheit für die *Zuhörer* oder *potenziellen Zuhörer* vergessen wird, und das insbesondere für diejenigen, die mit dem Sprecher *nicht* übereinstimmen (und für die, die sich noch keine Meinung gebildet haben).

Dieser wichtige Aspekt der Redefreiheit wurde von John Stuart Mill 1859 in seinem Essay *Über die Freiheit* hervorgehoben:

> Aber das besondere Übel der Unterdrückung einer Meinungsäußerung liegt darin, dass sie am menschlichen Geschlecht als solchem Raub begeht, an der Nachwelt so gut wie an den Mitlebenden.[1]

Laut Mill schadet die Zensur den Gegnern der zensierten Ansicht auf zweierlei Arten. Erstens,

> wenn die Meinung richtig ist, so beraubt man sie der Gelegenheit, Irrtum gegen Wahrheit auszutauschen.[2]

Und zweitens,

> ist sie dagegen falsch, dann verlieren sie eine fast ebenso große Wohltat, nämlich die deutlichere Wahrnehmung und den lebhafteren Eindruck des Richtigen, der durch den Widerstreit mit dem Irrtum entsteht.[3]

Der erste von Mill genannte Schaden ist klar: Die Unterdrückung einer wahren Erkenntnis, wie etwa der, dass sich die Erde um die Sonne bewegt und nicht umgekehrt, die von der katholischen Kirche im 17. Jahrhundert unterdrückt wurde, wirft die Menschheit in vieler Hinsicht zurück. Aber auch dann, wenn die Mehrheitsmeinung in den meisten Aspekten richtig und die zensierte Meinung größtenteils falsch ist, ist das Zulassen einer offenen Debatte immer noch weiterführend, wenn die Mehrheitsmeinung infolgedessen qualifiziert werden kann.

Der von Mill angeführte zweite Schaden ist subtiler, aber nicht weniger bedeutsam, und zu seiner Illustration wählt er ein Beispiel aus einer Sphäre, die normalerweise weniger umstritten ist als Politik oder Religion: der Wissenschaft. Isaac Newton begründete 1687 die moderne Physik, indem er die Gleichungen der sogenannten Newtonschen Mechanik aufstellte, die heute in jedem Physikkurs für Erstsemester gelehrt werden. Im Laufe des folgenden Jahrhunderts sammelten Wissenschaftler aus Beobachtungen auf der Erde und im Weltraum überwältigende Beweise, dass die Newtonsche Physik korrekt war (einschließlich der Tatsache, dass sie 1846 die Existenz und die genaue Position des bis dahin unbekannten Planeten Neptun exakt voraussagten). Gesetzt den Fall jedoch, der Staat oder auch nur die Universitäten hätten angesichts der überwältigenden Beweise für die Richtigkeit der Newtonschen Mechanik irgendwann beschlossen, jede Kritik an ihr zu verbieten – dann hätten wir, wie Mill feststellt, heute viel weniger Grund, an ihre Richtigkeit zu glauben! Es ist nämlich genau die Tatsache, dass die Newtonsche Mechanik der freien und offenen Debatte standgehalten hat, die ein solches Vertrauen in ihre Gültigkeit rechtfertigt:

> Wäre es nicht erlaubt gewesen, sogar das System Newtons in Zweifel zu ziehen, so würde die Menschheit sich seiner Wahrheit nicht so sicher fühlen, wie sie es heute tun darf. Unsere gesichertsten Überzeugungen haben keine verlässlichere Schutzwache als eine beständige Einladung an die ganze Welt, sie als unbegründet zu erweisen. Wenn diese die Herausforderung nicht annimmt, oder, falls sie sie annimmt, der Angriff fehlschlägt, so sind wir noch von der Gewissheit weit entfernt, aber wir haben das Beste getan, was der gegebene Stand menschlicher Vernunft zulässt; wir haben nichts außer Acht gelassen, was der Wahrheit eine Chance geben konnte, uns zu erreichen.[4]

Die Geschichte nahm eine interessante Wendung, die Mill nicht voraussehen konnte und die als Illustration des ersten von ihm diagnostizierten Schadens dienen kann. Wie sich herausstellte, ist die Newtonsche Mechanik tatsächlich nicht korrekt. Sie ist eine erstaunlich gute Annäherung für fast alle praktischen Zwecke, stimmt aber nicht genau. Dies wurde zwischen 1905 und 1915, dreißig Jahre nach Mills Tod, von Albert Einstein entdeckt. Die Newtonsche Mechanik wurde von Einsteins spezieller und allgemeiner Relativitätstheorie abgelöst und verdrängt. Dieser wichtige wissenschaftliche Fortschritt hätte womöglich nie stattgefunden, wenn man Kritik an Newtons Theorie verboten hätte. Damit wären auch technologische Anwendungen, von der Strahlentherapie bei Krebs bis zum Global Positioning System (GPS), die in der einen oder anderen Weise auf Einsteins Relativitätstheorie beruhen, nie möglich geworden.[5]

Mill befasste sich in erster Linie mit der Zensur durch Regierungen oder kirchliche Behörden, aber seine Argumente für die Freiheit der Debatte gelten genauso für die Zensur durch Unternehmen oder Universitäten oder sogar durch Gruppen von Privatbürgern – selbsternannten Tugendwächtern, die den Knüppel der sozialen Ächtung schwingen.

Selbst wenn die *Theorie* deshalb zu 99 Prozent richtig wäre, und Kritiker (wie wir) zu 99 Prozent unrecht hätten, wäre eine freie Debatte immer noch vorteilhaft für die Vertreter der *Theorie*. Erstens weil sie die *Theorie* dadurch weiter verbessern könnten, und zweitens weil sie – und wir – durch die erfolgreiche Konfrontation mit gegnerischen Ideen mehr *rational begründetes Vertrauen* in die Richtigkeit der *Theorie* bekämen. Wenn jedoch die Vertreter der *Theorie*, was die Wahrheit ihrer Ideen betrifft, gar kein rational begründetes Vertrauen, sondern nur ein subjektives Gefühl der Gewissheit anstreben (und das ist oft der Fall, da sie sowohl Vernunft als auch objektive Wahrheit häufig als repressive Manifestationen weißer, westlicher, männlicher Macht verstehen), dann kann die Freiheit der Debatte aus ihrer Sicht optional oder sogar kontraproduktiv werden. Leider demonstrieren sie diese Haltung durch ihre auffällige Unwilligkeit, sich auf eine Debatte einzulassen, und durch die Tendenz, Versuche einer Auseinandersetzung als Produkt *weißer Fragilität* oder *vorsätzlicher Ignoranz* oder als *epistemische Gegenreaktion zur Bewahrung von Privilegien* zu betrachten.

Die *Theorie* versteht den Liberalismus nicht

Der Liberalismus hat feste Grundsätze der individuellen Freiheit, der Chancengleichheit, der freien und offenen Recherche, der freien Rede und Debatte und des Humanismus, und diese Ideale sind nicht nur weitreichend, sondern auch valide und konsistent. Aus diesem Grund haben sie sich in den letzten fünfhundert Jahren langsam, aber sicher durchgesetzt und die freiesten und gerechtesten Gesellschaften mit dem geringsten Maß an Leid und der geringsten Unterdrückung hervorgebracht, die die Welt je gesehen hat. Der Erfolg des Liberalismus lässt sich auf ein paar entscheidende Punkte zurückführen: Er ist grundsätzlich zielorientiert, problemlösend, selbstkorrigierend und, ganz im Gegensatz zu den Ansichten des Postmodernismus, wirklich *progressiv.* Während einige Anhänger der extremen Rechten den Fortschritt aufhalten wollen oder sogar der Meinung sind, dass er bereits zu weit gediehen ist, und einige Anhänger der identitätspolitischen Linken den Fortschritt (dank Foucault) für einen Mythos halten und darauf bestehen, dass das Leben in liberalen Demokratien immer noch genauso repressiv ist, wie es schon immer war, kann der Liberalismus dem Fortschritt etwas abgewinnen und ist zuversichtlich, dass er sich fortsetzen wird. Innerhalb des liberalen Spektrums, das sowohl konservative als auch linke Strömungen umfasst, sind sich alle einig, dass Liberalismus Fortschritt bedeutet, wenngleich seine Geschwindigkeit und die Mittel, mit denen er vorangetrieben wird, zur Debatte stehen.

Laut dem Kognitionspsychologen Steven Pinker müssen wir unbedingt erkennen, wie viel Fortschritt wir in den liberalen Demokratien gemacht haben und dass wir ihn dem Humanismus der Aufklärung verdanken, wenn wir wollen, dass er weitergeht:

> Eine liberale Demokratie ist eine wertvolle Errungenschaft. Bis zur Ankunft des Messias wird es immer Probleme damit geben, aber es ist besser, diese Probleme zu lösen, als einen Flächenbrand zu legen und zu hoffen, dass aus Schutt und Asche etwas Besseres entsteht. Sozialkritiker, die die Geschenke der Moderne nicht zu würdigen wissen, stacheln die Wäh-

> ler gegen die verantwortlichen Verwalter und kleinschrittigen Reformer auf, die in der Lage sind, den uns vergönnten gewaltigen Fortschritt zu festigen und die Bedingungen, die uns mehr davon sichern werden, zu stabilisieren.[6]

Der Journalist Edmund Fawcett geht im Vorwort zur Taschenbuchausgabe seines Buchs *Liberalism: The Life of an Idea* (2015) auf die Kritik ein, dass der Liberalismus zu breit und zu schlecht definiert sei, um sich um ein produktives Zentrum herum zu organisieren. Seiner Ansicht nach ist «der Liberalismus zwangsläufig umfassend. Zu seinen bemerkenswerten Verdiensten gehört es, eine Art von Politik zu schaffen, in der grundlegende ethische Zwietracht und heftige materielle Interessengegensätze eher verhandelt, gelindert oder im Zaum gehalten werden, als sie mit dem Ziel des endgültigen Sieges zu entscheiden.»[7] Mit Bezug auf eine Rezension der früheren Hardcover-Ausgabe des Buches fügt er in einem wunderbar gereizten Ton hinzu:

> Samuel Brittan kritisierte in der *Financial Times*, dass mein Liberalismus nach 1945 außer «Autoritären und Totalitären» alle miteinschließe. Hätte er den von mir Ausgeschlossenen noch «Populisten und Theokraten» hinzugefügt, hätte ich seine Rüge als Lob aufgefasst. Die liberale Demokratie ist nicht der einzige attraktive Weg für den heutigen Kapitalismus. Illiberale Wege locken ebenfalls. Zu ihnen gehören Autoritarismus, populärer Nationalismus und religiöser Totalitarismus. Ein Verständnis von Liberalismus, das solche Alternativen ausschließt, kann meiner Ansicht nach als gelungene Definition gelten.[8]

Dies ist eine gute Art, Liberalismus zu verstehen: als Gegensatz zum Illiberalismus. Liberalismus ist vielleicht schwer zu definieren, aber Illiberalismus ist in totalitären, hierarchischen, zensierenden, feudalen, patriarchalen, kolonialen oder theokratischen Staaten und bei Personen, die sich solche Staaten herbeiwünschen, Freiheiten einschränken wollen oder Ungleichheiten rechtfertigen, leicht zu erkennen. Liberale wenden sich gegen solche Zustände, nicht weil sie ihr eigenes autoritäres Regime etablieren wollen, sondern weil sie gegen alle derartigen Regime sind.

Deshalb ist der Liberalismus ausdehnungsfähig, aber nicht schwach. Für Fawcett sind die vier Themen des Liberalismus «Akzeptanz von Konflikten, Widerstand gegen Macht, Glaube an den Fortschritt und Respekt vor Personen».[9] Liberale bekennen sich dazu, ungerechte und repressive Mächte stets zu bekämpfen und zwischen verschiedenen Ideen zu vermitteln. Sie sind nicht gegen alle Konservativen, sondern nur gegen diejenigen, die die Aufrechterhaltung oder Wiedereinführung althergebrachter, mit Klassenstatus, ethnischer Herkunft oder Geschlecht begründeter Hierarchien anstreben. Postmoderne Bewegungen kämpfen ebenfalls gegen repressive Machtsysteme, aber sie haben kein Vertrauen in den Fortschritt, und sie glauben auch nicht daran, dass wir weiterhin Fortschritte machen können, wenn wir bei dem bleiben, was wir gut machen, und reformieren, was wir schlecht machen. Außerdem respektieren Liberale Menschen sowohl als Individuen als auch als Mitglieder der menschlichen Gattung. Ihr Respekt gilt nicht Identitätsgruppen oder Kollektiven als solchen. Sie achten das Individuelle und das Universale, das Menschliche und die Menschlichkeit.

Für den Journalisten und Essayisten Adam Gopnik ist der Liberalismus untrennbar mit dem Humanismus verbunden. Er stellt fest:

> Der Liberalismus hat viele Stimmen, aber der Liberalismus, den wir als liberale Humanisten verteidigen wollen – und zwar im Gegensatz sowohl zu den Linken, mit denen wir manchmal gemeinsame Sache machen, als auch zu den Konservativen, mit denen wir manchmal gemeinsame Prämissen haben –, hat eine zentrale Wahrheit, die zugleich klar und stark ist. *Der Liberalismus ist eine evolutionäre politische Praxis, die sich dafür einsetzt, die Notwendigkeit und die Möglichkeit (unvollkommener) egalitärer Sozialreformen und stetig wachsender (aber nicht absoluter) Toleranz gegenüber menschlichen Unterschieden durch vernunftbegründete und (meistens) ungehinderte Argumente, Demonstrationen und Debatten zu fördern.* (Hervorhebung im Original)[10]

Das ist Pluralismus, nicht Relativismus: Man begrüßt die Vielfalt der Standpunkte, fühlt sich aber nicht verpflichtet, grundsätzlich alle Ansichten zu respektieren. Man betont die Notwendigkeit von Gespräch und

Debatte. Dies ist der Marktplatz der Ideen, auf dem sich die besseren Ideen schließlich durchsetzen, was den gesellschaftlichen Fortschritt fördert. Dies steht im Gegensatz zu der konservativen Position, dass manche Ideen (buchstäblich oder im übertragenen Sinne) heilig sind und nicht in Frage gestellt werden dürfen, aber auch zu der postmodernen Position, dass manche Ideen gefährlich sind und nicht ausgesprochen werden dürfen. Der Liberalismus ist optimistisch, und der Humanismus hat Vertrauen in die Menschen. Wenn wir alle Ideen rückhaltlos äußern können und die freie Meinungsäußerung und zivile Debatte fördern, können wir die Welt verbessern. Dies ist keine utopische Fantasie. Es ist ein chaotischer, unvollkommener und langsamer Prozess. Doch die letzten 500 Jahre haben gezeigt, dass er funktioniert. Gopnik schreibt: «Was für den liberalen Ismus spricht, sind die Fakten. Die Liberalen kriegen nichts fertig – aber am Ende erreichen sie alles.»[11] Liberale, verkündet er,

> glauben eher an Reformen als an Revolutionen, weil sie die Ergebnisse schon kennen: Dauerhafte positive soziale Veränderungen werden eher schrittweise als durch revolutionäre Umwälzungen erreicht. Dies war ursprünglich eher so etwas wie ein mentalitätsbedingter Instinkt, eine Präferenz für sozialen Frieden, der zu einem vernünftigen Preis erkauft wurde, heute jedoch ist es eine rational begründete Vorliebe. Die benennbaren Ziele der sozialistischen und sogar der marxistischen Manifeste des 19. Jahrhunderts: öffentliche Bildung, kostenlose Gesundheitsversorgung, staatliche Interventionen in die Wirtschaft, Wahlrecht für Frauen sind allesamt, meistens friedlich und meistens erfolgreich, durch Reformen in liberalen Ländern erreicht worden. Der Versuch, sie in der Sowjetunion und China und anderswo durch revolutionäre Gewalt zu erreichen, führte zu moralischen und praktischen Katastrophen von einem immer noch nahezu unfassbaren Ausmaß.[12]

Gopniks Überzeugung, dass der Liberalismus die *rationale* Präferenz sei, kann man kaum widersprechen angesichts der Beweise, dass die liberalen Methoden funktionieren – und zwar, trotz des inkrementellen Ansatzes, bemerkenswert schnell funktionieren. Es ist kein Zufall, dass Liberalismus, Rationalismus und Empirie gemeinsam unter dem Banner der «Aufklärung» segeln und sie gemeinsam das menschliche Leiden durch technologische Verbesserungen, effektive Infrastruktur, medizinische und andere wissenschaftliche Fortschritte und durch die Wahrung der Menschenrechte enorm reduziert haben. Die drei Konzepte stützen und verstärken sich gegenseitig. Im Gegensatz zu der postmodernen Behauptung, dass die Vertreter der Aufklärung zu selbstsicher seien und glaubten, alle Antworten gefunden zu haben, ist ihre Einstellung in Bezug auf die Fähigkeiten des Menschen in Wirklichkeit von Zweifel und Demut geprägt. So schreibt Steven Pinker:

> Am Anfang stand der Skeptizismus. Aus der Geschichte menschlicher Torheiten und unserer eigenen Anfälligkeit für Illusionen und Täuschungen können wir lernen, dass Männer und Frauen fehlbar sind. Man muss deshalb nach guten Gründen suchen, warum man etwas glaubt. Glaube, Offenbarung, Tradition, Dogma, Autoritäten, der verzückte Schimmer einer subjektiven Überzeugung – all das sind Rezepte für den Irrtum, und man sollte sie als Quellen für Wissen verwerfen.[13]

Klingt das nach Skepsis, was Metanarrative betrifft? Ja, durchaus. Dank dieses Skeptizismus, den das liberale Denken vernünftig einsetzt, sind wir so schnell so weit gekommen, dass einige Leute sich den Luxus leisten können, ihr Leben obskuren anti-aufklärerischen Theorien zu widmen, statt sich als Subsistenzbauern durchzuschlagen und im Kindbett oder an Pocken zu sterben. Der Postmodernismus hat den Skeptizismus nicht erfunden: Er hat ihn nur zu einem destruktiven Zynismus pervertiert. Auch wenn uns die Vertreter der postmodernen *Theorie* noch so oft sagen, dass Liberale und Humanisten regressiv und rückwärtsgewandt seien, sind sie selbst es, die auf unbefriedigende lokale Erzählungen, auf Offenbarungen und auf den verzückten «Schimmer einer subjektiven Überzeugung» zurückgreifen wollen, statt den Fortschritt weiterhin auf die Art voranzutreiben, die bis heute so gut funktioniert.

Man könnte vielleicht die Ansicht vertreten, dass die Wertschätzung von Aufklärung, wissenschaftlichem Fortschritt und Vernunft eine unterschwellige Akzeptanz der Gräueltaten wie Sklaverei, Völkermord und Kolonialismus miteinschließt, die mit unserem «Fortschritt» einhergingen. Dies wäre ein gutes Argument, wenn es nicht in der ganzen Menschheitsgeschichte Sklaverei, Invasionen und brutale Besetzungen gegeben hätte. Das Besondere an der Neuzeit besteht darin, dass der aufkommende Liberalismus zeigte, dass diese Dinge falsch waren. Andere werden sagen, der Fortschritt sei ein Mythos, weil der Nationalsozialismus, der Holocaust und die Massenmorde des Kommunismus allesamt noch keine 100 Jahre alt seien und alle *nach* der Aufklärung stattgefunden hätten. Das wäre richtig, wenn man behaupten könnte, nach der Aufklärung sei die Welt liberal gewesen. Tatsächlich jedoch beweisen diese Phänomene, was passiert, wenn sich der Totalitarismus gegen den Liberalismus durchsetzt. Der Liberalismus ist nicht immer siegreich gewesen, und er wird sich auch in Zukunft nicht immer durchsetzen. Doch das Leben ist viel besser, *wenn* er sich durchsetzt, und wir sollten die nötigen Schritte unternehmen, um dies zu gewährleisten.

Der Liberalismus ist trotz seiner Unzulänglichkeiten einfach besser für die Menschen. Oder wie Pinker in *Aufklärung jetzt* argumentiert: «Wie die Daten zeigen, sind liberale Länder im Schnitt auch durch bessere Bildung gekennzeichnet, sind urbaner, haben geringere Fortpflanzungsraten, weisen weniger Inzucht (Ehen zwischen Cousins und Cousinen) auf, sind friedlicher, demokratischer, weniger korrupt und werden seltener von Kriminalität und Staatsstreichen heimgesucht.»[14] Es ist einfach erstaunlich, dass ausgerechnet in dem zwanzigjährigen Zeitraum zwischen 1960 und 1980, als die Frauen Zugang zu Verhütungsmitteln und gleichen Lohn für gleiche Arbeit erhielten, als die rassistische und geschlechtliche Diskriminierung in der Arbeitswelt und in anderen Bereichen illegal und die Homosexualität entkriminalisiert wurden, die Postmodernisten auftauchten und erklärten, es sei an der Zeit, nicht mehr an Liberalismus, Wissenschaft, Vernunft und den Mythos des Fortschritts zu glauben. Die einzige wohlwollende Erklärung dafür ist, dass sie in ihrem Nihilismus und ihrer Verzweiflung (nicht zuletzt über das Scheitern des Kommunismus) nicht verstanden, was Fortschritt ist und wie er erreicht wird. Treten wir besser nicht in ihre Fußstapfen. Hören wir nicht auf, an Liberalismus, Wissenschaft, Vernunft und Fortschritt zu glauben. Bemühen wir uns stattdessen, evidenzbasiertes Wissen, Vernunft und konsistente ethische Prinzipien zu verteidigen. Wie man das macht, wird unter der Bezeichnung «liberale Wissenschaft» am besten von Jonathan Rauch beschrieben.

Liberale Wissenschaft

Im Jahr 1992 schrieb der Journalist Jonathan Rauch das Buch *Kindly Inquisitors: The New Attacks on Free Thought*, eine leidenschaftliche Verteidigung des Liberalismus. Darin erklärt er die Vorzüge der Methode der Wissensproduktion, auf die sich der Liberalismus stützt und die er als «liberale Wissenschaft» bezeichnet. Er beschreibt sie als das «liberale intellektuelle System»[15] und als den liberalen Beitrag zur «Realitätsindustrie» «mit der Aufgabe, wahre Aussagen über die äußere Welt zu machen».[16] Die liberale Wissenschaft ist laut Rauch ein System, das konsequent zwei Regeln anwendet: die «Regel des Skeptizismus» und die «Regel der Empirie».[17] Die eine fasst er mit den Worten *«niemand hat das letzte Wort»* und die andere mit *«niemand hat persönliche Autorität»* zusammen.[18] Außerdem vertritt er die Ansicht, dass «diese besonderen Regeln zwei der erfolgreichsten sozialen Konventionen sind, die die menschliche Spezies je entwickelt hat».[19] Warum? Weil «die zwei Regeln ein Entscheidungsfindungssystem definieren, auf dessen Verwendung man sich einigen kann, um herauszufinden, welche Meinung es wert ist, geglaubt zu werden».[20] Dieses System funktioniert, «weil es das Ergebnis nicht im Voraus und nicht endgültig festlegen darf (kein letztes Wort)» und «weil keine Unterschiede zwischen den Beteiligten gemacht werden dürfen (keine persönliche Autorität)».[21]

Rauch vergleicht «das liberale Prinzip» mit vier anderen Prinzipien und stellt dabei fest, dass diese das Ziel verfehlen, zu beurteilen, welche Aussagen verlässlich genug sind, um als *Wissen* zu gelten und die Konflikte zu lösen, die es um solche Aussagen regelmäßig gibt. Die anderen Prinzipien sind das fundamentalistische, das einfache egalitäre, das radikale egalitäre und das humanitäre Prinzip.

> *Das fundamentalistische Prinzip:* Wer die Wahrheit kennt, soll entscheiden, wer recht hat.[22]

Das fundamentalistische Prinzip ist die Grundlage von Theokratien und säkularen totalitären Regimen. Doch der fundamentalistische Impuls ist auch erkennbar im zunehmend autoritären Charakter der Social-Justice-Forschung und des Social-Justice-Aktivismus und in ihren Versuchen, Kritik auszuschließen. Es führt tendenziell zum Totalitarismus, wenn es Fundamentalisten gelingt, an die Macht kommen.

> *Das einfache egalitäre Prinzip:* Alle aufrichtigen Menschen haben den gleichen Anspruch auf Respekt.[23]

Nach diesem Prinzip muss etwas nicht wahr sein, um Respekt zu genießen. Diese Art von epistemologischem und moralischem Relativismus liegt der Social-Justice-Forschung und dem Social-Justice-Aktivismus zugrunde.

> *Das radikale egalitäre Prinzip:* Wie das einfache egalitäre Prinzip, aber unter besonderer Berücksichtigung der Überzeugungen von Menschen aus historisch unterdrückten Klassen oder Gruppen.[24]

Dieses Prinzip liegt dem Postulat der «epistemischen Ungerechtigkeit» zugrunde, das seit 2010 für einen Großteil der *Theorie* kennzeichnend ist. Es stützt sich auf die Standpunkttheorie und die Ansicht, dass alle Ideen gleich viel wert sind, aber einige aufgrund von Vorurteilen entwertet wurden und nun in den Vordergrund gestellt werden müssen.

> *Das humanitäre Prinzip:* Wie alle oben genannten, aber mit der Bedingung, dass die erste Priorität darin besteht, niemandem weh zu tun.[25]

Die Rechtfertigung für die Zensur bestimmter Ideen, von denen angenommen wird, dass sie psychischen Schmerz, «epistemische Gewalt» oder das Unsichtbarmachen bestimmter Personengruppen verursachen – eine Argumentation, die in der Social-Justice-Forschung und im Social-Justice-Aktivismus allgegenwärtig ist.

> *Das liberale Prinzip:* Die Überprüfung aller durch alle mit dem Mittel der öffentlichen Kritik ist der einzig legitime Weg, um zu entscheiden, wer recht hat.[26]

Im Gegensatz zu den anderen vier ist das liberale Prinzip für das postmoderne Social-Justice-Denken inakzeptabel. Laut den Vertretern der *Theorie* ist es nicht erlaubt, bestimmte Ideen zu kritisieren. Sie sind außerdem der Ansicht, dass man nicht entscheiden kann, ob eine Person recht hat, indem man die Stichhaltigkeit ihrer Überzeugungen beurteilt, sondern dass dies von ihrer Identität («Positionalität») und ihrer Bereitschaft, sich der richtigen Diskurse zu bedienen, abhängig ist. Die «Überprüfung aller durch alle» ist gemäß der *Theorie* schlichtweg unmöglich, da Menschen aus verschiedenen Identitätsgruppen einander nie ganz verstehen können. Dies ist die Essenz des postmodernen Wissensprinzips. Es ist klar, dass der Postmodernismus in seinem Kern eine Ablehnung des Liberalismus beinhaltet.

Wenn wir den liberalen Ansatz zur Wissensproduktion ablehnen, bleiben uns nur illiberale Alternativen, und wenn diese an moralischem Status gewinnen und wir die ihnen zugrundeliegenden Annahmen mehr und mehr übernehmen, werden sie immer fundamentalistischer. Dies ist die Essenz des postmodernen politischen Prinzips. Rauch bringt den fundamentalen Unterschied zwischen liberaler Wissenschaft und den beiden postmodernen Prinzipien, die insbesondere für den angewandten und verdinglichten Postmodernismus gelten, klar zum Ausdruck: «Die liberale Wissenschaft besteht absolut auf der Freiheit des Glaubens und der Freiheit der Rede, aber *eine Freiheit des Wissens lehnt sie absolut ab*» (Hervorhebung im Original).[27] In einem liberalen System haben die Menschen die Freiheit, alles zu glauben, was sie wollen, und alles zu vertreten, was sie wollen, aber zu behaupten, solche Überzeugungen seien *Wissen*, und zu verlangen, dass sie als solches respektiert werden, ist etwas anderes.

In der Social-Justice-Forschung, im Social-Justice-Aktivismus und zunehmend auch in einer von ihnen infizierten Gesellschaft ist die «Freiheit des Wissens» die neue Währung, solange dieses «Wissen» von «Repression» handelt und solange es mit der *Theorie* übereinstimmt. Wer eine andere Meinung vertritt, ist für die Vertreter der *Theorie* voreingenommen – mit bösen Folgen. Eine davon ist die Erosion des Systems, mit dem wir verlässliche Aussagen über die Realität generieren, und der damit einhergehende Verlust des Konfliktlösungssystems, das die liberale Wissenschaft im Lauf der Zeit entwickelt hat. Dies führt zu sozialen Spaltungen, weil Menschen die Fähigkeit verlieren, auf einer gemeinsamen Grundlage miteinander zu sprechen, und keine objektiven Mittel mehr haben, um Meinungsverschiedenheiten beizulegen. Du hast «deine Wahrheit» und ich habe «meine Wahrheit», und wenn sie sich unterscheiden, gibt es kein Mittel, um den Widerspruch zu klären. Wir können uns nur noch unserer jeweiligen Sekte zuwenden – also denen, die unsere subjektiven Erfahrungen teilen –, versuchen, einen Opferstatus zu beanspruchen, und hoffen, dass weder die eine noch die andere «Wahrheit» benutzt wird, um beispielsweise eine Brücke zu bauen oder medizinische Maßnahmen zu ergreifen – und dass niemand versucht, den Konflikt mit Gewalt zu lösen. Dies ist eine effektive Konfessionalisierung des «Wissens», die wiederum zu einer Vertrauenskrise bei allen Wissensansprüchen führt – eine Folge, die alle Systeme trifft, die sich dem postmodernen Wissensprinzip und der daraus folgenden Anwendung der *Theorie* unterwerfen. Eine solche Entwicklung nutzt niemandem, und wie die Vertreter der Social-Justice-Bewegung so gerne feststellen: Am meisten verlieren in einer solchen Situation diejenigen, die ohnehin schon marginalisiert und unterdrückt sind. «Die Wahrheit wird euch frei machen», heißt es zu Recht. So viel zur sozialen Gerechtigkeit von Social Justice.

Die Prinzipien und Themen der Social-Justice-Bewegung aus der Sicht des Liberalismus

Wir können etwas viel Besseres tun, als Konfessionen der «Wahrheit» zu gründen. Jedes der postmodernen Prinzipien und Themen hat einen wahren Kern und weist auf ein Problem hin, das angegangen werden muss, aber keines dieser Probleme wird vom angewandten Postmodernismus tatsächlich effektiv angegangen. Für Liberale und Anhänger der Moderne, die sich um Fragen der sozialen Gerechtigkeit sorgen, gibt es eine Alternative zur Social-Justice-Bewegung. Sie beinhaltet die nahezu vollständige Ablehnung der beiden postmodernen Prinzipien und der vier postmodernen Themen zugunsten des älteren Paradigmas des universellen Liberalismus, das auf liberaler Wissensproduktion beruht. Dies ist ein Aufruf, sich an den Wert der Vernunft und evidenzbasierter Ansätze zum Wissenserwerb zu erinnern, die sich durch Freiheit von vorgegebenen politischen Annahmen und durch eine konsequent liberale Ethik auszeichnen. Selbst wenn nur sehr wenig von dem, was die Postmodernisten und ihre akademischen und aktivistischen Nachfolger vorbringen, wirklich originell ist, sollte das liberale Projekt ihre Kritikpunkte aufnehmen und auf sie reagieren, wie es das immer tut: mit Selbstkorrektur, Anpassung und Fortschritt.

Es gibt nichts, was die postmoderne Theorie leisten kann, was der Liberalismus nicht besser könnte. Und es ist höchste Zeit, dass wir das Selbstvertrauen zurückgewinnen, diese Ansicht auch zu vertreten, dass wir mit liberalen Methoden die alten Schwächen des Liberalismus korrigieren, dass wir uns neuen Herausforderungen stellen und dabei energisch ans Werk gehen. Wie also können wir die postmodernen Prinzipien und Themen einfach und selbstbewusst widerlegen und eventuellen Zweiflern beweisen, dass der Liberalismus auf dem Marktplatz der Ideen siegen sollte? Wir können damit anfangen, anzuerkennen, wo die *Theorie* richtig liegt, um dann den abwegigen Ansatz zu kritisieren, den sie zur Lösung der von ihr aufgezeigten Probleme verfolgt.

Das postmoderne Wissensprinzip

Laut dem postmodernen Wissensprinzip ist Wissen ein sozial konstruiertes kulturelles Artefakt. Dies ist in einem banalen Sinn richtig, aber falsch in dem tiefgreifenden Sinn, den der Postmodernismus im Auge hat. Wissen gehört selbstverständlich zum Reich der Ideen, und ob eine Idee in einer bestimmten Kultur als «richtig» gilt, sagt über diese Kultur etwas aus. Dennoch gibt es bessere und schlechtere Arten, um (provisorisches) Wissen darüber zu erlangen, was in der Welt vor sich geht. Die besseren Methoden, Vernunft und Evidenz, sind ebenfalls kulturelle Artefakte, aber sie sind unbestreitbar effektiv bei der Auswahl von Aussagen, die genau beschreiben und vorhersagen, was sowohl physikalisch als auch sozial in der Welt vor sich geht. Wir müssen das postmoderne Wissensprinzip verwerfen, indem wir es als das erkennen, was es ist: ein Sprachspiel, und indem wir der generellen Übereinkunft wieder Geltung verschaffen, dass Wissen schwer zu erlangen ist, aber mit den Verfahren der liberalen Wissenschaft erlangt werden kann. Vertrauen in die Wissenschaft ist nicht naiv – wir haben Beweise dafür, dass sie funktioniert, und sie ist ganz bestimmt weder rassistisch noch sexistisch noch imperialistisch. Wissenschaft und Vernunft sind keine weißen, westlichen und männlichen Ideen, und es ist rassistisch und sexistisch, dies zu behaupten. Wissenschaft und Vernunft gehören der ganzen Menschheit. Und sie wären nutzlos, wenn dem nicht so wäre.

Dennoch hat das postmoderne Wissensprinzip einen relativ großen wertvollen Kern. Von Foucaults Klagen über die falsche Anwendung wissenschaftlicher Erkenntnisse in den Bereichen Wahnsinn und Sexualität bis zur hartnäckigen Behauptung der Vertreter der Critical-Race-*Theorie*, dass die Probleme von Minderheiten nicht ernst genommen würden, ist der Postmodernismus voller Appelle, weniger forsch zu sein und mehr *zuzuhören.* Das postmoderne Wissensprinzip ist eine Mahnung, besser *zuzuhören und abzuwägen* und besser *zuzuhören und* zu *recherchieren.* Wir haben jedoch nicht die Pflicht, «zuzuhören und zu glauben» oder «den Mund zu halten und zuzuhören». Die Forderung – und sei es für die hehrsten Ziele –, auf epistemologische Strenge zu verzichten oder diese zu unterlaufen, darf in einer liberalen Gesellschaft nicht erfüllt werden, weil sie einfach nicht sachdienlich ist. Menschliche Erkenntnisse über die Welt sind gewöhnlich in bestimmter Hinsicht korrekt, aber sie werden oft falsch interpretiert, weil es schwer sein kann, den Dingen auf den Grund zu gehen. So kann etwa der Wert eines Gesetzes nicht nach der gelebten Erfahrung derjenigen bemessen werden, denen es geholfen oder geschadet hat. Erstere werden vermutlich wollen, dass es bestehen bleibt, und Letztere, dass es aufgehoben wird – beide Sichtweisen sind wertvoll, aber nicht vollständig. Die liberale Methode bestünde darin, beiden Parteien zuzuhören, ihre Ansichten sorgfältig abzuwägen und Argumente dafür zu finden, was bewahrt und was reformiert werden muss. *Zuhören und abwägen* bedeutet, wichtige Informationen ernst zu nehmen, die wir sonst vielleicht ignorieren würden, und dann die Gesamtheit der Beweise und Argumente fair und rational zu bewerten. *Zuhören und glauben* lädt zu Bestätigungsfehlern ein, je nachdem, wem wir uns moralisch zuzuhören verpflichtet fühlen. Wenn wir dieser Regel folgen, verstehen wir eine Menge wichtiger Dinge falsch, und die Regel wird sich selbst sabotieren mit der Folge, dass wir noch schlechter zuhören, als wir es ohnehin schon tun.

Das politische Prinzip des Postmodernismus

Laut dem politischen Prinzip des Postmodernismus ist die soziale Konstruktion von Wissen eng mit Macht verbunden. Die mächtigere Kultur schafft die Diskurse, denen Legitimität zugesprochen wird. Sie bestimmt, was wir als Wahrheit und Wissen ansehen und erhält dadurch ihre Herrschaft aufrecht. Laut dem Prinzip ist die Welt ein Nullsummenspiel um die Macht und funktioniert wie eine Verschwörungstheorie ohne individuelle Verschwörer. Dies ist eine trostlose und lähmende Sichtweise, die, in Anlehnung an Michel Foucault, einer möglichst zynischen Lesart der Geschichte, des Fortschritts, der Moderne und des Projekts der Aufklärung entspringt. Ihre Vertreter können nicht akzeptieren, dass menschlicher Fortschritt immer schrittweise erfolgt und mit Fehlern behaftet ist. Manche Fehler hatten entsetzliche Folgen, aber wir haben aus ihnen gelernt und lernen immer noch aus ihnen. Doch die Vertreter des politischen Prinzips des Postmodernismus scheinen sich durch die mangelnde Allwissenheit unserer Wissenschaftler persönlich verletzt zu fühlen (wohingegen die wissenschaftliche Methode gerade auf dieser Anerkennung der menschlichen Fehlbarkeit beruht).

Das postmoderne politische Prinzip muss weg. Ja, schädliche Diskurse können eine ungebührliche Macht erlangen, sich als legitimes Wissen ausgeben und so der Gesellschaft und den Menschen schaden. Dessen sollten wir uns bewusst bleiben. Der Postmodernismus ist selbst ein solcher Diskurs. Wir widersprechen ihm. Wir argumentieren gegen ihn. Die postmoderne Idee, dass Menschen in bestimmte Diskurse hineingeboren werden, die ihr Verständnis prägen, ist bedenkenswert. Doch die Vorstellung, dass sie aus ihrer Position innerhalb einer Machtstruktur heraus lernen, diese Diskurse nachzuplappern, ohne überhaupt zu merken, was sie tun, ist vorurteilsbeladen und absurd. Die Behauptung, dass etwa Women of Color die Ideen der Social-Justice-Bewegung vertreten, «erwacht» *(«woke»)* seien und alle anderen Women of Color, die diese Ideen nicht vertreten, Opfer einer Gehirnwäsche seien und deshalb Machtdiskurse aufrechterhielten, die ihrer eigenen Unterdrückung dienten, ist ein eigennütziges, arrogantes und anmaßendes Narrativ. Genau das passiert jedoch, wenn man Wissen mit Identität verbindet und andere Erfahrungen und Interpretationen als unauthentisch oder verwirrt weg-*theoretisiert*.

Wir als Liberale müssen das nicht tun. Wir können die Argumente von Liberalen aus jeder Identitätsgruppe unterstützen, und wir können untersuchen, ob sie evidenzbasiert und vernünftig sind, ohne zu behaupten, dass irgendein Argument repräsentativ für «Frauen» oder «People of Color» wäre. Wir wissen genau, welche Ideen wir haben und warum, und wir können Social-Justice-Aktivisten den Respekt erweisen, indem wir annehmen, dass sie das auch tun.

Das Verwischen von Grenzen

Es ist klug, starren Kategorien und Grenzen skeptisch zu begegnen. Sie sollten ständig getestet, geprüft, verschoben und angepasst werden, wo es notwendig ist. Radikaler Skeptizismus jedoch, der über keine Methode verfügt, um die Genauigkeit der Kategorien zu verbessern, sondern schlicht und einfach jeder Kategorisierung misstraut, ist zweifellos unnütz und hat keinen Einfluss auf die Realität. Wir können durch Vernunft zu vorläufigen Schlüssen gelangen, hypothetische Modelle bilden und diese testen. Es gibt zulässige und unzulässige Kategorien, und es gibt Argumente für und gegen die Anwendung bestimmter Kategorien auf Menschen. Wissenschaft und Vernunft können Informationen liefern, mit denen wir *liberale* Argumente untermauern und sozialkonservative und postmoderne widerlegen können.

Die grob vereinfachende postmoderne Sichtweise, die in der Queer-*Theorie* so beherrschend ist und Kategorien für grundsätzlich repressiv hält, ist schlichtweg nicht gerechtfertigt. Wer die Ansicht vertreten will, dass weder Frauen noch Männer genau in bestimmte Schubladen passen und sie deshalb nicht durch die Charaktereigenschaften, Fähigkeiten und Rollen, die man ihnen traditionell zuschreibt, eingeschränkt werden sollten, kann sich der Wissenschaft bedienen, um zu zeigen, dass sie nicht in die zugewiesenen Schubladen passen, und des Liberalismus, um zu argumentieren, dass sie auch nicht hineingesteckt werden sollten – und die Vernunft wird sich der Wissenschaft bedienen, um die liberale Argumentation zu rechtfertigen. Eine wissenschaftliche und mathematische Analyse des Problems – insbesondere unter Anwendung grundlegender statistischer Methoden – beweist, wie falsch die Forderung nach einer Auflösung der Kategorien tatsächlich ist. Die biologische Realität sieht so aus, dass Männer und Frauen in kognitiver und psychologischer Hinsicht Populationen mit massiver Überlappung und einer etwas unterschiedlichen Verteilung von Durchschnittsmerkmalen sind – eine Tatsache, die es uns erlaubt, Trends vorherzusagen, die in Bezug auf einzelne Individuen jedoch sehr wenig aussagekräftig sind. Vertretern der Queer-*Theorie*, die befürchten, dass Männer und Frauen durch das Vertrauen in die Biologie auf verschiedene Rollen festgenagelt werden könnten, sagen wir: «Schaut euch die Daten an.» Die Daten sind ohnehin schon recht queer. Die Wissenschaft weiß schon, dass Menschen stark variieren und dass die Natur in der Regel unordentlich ist.

Der Fokus auf die Macht der Sprache

Auch der postmoderne Fokus auf die Macht der Sprache hat eine gewisse Berechtigung angesichts der Tatsache, dass die Sprache es den Menschen überhaupt erst ermöglicht hat, Wissenschaft, Vernunft und Liberalismus zu entwickeln. Sprache hat die Macht, zu überzeugen und zu überreden, Meinungen zu ändern und die Gesellschaft zu verändern. Deshalb plädieren wir für einen Marktplatz der Ideen, der sich an Rauchs liberalem Prinzip orientiert, damit die Menschen die Macht der Sprache nutzen können, um all ihre Ideen zusammenzubringen und zu sehen, welche die besten sind, und das mit Methoden, von denen wir wissen, dass sie funktionieren können. Selbst die klügsten Menschen argumentieren oft schlecht, wenn sie allein oder in ideologisch homogenen Gruppen sind, weil wir die Vernunft hauptsächlich benutzen, um unsere bestehenden

Überzeugungen und Wünsche und die zugrundeliegenden Anschauungen zu rechtfertigen.[28] Am besten sind wir in einer Gruppe von Menschen mit unterschiedlichen Anschauungen und Argumentationen, die niemandem eine eigennützige Behauptung durchgehen lässt. Unter solchen Umständen können wir große Dinge erreichen.

Die Vorstellung, dass der sozialen Gerechtigkeit am besten gedient sei, wenn man einschränkt, was gesagt werden kann, indem man einige Ideen und Terminologien verbietet und andere durchsetzt, ist weder historisch noch empirisch noch nach Maßgaben der Vernunft haltbar. Die Macht, manche Ideen für tugendhaft und damit aussprechbar und andere für schrecklich und damit verboten zu erklären, liegt immer in den Händen derjenigen, die die Mehrheitsmeinung vertreten (oder die politische Macht haben). Historisch gesehen, haben weder Atheisten noch religiöse, ethnische oder sexuelle Minderheiten von der Zensur profitiert, und es gibt keinen Grund für die Annahme, dass die *Theorie* eine magische Ingredienz enthielte, durch die Zensur jetzt anders wirkte. Wir hoffen inständig, dass die Vertreter der Social-Justice-Bewegung, wenn sie ihrem Ziel einer Kontrolle des Diskurses näherkommen, mehr und mehr erkennen, dass sie eine hegemonische Ideologie vertreten: einen repressiven dominanten Diskurs, der dem Machterwerb dient und deshalb dekonstruiert und bekämpft werden muss. Wir werden ihnen gerne dabei helfen.

Kulturrelativismus

Der einzige wahre Kern, den es am Kulturrelativismus zu retten lohnt, ist etwas, das niemand bestreitet: Manche Kulturen machen manche Dinge anders als andere, und in vielen Fällen sind diese Unterschiede nicht besonders gravierend, aber es ist interessant, sie zu beobachten und sich darüber auszutauschen. Wissensproduktion jedoch transzendiert die spezifische Kultur, und das gilt auch für *moralische* Wissensproduktion. Wir leben alle in derselben Welt und sind alle in erster Linie Menschen und erst in zweiter Linie Menschen aus bestimmten Kulturen. Deshalb hat das meiste, was in Bezug auf die Welt wahr ist, nichts mit uns zu tun, und das meiste, was *über uns* wahr ist, ist über uns *als Menschen* wahr und nicht als Mitglieder einer bestimmten Kultur. Es ist ebenso gefährlich wie absurd, so zu tun, als könnten wir über die Praktiken einer anderen Kultur keine Urteile fällen. Ungeachtet der (nicht sehr ausgeprägten) kulturellen Unterschiede zwischen verschiedenen Ländern und Konfessionen haben wir alle eine gemeinsame menschliche Kultur, die auf einer universellen menschlichen Natur gründet. Die Bandbreite der Unterschiede zwischen den Menschen mag erheblich sein, aber sie ist nicht wirklich groß. (Der Abstand zwischen zwei beliebigen Menschen ist unermesslich viel kleiner als der Abstand zwischen einem beliebigen Menschen und unseren nächsten Verwandten im Reich der Primaten, den Schimpansen und den Bonobos.) Gesellschaftsstrukturen, die dem Wohl, der Freiheit und der Sicherheit der Bürger förderlich sind, sind wahrscheinlich an die menschliche Natur gebunden, und alle Versuche, auf ein nicht mit dieser Natur vereinbares Ideal hinzuarbeiten, sind zum Scheitern verurteilt.[29]

Dem Prinzip der sozialen Gerechtigkeit ist – im Gegensatz zur Social-Justice-Ideologie – nur dann gedient, wenn wir allgemeine Grundsätze haben. Frauenrechte, LGBT-Rechte und ethnische oder kastenmäßige Gleichberechtigung müssen entweder für alle oder für keinen Menschen gelten. Der Anspruch, dass nur Frauen, nur LGBT-Personen oder nur Mitglieder einer Minderheit innerhalb einer bestimmten Kultur oder Subkultur die Unterdrückung ihrer eigenen Gruppe kritisieren dürfen, beruht sowohl auf einem Mangel an Empathie als auch auf mangelnder Einsicht in die Allgemeingültigkeit ethischer Prinzipien. Wir schaden der Sache der Menschenrechte, wenn wir jeden, der auf humanitäre Missstände hinweist, als imperialistisch oder rassistisch geißeln. Wir Liberale machen dabei zu Recht nicht mit. Da wir an individuelle Freiheit und universelle Menschenrechte glauben, können wir alle, die diese Dinge befürworten, als liberale Gesinnungsgenossen unterstützen, gleichgültig, wo sie sind und wie die herrschenden kulturellen Normen dort auch sein mögen. Wir treten ohne Zögern für die gleichen Rechte, Chancen und Freiheiten aller Frauen, aller LGBT-Personen und aller ethnischen und religiösen Minderheiten ein, weil die Werte, auf denen sie beruhen, nicht dem Westen gehören, sondern allen Liberalen überall – und es gibt sie *überall*.

Die Verabschiedung des Individuellen und des Universellen

Es ist etwas dran an der Behauptung, dass Individualismus und Universalismus nicht die gesamte menschliche Erfahrung abdecken. Menschen leben in Gemeinschaften, die beeinflussen, wie sie die Welt erfahren und welche Chancen sie haben. Verschiedene Menschen verarbeiten Informationen unterschiedlich und haben unterschiedliche zentrale Werte.[30] Wer die Erfahrung von Unterdrückung verstehen soll, muss auf einer bestimmten Ebene entweder selbst unterdrückt worden sein oder er muss sehr viel zuhören und braucht eine sehr lebhafte Vorstellungskraft. Ein Liberalismus, der sich allein auf das Individuum und auf die Menschheit als Ganzes konzentriert, nimmt vielleicht nicht wahr, wie bestimmte Identitätsgruppen benachteiligt werden. Diesem Aspekt der Identität sollte größere Aufmerksamkeit geschenkt werden, aber nicht auf Kosten aller anderen Anliegen.

Ansätze der Social-Justice-Bewegung, die sich *ausschließlich* auf die Gruppenidentität stützen und Individualität und Universalität außer Acht lassen, sind aus dem einfachen Grund zum Scheitern verurteilt, dass Menschen Individuen sind und eine gemeinsame menschliche Natur haben. Identitätspolitik ist für Empowerment nicht geeignet. Es gibt keine «spezifische Stimme der Hautfarbe», keine Stimme aller Frauen und Transpersonen, aller schwulen, behinderten oder übergewichtigen Menschen. Selbst in einer eher kleinen, zufälligen Auswahl aus einer dieser Gruppen wird es sehr unterschiedliche individuelle Ansichten geben. Das spricht nicht dagegen, dass immer noch Vorurteile grassieren und ihre Opfer sie vermutlich am ehesten wahrnehmen. Wir müssen immer noch «zuhören und abwägen», aber wir müssen eine Vielfalt von Erfahrungen und Ansichten der Mitglieder unterdrückter Gruppen berücksichtigen, und nicht nur eine einzige, die willkürlich für authentisch befunden wird, weil sie die von der *Theorie* essentialisierte Ansicht wiedergibt.

Die Social-Justice-Forschung und der Social-Justice-Aktivismus sind auch durch ihre sozialkonstruktivistischen Ansichten behindert, die auf der Annahme beruhen, dass der Mensch ein beliebig formbares «unbeschriebenes Blatt» ist.[31] Dies führt dazu, dass Wissenschaftler und Aktivisten die Möglichkeit einer universellen menschlichen Natur leugnen, was die Empathie zwischen verschiedenen Gruppen von Menschen sehr erschwert. Diese Leugnung verheißt für Minderheiten nichts Gutes, und sie wurde weder von Martin Luther King jr. noch von den liberalen Feministinnen und Gay-Pride-Aktivisten der Sechziger- und Siebzigerjahre geteilt. Ihre generelle Botschaft war ausgesprochen (wenn auch nicht hundertprozentig) liberal, individuell und universell, und sie war erfolgreich, weil sie an Empathie und Fairness appellierte. «Ich habe einen Traum, dass meine vier kleinen Kinder eines Tages in einer Nation leben werden, in der sie nicht nach der Farbe ihrer Haut, sondern nach ihrem Charakter beurteilt werden», sagte King.[32] Er appellierte damit an den Stolz der weißen Amerikaner auf die USA als Land der unbegrenzten Möglichkeiten und an ihr Gerechtigkeitsgefühl und brachte eine gemeinsame Hoffnung für die nächste Generation zum Ausdruck.[33] Er appellierte an das Mitgefühl seiner Landsleute und betonte die gemeinsame Menschlichkeit. Hätte er die gleiche Wirkung erzielt, wenn er, wie Robin DiAngelo, die weißen Amerikaner aufgefordert hätte, «etwas weniger weiß zu sein, also etwas weniger repressiv, vergesslich, defensiv, ignorant und arrogant»?[34] Wir sind nicht dieser Ansicht. Ein Verständnis der menschlichen Natur ist wesentlich für jeden Versuch, die Gesellschaft zu verbessern.

Wir Menschen sind sowohl zu großem Mitgefühl als auch zu entsetzlicher Gefühllosigkeit und Gewalt fähig. Wir haben uns so entwickelt, weil es in unserem Interesse lag, innerhalb unserer eigenen Gruppe zu kooperieren und mit anderen zu konkurrieren. Unser Mitgefühl ist deshalb fast gänzlich auf diejenigen beschränkt, die wir als Mitglieder unseres Stammes betrachten, und unsere stumpfe Missachtung und Gewalttätigkeit ist für die reserviert, die wir für Konkurrenten oder Verräter halten. Der liberale Humanismus versucht, unseren Kreis des Mitgefühls immer weiter auszudehnen, und hat dadurch eine beispiellose Gleichheit aller Menschen erreicht. Dies geschah, indem er sich auf den besseren Teil unserer Natur stützte: unser Mitgefühl und unseren Gerechtigkeitssinn.[35] Durch den Versuch, die Menschheit in marginalisierte Identitätsgruppen und ihre Unterdrücker zu spalten, geht die Social-Justice-Bewegung das Risiko ein, unsere niedrigsten Instinkte zu wecken: Stammesdenken und

Rachsucht. Das kann für Frauen oder Minderheiten oder die Gesellschaft als Ganzes nicht gut ausgehen.

Das Frustrierendste an der *Theorie* ist vermutlich, dass ihre Vertreter buchstäblich jedes Thema, das ihnen wichtig ist, falsch verstehen. Dies ist größtenteils darauf zurückzuführen, dass sie sowohl das Konzept einer gemeinsamen menschlichen Natur als auch Wissenschaft und Liberalismus ablehnen. Sie weisen Kategorien von Race eine soziale Bedeutung zu, was den Rassismus anheizt. Sie versuchen, die Kategorien Geschlecht, Gender und sexuelle Orientierung als bloße soziale Kategorien darzustellen, was tendenziell verhindert, dass Menschen – wie sie es oft tun – sexuelle Minderheiten akzeptieren, weil sie erkennen, dass der sexuelle Ausdruck *von Natur aus* variiert. Sie stellen den Osten als Gegensatz zum Westen dar und perpetuieren dadurch genau den Orientalismus, den sie abschaffen wollen. Es ist sehr wahrscheinlich, dass die *Theorie* eines Tages einer spontanen Selbstentzündung zum Opfer fällt, aber bis dahin wird sie wahrscheinlich noch eine Menge menschliches Leid und sozialen Schaden verursachen. Die Institutionen, die sie vor ihrem Zusammenbruch angreift, werden viel von ihrem Ansehen und Einfluss verlieren und womöglich nicht überleben. Außerdem könnte sie uns auch an Nationalisten und Rechtspopulisten ausliefern, die eine noch größere Bedrohung für den Liberalismus darstellen.

Munition für die Identitätspolitik der extremen Rechten

Eines der größten Probleme mit der Identitätspolitik der identitären Linken besteht darin, dass diese die Identitätspolitik der identitären Rechten bestätigt und ermutigt. Rechte Identitätspolitiker vertreten schon lange die Ansicht, dass die Weißen in einer Gesellschaft alle Macht haben, dass die westliche Kultur auf der ganzen Welt dominieren und dass Männer eine dominante Rolle in der Öffentlichkeit und Frauen eine passive Rolle im Haushalt spielen sollten. Sie betrachten Heterosexualität (innerhalb bestimmter geschlechtsspezifischer Strukturen) als normal und moralisch gut und Homosexualität als moralisch verwerfliche Perversion. Als die liberale Linke all das explizit in Frage stellte und die Ansicht vertrat, Menschen seien nicht nach ihrer Race, ihrem Geschlecht oder ihrer sexuellen Orientierung zu beurteilen, gewann sie im Gegensatz zur Rechten eine überzeugende moralische Orientierung.

Mit der Bürgerrechtsbewegung, dem liberalen Feminismus und der Gay-Pride-Bewegung als Speerspitzen errangen die Liberalen in der zweiten Hälfte des 20. Jahrhunderts einen überwältigenden Sieg in diesem Kampf der Ideen und um die rechtliche Gleichstellung aller Menschen unabhängig von ihrer Herkunft, Geschlechtsidentität oder sexuellen Orientierung. Sie waren bis zum Ende der Zehnerjahre des 21. Jahrhunderts so erfolgreich, dass selbst der konservative Mainstream diese Gleichstellung weitgehend akzeptierte. Sozial oder religiös konservative Elemente, die immer noch glaubten, Frauen, Schwarze oder Homosexuelle auf bestimmte Rollen im Leben beschränken oder ihnen gleiche Rechte verweigern zu müssen, galten als Vertreter «rechtsextremer» Positionen und mussten in der liberalen Gesellschaft mit einem Imageschaden rechnen.

Dieser dramatische und schnelle Wandel im gesellschaftlichen Verständnis von Geschlechterrollen, «Race»-Beziehungen und sexueller Freiheit ist freilich noch sehr neu und zerbrechlich. Liberale Feministinnen mussten eine Menge Arbeit leisten, um die Gesellschaft zu überzeugen, dass Frauen die gleiche geistige Schärfe und psychische Belastbarkeit besitzen wie Männer. Es dauerte seine Zeit, Klischees zu überwinden, die besagten, dass Frauen zu Hysterie und emotionalem Denken neigten, zu sensibel seien, um in der Öffentlichkeit zurechtzukommen, und vor schwierigen Ideen oder Menschen geschützt werden müssten. Auch stellten People of Color fest, dass sie von der weißen Mehrheitsgesellschaft nicht sofort als ebenso intelligente und anständige Staatsbürger anerkannt wurden. Die Narrative des Kolonialismus und des Jim-Crow-Stereotyps, die besagen, dass nicht-weiße Menschen unintelligent, irrational, emotional labil und skrupellos seien, verschwanden nicht über Nacht, sondern bestanden noch Jahrzehnte. Ähnlich wurden auch Lesben, Schwule, Bisexuelle und Transpersonen nicht sofort von der Mehrheitsgesellschaft akzeptiert, als ihr Sexualleben entkriminalisiert, ihre Geschlechtsidentitäten rechtlich anerkannt und ihre festen Beziehungen als Ehen zugelassen wurden. Stattdessen wurden sie in einen langwierigen Kulturkampf verwickelt, in dem sie ängstliche Sozialkonservative zu überzeugen suchten, dass sie keine «Agenda» zur Zerstörung der Familie, der Heterosexualität, der Männlichkeit oder der Weiblichkeit hätten.

Aber auch diese Kämpfe wurden gewonnen. Es wurde normal, dass Frauen Karriere machen und man davon ausgeht, dass sie kompetente Erwachsene sind, die mit den harten Realitäten des öffentlichen Lebens umgehen können. Irgendwann war es nichts Besonderes mehr, dass Menschen aus ethnischen Minderheiten Professoren, Ärzte, Richter, Wissenschaftler, Politiker und Rechnungsprüfer werden. Immer mehr Homosexuelle verloren ihre Scheu, in der Öffentlichkeit und am Arbeitsplatz von ihrem Partner zu sprechen und ihre Zuneigung öffentlich zu zeigen. Mit der Akzeptanz von Transpersonen dauerte es länger, da sie eine sehr kleine Minderheit sind, sehr komplizierte Fragen zu klären haben und der Vorstellung vieler Menschen von Geschlecht und Gender nicht entsprechen. Dennoch verbesserte sich auch ihre Situation – wenigstens bis vor kurzem. Inzwischen jedoch droht die Social-Justice-Bewegung – offenbar mit Erfolg – einen Großteil dieser Fortschritte rückgängig zu machen, und zwar auf zwei Arten.

Erstens schreibt die Social-Justice-Forschung Frauen und ethnischen und sexuellen Minderheiten in ihren *Theorien* wieder negative Stereotypen zu. Ein Großteil ihres Feminismus infantilisiert die Frauen, indem er sie als zerbrechlich, ängstlich und passiv darstellt und nahelegt, dass ein Großteil des öffentlichen Raums für sie weichgespült werden müsste. Eine auf traditionelle und religiöse Überzeugungen, Emotionen und gelebte Erfahrungen bauende Argumentation für «Forschungsgerechtigkeit» orientalisiert häufig nicht-weiße Menschen, indem sie – gegen jede historische und aktuelle Evidenz – suggeriert, Wissenschaft und Vernunft seien nichts für sie. Politische Ansätze, die der Identität erste Priorität einräumen und die im gesamten intersektionalen Pantheon zu finden sind, zielen nicht nur darauf ab, identitären Kategorien wieder eine soziale Bedeutung zu verleihen, sondern auch darauf, sie in den Mittelpunkt zu stellen – eine einseitige Ausrichtung, die die Vertreter der *Theorie* nicht unter Kontrolle werden halten können. Autoritäre Versuche, zu diktieren, was die Menschen in Bezug auf Gender und Sexualität glauben sollen und in welcher Sprache sie diese Überzeugungen äußern sollen, sind im Begriff, einen rasch wachsenden Widerstand gegen die generelle Akzeptanz von Außenseitern und insbesondere von Transpersonen zu erzeugen.

Zweitens ermutigt das *theoretische* Verständnis von sozialer Gerechtigkeit mit seinem aggressiv-spalterischen Ansatz zu Stammesdenken und Feindseligkeit. Im Gegensatz zur Bürgerrechtsbewegung, die so erfolgreich war, weil sie einen universalistischen Ansatz verfolgte, der für alle Menschen gleiche Rechte forderte und an das natürliche Gerechtigkeitsempfinden und Mitgefühl der Menschen appellierte, hat die Social-Justice-Bewegung einen grob vereinfachenden identitätspolitischen Ansatz, der dominanten Gruppen kollektiv schlechte Eigenschaften zuschreibt: Weiße Menschen sind rassistisch, Männer sind sexistisch und Heteros sind homophob. Dies verstößt eindeutig gegen den liberalen Wert, Menschen nicht nach ihrer Hautfarbe oder ethnischen Zugehörigkeit, ihrem Geschlecht oder ihrer sexuellen Orientierung zu beurteilen, und es ist unglaublich naiv, als Gegenreaktion nicht mit einer Wiederbelebung der alten rechtsgerichteten Identitätspolitik zu rechnen. Das Argument, dass es wegen historischer Ungleichgewichte berechtigt sei, Vorurteile gegenüber weißen, heterosexuellen oder cisgender Menschen zu hegen, verträgt sich schlecht mit dem intuitiven menschlichen Streben nach Reziprozität.

Wenn sich eine Mehrheit durch eine lautstarke Minderheit mit institutioneller Macht bedroht fühlt, wird sie wahrscheinlich versuchen, die betroffenen Institutionen zu ändern, und das nicht nur wegen einer paranoiden Angst, ihre alte Vorherrschaft und ihre Privilegien einzubüßen. Wenn es sozial akzeptabel wird, abwertend über «Weißsein» zu sprechen und nach Bestrafung von jedermann zu rufen, dessen Äußerungen als «Anti-Blackness» interpretiert werden können, werden das weiße Menschen als ungerecht empfinden. Wenn es akzeptabel wird, Männlichkeit zu pathologisieren und hasserfüllt über Männer zu sprechen, und man gleichzeitig überempfindlich auf alles reagiert, was als «Frauenfeindlichkeit» bezeichnet werden kann, wird fast die Hälfte der Bevölkerung (sowie ein Großteil der anderen Hälfte, die sie liebt) dies wohl eher schlecht aufnehmen. Wenn cisgender Menschen, die 99,5 Prozent der Bevölkerung ausmachen, der Transphobie beschuldigt werden, nur weil sie existieren, nicht die richtige Terminologie verwenden, zulassen, dass Genitalien ihre Dating-Präferenzen beeinflussen, oder sogar Überzeugungen über das Genderproblem haben, die mit der Queer-*Theorie* nicht deckungsgleich sind, wird dies wahrscheinlich zur unfairen Anfeindung von Transpersonen führen (von denen die meisten auch nicht glauben, dass der Rest der Menschheit transphob ist).

Sicher gibt es eine ganze Reihe von Ursachen für den gegenwärtigen Rechtsruck, von denen einige nichts mit der Forschung und dem Aktivismus der Social-Justice-Bewegung zu tun haben, doch es bringt leider wenig, dies festzustellen. Von größter Wichtigkeit ist dagegen, dass es, insbesondere links und in der Mitte, immer unwahrscheinlicher wird, dass andere vernünftige und gemäßigte Stimmen auch vernünftige und gemäßigte Alternativen zu den Erklärungen der Social-Justice-Bewegung ins Gespräch bringen, seit diese sich solche Mühe gibt, die absolute Hegemonie über die für ihre Themen relevanten Diskurse zu erlangen. Dies hat zur Folge, dass nur noch eher extremistische Stimmen der Bewegung widersprechen und dass diese Extremisten, weil sie eine offensichtliche Wahrheit aussprechen, die sonst niemand mehr artikuliert, die Unterstützung von Menschen bekommen, die sie sonst niemals gewinnen könnten. Indem sie vernünftige und gemäßigte Stimmen von links, aus der Mitte und von mitte-rechts systematisch und fast gänzlich zum Schweigen bringt, macht die Social-Justice-Bewegung sich selbst und unsere Gesellschaft für eine höchst gefährliche und überaus wahrscheinliche Gegenreaktion der autoritären Rechten verwundbar. (Diesen Backlash wird sie dann natürlich nutzloserweise als einen weiteren Beweis dafür interpretieren, dass unsere Gesellschaft wirklich so verkommen und vorurteilsbehaftet ist, wie sie schon immer behauptet hat, eine Selffulfilling Prophecy, die uns allen erspart bleiben könnte, wenn wir unsere Stimme erheben, solange wir es noch können.)

Eine kurze Diskussion von Lösungen

Einige Politiker, einschließlich des ungarischen Ministerpräsidenten Viktor Orbán, haben ausgesprochen drastische Lösungen für das Problem des Postmodernismus vorgeschlagen. Sie wollen Gender Studies und andere Fächer, die auf die postmoderne *Theorie* zurückgehen, schlicht und einfach verbieten, weil sie ihrer Ansicht nach sozial so schädlich sind, dass ein Verbot gerechtfertigt wäre.[36] Wir sind entschieden gegen diese Haltung. Wir können Illiberalismus nicht durch Illiberalismus bekämpfen und gegen Bedrohungen der Redefreiheit vorgehen, indem wir den Zensoren den Mund verbieten. Wir dürfen nicht zu dem werden, was wir hassen. Dann nämlich können wir von denen keine Unterstützung mehr erwarten, die das hassen, was wir auch hassen, von Liberalen jeglicher Couleur: linken wie konservativen.

Andere argumentieren, dass Lehrveranstaltungen der Social-Justice-Bewegung nicht vom Staat mitfinanziert werden sollten. Sie vertreten nicht ganz zu Unrecht die Ansicht, dass man vom Steuerzahler nicht verlangen kann, dass er für eine Wissenschaft zahlt, die weder nach strengen Methoden operiert noch ethisch ist. Wir lehnen auch diese Lösung ab. Der Staat sollte keine Kontrolle über die Lehrinhalte an den Universitäten haben, das liefe auf die Gründung von einer Art Wahrheitsministerium hinaus. Auch wenn wir dafür eintreten, dass an den Universitäten rigorose Wissenschaft betrieben wird, und nicht finden, dass der Postmodernismus dieses Kriterium erfüllt, wäre es ein schrecklicher Präzedenzfall, wenn der Staat – und nicht die Universitäten – diese Forderung durchsetzen würde. Ohne Wissenschaftsfreiheit könnte etwa eine theokratische oder eine von der postmodernen Linken beeinflusste Regierung beschließen, dass die Wissenschaft oder etwas anderes, was ihr nicht gefällt, sozial schädlich ist, und es verbieten. Es ist wichtig, das Recht zu verteidigen, dass man postmoderne Ideen haben und jedem vortragen darf, der sie hören will. Aber es ist auch wichtig, zu verhindern, dass sie Macht über Institutionen gewinnen, was, wie in Kapitel 9 geschildert, heute schon passiert.

In liberalen Gesellschaften haben wir bereits die Antwort auf das Problem, dass verdinglichte philosophische Systeme sich der Gesellschaft aufzuzwingen drohen: Sie lautet *Säkularismus*. Der Säkularismus ist als verfassungsrechtliches Prinzip am bekanntesten: die «Trennung von Kirche und Staat». Doch das Prinzip beruht auf der noch tiefgreifenderen philosophischen Idee, dass niemand der gesamten Gesellschaft seine Überzeugung aufzwingen darf, selbst wenn er sich noch so sicher ist, im Besitz der Wahrheit zu sein. Weit gefasst bedeutet es, dass jeder Mensch beliebige moralische Überzeugungen haben und andere Personen dazu auffordern darf, ihm (innerhalb rechtlicher Grenzen) in einer freiwilligen Gemeinschaft auf Grundlage des persönlichen Gewissens zu folgen, dass er seine Überzeugung aber niemandem aufzwingen darf. Jeder darf glauben, was er will, muss aber als Gegenleistung auch anderen erlauben, zu glauben, was sie glauben wollen – oder auch nicht glauben wollen, wie es durchaus der Fall sein könnte.

Damit geht das unveräußerliche Recht einher, die moralischen Gebote und Vorschriften einer bestimmten Ideologie abzulehnen, *ohne sich schuldig zu machen*. In einer säkularen Gesellschaft ist zum Beispiel niemand rechtlich oder moralisch verpflichtet, sich schuldig zu fühlen, wenn er die Lehren irgendeines Glaubens ablehnt, auch die der Mehrheitsreligion. Dies bleibt jedem selbst überlassen, und keine ideologische oder moralische Gruppe kann für ihn entscheiden. Niemand ist den *Geboten* einer bestimmten moralischen Gruppe unterworfen, egal wie stark die Überzeugung ihrer Mitglieder auch sein mag.

Das Projekt des angewandten und verdinglichten Postmodernismus ist nicht mehr deskriptiv, sondern ungemein präskriptiv. Eine akademische Theorie, deren Vertretern wichtiger ist, was ihrer Überzeugung nach wahr sein *sollte*, als zu beschreiben, was wahr *ist* – eine Theorie also, die persönlichen Glauben als politische Verpflichtung betrachtet, hat aufgehört, nach Wissen zu suchen, weil sie glaubt, *die Wahrheit* zu kennen. Sie ist zu einem Glaubenssystem geworden und ihre Lehre zu einer Art Theologie. Das ist es, als was wir die Social-Justice-Forschung betrachten. Die Verkündung des *Sollens* hat bei ihr die Suche nach dem, was *ist*, ersetzt.

Es ist eine Sache zu glauben, dass Wissen ein kulturelles Konstrukt ist und zur Durchsetzung von Macht eingesetzt wird – und dass dies auf ungerechte Weise geschehen kann. Dieses Argument kann man auf dem

Marktplatz der Ideen vorbringen. Etwas völlig anderes ist es jedoch, diese Überzeugung für unbestreitbar zu halten und zu behaupten, es sei ein Akt der Dominanz und Unterdrückung, eine andere Meinung zu vertreten. Noch schlimmer ist es, darauf zu bestehen, dass alles außer permanenter spiritueller Unterwerfung unter das eigene Glaubenssystem und die eigenen Aufrufe zu einer puritanischen sozialen Revolution eine Komplizenschaft mit dem moralisch Bösen sei. In anderen Glaubensrichtungen ist dies ein Gegenmittel für das Problem der *Verderbtheit*, für das lasterhafte Verlangen zu sündigen. Der Säkularismus verweist solche Dinge an das private Gewissen des Einzelnen und entbindet ihn von der Notwendigkeit, einen Glauben zu akzeptieren, den er nicht teilt, oder ein Lippenbekenntnis abzulegen, um soziale Stigmatisierung zu vermeiden.

Als überzeugte Säkularisten befürworten wir zwei Ansätze für den Umgang mit dem verdinglichten Postmodernismus. Erstens müssen wir uns der Institutionalisierung dieses Glaubenssystems widersetzen. Da die Social-Justice-Bewegung offiziell keine Religion ist und da die Ziele echter sozialer Gerechtigkeit mit der Antidiskriminierungsgesetzgebung übereinstimmen, wurde ihr erlaubt, die üblichen Schranken zu umgehen, die verhindern, dass ein Glaubenssystem anderen aufgezwungen wird. Als Liberale müssen wir uns gegen diese Zumutung wehren und das Recht unserer Mitmenschen verteidigen, nicht an die Lehre der Social-Justice-Bewegung zu glauben, ohne dafür in irgendeiner Form bestraft zu werden. Alle öffentlichen Institutionen und Organisationen sollten das Recht haben, von ihren Studenten, Angestellten oder Nutzern zu verlangen, dass diese niemanden diskriminieren, und sie sollten auf Gleichbehandlung achten, aber sie sollten nicht in der Lage sein, ein Bekenntnis zur Lehre der Social-Justice-Bewegung zu verlangen. Wir müssen gegen jede Vorschrift Einspruch erheben, die ein Bekenntnis zum offiziellen Verständnis der Social-Justice-Bewegung von Diversität, Gleichheit und Inklusion oder die Teilnahme an Diversitäts- oder Gleichheitstrainings verlangt, genauso wie wir Einspruch erheben würden, wenn eine öffentliche Einrichtung ein Bekenntnis zum christlichen oder muslimischen Glauben oder den Besuch einer Kirche oder Moschee verlangte.

Zweitens müssen wir die Ideen der Social-Justice-Bewegung auf faire Art bekämpfen. Wir glauben nicht, dass sich schlechte Ideen besiegen lassen, indem man sie unterdrückt, insbesondere dann nicht, wenn sie sozial so mächtig sind, wie es postmoderne Ideen heute sind. Stattdessen müssen sie auf dem Marktplatz der Ideen bekämpft und besiegt werden, damit sie eines natürlichen Todes sterben und zu Recht als überholt erkannt werden. Die postmoderne *Theorie* auf dem Marktplatz der Ideen zu besiegen, ist möglich, ja unvermeidlich, wenn wir sie frontal angehen und uns mit den besseren Argumenten wappnen. Zu diesem Zweck müssen wir ihre Versuche, sich einer fairen Prüfung zu entziehen, als solche entlarven und an ihre Ideen einen höheren Maßstab anlegen, der mit der Zeit erweisen mag, was an ihnen brauchbar ist. So wie sie sind, sind sie nachweislich schlecht und ethisch inkohärent. Sie können einer strengen Prüfung nicht standhalten, ohne zu implodieren und sich in einem Schwall von Widersprüchen aufzulösen. Die beteiligten akademischen Disziplinen müssen reformiert werden, um sie rigoroser und ethischer zu machen. Mit dieser Art von Problem weiß das akademische System umzugehen, und es wird eine effektive Lösung finden, sobald die Kritik an der Social-Justice-Forschung nicht mehr tabuisiert wird.

Ein Fazit und ein Statement

Es ist möglich, unser Engagement für den Liberalismus und unsere Überzeugung, dass er richtig ist, gegenüber der *Theorie* aufrechtzuerhalten, und es ist zu unserem Vorteil. Doch es kann schwierig sein. Einerseits haben neue, radikale Antworten einen gewissen Reiz. Sie werden als spannend empfunden, insbesondere wenn die Lage schwierig zu sein scheint. Probleme, die sich groß und drückend anfühlen, scheinen zu revolutionären neuen Lösungen einzuladen. Schrittweise Verbesserungen kommen einem schrecklich langsam vor, wenn *gleichzeitig* Menschen leiden. Wie immer ist das Perfekte der Feind des Guten, das gilt auch für die unrealistische Erwartung, dass ein gutes System schon lange hätte bessere Ergebnisse liefern müssen. Eine solche Erwartung ist eine Aufforderung zu Radikalismus, Autoritarismus, Fundamentalismus und Zynismus – oder zu Populismus oder Marxismus oder irgendeiner anderen Form von Utopismus, die auf dem Papier gut aussieht und in der Praxis verheerend wirkt. Sie erscheint als die notwendige Lösung für die unzähligen Weltprobleme, von denen manche wie Katastrophen aussehen (oder welche sind).

Die Antwort auf diese Probleme ist allerdings nicht neu und deshalb vielleicht nicht unmittelbar befriedigend. Sie lautet Liberalismus, und zwar sowohl was die Politik (der universelle Liberalismus ist ein Gegengift für das postmoderne politische Prinzip) als auch was die Wissensproduktion betrifft (Jonathan Rauchs «liberale Wissenschaft» ist ein Mittel gegen das postmoderne Wissensprinzip). Sie brauchen kein Experte für Jonathan Rauchs Werk oder für John Stuart Mill oder für irgendeinen anderen großen liberalen Denker zu werden. Auch ist es nicht nötig, dass Sie sich mit der *Theorie* und der Social-Justice-Forschung so vertraut machen, dass Sie sie zuverlässig widerlegen können. Aber Sie brauchen ein wenig Mut, um sich gegen etwas zu wehren, das große Macht hat. Sie müssen die *Theorie* erkennen, wenn Sie sie sehen, und sich auf die Seite der liberalen Antworten schlagen – was unter Umständen nicht komplizierter ist, als zu sagen: «Nein, das ist Ihre ideologische Überzeugung, und die muss ich nicht teilen.»

Um Ihnen die Sache zu erleichtern, möchten wir mit ein paar Beispielen schließen, wie Sie soziale Ungerechtigkeit erkennen, aber die von der Social-Justice-Bewegung vorgeschlagenen Lösungen ablehnen können. Wir hoffen, damit zu zeigen, dass Probleme der sozialen Gerechtigkeit ernst und wichtig, aber illiberale Methoden zu ihrer Bekämpfung sowohl für die betroffenen Menschen als auch für das jeweilige Anliegen bestenfalls unangemessen und schlimmstenfalls falsch, gefährlich und schädlich sind. Sie können natürlich auch Ihre eigenen Variationen von prinzipiellem Widerspruch gegen die Ideen der Social-Justice-Bewegung entwickeln.

Prinzipieller Widerspruch: Beispiel 1

Wir teilen die Ansicht, dass Rassismus bis heute ein gesellschaftliches Problem ist, das angegangen werden muss.

Wir bestreiten, dass die Critical-Race-*Theorie* und das Konzept der Intersektionalität die besten Werkzeuge liefern, um dies zu tun, weil wir der

Ansicht sind, dass sich Probleme mit Rassismus am besten durch eine möglichst rigorose Analyse lösen lassen.

Wir behaupten, dass Rassismus als vorurteilsgeprägte Einstellung und diskriminierendes Verhalten definiert ist, das sich aufgrund von Hautfarbe oder ethnischer Zugehörigkeit gegen Einzelpersonen oder Gruppen richtet, und als solches erfolgreich bekämpft werden kann.

Wir bestreiten, dass Rassismus durch Diskurse fest in die Gesellschaft eingebrannt ist, dass er unvermeidlich und in jeder Interaktion präsent ist und deshalb entdeckt und angeprangert werden kann und dass dies Teil eines ubiquitären systemischen Problems ist, welches immer und überall alles durchdringt.

Wir bestreiten, dass sich Rassismus am besten dadurch bekämpfen lässt, dass man Kategorien wie Race wieder eine soziale Bedeutung verleiht und ihre Sichtbarkeit radikal erhöht.

Wir behaupten, dass jeder Einzelne sich dafür entscheiden kann, keine rassistischen Ansichten zu vertreten, und dass dies auch von ihm erwartet werden sollte, dass das Phänomen des Rassismus im Laufe der Geschichte abgenommen hat und seltener geworden ist, dass wir einander in erster Linie als Menschen und erst in zweiter Linie als Menschen mit bestimmter Hautfarbe oder ethnischer Zugehörigkeit sehen können und sollten, dass Fragen rund um Rassismus am besten behandelt werden, indem man ehrlich über rassistische Erfahrungen spricht und dennoch auf gemeinsame Ziele und eine gemeinsame Vision hinarbeitet, und dass das Prinzip, nicht wegen der Hautfarbe oder ethnischen Zugehörigkeit zu diskriminieren, allgemein aufrechterhalten werden sollte.

Prinzipieller Widerspruch: Beispiel 2

Wir teilen die Ansicht, dass Sexismus bis heute ein gesellschaftliches Problem ist, das angegangen werden muss.

Wir bestreiten, dass *theoretische* Ansätze zu Geschlechterfragen einschließlich der Queer-*Theorie* und des intersektionalen Feminismus, die auf der Grundlage von Theorien arbeiten, die den Menschen in Bezug auf Geschlecht und Gender als unbeschriebenes Blatt betrachten, dafür geeignet sind, das Problem anzugehen, weil es unserer Ansicht nach notwendig ist, die biologischen Realitäten zur Kenntnis zu nehmen, um solche Probleme zu lösen.

Wir behaupten, dass Sexismus als vorurteilsgeprägte Einstellung und diskriminierendes Verhalten definiert ist, das sich aufgrund ihres Geschlechts gegen Einzelpersonen oder Gruppen richtet, und als solches erfolgreich bekämpft werden kann.

Wir bestreiten, dass Sexismus und Frauenfeindlichkeit systemische Kräfte sind, die selbst in Abwesenheit sexistischer oder frauenfeindlicher Personen in der gesamten Gesellschaft durch Sozialisation, Erwartungen und sprachliche Durchsetzung wirksam sind.

Wir bestreiten, dass es psychologisch oder kognitiv im Durchschnitt keine biologischen Unterschiede zwischen Männern und Frauen gibt und deshalb Geschlecht und Gender lediglich soziale Konstrukte sind.

Wir behaupten, dass Männer und Frauen gleichwertige Menschen sind, die jeweils im gleichen Ausmaß aufgrund ihres Geschlechts diskriminiert werden können, dass sexistische Handlungen vorsätzliche Handlungen sind, verübt von Personen, von denen man ein anderes Verhalten erwarten sollte, und dass Geschlecht und Gender sowohl biologische als auch soziale Ursprünge haben, die anerkannt werden müssen, um das menschliche Zusammenleben zu verbessern.

Prinzipieller Widerspruch: Beispiel 3

Wir teilen die Ansicht, dass Diskriminierung und Voreingenommenheit gegen sexuelle Minderheiten bis heute ein gesellschaftliches Problem sind, das angegangen werden muss.

Wir bestreiten, dass dieses Problem von der Queer-*Theorie* gelöst werden kann, die versucht, alle für Geschlecht, Gender oder sexuelle Orientierung relevanten Kategorien für bedeutungslos zu erklären.

Wir behaupten, dass Homophobie und Transphobie als vorurteilsbehaftete Einstellungen und diskriminierende Handlungen definiert sind, die sich auf die sexuelle Orientierung oder Geschlechtsidentität homosexueller und transgender Menschen beziehen.

Wir bestreiten, dass die Demontage der Kategorien Geschlecht, Gender oder sexuelle Orientierung oder die Einführung des Konzepts einer repressiven «Heteronormativität» und «Cisnormativität», die nur Heterosexualität und eine mit dem biologischen Geschlecht übereinstimmende Geschlechtsidentität als normal anerkennen, der beste Weg sind, um die Gesellschaft für sexuelle Minderheiten angenehmer zu gestalten.

Wir behaupten, dass sexuelle Minderheiten ebenfalls «normal» sind und eine natürliche Variation sexueller Orientierung und Geschlechtsidentität darstellen, die mit Leichtigkeit als solche akzeptiert werden kann, genau wie andere Variationen (etwa rote Haare oder Linkshändigkeit) heute schon als Merkmale einer Minderheit von Menschen erkannt werden, die als völlig normale menschliche Individuen und geschätzte Mitglieder der Gesellschaft gelten. Homophobie und Transphobie sind vorsätzliche Handlungen, die von Personen begangen werden, von denen man etwas anderes erwarten sollte.

Wir könnten Beispiele für weitere Themen geben, die derzeit von der *Theorie* dominiert werden: Kolonialismus, Behinderte, Fettleibigkeit und so weiter, aber es ist ohnedies schon klar, worauf wir hinauswollen. Deshalb nur noch ein letztes, allgemeineres Beispiel, das sich auf die zur Social-Justice-Forschung mutierte *Theorie* bezieht.

Prinzipieller Widerspruch: Beispiel 4

Wir teilen die Ansicht, dass es bis heute soziale Ungerechtigkeit gibt und Forschung über Probleme sozialer Gerechtigkeit notwendig und wichtig ist.

Wir teilen die Ansicht, dass interdisziplinäre theoretische Ansätze, auch bei der Forschung zu Race, Gender, sexueller Orientierung, Kultur und Identität, in den Geisteswissenschaften wichtig sind.

Wir teilen die Ansicht, dass viele Ideen, die wir unter anderem auch dem verdinglichten Postmodernismus der Social-Justice-Forschung verdanken, aufschlussreich sind. Dies gilt zum Beispiel für den grundlegenden Gedanken der Intersektionalität, dass Menschen mit sich «überschneidenden» Identitäten oft einzigartigen Ungerechtigkeiten ausgesetzt sind und spezieller Aufmerksamkeit bedürfen. Diese Ideen haben es verdient, zur Bewertung, Anpassung, weiteren Untersuchung, Verfeinerung und eventuellen späteren Anwendung auf den Marktplatz der Ideen gebracht zu werden.

Wir bestreiten, dass irgendwelche Ideen, Ideologien oder politischen Ansichten als autoritative Position irgendeiner Identitätsgruppe identifiziert werden können, da solche Gruppen aus Individuen mit unterschiedlichen Ideen und einer gemeinsamen Menschlichkeit bestehen.

Wir bestreiten den Wert jeder Forschung, die die Möglichkeit objektiven Wissens oder die Wichtigkeit konsistenter Prinzipien bestreitet, und behaupten, dass sie ideologisch befangen und keine Wissenschaft ist.

Wir bestreiten den Wert jedes theoretischen Ansatzes, der sich der Kritik und möglicher Falsifikation entzieht, und behaupten, dass es sich bei einem solchen eher um Sophisterei als um Wissenschaft handelt.

Wir bestreiten, dass ein Ansatz, der von der Existenz eines (beispielsweise systemischen) Problems ausgeht und dann «kritisch» nach Beweisen für dessen Existenz sucht, insbesondere als Form von Wissenschaft irgendeinen signifikanten Wert besitzt.

Wir vertreten die Ansicht, dass die Methoden der Social-Justice-Forschung einen immensen wissenschaftlichen Wert haben und die Sache der Menschheit beträchtlich voranbringen könnten (nicht zuletzt was die Verwirklichung sozialer Gerechtigkeit betrifft), wenn sie reformiert und wissenschaftlich hieb- und stichfest gemacht werden.

Danksagung

Viele haben dazu beigetragen, dass diese Arbeit in klarer und zugänglicher Form vorliegt, und es würde den Platz sprengen, sie alle an dieser Stelle zu nennen. Unser Dank geht insbesondere an Mike Nayna, schwer geprüfter Lektor der vielen frühen Fassungen dieses Buches und wichtigster Berater, was die Lesbarkeit für den Laien betrifft. Wir danken auch Peter Bogossian für Unterstützung und Rat und dafür, dass er uns dazu angehalten hat, unsere Ansichten lieber in diesem Buch aufzuschreiben als auf Twitter zu diskutieren. Ein spezielles Dankeschön geht an Jonathan Church für die ergiebigen Diskussionen über die Arbeit DiAngelos über weiße Fragilität; seine Aufdeckung des Irrtums der Verdinglichung hat außerdem wesentlich dazu beigetragen, dass wir das dritte Stadium des postmodernen Denkens identifizieren konnten. Alan Sokal sei an dieser Stelle für seine sorgsame Lektüre des Manuskripts gedankt und für die vielen hilfreichen Anregungen und Klarstellungen, die den Text verbessert haben. Wir danken ganz besonders unserer Lektorin, Iona Italia, die unübertroffene Wortschmiedin, und allen anderen für ihr Feedback, ihre Unterstützung und Ermutigung, darunter insbesondere Gauri Hopkins, Dayne und Clyde Ranthouse, Heather Heying und Bret Weinstein.

Ausgewählte Bibliografie

Abelson, Miriam J., «Dangerous Privilege: Trans Men, Masculinities, and Changing Perceptions of Safety», in: *Sociological Forum* 29, Nr. 3 (2014), S. 549–570.

Allen, Amy, «Power/Knowledge/Resistance: Foucault and Epistemic Injustice», in: *The Routledge Handbook of Epistemic Injustice,* hrsg. v. Ian James Kidd, José Medina und Gaile Pohlhaus, jr., S. 187–194, New York: Routledge, 2017.

Amoore, Louise, *The Global Resistance Reader,* London: Routledge, 2005.

Anderson, Elizabeth, «Epistemic Justice as a Virtue of Social Institutions», in: *Social Epistemology* 26, Nr. 2 (2012), S. 163–173.

Anderson, Eric, *Inclusive Masculinity: The Changing Nature of Masculinities,* London: Routledge, 2012.

Anderson, Walter Truett, *The Fontana Postmodernism Reader,* London: Fontana Press, 1996.

Andrews, Kehinde, «Preface», in: *Rhodes Must Fall: The Struggle to Decolonise the Racist Heart of Empire,* hrsg. v. Roseanne Chantiluke, Brian Kwoba und Athinangamso Nkopo, London: Zed Books, 2018.

Aphramor, Lucy und Jacqui Gringas, «Disappeared Feminist Discourses on Fat in Dietetic Theory and Practice», in: *The Fat Studies Reader,* hrsg. v. Esther D. Rothblum und Sondra Solovay, S. 97–105, New York: New York University Press, 2009.

Applebaum, Barbara, *Being White, Being Good: White Complicity, White Moral Responsibility, and Social Justice Pedagogy,* Lanham: Lexington Books, 2010.

Babbit, Susan E., «Epistemic and Political Freedom», in: *The Routledge Handbook of Epistemic Injustice,* hrsg. v. Ian James Kidd, José Medina und Gaile Pohlhaus, jr., S. 261–269, London: Routledge, 2017.

Bacon, Linda, *Health at Every Size: The Surprising Truth about Your Weight,* Dallas, Texas: BenBella Books, 2010.

Bailey, Alison, «The Unlevel Knowing Field: An Engagement with Dotson's Third-Order Epistemic Oppression», in: *Social Epistemology Review and Reply Collective* 3, Nr. 10 (2014), S. 62–68, ssrn.com/abstract=2 798 934.

Bailey, Alison, «Tracking Privilege-Preserving Epistemic Pushback in Feminist und Critical Race Philosophy Classes», in: *Hypatia* 32, Nr. 4 (2017), S. 876–892.

Barthes, Roland, «Tod des Autors», in: *Texte zur Theorie der Autorschaft,* hrsg. v. Fotis Jannidis, Ditzingen: Reclam, 2000.

Baron-Cohen, Simon und Michael V. Lombardo, «Autism and Talent: The Cognitive and Neural Basis of Systemizing», in: *Dialogues in Clinical Neuroscience* 19, Nr. 4 (2017), S. 345–353.

Baudrillard, Jean, *Der symbolische Tausch und der Tod,* übers. v. Gerd Bergfleth, Gabriele Ricke, Ronald Vouillé, Berlin: Matthes & Seitz, 2011.

– *Simulacra and Simulation,* übers. v. Sheila Faria Glaser, Ann Arbor: University of Michigan Press, 1997.

Bell, Derrick A., «Brown v. Board of Education and the Interest-Convergence Dilemma», in: *Harvard Law Review* 93, Nr. 3 (1980), S. 518–533.

– *Race, Racism, and American Law,* Boston: Little, Brown, and Co., 1984.

– «Racial Realism», in: *Connecticut Law Review* 24, Nr. 2 (1992) S. 363–379.

– *And We Are Not Saved: The Elusive Quest for Racial Justice,* New York: Basic Books, 2008.

Berenstain, Nora, «Epistemic Exploitation», in: *Ergo, an Open Access Journal of Philosophy* 3, Nr. 22 (2016), S. 569–590.

Beauvoir, Simone de, *Das andere Geschlecht. Sitte und Sexus der Frau,* übers. v. Uli Aumüller und Grete Osterwald, Reinbek: Rowohlt, 2011.

Bhabha, Homi K., *Die Verortung der Kultur,* übers. v. M. Schiffmann und J. Freudl, Tübingen: Stauffenburg Verlag, 2000.

Bhambra, Gurminder K., Dalia Gebrial und Kerem Nişancıoğlu (Hrsg.), *Decolonising the University,* London: Pluto Press, 2018.

Bishop, Alan J., «Western Mathematics: The Secret Weapon of Cultural Imperialism», in: *Race & Class* 32, Nr. 2 (1990), S. 51–65.

Bleier, Ruth, *Science and Gender: A Critique of Biology and Its Theories on Women,* New York: Pergamon Press, 1984.

Bohman, James, «Critical Theory», in: *Stanford Encyclopedia of Philosophy,* hrsg. v. Edward N. Zalta (Winter 2019 Edition), https://plato.stanford.edu/archives/win2019/entries/critical-theory/.

Boyd, Brian, *Evolution, Literature and Film: A Reader,* New York: Columbia University Press, 2010.

Bricmont, Jean, *La République des censeurs,* Paris: L'Herne, 2014.

Butler, Judith, *Körper von Gewicht,* übers. v. Karin Wördemann, Berlin: Berlin Verlag, 1995.

– «Contingent Foundations: Feminism and the Question of ‹Postmodernism›», in: *The Postmodern Turn: New Perspectives on Social Theory,* hrsg. v. Steven Seidman, S. 153–170, Cambridge: Cambridge University Press, 1994.

– *Das Unbehagen der Geschlechter,* übers. v. Kathrina Menke, Frankfurt am Main: Suhrkamp, 2021.

Campbell, Bradley und Jason Manning, *The Rise of Victimhood Culture: Microaggressions, Safe Spaces, and the New Culture Wars,* New York: Palgrave Macmillan, 2018.

Campbell, Fiona Kumari, *Contours of Ableism: The Production of Disability and Abledness,* New York: Palgrave Macmillan, 2012.

Chantiluke, Roseanne, Brian Kwoba und Athinangamso Nkopo (Hrsg.), *Rhodes Must Fall: The Struggle to Decolonise the Racist Heart of Empire,* London: Zed Books, 2018.

Chen, Mel Y., *Animacies: Biopolitics, Racial Mattering, and Queer Affect,* Durham, North Carolina: Duke University Press, 2012.

Cho, Sumi, Kimberlé Williams Crenshaw und Leslie McCall, «Toward a Field of Intersectionality Studies: Theory, Applications, and Praxis», in: *Signs: Journal of Women in Culture and Society* 38, Nr. 4 (2013), S. 785–810.

Christakis, Nicholas A., *Blueprint: The Evolutionary Origins of a Good Society,* New York: Little, Brown, Spark, 2019.

Code, Lorraine, «Epistemic Responsibility», in: *The Routledge Handbook of Epistemic Injustice,* hrsg. v. Ian James Kidd, José Medina und Gaile Pohlhaus, jr., S. 89–99, London: Routledge, 2017.

Collins, Patricia Hill, «Toward a New Vision: Race, Class, and Gender as Categories of Analysis and Connection», in: *Race, Sex & Class* 1, Nr. 1 (1993), S. 25–45.

– *Black Feminist Thought: Knowledge, Consciousness, and the Politics of Empowerment,* New York: Routledge, 2015.

– «Intersectionality and Epistemic Injustice», in: *The Routledge Handbook of Epistemic Injustice,* hrsg. v. Ian James Kidd, José Medina und Gaile Pohlhaus, jr., S. 115–124, London: Routledge, 2017.

Collins, Patricia Hill und Sirma Bilge, *Intersectionality,* Cambridge: Polity Press, 2016.

Connell, Catherine, «Doing, Undoing, or Redoing Gender?», *Gender & Society* 24, Nr. 1 (2010), S. 31–55.

Connell, Raewyn, *Der gemachte Mann: Konstruktion und Krise von Männlichkeiten,* übers. v. Christian Stahl, Wiesbaden: Springer Verlag, 2014.

Conrad, Joseph, *Herz der Finsternis,* übers. v. Urs Widmer, Zürich: Haffmanns, 1992.

Cooper, Charlotte, *Fat Activism: A Radical Social Movement,* Bristol, England: Hammer On Press, 2016.

Courville, Mathieu E., «Genealogies of Postcolonialism: A Slight Return from Said and Foucault Back to Fanon and Sartre», in: *Studies in Religion/Sciences Religieuses* 36, Nr. 2 (2007), S. 215–240.

Coveney, John und Sue Booth, *Critical Dietetics and Critical Nutrition Studies,* Cham, Schweiz: Springer, 2019.

Crenshaw, Kimberlé, «Mapping the Margins: Intersectionality, Identity Politics, and Violence against Women of Color», in: *Stanford Law Review* 43, Nr. 6 (1991), S. 1241–1299.

– «Demarginalizing the Intersection of Race and Sex: A Black Feminist Critique of Antidiscrimination Doctrine, Feminist Theory, and Antiracist Politics», in: *Feminist Legal Theory* (2018), S. 57–80.

Deleuze, Gilles und Felix Guattari, *Anti-Ödipus. Kapitalismus und Schizophrenie I*, übers. v. Bernd Schwibs, Frankfurt am Main: Suhrkamp, 1977.

Delgado, Richard und Jean Stefancic, *Critical Race Theory: An Introduction*, New York: New York University Press, 2017.

Derrida, Jacques, *Grammatologie*, übers. v. Hans Jörg Rheinberger und Hanns Zischler, Frankfurt am Main: Suhrkamp, 1983.

– *Die Stimme und das Phänomen: Einführung in das Problem des Zeichens in der Phänomenologie Husserls*, übers. v. Hans-Dieter Gondek, Frankfurt am Main: Suhrkamp, 1975.

– *Die Schrift und die Differenz*, übers. v. Ulrich Köppen, Frankfurt am Main: Suhrkamp, 1989.

Descartes, René, *Bericht über die Methode, die Vernunft richtig zu führen und die Wahrheit in den Wissenschaften zu erforschen*, hrsg. u. übers. v. Holger Ostwald, Ditzingen: Reclam, 2021.

Detmer, David, *Challenging Postmodernism: Philosophy and the Politics of Truth*, Amherst, New York: Humanity Books, 2003.

DiAngelo, Robin J., «White Fragility», in: *International Journal of Critical Pedagogy* 3, Nr. 3 (2011), S. 54–70.

– *Wir müssen über Rassismus sprechen. Was es bedeutet, in unserer Gesellschaft Weiß zu sein*, übers. v. Ulrike Bischoff, Hamburg: Hoffmann und Campe, 2020.

Donaldson, Laura E., «Writing the Talking Stick: Alphabetic Literacy as Colonial Technology and Postcolonial Appropriation», in: *American Indian Quarterly* 22, Nr. 1/2 (1998), S. 46–62.

Dotson, Kristie, «Tracking Epistemic Violence: Tracking Practices of Silencing», in: *Hypatia* 26, Nr. 2 (2011), S. 236–257.

– «How Is This Paper Philosophy?», in: *Comparative Philosophy: An International Journal of Constructive Engagement of Distinct Approaches toward World Philosophy* 3, Nr. 1 (2012), Article 5.

– «Conceptualizing Epistemic Oppression», in: *Social Epistemology* 28, Nr. 2 (2014), S. 115–138.

Douglass, Frederick, *Das Leben des Frederick Douglass als Sklave in Amerika, von ihm selbst erzählt*, übers. v. Dietlinde Haug, Göttingen: Lamuv, 1991.

Dowd, Nancy E., *The Man Question: Male Subordination and Privilege*, New York: New York University Press, 2016.

Du Bois, W. E. B., *Die Seelen der Schwarzen*, übers. v. Jürgen Meyer-Wendt, Freiburg: Orange Press, 2003.

Fahs, Breanne und Michael Karger, «Women's Studies as Virus: Institutional Feminism, Affect, and the Projection of Danger», in: *Multidisciplinary Journal of Gender Studies* 5, Nr. 1 (2016), S. 929–957.

Falk, Armin und Johannes Hermle, «Relationship of Gender Differences in Preferences to Economic Development and Gender Equality», in: *Science* 362, Nr. 6412 (2018), eaas9899.

Fanon, Frantz, *Die Verdammten dieser Erde,* übers. v. Traugott König, Frankfurt am Main: Suhrkamp, 2015.

– *Aspekte der algerischen Revolution,* übers. v. Peter-Anton von Arnim, Frankfurt am Main: Suhrkamp, 1969.

– *Schwarze Haut, weiße Masken,* übers. v. Eva Moldenhauer, Wien, Berlin: Turia + Kant, 2016.

Farrell, Amy Erdman, *Fat Shame: Stigma and the Fat Body in American Culture,* New York: New York University Press, 2011.

Fawcett, Edmund, *Liberalism: The Life of an Idea,* Princeton, New Jersey: Princeton University Press, 2015.

Festinger, Leon, Henry W. Riecken und Stanley Schachter, *When Prophecy Fails: A Social and Psychological Study of a Modern Group That Predicted the Destruction of the World,* New York: Harper Torchbooks, 1956.

Michel Foucault, *Archäologie des Wissens,* übers. v. Ulrich Köppen, Frankfurt am Main: Suhrkamp, 1981.

– *Die Geburt der Klinik: eine Archäologie des ärztlichen Blicks,* übers. v. Walter Seitter, Frankfurt am Main: Fischer, 1988.

– *Die Ordnung der Dinge: eine Archäologie der Humanwissenschaften,* übers. v. Ulrich Köppen, Frankfurt am Main: Suhrkamp, 1974.

– «On the Genealogy of Ethics: An Overview of Work in Progress», Afterword to *Michel Foucault: Beyond Structuralism and Hermeneutics*, 2. Aufl., Hubert L. Dreyfus und Paul Rabinow, Chicago: University of Chicago Press, 1983.

– *Sexualität und Wahrheit, Bd. 1: Der Wille zum Wissen,* übers. v. Ulrich Raulff und Walter Seitter, Frankfurt am Main: Suhrkamp, 1977.

– *Wahnsinn und Gesellschaft: eine Geschichte des Wahns im Zeitalter der Vernunft,* übers. v. Ulrich Köppen, Frankfurt am Main: Suhrkamp, 1973.

Freeman, Alan David, «Legitimizing Racial Discrimination Through Antidiscrimination Law: A Critical Review of Supreme Court Doctrine», in: *Minnesota Law Review* 62, Nr. 1049 (1978), S. 1049–1119, scholarship.law.umn.edu/mlr/804.

Freeman, Elizabeth, *Time Binds: Queer Temporalities, Queer Histories,* Durham, North Carolina: Duke University Press, 2010.

Fricker, Miranda, *Epistemic Injustice: Power and the Ethics of Knowing,* Oxford: Oxford University Press, 2007.

Friedan, Betty, *Der Weiblichkeitswahn. Ein vehementer Protest gegen das Wunschbild von der Frau,* übers. v. Margaret Carroux, Reinbek: Rowohlt, 1986.

Gikandi, Simon, «Poststructuralism and Postcolonial Discourse», in: *Cambridge Companion to Postcolonial Studies,* hrsg. v. Neil Lazarus, Cambridge: Cambridge University Press, 2004.

Gebrial, Dalia, «Rhodes Must Fall: Oxford and Movements for Change», in: *Decolonising the University,* hrsg. v. Gurminder K. Bhambra, Dalia Gebrial und Kerem Nişancıoğlu, S. 19–36, London: Pluto Press, 2018.

Gillborn, David, «Intersectionality, Critical Race Theory, and the Primacy of Racism», in: *Qualitative Inquiry* 21, Nr. 3 (2015), S. 277–287.

Goodley, Dan, *Dis/ability Studies: Theorising Disablism and Ableism,* New York: Routledge, 2014.

Gopnik, Adam, *A Thousand Small Sanities: the Moral Adventure of Liberalism,* London: Riverrun, 2019.

Gordon, Linda, «‹Intersectionality›, Socialist Feminism and Contemporary Activism: Musings by a Second-Wave Socialist Feminist», in: *Gender & History* 28, Nr. 2 (2016), S. 340–357.

Gossett, Thomas F., *Race: The History of an Idea in America.* Oxford: Oxford University Press, 1997.

Gottschall, Jonathan, *Literature, Science and a New Humanities,* New York: Palgrave Macmillan, 2008.

Grasswick, Heidi, «Epistemic Injustice in Science», in: *The Routledge Handbook of Epistemic Injustice,* hrsg. v. Ian James Kidd, José Medina und Gaile Pohlhaus, jr., S. 313–323, London: Routledge, 2017.

Greer, Germaine, *Der weibliche Eunuch: Aufruf zur Befreiung der Frau,* übers. v. Marianne Dommermuth, München: Deutscher Taschenbuch Verlag, 2000.

Grey, Sandra J., «Activist Academics: What Future?», *Policy Futures in Education* 11, Nr. 6 (2013), S. 700–711.

Haidt, Jonathan, *The Righteous Mind: Why Good People Are Divided by Politics and Religion,* New York: Penguin Books, 2013.

Halberstam, Judith, *In a Queer Time and Place: Transgender Bodies, Subcultural Lives,* New York: New York University Press, 2005.

Halperin, David M., *One Hundred Years of Homosexuality: And Other Essays on Greek Love,* London: Routledge, 1990.

– *Saint Foucault: Towards a Gay Hagiography,* New York: Oxford University Press, 1997.

– «The Normalization of Queer Theory», in: *Journal of Homosexuality* 45, Nr. 2–4 (2003), S. 339–343.

Hancock, Ange-Marie, *Intersectionality: An Intellectual History,* New York: Oxford University Press, 2016.

Haraway, Donna, «Situated Knowledges: The Science Question in Feminism and the Privilege of Partial Perspective», in: *Feminist Studies* 14, Nr. 3 (1988), S. 575–599.

Harding, Sandra, «Rethinking Standpoint Epistemology: What Is ‹Strong Objectivity›?», in: *Centennial Review* 36, Nr. 3 (1992), S. 437–470.

– *Whose Science/Whose Knowledge?,* Ithaca, New York: Cornell University Press, 1991.

– *The Science Question in Feminism,* Ithaca, New York: Cornell University Press, 1993.

– *Feminism and Methodology: Social Science Issues,* Bloomington, Indiana: Indiana University Press, 1996.

– «Gender, Development, and Post-Enlightenment Philosophies of Science», in: *Hypatia* 13, Nr. 3 (1998), S. 146–167.

Harris, Angela P., «Race and Essentialism in Feminist Legal Theory», in: *Stanford Law Review* 42, Nr. 3 (1990), S. 581–616.

Harvey, David, *The Condition of Postmodernity,* Cambridge, Massachusetts: Blackwell, 2000.

Hawking, Stephen und Leonard Mlodinow, *Der große Entwurf: eine neue Erklärung des Universums,* übers. v. Hainer Kober, Reinbek bei Hamburg: Rowohlt, 2010.

Hegel, Georg W. F., *Die Phänomenologie des Geistes,* Bamberg/Würzburg: Verlag Joseph Anton Goebhardt, 1807.

Hicks, Stephen R. C., *Explaining Postmodernism: Skepticism and Socialism from Rousseau to Foucault,* Tempe, Arizona: Scholargy Publishing, 2004.

Hiraldo, Payne, «The Role of Critical Race Theory in Higher Education», in: *Vermont Connection* 31, Nr. 7 (2010), Article 7, scholarworks.uvm.edu/tvc/vol31/iss1/7.

Hirschmann, Nancy J., «Choosing Betrayal», in: *Perspectives on Politics* 8, Nr. 1 (2010), S. 271–278.

hooks, bell, «Postmodern Blackness», in: *The Fontana Postmodernism Reader,* hrsg. v. Walter Truett Anderson, 113–120, London: Fontana Press, 1996.

– «Racism and Feminism: The Issue of Accountability», in: *Making Sense of Women's Lives: An Introduction to Women's Studies,* hrsg. v. Lauri Umansky, Paul K. Longmore und Michele Plott, 388–411, Lanham, Maryland: Rowman & Littlefield, 2000.

Horowitz, Mark, Anthony Haynor und Kenneth Kickham, «Sociology's Sacred Victims and the Politics of Knowledge: Moral Foundations Theory and Disciplinary Controversies», in: *American Sociologist* 49, Nr. 4 (2018), S. 459–495.

Hutcheon, Linda, «‹Circling the Downspout of Empire›», in: *Past the Last Post: Theorizing Post-Colonialism and Post-Modernism,* hrsg. v. Ian Adam und Helen Tiffin, 167–189, London: Harvester/Wheatsheaf, 1991.

Jackson, Stevi, «Why a Materialist Feminism Is (Still) Possible – and Necessary», in: *Women's Studies International Forum* 24, Nr. 3–4 (2001), S. 283–293.

Jagose, Annamarie, *Queer Theory: Eine Einführung,* übers. u. hrsg.. v. Corinna Genschel, Caren Lay, Nancy Wagenknecht und Volker Woltersdorff, Berlin: Queerverlag, 2001.

Jameson, Fredric, *Postmodernism: Or, the Cultural Logic of Late Capitalism*, New York: Verso Books, 2019.

Jolivétte, Andrew, *Research Justice: Methodologies for Social Change,* Bristol, England: Policy Press, 2015.

Jordan, Winthrop D., *White over Black American Attitudes toward the Negro, 1550–1812,* Chapel Hill, North Carolina: University of North Carolina Press, 2012.

Kid, Ian James, José Medina und Gaile Pohlhaus, «Introduction», in: *The Routledge Handbook of Epistemic Injustice,* hrsg. v. Ian James Kid, José Medina und Gaile Pohlhaus, jr., S. 1–9, London: Routledge, 2017.

Kimmel, Michael S., *The Politics of Manhood: Profeminist Men Respond to the Mythopoetic Men's Movement (and the Mythopoetic Leaders Answer),* Philadelphia: Temple University Press, 1995.

Kramer, Caroline K., Bernard Zinman und Ravi Retnakaran, «Are Metabolically Healthy Overweight and Obesity Benign Conditions? A Systematic Review and Meta-analysis», in: *Annals of Internal Medicine* 159, Nr. 11 (3. Dezember 2013), https://www.acpjournals.org/doi/10.7326/0003-4819-159-11-201312030-00008?doi=10.7326%2F0003–4819–159–11–201 312 030–00 008&.

Koehler, Daniel, «Violence and Terrorism from the Far-Right: Policy Options to Counter an Elusive Threat», in: *Terrorism and Counter-Terrorism Studies* (Februar 2019), doi.org/10.19 165/2019.2.02.

Kraß, Andreas (Hrsg.), *Queer denken: Queer Studies,* Frankfurt am Main: Suhrkamp, 2003.

Kupers, Terry A., «Toxic Masculinity as a Barrier to Mental Health Treatment in Prison», in: *Journal of Clinical Psychology* 61, Nr. 6 (2005), S. 713–724.

Kvale, Steinar, «Themes of Postmodernity», in: *The Fontana Postmodernism Reader,* hrsg. v. Walter Truett Anderson, S. 18–25, London: Fontana Press, 1996.

Landén, Mikael und Sune Innala, «The Effect of a Biological Explanation on Attitudes towards Homosexual Persons. A Swedish National Sample Study», in: *Nordic Journal of Psychiatry* 56, Nr. 3 (2002), S. 181–186.

Langton, Rae, «Epistemic Injustice: Power and the Ethics of Knowing by Miranda Fricker», Book review, *Hypatia* 25, Nr. 2 (2010), S. 459–464.

Lauretis, Teresa de, *Queer Theory: Lesbian and Gay Sexualities,* Providence, Rhode Island: Brown University Press, 1991.

LeBesco, Kathleen, «Prescription for Harm: Diet Industry Influence, Public Health Policy, and the ‹Obesity Epidemic›», in: *The Fat Studies Reader,* hrsg. v. Esther D. Rothblum und Sondra Solovay, S. 65–74, New York: New York University Press, 2009.

Lind, Rebecca Ann, «A Note From the Guest Editor», in: *Journal of Broadcasting & Electronic Media* 54 (2010), S. 3 ff.

Lorber, Judith, «Shifting Paradigms and Challenging Categories», in: *Social Problems* 53, Nr. 4 (2006), S. 448–453.

Lorde, Audre, *Sister Outsider: Essays and Speeches,* Berkeley, Kalifornien: Crossing Press, 2007.

Lukianoff, Greg und Jonathan Haidt, *The Coddling of the American Mind: How Good Intentions and Bad Ideas Are Setting Up a Generation for Failure,* New York: Penguin Books, 2019.

Lyotard, Jean-François, *Das postmoderne Wissen: Ein Bericht,* übers. v. Otto Pfersmann, Wien: Passagen-Verlag, 2015.

Maldonado-Torres, Nelson, Rafael Vizcaíno, Jasmine Wallace und Jeong Eun Annabel, «Decolonizing Philosophy», in: *Decolonising the University,* hrsg. v. Gurminder K. Bhambra, Dalia Gebrial und Kerem Nişancıoğlu, S. 64–89, London: Pluto Press, 2018.

Manne, Kate, *Down Girl. Die Logik der Misogynie,* übers. v. Ulrike Bischoff, Berlin: Suhrkamp, 2019.

McLeod, John (Hrsg.), *The Routledge Companion to Postcolonial Studies,* London: Routledge, 2007.

McHale, Brian, *The Cambridge Introduction to Postmodernism,* Cambridge: Cambridge University Press, 2015.

McIntosh, Peggy, *On Privilege, Fraudulence, and Teaching As Learning: Selected Essays 1981–2019,* New York: Taylor & Francis, 2019.

McRuer, Robert und Michael Bérubé, *Crip Theory: Cultural Signs of Queerness and Disability,* New York: New York University Press, 2006.

Medina, José, *The Epistemology of Resistance: Gender and Racial Oppression, Epistemic Injustice, and Resistant Imaginations,* New York: Oxford University Press, 2013.

– «Varieties of Hermeneutical Injustice», in: *The Routledge Handbook of Epistemic Injustice,* hrsg. v. Ian James Kidd, José Medina und Gaile Pohlhaus, jr., S. 41–52, London: Routledge, 2017.

Mill, John Stuart, *Über die Freiheit,* übers. v. Bruno Lemke, Stuttgart: Reclam, 1986.

Millett, Kate, *Sexus und Herrschaft: die Tyrannei des Mannes in unserer Gesellschaft,* übers. v. Ernestine Schlant, Köln: Kiepenheuer & Witsch, 2018.

Mills, Charles, «Ideology», in: *The Routledge Handbook of Epistemic Injustice,* hrsg. v. Ian James Kidd, José Medina und Gaile Pohlhaus, jr., S. 100 f., London: Routledge, 2017.

Mitchell, Allyson, «Sedentary Lifestyle: Fat Queer Craft», in: *Fat Studies* 7, Nr. 2 (2017), S. 147–158.

Morton, Stephen, «Poststructuralist Formulations», in: *The Routledge Companion to Postcolonial Studies,* hrsg. v. John McCleod, S. 161–172, London: Routledge, 2007.

Mutua, Kagendo und Beth Blue Swadener, *Decolonizing Research in Cross-cultural Contexts: Critical Personal Narratives,* Albany, New York: SUNY Press, 2011.

Nanda, Meera, «We Are All Hybrids Now: The Dangerous Epistemology of Postcolonial Populism», in: *Journal of Peasant Studies* 28, Nr. 2 (2001), S. 162–186.

Neill, Michael, «‹Mulattos›, ‹Blacks›, and ‹Indian Moors›: Othello and Early Modern Constructions of Human Difference», in: *Shakespeare Quarterly* 49, Nr. 4 (1998), S. 361–374.

Norwood, Carolette R., «Decolonizing My Hair, Unshackling My Curls: An Autoethnography on What Makes My Natural Hair Journey a Black Feminist Statement», in: *International Feminist Journal of Politics* 20, Nr. 1 (2017), S. 69–84.

Oliver, Michael, Bob Sapey und Pam Thomas, *Social Work with Disabled People,* Basingstoke: Palgrave Macmillan, 2012.

Ortner, Sherry B., «Is Female to Male as Nature Is to Culture?», in: *Woman, Culture, and Society,* hrsg. v. Michelle Zimbalist Rosaldo und Louise Lamphere, S. 67–88, Palo Alto, Kalifornien: Stanford University Press, 1974.

Perna, Laura W., *Taking It to the Streets: The Role of Scholarship in Advocacy and Advocacy in Scholarship,* Baltimore: Johns Hopkins University Press, 2018.

Pilcher, Jane und Imelda Whelehan, *Key Concepts in Gender Studies,* Los Angeles: Sage, 2017.

Pinker, Steven, *Das unbeschriebene Blatt: Die moderne Leugnung der menschlichen Natur,* übers. v. Hainer Kober, Berlin: Berlin Verlag, 2003.

– *Gewalt: eine neue Geschichte der Menschheit,* übers. v. Sebastian Vogel, Frankfurt am Main: Fischer, 2013.

– *Aufklärung jetzt: Für Vernunft, Wissenschaft, Humanismus und Fortschritt. Eine Verteidigung,* übers. v. Martina Wiese, Frankfurt am Main: Fischer, 2018.

Poovey, Mary, «Feminism and Deconstruction», in: *Feminist Studies* 14, Nr. 1 (1988), S. 51–65.

Rauch, Jonathan, *Kindly Inquisitors: The New Attacks on Free Thought*, Chicago: University of Chicago Press, 2014.

Rawls, John, *Eine Theorie der Gerechtigkeit,* übers. v. Hermann Vetter, Frankfurt: Suhrkamp, 1979.

Rich, Adrienne, *Compulsory Heterosexuality and Lesbian Existence,* Denver, Colorado: Antelope Publications, 1982.

Riley, Donna, *Engineering and Social Justice,* San Rafael, Kalifornien: Morgan & Claypool Publishers, 2008.

Roberson, Lara L., et al., «Beyond BMI: The ‹Metabolically Healthy Obese› Phenotype and Its Association with Clinical/Subclinical Cardiovascular Disease and All-Cause Mortality – A Systematic Review», in: *BMC Public Health* 14, Nr. 1 (2014), Article 14.

Rorty, Richard, *Der Spiegel der Natur: eine Kritik der Philosophie,* übers. v. Michael Gebauer, Frankfurt am Main: Suhrkamp, 1987.

– *Kontingenz, Ironie und Solidarität,* übers. v. Christa Krüger, Frankfurt am Main: Suhrkamp, 1991.

Rothblum, Esther D. und Sondra Solovay (Hrsg.), *The Fat Studies Reader*, New York: New York University Press, 2009.

Rubin, Gayle, «Thinking Sex: Notes for a Radical Theory of the Politics of Sexuality», in: *The Lesbian and Gay Studies Reader,* hrsg. v. Henry Abelove, Michèle Aina Barale und David M. Halperin, S. 3–44, Abingdon: Taylor & Frencis, 1993.

Said, Edward, *Orientalismus,* übers. v. Hans Günther Holl, Frankfurt am Main: Fischer, 2009.

Scuro, Jennifer, *Addressing Ableism: Philosophical Questions via Disability Studies,* Lanham, Maryland: Lexington Books, 2019.

Seidman, Steven, *The Postmodern Turn: New Perspectives on Social Theory,* Cambridge: Cambridge University Press, 1998.

Sedgwick, Eve Kosofsky, *Epistemology of the Closet,* Berkeley, Kalifornien: University of California Press, 2008.

Shapiro, Joseph P., *No Pity: People with Disabilities Forging a New Civil Rights Movement,* New York: Times Books, 1994.

Shotwell, Alexis, «Forms of Knowing and Epistemic Resources», in: *The Routledge Handbook of Epistemic Injustice,* hrsg. v. Ian James Kidd, José Medina und Gaile Pohlhaus, jr., S. 79–88, London: Routledge, 2017.

Sleeter, Christine E., «Critical Race Theory and Education», in: *Encyclopedia of Diversity in Education,* hrsg. v. James A. Banks, S. 491–495, Thousand Oaks, Kalifornien: SAGE, 2012.

Smith, Linda Tuhiwai, *Decolonizing Methodologies: Research and Indigenous Peoples,* London: Zed Books, 1999.

Sokal, Alan und Jean Bricmont, *Eleganter Unsinn: Wie die Denker der Postmoderne die Wissenschaften missbrauchen,* übers. v. Johannes Schwab und Dietmar Zimmer, München: Deutscher Taschenbuch Verlag, 2001.

Soueif, Ahdaf, «The Function of Narrative in the War on Terror», in: *War on Terror,* hrsg. v. Chris Miller, S. 28–42, Manchester: Manchester University Press, 2009.

Spivak, Gayatri Chakravorty, *Can the Subaltern Speak? Postkolonialität und subalterne Artikulation,* übers. v. Alexander Joskowicz und Stefan Nowotny, Wien/Berlin: Turia + Kant, 2008.

– «Subaltern Studies: Deconstructing Historiography», in: *Selected Subaltern Studies,* hrsg. v. Ranajit Guha and Gayatri Chakravorty Spivak, S. 3–32, New York: Oxford University Press, 1988.

Stern, Mark und Khuram Hussain, «On the Charter Question: Black Marxism and Black Nationalism», in: *Race Ethnicity and Education* 18, Nr. 1 (2014), S. 61–88.

Toth, Lucille, «Praising Twerk: Why Aren't We All Shaking Our Butt?», *French Cultural Studies* 28, Nr. 3 (2017), S. 291–302.

Tovar, Virgie, *You Have the Right to Remain Fat,* New York: Feminist Press, 2018.

Truth, Sojourner, «The Narrative of Sojourner Truth», in: *A Celebration of Women Writers,* hrsg. v. Olive Gilbert, www.digital.library.upenn.edu/women/truth/1850/1850.html.

Tuana, Nancy, «Feminist Epistemology: The Subject of Knowledge», in: *The Routledge Handbook of Epistemic Injustice,* hrsg. v. Ian James Kidd, José Medina und Gaile Pohlhaus, jr., S. 125–138, London: Routledge, 2017.

Wanderer, Jeremy, «Varieties of Testimonial Injustice», in: *The Routledge Handbook of Epistemic Injustice,* hrsg. v. Ian James Kidd, José Medina und Gaile Pohlhaus, jr., S. 27–40, London: Routledge, 2017.

Wann, Marilyn, «Foreword», in: *The Fat Studies Reader,* hrsg. v. Esther D. Rothblum und Sondra Solovay, New York: New York University Press, 2009.

West, Candace und Sarah Fenstermaker, «Doing Difference», in: *Gender and Society* 9, Nr. 1 (1995), S. 8–37.

West, Candace und Don H. Zimmerman, «Doing Gender», in: *Gender and Society* 1, Nr. 2 (1987), S. 125–151.

Williams, Patricia J., *The Alchemy of Race and Rights,* Cambridge, Massachusetts: Harvard University Press, 1991.

Wilson, E. O., «From Sociobiology to Sociology», in: *Evolution, Literature, and Film: A Reader,* hrsg. v. Brian Boyd, Joseph Carroll und Jonathan Gottschall, S. 135–143, New York: Columbia University Press, 2010.

Wolf, Allison B., «‹Tell Me How That Makes You Feel›: Philosophy's Reason/Emotion Divide and Epistemic Pushback in Philosophy Classrooms», in: *Hypatia* 32, Nr. 4 (2017), S. 893–910, doi.org/10.1111/hypa.12378.

Anmerkungen

Einführung

1 Zugunsten einer besseren Lesbarkeit findet in diesem Buch das generische Maskulinum Anwendung. Damit sind ausdrücklich alle Geschlechter gemeint.

2 James Lindsay und Helen Pluckrose, «A Manifesto against the Enemies of Modernity», in: *Areo Magazine,* 22. August 2017, areomagazine.com/2017/08/22/a-manifesto-against-the-enemies-of-modernity/.

3 Der Begriff lässt sich in seiner vielschichtigen Bedeutung im Englischen nur unzutreffend ins Deutsche übersetzen; Anm. der Übersetzer.

4 John Rawls, *Theorie der Gerechtigkeit,* Frankfurt am Main: Suhrkamp, 1979.

5 Hier nicht explizit auf die Kritische Theorie der Frankfurter Schule, sondern auf das Konzept neomarxistischer Ideologiekritik im Allgemeinen bezogen; Anm. der Übersetzer

6 In der deutschen Ausgabe kursiv geschrieben (Anm. d. Ü.).

7 Audre Lorde, *Sister Outside: Essays and Speeches,* Berkely, CA: Crossing Press, 2007, S. 110–114.

1 Postmodernismus

1 Die kritische Theorie wird häufig der berühmten Frankfurter Schule zugeschrieben, eine Sammelbezeichnung für neomarxistische Kritiker der kapitalistischen Moderne. Diese unterscheidet sich sehr deutlich von der postmodernen kritischen Theorie, häufig nur als «*Theorie*» bezeichnet, . oder spezifischeren Richtungen der kritischen *Theorie* wie etwa der «Critical Race Theory» oder der «Critical Dietics». Mitglieder der Frankfurter Schule, ganz besonders Jürgen Habermas, sahen die Postmoderne tatsächlich sehr kritisch. Zeitgenössische Ansätze, die typischerweise als «kritische Theorie» bezeichnet werden, beziehen sich häufig auf postmoderne Spielarten, da diese derzeit einen beherrschenden Einfluss auf das akademische Leben ausüben. Eine verständliche Erklärung der unterschiedlichen Bedeutungen des Begriffs «kritische Theorie» liefert James Bohman in «Critical Theory», Stanford

Encyclopedia of Philosophy, ed. Edward Zalta (Ausgabe Winter 2019), https://plato.stanford.edu/entries/critical-theory/.

Die kritische Theorie grenzt sich ihrem ursprünglichen Verständnis nach von der traditionellen Theorie ab, die alle Phänomene, eingeschlossen solche sozialer Natur, zu verstehen und zu erklären sucht, indem sie fragt, was etwas ist und wie etwas funktioniert. Im Unterschied dazu hat eine kritische Theorie folgenden drei Kriterien zu genügen: Sie muss erstens aus einer «normativen» Vision heraus entstehen, ihr muss also eine Reihe moralischer Ansichten darüber zugrunde liegen, wie die Gesellschaft eigentlich beschaffen sein sollte, und diese moralische Vision soll sowohl die Theorie durchdringen als auch als Zielsetzung für eine neue Gesellschaft dienen. Zweitens muss die kritische Theorie darlegen, was am Gesellschaftssystem falsch ist, also welche Mängel im System den normativen moralischen Anschauungen der kritischen Theorie zuwiderlaufen. Und drittens muss sie sozialen Aktivisten, die eine Veränderung der Gesellschaft herbeiführen wollen, Handlungsanweisungen liefern.

Die postmoderne *Theorie* hat die kritische Methode oder mindestens die kritische *Stimmung* der Frankfurter Schule übernommen und sie in einen strukturalistischen Kontext eingefügt, insbesondere was die Frage der Macht angeht. Das «kritische» Ziel hat sich indessen nicht verändert: die dem «System» innewohnenden Probleme für diejenigen sichtbar zu machen, die angeblich durch dieses System unterdrückt werden – wie glücklich und zufrieden sie ihr Leben auch verbringen –, bis sie dessen Mängel zu erkennen vermögen und die Revolution herbeiführen wollen. Die Frankfurter Schule entwickelte den Ansatz der kritischen Theorie, um über die orthodoxe marxistische Kapitalismuskritik hinauszugehen. Sie kritisierte die gesamte westliche Zivilisation, sowohl den Liberalismus als sozialpolitische Philosophie als auch das Denken der Aufklärung im Allgemeinen. Diesen kritischen Ansatz weiteten die Postmodernisten auf die gesamte soziale Ordnung und ihre Institutionen aus und beharrten darauf, dass sich hegemoniale Machtstrukturen (ein von Antonio Gramsci übernommenes Konzept) in allen gesellschaftlichen Bereichen finden und es somit zwingend nötig ist, diese Strukturen aufzudecken und schließlich zu überwinden.

2 Wir haben über die Notwendigkeit geschrieben, die neuzeitliche Moderne sowohl gegen die Anhänger einer Vormoderne (die uns in ein vorindustrielles Zeitalter zurückführen wollen) als auch gegen den Postmodernismus zu verteidigen. In: James Lindsay, Helen Pluckrose «A Manifesto against the Enemies of Modernity», in: *Areo Magazine,* 22. August 2017, areomagazine.com/2017/08/22/a-manifesto-against-the-enemies-of-modernity/.

3 Brian McHale, *The Cambridge Introduction to Postmodernism,* Cambridge University Press 2015, S. 1.

4 Obwohl Jacques Lacan und französische Feministinnen wie Luce Irigaray

und Julia Kristeva großen Einfluss auf die postmoderne Wende ausübten, werden wir die Psychoanalyse in diesem Buch kaum diskutieren. Ihre Ideen wurzeln mehr in der Entwicklung der Psyche und weniger im kulturellen Konstruktivismus und hatten daher nur begrenzt Einfluss auf gegenwärtige Kulturwissenschaften. Sie wurden aus diesem Grund auch als «Essenzialisten» kritisiert.

5 Eine umfassende Darstellung aller postmodernen Denker und ihrer Inspirationsquellen würde weit über das Anliegen dieses Buches hinausgehen.

6 Jean-François Lyotard, *Das postmoderne Wissen: Ein Bericht,* übers. v. Otto Pfersmann, Wien: Passagen-Verlag, 2015.

7 Jean Baudrillard, *Simulacra and Simulation,* übers. v. Sheila Faria Glaser, Ann Arbor: University of Michigan Press, 1997. Deutsche Teilausgabe: Jean Baudrillard, *Agonie des Realen,* übers. v. Lothar Kurzawa und Volker Schaefer, Berlin: Merve Verlag, 1978.

8 Baudrillard führt diese sonderbare Auffassung auf makabre und nihilistische Weise ad absurdum und ruft nach drastischen Maßnahmen, die uns in produktivere und vorindustrielle Zeiten zurückführen sollen. Jean Baudrillard, *Der symbolische Tausch und der Tod,* übers. v. Gerd Bergfleth, Gabriele Ricke und Ronald Vouillé, Berlin: Matthes & Seitz, 2011.

9 Gilles Deleuze, Félix Guattari, *Anti-Ödipus,* übers. v. Bernd Schwibs, Frankfurt am Main: Suhrkamp, 1977.

10 Frederic Jameson, *Postmodernism: Or the Cultural Logic of Late Capitalism,* New York: Verso Books, 2019.

11 David Harvey, *The Condition of Postmodernity,* Cambridge, MA: Blackwell, 2000.

12 Inwieweit eine breitere Allgemeinheit diese Auffassung über die Gesellschaft und die Skepsis im Bezug auf die Werte der Aufklärung teilte, lässt sich kaum beurteilen. Außer Frage steht jedoch, dass sich etwas Signifikantes änderte, insbesondere an den Universitäten.

13 Brian Duignan, https://www.britannica.com/topic/postmodernism-philosophy (letzter Zugriff 15. August 2019).

14 Frei nach: Walter Truett Anderson, in: *The Fontana Postmodernism Reader,* London: Fontana Press, 1996, S. 10 f.

15 Steinar Kvale, Themes of Postmodernity, ‹*The Fontana Postmodernism Reader*›, hrsg. v. Walter Truett Anderson, London: Fontana Press, 1996, S. 18.

16 Ebenda.

17 Ebenda S. 20.

18 Für den Philosophen Richard Rorty ist in diesem Zusammenhang die Umstellung von «found» zu «made» entscheidend; damit meinte er, dass die Wahrheit nicht irgendwo dort draußen entdeckt werden könne, sondern vielmehr vom Menschen konstruiert werde. Das bringt deutlich die unterschwellige postmoderne Angst im Hinblick auf die Künstlichkeit der Moderne (und

ironischerweise auch der Postmoderne) zum Ausdruck, was es uns ermöglicht, sie als eine Krise der Authentizität zu kennzeichnen. Brian McHale sieht die entscheidende Veränderung in einem Perspektivwechsel des philosophischen Schwerpunkts, nämlich vom Epistemologischen hin zum Ontologischen. Anders ausgedrückt: Statt zu untersuchen, wie wir Wissen produzieren, versuchen wir, das Wesen des Seins zu bestimmen. «Die Moderne», so McHale, «beschäftigt sich damit, *was wir wissen* und *wie wir es wissen*, damit, inwiefern Wissen zugänglich und verlässlich ist»; das führt dazu, «dass epistemologische Fragen in den Blickpunkt rücken». Im Gegensatz dazu setzte sich «die Postmoderne mit Fragestellungen auseinander, die das *Erschaffen von Realitäten* und *Seinsweisen* betreffen, statt mit Fragen in Bezug auf *Wahrnehmung* und *Wissen*. Die Ausrichtung der Postmoderne war somit *ontologisch*» (Hervorhebungen im Original). Richard Rorty, *Contingency, Irony and Solidarity*, Cambridge: Cambridge University Press, 2009, S. 3. Brian McHale, *The Cambridge Introduction to Postmodernity*, S. 14 f.

19 Steven Seidman, *The Postmodern Turn, New Perspectives on Social Theory*, Cambridge: Cambridge University Press, 1998, S. 1.

20 Anderson, *Reader*, S. 2.

21 Im Folgenden drei Intellektuelle, für die sich der Aufstieg des Postmodernismus in erster Linie aus den Mängeln der Aufklärung ergibt. Walter Anderson schreibt: «Das postmoderne Urteil über die Aufklärung lautet, sie sei ein brillantes und ehrgeiziges Unterfangen gewesen, ihr Blickfeld indessen eingeschränkt. Die führenden Denker der Aufklärung hätten das Projekt, eine universelle menschliche Kultur auf der Grundlage rationalen Denkens zu begründen, für einfacher gehalten, als es, wie sich herausstellte, tatsächlich war. Inzwischen erscheint uns das Universum zwar nicht unendlich, aber zumindest unendlich komplex und geheimnisvoll. Unsere ewigen Wahrheiten scheinen jetzt untrennbar mit den Kulturen verbunden, aus denen sie hervorgingen, und den Sprachen, in denen sie geäußert werden.» (*Reader*, S. 216) David Harvey vertritt folgende Ansicht: «Die Denker der Aufklärung hatten als unumstößliche Wahrheit angenommen, dass es auf jede Frage nur eine mögliche Antwort gibt. Daraus folgte, dass die Welt sich kontrollieren und vernunftgemäß ordnen ließ, solange wir sie nur zutreffend abbilden und repräsentieren. Dies allerdings setzte voraus, dass es eine einzige und korrekte Weise der Repräsentation gab, die, war sie erst einmal entdeckt (und darauf zielte das wissenschaftliche und mathematische Bemühen der damaligen Zeit ab), den Zielen der Aufklärung diente.» Kennzeichnende Merkmale der Aufklärung sind für Harvey folgerichtig der Glaube an «linearen Fortschritt, absolute Wahrheiten und rationale Planung einer idealen Sozialordnung» (*Condition*, S. 27). Steven Seidman beschreibt die Aufklärung in einfachen und dogmatischen Begriffen: «Die Aufklärung ist die zentrale Denkrichtung westlicher Gesellschaften. Ihre Annahmen in Bezug auf die Einheit der Mensch-

heit, das Individuum als kreativem Impulsgeber für Gesellschaft und Geschichte, die Überlegenheit der westlichen Nationen, die Idee der Wissenschaft als Wahrheit und ihr Glaube an den sozialen Fortschritt waren für Europa und die Vereinigten Staaten von grundlegender Bedeutung. Diese Kultur ist jetzt in eine Krise geraten.» (*Postmodern Turn*, S. 1).

22 Das sind durchweg keine neuen Ideen. Stephen R. C. Hicks arbeitet in seinem Buch *Understanding Postmodernism: Skepticism and Socialism from Rousseau to Foucault* (Tempe, AZ: Scholargy Publishing, 2004) detailliert heraus, dass sie tatsächlich die zeitgenössische Variante eines kontinuierlich gegen die Aufklärung gerichteten Denkens darstellen, das bis in die Epoche der Aufklärung zurückreicht. Bereits Hegel und Kant beschäftigten sich beispielsweise vor rund zwei Jahrhunderten mit dem Problem der verlässlichen Erkenntnis, und über die Philosophie Kants oder Hegels und ihre Bedeutung für das postmoderne Denken ist bereits viel geschrieben worden. Noch bedeutender und wegweisender für den Postmodernismus waren die Vorstellungen Nietzsches und Heideggers über das Subjekt und die Frage der Wirklichkeit. Wer sich für die philosophischen Vorläufer des Postmodernismus interessiert, dem sei das Buch von Hicks empfohlen und David Detmers früher erschienenes Werk: *Challenging Postmodernism Philosophy and the Politics of Truth*, Amherst, New York: Humanity Books, 2003.

23 Dies ist übrigens ein Beispiel dafür, dass Postmodernisten eine valide Beobachtung gemacht und sie dann genutzt haben, um schlechte Philosophie zu rechtfertigen. Es trifft zu, wenn wir sagen, dass unser Wissen über die Realität von den Realitätsmodellen abhängt, mit denen wir sie zu erklären suchen. Die Annahme, dies sei eine Katastrophe für die Produktion wissenschaftlichen Wissens, ist jedoch ein Fehlschluss des Postmodernismus. Kein ernsthafter Wissenschaftler oder Wissenschaftsphilosoph würde das für alarmierend halten. Ganz im Gegenteil: In ihrem Buch *Der große Entwurf – Eine neue Erklärung des Universums* (übers. v. Hainer Kober, Reinbek: Rowohlt, 2010) bezeichnen Stephen Hawking und Leonard Mlodinow dieses Interpretationsmodell der Welt als «modellabhängigen Realismus». Mit diesem Ansatz formulieren wir hauptsächlich linguistische Konstrukte als *Modelle*, die Phänomene erklären, und untersuchen die Beweise, die wir über die Welt zusammentragen, um zu überprüfen, inwieweit diese Beweise mit unseren Modellen übereinstimmen. Wenn ein Modell die bestmögliche Erklärung für die zur Verfügung stehenden Daten liefert und neue Resultate vorhersagt (und in den sogenannten exakten Wissenschaften wie etwa der Physik sind die Anforderungen extrem hoch), akzeptieren wir diese Fakten innerhalb des Modell-Kontextes als *vorläufig wahr*. Wird ein besseres Modell entwickelt, können Wissenschaftler folglich zu anderen Einsichten kommen; allerdings ist diese vermeintliche Flexibilität tatsächlich ziemlich streng und weist keinerlei Übereinstimmung mit kulturellem Konstruktivismus auf. (Ein Punkt,

den die beiden Wissenschaftsphilosophen Thomas Kuhn und Willard Van Orman Quine sehr gut begriffen haben.)

24 Richard Rorty, *Kontingenz, Ironie und Solidarität,* übers. v. Christa Krüger, Frankfurt am Main: Suhrkamp, 1991, S. 23.

25 Zehn Jahre zuvor kommt Rorty in *Der Spiegel der Natur* bereits auf dieses Problem zu sprechen.

26 Michel Foucault, *Die Ordnung der Dinge,* übers. v. Ulrich Köppen, Frankfurt am Main: Suhrkamp, 1974, S. 213.

27 Michel Foucault, *Wahnsinn und Gesellschaft,* übers. v. Ulrich Köppen, Frankfurt am Main: Suhrkamp, 1973, Michel Foucault, *Die Geburt der Klinik. Eine Archäologie des ärztlichen Blicks,* übers. v. Walter Seitter, Frankfurt am Main: Frankfurt am Main: Fischer Taschenbuch Verlag, 1988, Michel Foucault, *Archäologie des Wissens,* übers. v. Ulrich Köppen, Frankfurt am Main: Suhrkamp, 1981.

28 Diese Position ist unter dem Begriff Anti-Fundamentalismus bekannt.

29 In ihrem Buch *Eleganter Unsinn* unterscheiden Alan Sokal und Jean Bricmont diese beiden Spielarten des Skeptizismus voneinander: «Spezifischer (wissenschaftlicher, Anm. der Übersetzer) Skeptizismus sollte nicht mit radikalem Skeptizismus verwechselt werden. Es ist wichtig, genau zwischen diesen beiden Formen der Wissenschaftskritik zu unterscheiden: denjenigen, die einer bestimmten Theorie widersprechen und sich auf spezifische Argumente stützen und denen, die auf die eine oder andere Art einfach altbekannte Argumente des radikalen Skeptizismus wiederholen. Die erstere Form der Kritik kann durchaus interessant sein, auch, wenn sie widerlegt wird, während die zweite unwiderlegbar und uninteressant ist (aufgrund ihrer Universalität.)… Wer einen sinnvollen Beitrag zur Wissenschaft liefern will, sei es in den Natur- oder Sozialwissenschaften, muss den radikalen Zweifel in Bezug auf Logik oder die Möglichkeit, die Welt mittels Beobachtung und/oder Experiment zu erfassen, aufgeben. Selbstverständlich kann man eine spezifische Theorie in Zweifel ziehen. Generelle skeptische Argumente, die sich auf den Zweifel stützen, sind jedoch irrelevant, gerade weil sie so pauschal sind.» (Alan Sokal und Jean Bricmont, *Eleganter Unsinn. Wie die Denker der Postmoderne die Wissenschaften missbrauchen,* übers. v. Johannes Schwab und Dietmar Zimmer, München: Deutscher Taschenbuch Verlag, 2001 S. XX).

30 Lyotard, *Das postmoderne Wissen.*

31 Lyotard beschreibt die «Koppelung» zwischen der Sprachgattung der Wissenschaft und der Sprachgattung der Politik und Ethik, ebenda, S. 40.

32 Michel Foucault, *Jenseits von Strukturalismus und Hermeneutik,* hrsg. v. Hubert L. Dreyfus und Paul Rabinow, übers. v. Claus Rath und Ulrich Raulff, Frankfurt am Main: Athenäum Verlag, 1987, S. 268.

33 Lyotard, *Das postmoderne Wissen,* S. 37.

34 Derrida verwirft dabei insbesondere die Idee, dass der Signifikant (das geschriebene oder gesprochene Wort) sich direkt auf das Signifikat (die Bedeutung, Idee oder das Objekt, über das kommuniziert werden soll) bezieht; er betrachtete Wörter stattdessen als relational. «Haus», argumentierte er beispielsweise, könne in Verbindung zu «Hütte» (klein) oder «Villa» (groß) verstanden werden und entbehre außerhalb dieser Relation einer eindeutigen Bedeutung.

35 Jacques Derrida, *Grammatologie,* übers. v. Hans-Jörg Rheinberger und Hanns Zischler, Frankfurt am Main: Suhrkamp, 1983, S. 274.

36 Roland Barthes, «Tod des Autors», in: *Texte zur Theorie der Autorschaft,* hrsg. v. Fotis Jannidis, Ditzingen: Reclam, 2000.

2 Die Wende zum angewandten Postmodernismus

1 Dabei lautet die erste Regel: Sei niemals langweilig.

2 Heute vertreten viele Akademiker die Position, die Postmoderne sei tot und jene *Theorie,* die uns heute beschäftige, habe nichts mit der Postmoderne zu tun. Dieses Argument beruht auf einem puristischen Ansatz, der den Postmodernismus mit der dekonstruktiven Phase gleichsetzt und von der darauffolgenden *Theorie* differenziert, die postmodernistische Konzepte übernommen hat. Diese Unterscheidung nehmen insbesondere diejenigen vor, die Postmoderne und die heutige identitätsbasierte Social-Justice-Forschung voneinander unterscheiden wollen, oder, umgekehrt, diejenigen, die Social-Justice-Forschung vom Makel der Postmoderne befreien möchten. Wissenschaftler, die den Postmodernismus wertschätzen, weisen darauf hin, dass Identitätspolitik, die auf konsistenten Identitätskategorien und objektiv realen Machtsystemen und Privilegien beruht, mit einer postmodernistischen Konzeption der Welt nicht vereinbar ist. Anhänger der Social-Justice-Forschung behaupten hingegen, dass die dekonstruktive und ziellose Postmoderne und die weißen Männer, auf die sie zurückginge, aus Sicht der zeitgenössischen *Theorie,* die eine bessere Welt erschaffen will, unmoralisch ist.

Fairerweise wollen wir hier im Hinblick auf diese Einwände einräumen, dass die Zahl der Missverständnisse im Hinblick darauf, was Postmodernismus bedeutet und was nicht, Legion ist. Besonders verbreitet ist die Verschmelzung von Postmodernismus und Marxismus, der sogenannte «kulturelle Marxismus» oder «postmoderne Neo-Marxismus». Obwohl es komplizierte Verbindungen zwischen Marxismus und Postmodernismus, der ihn dekonstruierte, gibt, ist die Behauptung, «die angewandte Postmoderne» greife marxistische Vorstellungen von Unterdrückern und Unterdrückten auf und wende sie auf andere Identitätskategorien wie etwa ethnische Zugehörigkeit, Geschlecht und Sexualität an, dennoch stark vereinfachend und vordergründig. Wie im vorhergehenden Kapitel gezeigt, gehört der Marxismus zwar zu jenen «Metanarrativen», die postmoderne Theoretiker verwarfen, die *kritischen* Methoden, die entstanden waren, um den marxistischen Aktivismus zu fördern, wurden jedoch beibehalten und erweitert. Im nächsten Kapitel zeigen wir, dass die Nachkommen der Marxisten – die materialistischen Wissenschaftler – weiterhin sehr andere Arbeitsweisen als die Postmodernisten anwenden und deren Nachkommen äußerst kritisch gegenüberstehen. Siehe hierzu: Matthew McManus, «On Marxism, Post-Modernism und ‹Cultural Marxism›», in: *Merion West,* 18. Mai 2018, merionwest.com/2018/05/18/on-marxism-post-modernism-and-cultural-marxism/.

3 S. etwa: Patricia Hill Collins, *Black Feminist Thought: Knowledge, Consciousness, and the Politics of Empowerment,* New York: Routledge, 2015.

4 Erinnern wir uns daran, dass die Kritische Theorie ausdrücklich darauf abzielte, Fehlentwicklungen der westlichen Industriegesellschaft aufzuzeigen und soziale Veränderungen durch engagierten Aktivismus zu ermöglichen. In diesem Sinne ist der angewandte Postmodernismus eine Fusion von Postmoderne und den Derivaten der Kritischen Theorie, die sich im Lauf der Jahrzehnte in diversen Formen des Aktivismus der «Neuen Linken» entwickelt hatten. Diese waren, im Unterschied zum postmodernen Theoriespiel, während der Sechziger- und Siebzigerjahre praxisorientiert und militant.

5 McHale. *The Cambridge Introduction to Postmodernism,* S. 48.

6 Ebenda, S. 97.

7 Mark Horowitz, Anthony Haynor und Kenneth Kickham, «Sociology's Sacred Victims and the Politics of Knowledge: Moral Foundations Theory and Disciplinary Controversies», in: *The American Sociologist* 49, Nr. 4 (2018): S. 459–495.

8 Jonathan Gottschall, *Literature, Science and the New Humanities,* New York: Palgrave Macmillan, 2008, S. 5.

9 *Evolution, Literature, and Film: A Reader,* hrsg. v. Brian Boyd, Joseph Carroll, und Jonathan Gottschall, New York: Columbia University Press, 2010, S. 2.

10 McHale, *Introduction,* S. 172.

11 René Descartes, *Abhandlung über die Methode, richtig zu denken,* http://www.zeno.org/Philosophie/M/Descartes,+Ren%C3%A9/Abhandlung+%C3%BCber+die+Methode,+richtig+zu+denken+und+Wahrheit+in+den+Wissenschaften+zu+suchen.

12 Obgleich Said später eine kritische Position gegenüber Foucault einnahm, ist sein bahnbrechender Text *Orientalismus,* der sich stark auf Foucaults Konzept der Wissenskonstruktion durch den Diskurs beruft, ein Schlüsseltext innerhalb der Postkolonialen Studien und beeinflusst die Disziplin bis heute.

13 Linda Hutcheon, «Circling the Downspout of Empire», in: *Past the Last Post: Theorizing Post-Colonialism and Post-Modernism,* hrsg. v. Ian Adam und Helen Tiffin, London: Harvester/Wheatsheaf, 1991, S. 171.

14 Dieses Schisma zwischen Gender-kritischen (radikalen) Feministen und Transaktivisten (intersektional und queer) führt zu weitreichenden theoretischen Kontroversen.

15 1988 schrieb Poovey: «Wer die Dekonstruktion logisch zu Ende denkt, müsste argumentieren, dass der Begriff ‹Frau› lediglich ein soziales Konstrukt darstellt, dem eine naturgegebene Grundlage fehlt, dass ‹Frau› also, anders ausgedrückt, ein Begriff ist, dessen Definition vom Kontext innerhalb der jeweiligen Diskussion abhängig ist und nicht von Geschlechtsorganen oder sozialer Erfahrung. Erfahrungen, die Frauen über sich selbst machen, oder die Bedeutung ihrer sozialen Beziehungen werden dadurch, vorsichtig ausgedrückt, problematisch. Es stellt darüber hinaus die Erfahrungsgrundlagen, auf denen das politische Programm des amerikanischen Feminismus beruht, in Frage. Die Herausforderung an diejenigen unter uns, die gleichermaßen davon überzeugt sind, dass reale historische Frauen existieren und dass die Demystifikation der Dekonstruktion theoretisch sinnvoll ist, besteht darin, zugleich Frauen und ‹Frau› zu denken. Das ist kein einfaches Unterfangen.» Mary Poovey, «Feminism and Deconstruction», in: *Feminist Studies* 14, Nr. 1 (1988), S. 51.

16 Judith Butler, *Das Unbehagen der Geschlechter,* übers. v. Kathrina Menke, Frankfurt am Main: Suhrkamp, 1991.

17 Butler verteidigt den Postmodernismus in ihrem Aufsatz «Contingent Foundation: Feminism and the Question of ‹Postmodernism›» folgendermaßen: «Was den Begriff ‹postmodern› betrifft, bin ich mir nicht sicher, aber wenn es ein sehr gezieltes Argument für das gibt, was ich eher als Poststrukturalismus bezeichnen würde, dann, dass Macht gerade jenen konzeptuellen Apparat durchdringt, der über Begrifflichkeiten auszuhandeln sucht, eingeschlossen die subjektiven Positionen seiner Kritiker; und weiter, dass diese Bindung kritischer Termini an die Macht keineswegs als nihilistischer Relativismus zu sehen ist, der keine Normen mehr bereitstellt. Vielmehr ist es die notwendige Voraussetzung einer politisch engagierten Kritik. Eine Reihe von Normen jenseits von Macht oder Gewalt zu etablieren, ist selbst eine mächtige und starke konzeptuelle Praxis, die ihr eigenes Machtspiel durch den Rückgriff auf Tropen normativer Universalität sublimiert, verschleiert und erweitert. Der Aufsatz erschien in *The Postmodern Turn: New Perspectives on Social Theory,* hrsg. v. Steven Seidman, Cambridge: Cambridge University Press, 1994.

18 Seidman, *Postmodern Turn*, S. 159.

19 bell hooks, «Postmodern Blackness», in: *The Fontana Postmodernism Reader,* hrsg. v. Walter Truett Anderson, London: Fontana Press, 1996.

20 Ebenda, S. 117.

21 Ebenda, S. 115.

22 Ebenda, S. 120.

23 Kimberlé Crenshaw, «Mapping the Margins: Intersectionality, Identity Poli-

tics, and Violence against Women of Color», in: *Stanford Law Review* 43, Nr. 6 (1991).

24 Ebenda, 1244n9.

25 Das Konzept der Intersektionalität erwies sich als ein nützliches Werkzeug – die «Matrix der Dominanz», wie Patricia Hill Collins, eine Zeitgenossin, formulierte –, das es unterschiedlichen Minderheiten ermöglichte, unter einem gemeinsamen Banner zu marschieren. Es lieferte außerdem die analytischen Instrumente, um hierarchische Strukturen innerhalb dieser locker verbundenen Koalition aufzudecken, und in Bewegungen mit größerer Breitenwirkung wie etwa dem Feminismus konnte dadurch auch den Anliegen kleinerer Fraktionen Gehör verschafft werden.

26 Crenshaw, «Mapping the Margins», S. 1297.

27 Ebenda.

28 Ebenda.

29 S. etwa Fiona Kumari Campbell, *Contours of Ableism: The Production of Disability and Abledness,* New York: Palgrave Macmillan, 2012; Esther D. Rothblum und Sondra Solovay (Hrsg.), *The Fat Studies Reader,* New York: New York University Press, 2009.

30 Beispielhaft dafür ist die kritische Lesart des Zeichentrickfilms *Rudolf the Red-Nosed Reindeer* (1964) in jüngster Zeit. Obgleich der Film sich eindeutig gegen Ausgrenzung und Mobbing richtet – behandele niemanden unfair, nur weil er anders ist –, sehen ihn zeitgenössische Theoretiker und Aktivisten als problematisch an, weil er die potentiell beleidigende Sprache und Haltung der männlichen Rentiere abbildet, obwohl diese Darstellung wichtig für das übergreifende Thema des Filmes ist.

31 Andrew Jolivétte, *Research Justice: Methodologies for Social Change,* Bristol, UK: Policy Press, 2015.

32 Miranda Fricker, *Epistemic Injustice: Power and the Ethics of Knowing,* Oxford: Oxford University Press, 2007; Kristie Dotson, «Conceptualizing Epistemic Oppression», in: *Social Epistemology* 28, Nr. 2 (2014); Nora Berenstain, «Epistemic Exploitation», in: *Ergo, Open Access Journal of Philosophy* 3, Nr. 22 (2016); Gayatri Chakravorty Spivak, «Can the Subaltern Speak?», in: *Marxism and the Interpretation of Culture,* hrsg. v. Cary Nelson und Lawrence Grossberg, Chicago: University of Illinois Press, 1988.

33 Der vielleicht spektakulärste Fall wurde von FIRE (Foundation for Individual Rights in Education) an der Universität von Columbia in South Carolina untersucht. Dort forderten Seminarregeln die Studenten auf, «anzuerkennen, dass Rassismus, Benachteiligung auf Grund sozialer Herkunft, Sexismus, Heterosexismus sowie andere Formen institutionalisierter Unterdrückung existieren», und sich dazu bereit zu erklären, gegen diese und die Mythen und Stereotypen, die sie aufrechterhielten, zu kämpfen. Schließlich wehrte sich eine Studentin dagegen, dass man ihr vorschrieb, die ideologischen Überzeu-

gungen ihres Lehrers zu übernehmen, und FIRE legte Widerspruch gegen diese Aufforderung ein. (Siehe Barbara Applebaum, *Being White, Being Good: White Complicity, White Moral Responsibility, and Social Justice Pedagogy*, Lanham: Lexington Books, 2010, S. 103.) Während fraglos Vorurteile bestehen, die es unbedingt aufzudecken gilt, sind diese Seminarregeln aus zwei Gründen besorgniserregend: Es ist zum einen verstörend, dass Studenten sich schriftlich zu einer Überzeugung verpflichten und aktiv für diese eintreten sollen; die Forderung, Mythen und Stereotypen zu dechiffrieren und zu bekämpfen, beruht zum anderen mit hoher Wahrscheinlichkeit auf einer subjektiven (und ideologischen) Definition dessen, was mythisch oder stereotyp ist.

34 Breanne Fahs und Michael Karger, «Women's Studies as Virus: Institutional Feminism, Affect, and the Projection of Danger», in: *Multidisciplinary Journal of Gender Studies* 5, Nr. 1 (2016).

35 Sandra J. Grey, «Activist Academics: What Future?», in: *Policy Futures in Education* 11, Nr. 6 (2013).

36 Laura W. Perna, T*aking It to the Streets: The Role of Scholarship in Advocacy and Advocacy in Scholarship*, Baltimore: Johns Hopkins University Press, 2018

37 Diese Beschreibung stammt von der Evolutionsbiologin Heather Heying (persönliches Gespräch).

38 Sean Stevens, «The Google Memo: What Does the Research Say About Gender Differences?», in: *Heterodox Academy*, 2. Februar 2019, https://heterodoxacademy.org/blog/the-google-memo-what-does-the-research-say-about-gender-differences/; Emma Powell und Patrick Grafton-Green, «Danny Baker Fired by BBC Radio 5 Live over Racist Royal Baby Tweet», in: *Evening Standard*, 9. Mai 2019, www.standard.co.uk/news/uk/danny-baker-fired-broadcaster-sacked-by bbc-radio-5-live-over-racist-tweet-a4137951.html.

3 Postkoloniale *Theorie*

1 Einige postkoloniale Wissenschaftler sind (oft marxistische) Materialisten und betrachten den Kolonialismus unter wirtschaftlichen und politischen Gesichtspunkten. Sie stehen den postmodernen Postkolonialisten häufig kritisch gegenüber. Siehe insbesondere Meera Nanda, Aijaz Ahmad, Benita Parry, Neil Lazarus und Pal Ahluwalia.

2 Dekolonialität und Indigenität sind zwei verwandte, aber getrennte Forschungsfelder, die viele gemeinsame Merkmale mit der postkolonialen *Theorie* aufweisen. Beide konzentrieren sich darauf, wie die mächtigen Erben des Kolonialismus insbesondere durch sprachliches Othering ihre soziale und politische Dominanz aufrechterhalten. Das Forschungsfeld der Dekolonialität war ursprünglich auf Lateinamerika fokussiert. Insbesondere Walter Mig-

nolo stellt in seiner erkenntnistheoretischen Arbeit die Methoden der Wissensproduktion im Denken der Aufklärung in Frage. Allerdings lehnen viele dekoloniale Wissenschaftler den Postmodernismus als westliches Phänomen ab. Im Forschungsfeld der Indigenität verfolgen die Forscher einen ähnlichen Kurs in Bezug auf Wissen und Machtstrukturen. Linda Tuhiwai Smith, Professorin für indigene Bildung an der University of Waikato in Neuseeland, ist auf dem Gebiet einflussreich. In ihrem Buch *Decolonizing Methodologies: Research and Indigenous Peoples* (1999) schreibt sie, dass sie «gestützt auf Foucault» die Ansicht vertrete, dass die westliche Wissenschaft bei der Kolonisierung indigener Völker eine wichtige Rolle spiele. Siehe Linda Tuhiwai Smith, *Decolonizing Methodologies: Research and Indigenous Peoples,* London: Zed Books, 1999.

3 Frantz Fanon, *Schwarze Haut, weiße Masken,* übers. v. Eva Moldenhauer, Wien, Berlin: Turia + Kant, 2016.

4 Frantz Fanon, *Aspekte der algerischen Revolution,* übers. v. Peter-Anton von Arnim, Frankfurt am Main: Suhrkamp, 1969.

5 Frantz Fanon, *Die Verdammten dieser Erde,* übers. v. Traugott König, Frankfurt am Main: Suhrkamp, 2015.

6 Said, *Orientalismus.*

7 Mathieu E. Courville, «Genealogies of Postcolonialism: A Slight Return from Said and Foucault Back to Fanon and Sartre», in: *Studies in Religion/Sciences Religieuses* 36, Nr. 2 (2007): Saids Ansatz ist weitgehend foucaultsch, wenngleich er einige Aspekte von Foucaults Werk zugunsten von Fanons Thesen ablehnt. Sein Ansatz kann deshalb als Synthese des Werks dieser zwei Denker betrachtet werden.

8 Said, *Orientalismus,* S. 11 f.

9 Joseph Conrad, *Herz der Finsternis,* übers. v. Urs Widmer, Zürich: Haffmanns, 1992.

10 Edward W. Said, *Orientalism,* London 2003, S. xviii.

11 Linda Hutcheon, «‹Circling the Downspout of Empire›», in: *Past the Last Post: Theorizing Post-Colonialism and Post-Modernism,* hrsg. v. Ian Adam und Helen Tiffin, London: Harvester/Wheatsheaf, 1991.

12 Ebenda, S. 168.

13 Gayatri Chakravorty Spivak, *Can the Subaltern Speak? Postkolonialität und subalterne Artikulation,* übers. v. Alexander Joskowicz und Stefan Nowotny, Wien, Berlin: Turia + Kant, 2008.

14 Gayatri Chakravorty Spivak, «Subaltern Studies: Deconstructing Historiography», in: *Selected Subaltern Studies,* hrsg. v. Ranajit Guha und Gayatri Chakravorty Spivak, New York: Oxford University Press, 1988, S. 13.

15 Spivak, *Can the Subaltern Speak?,* S. 105.

16 Stephen Morton, Dozent für anglophone Literatur und Kultur, charakterisiert ihn wie folgt: «Bhabha enthüllt oft die Ambivalenz und Unsicherheit im Kern

scheinbar robuster, machtvoller Formen des Wissens. Seine Kritik der Diskurse des Kolonialismus dekuvriert einen permanenten Prozess der Fragmentierung und Spaltung in ihrem Kern, während sie ängstlich bestrebt sind, Wissen über die Kolonisierten zu sichern (aber immer daran scheitern).» Stephen Morton, «Poststructuralist Formulations», in: *The Routledge Companion to Postcolonial Studies,* hrsg. v. John McCleod, London: Routledge, 2007, S. 205.

17 The Bad Writing Contest, www.denisdutton.com/bad_writing.htm (letzter Zugriff 22. August 2019).

18 Homi Bhabha ist insbesondere für den 1994 in seinem Buch *Die Verortung der Kultur* eingeführten Begriff der *Hybridität* und für verwandte Konzepte wie Mimikri, Ambivalenz und dritter Raum bekannt. Diese gehören zu Vorstellungen von Dualität, Verdoppelung, Aneignung und Ambiguität. Solche Begriffe tauchen in der postmodernen *Theorie* häufig auf und sind am besten als Ablehnung stabiler Kategorien zu verstehen. Sie beziehen sich auf Personen, die gleichzeitig in zwei verschiedenen Reichen operieren und sich einerseits beiden zugehörig, aber andererseits auch gespalten fühlen, entweder was ihre Selbstwahrnehmung und ihre eigene Position oder was ihre Wahrnehmung durch eine andere Person betrifft. Sie können sich «hybrid», also etwa asiatisch-amerikanisch, fühlen, oder sie können das Gefühl haben, eine dominante Kultur zu imitieren oder sich ihr anzupassen, oder das Gefühl, dass ihre eigene Kultur von dieser Kultur imitiert oder appropriiert wird. Laut Bhabhas Konzept der Hybridität entsteht durch die Vermischung von Kulturen und Sprachen eine neue Form, die Elemente von beiden enthält. *Ambivalenz* charakterisiert das gespaltene Individuum, und *Mimikri* ist die Kommunikationspraxis innerhalb des dritten Raums, in dem sich beide Teile begegnen. In der postkolonialen *Theorie* ist diese Vermischung der Kulturen allerdings durch ein Machtungleichgewicht gekennzeichnet mit der Folge, dass sich die eine Kultur und Sprache der anderen aufzwingt. Siehe Homi K. Bhabha, *Die Verortung der Kultur,* Tübingen: Stauffenburg, 2000.

19 Bei dieser Methode der postkolonialen Analyse geht es sehr viel um die Interpretation und Neuinterpretation, Dekonstruktion und Rekonstruktion von Kultur, Narrativen, Wahrnehmungen und Identität und sehr wenig um eine empirische Betrachtung der materiellen Realität. Oder wie es Simon Gikandi, Professor für englische Sprache und Literatur, formuliert: «Der Poststrukturalismus wurde als eine Methode der Kulturanalyse und als eine Art zu lesen zentral für das postkoloniale Projekt» (Simon Gikandi, «Poststructuralism and Postcolonial Discourse», in: *Cambridge Companion to Postcolonial Studies,* hrsg. v. Neil Lazarus, Cambridge: Cambridge University Press, 2004, S. 113). Morton geht weiter, wenn er die Ansicht vertritt, dass das «Lesen» einer Kultur auf diese extrem theoretische und abgehobene Weise die Kolonisierten in Wirklichkeit zum Schweigen bringt. Mit anderen Worten: Materia-

listische Kritiker der postkolonialen *Theorie* vertreten die Ansicht, dass diese, indem sie inspririert durch das Werk Jacques Derridas und Michel Foucaults politischen Widerstand in abstrakte Begriffe von Zeichen, Codes und Diskursstrategien fasst, den Kolonisierten, wissentlich oder unwissentlich, ihr Handeln und ihre Stimme abspricht (Morton, «Formations», S. 161). Kurz gesagt, die Konzentration auf Sprache und Interpretation, durch eine enge postkoloniale Linse betrachtet, reduziert die zuvor kolonisierten Völker erneut zu Kontrastfiguren des Westens. Sie können nur auf der Grundlage ihrer kollektiven Beziehung zum Westen verstanden werden und werden der Individualität und Universalität beraubt. Der politisch motivierte Ansatz, Machtstrukturen durch «Lesen» zu durchschauen, den wir als *angewandten Postmodernismus* bezeichnen, reproduziert deshalb die Stereotype, die ihm zufolge durch den Westen geschaffen wurden, wenngleich er sie im Gegensatz zu früheren Orientalisten nicht ab-, sondern aufwertet.

20 Bhabha, *Verortung*, S. 31.

21 Die konsequentesten Kritiker der postmodernen postkolonialen *Theorie* sind marxistische postkoloniale Wissenschaftler, deren bekanntester vermutlich Vivek Chibber ist. Er kritisiert insbesondere den essentialisierenden Charakter des postmodernen Ansatzes. Damit meint er, dass seine Vertreter in ihrer Forschungsarbeit universale oder gemeinsame menschliche Ziele zugunsten starker kultureller Differenzen entwerten und dadurch den Orientalismus wiedererschaffen. Wenn die postkoloniale *Theorie* Wissenschaft, Vernunft, Liberalismus und die gesamte Tradition der Aufklärung für westlich erklärt, wird laut Chibber ihr «bleibender Beitrag – das, wofür man sie in 50 Jahren noch in Erinnerung behalten wird – darin bestehen, dass sie den kulturellen Essentialismus wiederbelebt und sich als Stütze und nicht etwa als Gegenmittel des Orientalismus erwiesen hat». Vivek Chibber, «How Does the Subaltern Speak?», Interview von Jonah Birch, in: *Jacobin*, 21. April 2013, https://www.jacobinmag.com/2013/04/how-does-the-subaltern-speak/.

22 Ernest Renan, *La Réforme intellectuelle et morale* (1871), zitiert in: Ahdaf Soueif, «The Function of Narrative in the War on Terror», in: *War on Terror*, hrsg. v. Chris Miller, Manchester: Manchester University Press, 2009, S. 30.

23 Mariya Hussain, «Why Is My Curriculum White?», National Union of Students, 11. März 2015, www.nus.org.uk/en/news/why-is-my-curriculumwhite/; Malia Bouattia und Sorana Vieru, «#LiberateMyDegree @ NUS Connect», NUS Connect, www.nusconnect.org.uk/campaigns/liberatemydegree.

24 Dalia Gebrial, «Rhodes Must Fall: Oxford and Movements for Change», in: *Decolonising the University*, hrsg. v. Gurminder K. Bhambra, Dalia Gebrial und Kerem Nişancıoğlu, London: Pluto Press, 2018.

25 Bhambra und seine Kollegen äußern sich wie folgt: «‹Dekolonisierung› schließt eine Vielzahl von Definitionen, Interpretationen, Zielen und Strategien mit ein […] Erstens ist sie eine Art des Denkens, die Kolonialismus, Im-

perium, und Rassismus zu seinen empirischen und diskursiven Forschungsobjekten macht; sie situiert diese Phänomene neu als wichtige prägende Kräfte der zeitgenössischen Welt in einem Kontext, in dem ihre Rolle systematisch unsichtbar gemacht wurde. Zweitens unternimmt sie es, alternative Formen des Nachdenkens über die Welt und alternative Formen der politischen Praxis anzubieten.» Gurminder K. Bhambra, Dalia Gebrial und Kerem Nişancıoğlu (Hrsg.), *Decolonising the University,* London: Pluto Press, 2018, S. 1 f.

26 Dies wird in folgender Aussage Bhambras und seiner Kollegen deutlich: «[E]ine der zentralen Herausforderungen, die Ansätze der Dekolonisierung für eurozentrische Formen des Wissens bedeuten, besteht darin, dass sie auf Positionalität und Pluralität bestehen, und, vielleicht noch wichtiger, auf dem Einfluss, den es auf ein konventionelles Verständnis hätte, wenn man ‹Differenz› ernst nähme.» (Ebenda, S. 2 f.).

27 Ebenda, S. 3.

28 Ebenda, S. 2 f.

29 Der Gedanke, dass die Elite des Westens «weißes Wissen» effektiv höher bewertet als alle anderen Arten von Wissen, stammt aus der Einleitung zu dem 2018 erschienenen Buch *Rhodes Must Fall: The Struggle to Decolonise the Racist Heart of Empire* von Kehinde Andrews, dem ersten britischen Professor für Black Studies. Andrews schreibt: «Oxfords Prestige gründet sich auf seinen Elitestatus, der ein Codewort für sein Weißsein ist» (S. 1). Die Beweisführung für diese These ist erfahrungsbezogen: «Es ist leicht, die symbolische Gewalt zu unterschätzen, die an Orten wie Oxford täglich begangen wird, aber man braucht nur über den Campus zu gehen, um die Unterdrückung in dem Umfeld zu spüren.» Kehinde Andrews, «Introduction», in: *Rhodes Must Fall: The Struggle to Decolonise the Racist Heart of Empire,* hrsg. v. Roseanne Chantiluke, Brian Kwoba und Athinangamso Nkopo, London: Zed Books, 2018, S. 2.

30 Bhambra et al., *Decolonising,* S. 5.

31 Andrews, «Introduction», S. 4.

32 «Our Aim.», *#RHODESMUSTFALL*, 24. Dezember 2015. rmfoxford.wordpress.com/about/.

33 Dieser Überzeugung wird vielleicht am nachdrücklichsten dadurch Ausdruck verliehen, dass westliche Konzepte von Wissen als *positivistisch* gebrandmarkt und abgelehnt werden. «Positivistisch» bedeutet, dass Wissen als etwas definiert wird, das gezeigt und gesehen, wissenschaftlich getestet oder mathematisch bewiesen werden kann. Ein positivistisches Verständnis von Wissen bedeutet, dass man akzeptiert, was bewiesen ist und nicht nur auf bloßer Theorie, subjektiver Erfahrung oder Glauben beruht. Eine solche Haltung wird innerhalb der postkolonialen und dekolonialen Bewegungen nicht als wissenschaftlich streng, sondern als westlich und kolonial angesehen.

34 Gebrial, «Movements for Change», S. 24.

35 Nelson Maldonado-Torres, Rafael Vizcaíno, Jasmine Wallace und Jeong Eun Annabel, «Decolonizing Philosophy», in: *Decolonising the University,* hrsg. v. Gurminder K. Bhambra, Dalia Gebrial und Kerem Nişancıoğlu, London: Pluto Press, 2018, S. 64.

36 Ebenso, S. 66.

37 Ebenda, S. 66 f.

38 Andrew Jolivétte (Hrsg.), *Research Justice: Methodologies for Social Change,* Bristol, UK: Policy Press, 2015, S. 5.

39 Kagendo Mutua und Beth Blue Swadener, *Decolonizing Research in Crosscultural Contexts: Critical Personal Narratives, Albany,* NY: SUNY Press, 2011.

40 Mutua und Swadener, *Cross-Cultural Contexts,* S. 1; Bhabha-Zitat: *Verortung,* S. 251.

41 Ebenda, S. 2.

42 Meera Nanda, «We Are All Hybrids Now: The Dangerous Epistemology of Post-colonial Populism», in: *Journal of Peasant Studies* 28, Nr. 2 (2001), S. 165.

43 Ebenda, S. 164.

44 «Die postmoderne/post-koloniale Theorie ist», wie Nanda schreibt, «wegen ihrer Feindseligkeit gegenüber den Werten der Aufklärung und ihrem Hang zur Widersprüchlichkeit ausgesprochen kompatibel mit einer typisch rechten Antwort auf die Asynchronität (oder zeitliche Lücke) zwischen fortgeschrittener Technologie und rückständigem Sozialgefüge, die Entwicklungsländer im Prozess der Modernisierung typischerweise erfahren.» (Ebenda, S. 165).

45 Dazu Nanda: «Wenn wir die elementaren Grundlagen der Objektivität dem Westen zuordnen, sind wir dann nicht wieder genau bei dem alten Stereotyp des irrationalen, emotionalen Eingeborenen? Tragischerweise verkennen diese Anhänger einer Geistesrichtung, die sich auf die Leugnung aller wesentlichen, ahistorischen Kategorien gründet, dass die charakteristischen Merkmale der Moderne in der westlichen Religion und Kultur zunächst keineswegs auf fruchtbaren Boden fielen, sondern im Westen selbst erst erkämpft werden mussten.» (Ebenda, S. 171).

46 Carolette R. Norwood, «Decolonizing My Hair, Unshackling My Curls: An Autoethnography on What Makes My Natural Hair Journey a Black Feminist Statement», in: *International Feminist Journal of Politics* 20, Nr. 1 (2017).

47 Meera Sabaratnam, «Decolonising the Curriculum: What's All the Fuss About?», in: *SOAS Blog,* 25. Juni 2018, www.soas.ac.uk/blogs/study/decolonising- curriculum-whats-the-fuss/.

48 Alan J. Bishop, «Western Mathematics: The Secret Weapon of Cultural Imperialism», in: *Race & Class* 32, Nr. 2 (1990).

49 Laura E. Donaldson, «Writing the Talking Stick: Alphabetic Literacy as Colonial Technology and Postcolonial Appropriation», in: *American Indian Quarterly* 22, Nr. 1/2 (1998).

50 Mutua und Swadener, *Cross-Cultural Contexts.*

51 Lucille Toth, «Praising Twerk: Why Aren't We All Shaking Our Butt?», in: *French Cultural Studies* 28, Nr. 3 (2017).

4 Queer-*Theorie*

1 Sherry B. Ortner, «Is Female to Male as Nature Is to Culture?» in: *Woman, Culture, and Society,* hrsg. v. Michelle Zimbalist Rosaldo und Louise Lamphere, Palo Alto, Kalifornien: Stanford University Press, 1974.

2 In manchen Kulturen ist die Rede von einem dritten Geschlecht oder einer Vielzahl von Geschlechtsidentitäten *(genders).* All diese Begriffe sind offenbar für Menschen geprägt, die nicht in die erwarteten Kategorien «maskuliner Mann, der sich zu Frauen hingezogen fühlt» und «feminine Frau, die sich zu Männern hingezogen fühlt» passen; sie werden gewöhnlich als Abweichungen von einer vorherrschenden Norm betrachtet, deren Wurzeln in den biologischen Realitäten einer Spezies, die sich durch sexuelle Fortpflanzung reproduziert, tief verankert sind.

3 Die Bezeichnung «Queer-*Theorie*» soll in einer Sammlung von Essays geprägt worden sein, die 1991 von Teresa De Lauretis herausgegeben wurde: Teresa De Lauretis, *Queer Theory: Lesbian and Gay Sexualities,* Providence, RI: Brown University Press, 1991.

4 Mikael und Sune Innala, «The Effect of a Biological Explanation on Attitudes towards Homosexual Persons: A Swedish National Sample Study», in: *Nordic Journal of Psychiatry* 56, Nr. 3 (2002).

5 Das «Q» kooptiert hier offensichtlich die Personen mit L-, G-, B- und T-Status für sein eigenes politisches Projekt, dem sich andere womöglich nicht (und oft tatsächlich nicht) verschreiben wollen.

6 Judith Halberstam, *In a Queer Time and Place: Transgender Bodies, Subcultural Lives,* New York: New York University Press, 2005.

7 David M. Halperin, «The Normalization of Queer Theory», in: *Journal of Homosexuality* 45, Nr. 2–4 (2003).

8 David M. Halperin, *Saint Foucault: Towards a Gay Hagiography,* New York: Oxford University Press, 1997, S. 62.

9 Die Autoren beeilen sich zu versichern, dass «genderfucking» ein akademischer Fachbegriff ist, der ungefähr bedeutet, «so mit der Bedeutung von ‹Gender› zu spielen, dass sie gequeert wird».

10 Annamarie Jagose, *Queer Theory: Eine Einfühung,* übers. u. hrsg. v. Corinna Genschel, Caren Lay, Nancy Wagenknecht und Volker Woltersdorff, Berlin: Queerverlag, 2001, S. 13. Jagose versucht außerdem die Queer-*Theorie* wie folgt zu definieren: «Obwohl es über die Definition von queer keinen Konsens gibt – denn Unbestimmtheit gehört zu seinem vielbeschworenen Charme –,

werden seine Grundbezüge immer wieder skizziert und debattiert. Allgemein gesagt, beschreibt queer Ansätze oder Modelle, die Brüche im angeblich stabilen Verhältnis zwischen chromosomalem, gelebtem Geschlecht *(gender)* und sexuellem Begehren hervorheben. Im Kampf gegen diese Vorstellung von Stabilität – die vorgibt, Heterosexualität sei ihre Ursache, während sie tatsächlich ihre Wirkung ist – lenkt queer den Blick dahin, wo biologisches Geschlecht *(sex)*, soziales Geschlecht *(gender)* und Begehren nicht zusammenpassen. Institutionell ist queer vor allem mit lesbischen und schwulen Themen verbunden, aber sein Horizont schließt auch Themen wie *cross-dressing*, Hermaphroditismus, geschlechtliche Uneindeutigkeit und operative Geschlechtsumwandlung ein. Ob nun in Travestie-Shows oder in akademischen Untersuchungen – immer findet und benutzt queer Brüche zwischen den drei Kategorien, welche die Heterosexualität stützen. Indem es auf die Unmöglichkeit einer ‹natürlichen› Sexualität verweist, stellt es sogar so scheinbar sichere Kategorien wie ‹Mann› und ‹Frau› in Frage.» (S. 14 f.).

11 Dazu Steven Pinker: «Viele psychologische Merkmale, die im öffentlichen Bereich von Bedeutung sind, etwa die allgemeine Intelligenz, weisen bei Männern und Frauen im Durchschnitt die gleiche Ausprägung auf [...] weshalb wir davon ausgehen können, dass jede Verallgemeinerung, die ein Geschlecht betrifft, für viele Individuen nicht gilt. Begriffe wie ‹angestammte Rolle› und ‹natürliche Bestimmung› sind wissenschaftlich bedeutungslos und liefern wahrlich keinen Grund, die Freiheit irgendeines Menschen einzuschränken.» (Steven Pinker, *Das unbeschriebene Blatt: Die moderne Leugnung der menschlichen Natur,* übers. v. Hainer Kober, Berlin: Berlin Verlag, 2003, S. 470).

12 E. O. Wilson, «From Sociobiology to Sociology», in: *Evolution, Literature, and Film: A Reader*, hrsg. v. Brian Boyd, Joseph Carroll und Jonathan Gottschall, New York: Columbia University Press, 2010, S. 98.

13 Einige Wissenschaftler und Aktivisten der Transgender-Bewegung berufen sich in letzter Zeit auf wissenschaftliche Erkenntnisse, da die Neurowissenschaft mehr und mehr Beweise dafür liefert, dass es biologische Grundlagen hat, wenn Transpersonen ihr Geschlecht anders empfinden, als es ihrem biologischen Geschlecht entspricht. Diese Erkenntnisse haben in der Queer-*Theorie* noch keinen signifikanten Niederschlag gefunden.

14 Hier vor allem Michel Foucault, *Sexualität und Wahrheit,* Bd. 1, *Der Wille zum Wissen,* übers. v. Walter Seitter, Frankfurt am Main: Suhrkamp, 1977.

15 Ebenda, S. 88 f.

16 Ebenda, S. 70 f.

17 Ebenda, S. 114.

18 Ebenda.

19 Pierre Bourdieu, ein anderer einflussreicher, von der Macht besessener französischer Soziologe, der ansonsten mit Michel Foucault und der orthodoxen

postmodernen Sichtweise keineswegs übereinstimmt, kam in dieser Hinsicht zu ähnlichen Schlüssen und entwickelte sein Konzept unter dem Begriff des sozialen *Habitus*.

20 Zwar haben sich die Ansichten in der Gesellschaft über die moralische Qualität verschiedener Aspekte der menschlichen Sexualität in den letzten 50 Jahren dramatisch verändert (außerehelicher und homosexueller Geschlechtsverkehr werden zunehmend als moralisch neutral betrachtet), aber Rubin macht den bedenklichen Schritt, auch die Pädophilie in ihrer Liste rein sozial konstruierter Tabus aufzuführen, und schreibt: «Schwieriger ist es für die meisten Leute, mit tatsächlichen Knabenliebhabern zu sympathisieren. Wie Kommunisten und Homosexuelle in den Fünfzigerjahren sind Knabenliebhaber so stigmatisiert, dass es schwer ist, Verteidiger ihrer Bürgerrechte zu finden, von ihrer erotischen Orientierung ganz zu schweigen.» Gayle Rubin, «Thinking Sex: Notes for a Radical Theory of the Politics of Sexuality», in: *The Lesbian and Gay Studies Reader,* hrsg. v. Henry Abelove, Michèle Aina Barale und David M. Halperin, Abingdon: Taylor & Francis, 1993, S. 7.

21 Ebenda, S. 9.

22 Ebenda, S. 10.

23 Ebenda, S. 11.

24 Rubin beschreibt diese Hierarchie wie folgt: «Moderne westliche Gesellschaften bewerten den sexuellen Akt nach einem hierarchischen System: Verheiratete fortpflanzungsfähige Heterosexuelle stehen allein an der Spitze der erotischen Pyramide. Unter ihnen stehen unverheiratete monogame heterosexuelle Paare, gefolgt von den meisten anderen Heterosexuellen [...]. Zu den am stärksten verachteten sexuellen Kasten gehören derzeit Transsexuelle, Transvestiten, Fetischisten, Sadomasochisten und Sexarbeiter wie Prostituierte und Pornodarsteller, mit der größten Verachtung aber wird denen begegnet, deren Erotik Generationsgrenzen überschreitet.» (Ebenda, S. 12).

25 Ebenda, S. 15.

26 Ebenda, S. 22.

27 Judith Butler, *Körper von Gewicht,* übers. v. Karin Wördemann, Berlin: Berlin Verlag, 1995, S. 22.

28 Judith Butler, *Das Unbehagen der Geschlechter,* übers. v. Kathrina Menke, Frankfurt am Main: Suhrkamp, 2021, S. 208.

29 Ebenda.

30 Ebenda.

31 Ebenda, S. 208.

32 Adrienne Rich, *Compulsory Heterosexuality and Lesbian Existence,* Denver, CO: Antelope Publications, 1982.

33 Butler, *Unbehagen,* S. 184.

34 Ebenda, S. 59.

35 Ebenda.
36 Ebenda, S. 24.
37 Ebenda, S. 21.
38 Eve Kosofsky Sedgwick, *Epistemology of the Closet,* Berkeley, CA: University of California Press, 2008, S. 13.
39 Ebenda, S. 1.
40 Ebenda, S. 3.
41 Ebenda, S. 9.
42 Elizabeth Freeman, *Time Binds: Queer Temporalities, Queer Histories,* Durham NC: Duke University Press, 2010.
43 Mel Y. Chen, *Animacies: Biopolitics, Racial Mattering, and Queer Affect,* Durham, NC: Duke University Press, 2012.
44 Butler, *Unbehagen,* S. 18.
45 Queer-*Theoretiker* könnten entgegnen, dass es sich um eine unzulässige Vereinfachung ihrer Position handele, da sie biologische Realitäten keineswegs verleugneten, sondern lediglich die Ansicht verträten, dass diese Realitäten durch historische Diskurse vermittelt würden, die wiederum die Kategorien, in denen wir denken, bestimmten. Dies ist wieder einmal eine Differenzierung ohne Differenz. Durch den moralischen Imperativ der Queer-*Theorie,* wissenschaftliche Behauptungen und Anschauungen des «gesunden Menschenverstands» in Bezug auf die Geschlechtsidentität, die sexuelle Orientierung und sogar das Geschlecht abzulehnen, in Frage zu stellen und zu untergraben, verwenden ihre Anhänger so gut wie keine Energie darauf, anzuerkennen, dass es biologische Realitäten gibt, und fast all ihre Energie darauf, sie abzulehnen und die soziale Konstruktion der genannten Kategorien zu behaupten.

5 Critical-Race-*Theorie* und Intersektionalität

1 Michael Neill, «‹Mulattos›, ‹Blacks› and ‹Indian Moors›: Othello and Early Modern Constructions of Human Difference», in: *Shakespeare Quarterly* 49, Nr. 4 (1998).
2 Han-Chinesen berichteten im 3. Jahrhundert von Barbaren mit blonden Haaren und grünen Augen, die ihrer Ansicht nach – im Gegensatz zu den Han – offensichtlich von Affen abstammten. Thomas F. Gossett, *Race: The History of an Idea in America,* Oxford: Oxford University Press, 1997.
3 Sojourner Truth, «The Narrative of Sojourner Truth», hrsg. v. Olive Gilbert, in: *A Celebration of Women Writers,* www.digital.library.upenn.edu/women/truth/1850/1850.html.
4 Frederick Douglass, *Das Leben des Frederick Douglass als Sklave in Amerika, von ihm selbst erzählt,* übers. v. Dietlinde Haug, Göttingen: Lamuv, 1991.

5 W. E. B. Du Bois, *Die Seelen der Schwarzen,* übers. v. Jürgen Meyer-Wendt, Freiburg: Orange Press, 2003.

6 Winthrop D. Jordan, *White over Black American Attitudes toward the Negro, 1550–1812,* Chapel Hill, North Carolina: University of North Carolina Press, 2012.

7 Richard Delgado und Jean Stefancic, *Critical Race Theory: An Introduction,* New York: New York University Press, 2017, S. 3.

8 Ebenda, S. 26.

9 Derrick A. Bell, *Race, Racism, and American Law,* Boston: Little, Brown, and Co., 1984.

10 Derrick Bell, *And We Are Not Saved: The Elusive Quest for Racial Justice,* New York: Basic Books, 2008.

11 Ebenda, S. 159.

12 Derrick A. Bell, Jr., «*Brown v. Board of Education* and the Interest-Convergence Dilemma», in: *Harvard Law Review* 93, Nr. 3 (1980).

13 Bell schreibt: «Schwarze Menschen werden in diesem Land nie die volle Gleichheit erhalten. Selbst die herkulischen Anstrengungen, die wir als erfolgreich bejubeln, werden lediglich vorübergehende ‹Gipfel des Fortschritts› hervorbringen – kurzlebige Siege, die in die Irrelevanz abrutschen, wenn sich das System der Races auf eine Weise anpasst, die die weiße Dominanz aufrechterhält. Dies ist eine schwer zu akzeptierende Tatsache, welche durch die gesamte Geschichte bestätigt wird. Wir müssen sie anerkennen und eine Politik verfolgen, die auf dem basiert, was ich als ‹rassischen Realismus› bezeichne. Diese Geisteshaltung oder Philosophie verlangt von uns, die Permanenz unseres untergeordneten Status zuzugeben. Diese Einsicht ermöglicht es uns, Verzweiflung zu vermeiden, und macht uns frei, diesbezüglich Strategien zu entwickeln und durchzuführen, die Erfüllung und sogar Triumph bringen können.» Derrick A. Bell, Jr., «Racial Realism», in: *Connecticut Law Review* 24, Nr. 2 (1992).

14 Bell, «*Brown v. Board*», insb. S. 530–533.

15 Alan David Freeman, «Legitimizing Racial Discrimination Through Antidiscrimination Law: A Critical Review of Supreme Court Doctrine», in: *Minnesota Law Review* 62, Nr. 1049 (1978), https://scholarship.law.umn.edu/mlr/804/.

16 Mark Stern und Khuram Hussain, «On the Charter Question: Black Marxism and Black Nationalism», in: *Race Ethnicity and Education* 18, Nr. 1 (2014).

17 Delgado und Stefancic formulieren es folgendermaßen: «Einer hartnäckigen internen Kritik zufolge entfernt sich die Bewegung von ihren materialistischen Wurzeln und befasst sich zu sehr mit Themen, die die Minderheiten der Mittelschicht betreffen: Mikroaggressionen, rassistische Beleidigungen, unbewusste Diskriminierung und Affirmative Action an den Hochschulen. Wenn die ethnische Unterdrückung materielle und kulturelle Wurzeln hat,

ändert es vermutlich wenig an den zugrundeliegenden Strukturen der Ungleichheit, geschweige denn an der Not der wirklich Armen, wenn man lediglich ihren ideellen oder sprachlichen Ausdruck angreift.» *(Introduction,* S. 106).

18 Patricia J. Williams, *The Alchemy of Race and Rights,* Cambridge, MA: Harvard University Press, 1991.

19 Siehe «About This Book» auf der Seite mit *The Alchemy of Race and Rights von* Patricia J. Williams im Online-Katalog von Harvard University Press, www.hup.harvard.edu/catalog.php?isbn=9780674014718.

20 Harvard University Press, «Honoring the Work of Patricia Williams», in: *Harvard University Press Blog,* Februar 2013, https://harvardpress.typepad.com/hup_publicity/2013/02/honoring-the-work-of-patricia-williams.html.

21 Angela P. Harris, «Race and Essentialism in Feminist Legal Theory», in: *Stanford Law Review* 42, Nr. 3 (1990), S. 584.

22 Delgado and Stefancic, *Introduction,* S. 8–11.

23 Obwohl die Critical-Race-*Theorie* in den Vereinigten Staaten in Reaktion auf einen sehr spezifischen historischen Kontext entstand, ist sie nicht auf dieses Land beschränkt geblieben. Die britische Educational Research Association hat ihre eigene Liste von Grundüberzeugungen der Critical-Race-*Theorie* erstellt.

1. Überragende Bedeutung des Rassismus
2. Weiße Vorherrschaft
3. Stimmen von People of Color
4. Interessenkonvergenz
5. Intersektionalität

Und zieht daraus folgenden Schluss: «Die CRT […] hat sich schnell zu einem wichtigen Bereich der Gesellschaftstheorie entwickelt und prägt über die Vereinigten Staaten hinaus auch Arbeiten in Europa, Südamerika, Australien und Afrika. Sie wird oft von Personen schlechtgemacht, die mit anderen Perspektiven arbeiten und die Betonung der Aspekte Race und Rassismus für fehlgeleitet oder gar bedrohlich halten. Trotz dieser Angriffe, die oft auf mangelndem Verständnis und grober Vereinfachung des Ansatzes beruhen, dehnt sich die CRT weiter aus und ist im Begriff, eine der wichtigsten Theorien zur Analyse von Methode und Praxis der rassistischen Ungleichheit in Großbritannien zu werden.» (Nicola Rollock und David Gillborn, «Critical Race Theory (CRT)», in: *BERA,* 2011, www.bera.ac.uk/publication/critical-race-theory-crt.

24 So formulierte etwa Payne Hiraldo von der University of Vermont fünf Grundüberzeugungen der Critical-Race-*Theorie* zur Anwendung im höheren Bildungswesen. Sie lauten:

Counter-storytelling: «Ein Bezugssystem, das die auf Race zurückgehenden und untergeordneten Erfahrungen marginalisierter Gruppen legitimiert.»

Weil davon ausgegangen wird, dass die Gesellschaft aus den ideologischen Narrativen – Diskursen – dominanter Gruppen konstruiert ist, wird angenommen, dass alternative Narrative das bisher vernachlässigte Wissen marginalisierter Identitätsgruppen repräsentieren. Dabei handelt es sich um die Standpunkttheorie, die auf der Annahme beruht, dass Menschen bestimmter Identitäten Perspektiven, Erfahrungen und Werte gemeinsam haben, dass diese alternative Formen von Wissen darstellen und dass die Zugehörigkeit zu einer marginalisierten Identitätsgruppe den Zugang zu einem reichhaltigeren Wissensbestand ermöglicht, als er für Mitglieder relativ privilegierter Gruppen erreichbar ist.

Die Permanenz des Rassismus: Der Gedanke, dass der Rassismus – politisch, sozial und ökonomisch – in allen Sphären der amerikanischen Gesellschaft vorherrschend und allgegenwärtig ist. Daher kann er nicht durch Antidiskriminierungsgesetze besiegt werden, sondern muss in allen Arten von Interaktionen aufgespürt und bekämpft werden.

Weißsein als Eigentum: Das komplizierte Argument, dass «Weißsein» (die sozialen Konstruktionen, die mit einer weißen Identität verbunden sind) aufgrund tief verwurzelter Vorurteile und Annahmen, die auf die Sklaverei zurückgehen, Eigentumsrechte verleiht. Dieser eng mit der Idee des «weißen Privilegs» verwandte Sachverhalt bedeutet, dass die Herrschaft der Weißen auch heute noch durch verdeckte systemische Diskriminierung und ihre größeren Zugangs- und Eigentumsrechte aufrechterhalten wird und dieses Problem nur durch Affirmative Action oder andere Gleichstellungsinitiativen bekämpft werden kann.

Interessenkonversion: Die Überzeugung, dass weiße Menschen und von weißer Vorherrschaft geprägte Gesellschaften Fortschritte bei den Rechten für People of Color nur dann zulassen, wenn es ihren eigenen Interessen dient.

Die Kritik am Liberalismus: Der Liberalismus wird für universalistische Ideen wie «Farbenblindheit» *(color blindness),* Chancengleichheit, Rechtsgleichheit und den Glauben an das Leistungsprinzip kritisiert. Es wird angenommen, dass er systemischen Rassismus übersieht, weil er ungerechtfertigter Weise von fairen Voraussetzungen ausgeht.

(Payne Hiraldo, «The Role of Critical Race Theory in Higher Education», in: *Vermont Connection* 31, Nr. 7 (2010), Article 7, https://scholarworks.uvm.edu/tvc/vol31/iss1/7/.)

All diesen Überzeugungen liegt die postmoderne Konzeption zugrunde, dass die Gesellschaft durch Diskurse zu einem System aus Macht und Privilegierung wird: das postmoderne Wissensprinzip und das postmoderne politische Prinzip. Ihre Vertreter ziehen auch unverhohlen interpretative Methoden und theoretische Konstrukte empirischen Beweisen vor.

25 Die *Encyclopedia of Diversity in Education* stellt noch eine weitere Variante

der Bündelung dieser Überzeugungen vor, betont aber stärker die politischen Ziele der Critical-Race-*Theorie.* Unter der Zwischenüberschrift «Die zentrale Rolle des Rassismus» schreibt Christine E. Sleeter: «Vertreter der Critical-Race-Theorie gehen davon aus, dass es sich beim Rassismus nicht um eine Abweichung, sondern um eine fundamentale, endemische und normalisierte Art der gesellschaftlichen Organisation handelt», Christine E. Sleeter, «Critical Race Theory and Education», in: *Encyclopedia of Diversity in Education,* hrsg. v. James A. Banks, Thousand Oaks, CA: SAGE, 2012, S. 491.

In der Folge identifiziert Sleeter folgende Grundüberzeugungen der Critical-Race-*Theorie*:

1. Anfechtung der Behauptungen von Neutralität, Color Blindness und Leistungsorientiertheit;

2. Weiße als Nutznießer antirassistischer Maßnahmen (These der Interessenkonvergenz);

3. Besondere Bedeutung von Erfahrungswissen (*Counter-storytelling*; Standpunkttheorie);

4. Engagement für soziale Gerechtigkeit im Sinne der Social-Justice-Bewegung («Letztlich fühlen sich die Vertreter der Critical-Race-Theorie dem Hinwirken auf soziale Gerechtigkeit verpflichtet. Zwar sehen einige den Rassismus als unüberwindbar an, doch die meisten hoffen, dass tiefgreifende Analysen des Rassismus irgendwann zu dessen Beseitigung führen, wenn sie mit der Verbreitung triftiger antirassistischer Gegengeschichten kombiniert werden»).

26 Delgado und Stefancic, *Introduction,* S. 7.

27 Ebenda, S. 7 f.

28 Ebenda.

29 Ebenda, S. 127.

30 bell hooks, «Postmodern Blackness», in: *The Fontana Postmodernism Reader,* hrsg. v. Walter Truett Anderson, London: Fontana Press, 1996, S. 117.

31 Kimberlé Crenshaw, «Demarginalizing the Intersection of Race and Sex: A Black Feminist Critique of Antidiscrimination Doctrine, Feminist Theory, and Antiracist Politics», in: *University of Chicago Legal Forum* 1, Nr. 8 (1989), chicagounbound.uchicago.edu/uclf/vol1989/iss1/8.

32 Kimberlé Crenshaw, «Mapping the Margins: Intersectionality, Identity Politics, and Violence against Women of Color», in: *Stanford Law Review* 43, Nr. 6 (1991), S. 1224, Anm. 9.

33 Collins, *Black Feminist Thought.*

34 Crenshaw, «Mapping the Margins», S. 1297.

35 Ebenda, S. 1242.

36 Ebenda, S. 1296.

37 Zwar war ein Großteil der Critical-Race-*Theorie* ursprünglich das Werk afroamerikanischer Wissenschaftler, aber das Feld hat sich in den letzten Jahr-

zehnten um lateinamerikanische, asiatische, muslimische und arabische Zweige erweitert. Diese Gruppen haben dem Konzept zufolge allesamt unterschiedliche untergeordnete Beziehungen zu weißen Menschen und auch untereinander. Weitere Informationen: Helen Pluckrose und James A. Lindsay, «Identity Politics Does Not Continue the Work of the Civil Rights Movements», in: *Areo Magazine,* 26. September 2018, https://areomagazine.com/2018/09/25/identity-politics-does-not-continue-the-work-of-the-civil-rights-movements/.

38 Patricia Hill Collins und Sirma Bilge, *Intersectionality,* Cambridge: Polity Press, 2018.

39 Adam Fitzgerald, «Opinion: Time for Cis-Gender White Men to Recognise Their Privilege», in: *news.trust.org,* 2. Mai 2019, https://news.trust.org/item/20190502130719-tpcky/.

40 Jezzika Chung, «How Asian Immigrants Learn Anti-Blackness from White Culture, and How to Stop It», in: *Huffington Post,* 7. September 2017, www.huffpost.com/entry/how-asian-americans-can-stop-contributing-to-antiblackness_ b_599f0757e4b0cb7715bfd3d4.

41 Kristel Tracey, «We Need to Talk about Light-skinned Privilege», in: *Media Diversified,* 7. Februar 2019, https://mediadiversified.org/2018/04/26/we-need-to-talk-about-light-skinned-privilege/.

42 Damon Young, «Straight Black Men Are the White People of Black People», in: *Root,* 19. September 2017, https://verysmartbrothas.theroot.com/straight-black-men-are-the-white-people-of-black-people-1814157214.

43 Miriam J. Abelson, «Dangerous Privilege: Trans Men, Masculinities, and Changing Perceptions of Safety», in: *Sociological Forum* 29, Nr. 3 (2014).

44 Sara C., «When You Say ‹I Would Never Date A Trans Person›, It's Transphobic. Here's Why», in: *Medium,* 11. November 2018, medium.com/@ QSE/when-you-say-i-would-never-date-a-trans-person-its-transphobichere-s-why-aa6fdcf59aca.

45 Iris Kuo, «The ‹Whitening› of Asian Americans», in: *Atlantic,* 13. September 2018, www.theatlantic.com/education/archive/2018/08/the-whiteningof-asian-americans/563336/; Paul Lungen, «Check Your Jewish Privilege», in: *Canadian Jewish News,* 21. Dezember 2018, www.cjnews.com/livingjewish/check-your-jewish-privilege.

46 Zachary Small, «Joseph Pierce on Why Academics Must Decolonize Queerness», in: *Hyperallergic,* 10. August 2019, https://hyperallergic.com/512789/joseph-pierce-on-why-academics-must-decolonize-queerness/.

47 Peter Tatchell, «Tag: Stop Murder Music», *Peter Tatchell Foundation,* 13. Mai 2016, https://www.petertatchellfoundation.org/tag/stop-murder-music/.

48 Arwa Mahdawi, «It's Not a Hate Crime for a Woman to Feel Uncomfortable Waxing Male Genitalia», in: *Guardian,* 27. Juli 2019, https://www.theguardian.com/commentisfree/2019/jul/27/male-genitalia-week-in-patriarchy-women.

49 Pluckrose und Lindsay, «Identity Politics Does Not Continue the Work of the Civil Rights Movements».
50 Collins und Bilge, *Intersectionality*, S. 30.
51 Rebecca Ann Lind, «A Note From the Guest Editor», in: *Journal of Broadcasting & Electronic Media* 54 (2010), S. 3.
52 Cho, Crenshaw und McCall identifizieren drei sich überschneidende «Sets von Engagements»: «das erste besteht aus Anwendungen eines intersektionalen Rahmens oder der Untersuchung intersektionaler Dynamiken, das zweite aus breiten Debatten über die Reichweite und den Inhalt von Intersektionalität als theoretischem und methodologischem Paradigma und das dritte aus politischen Interventionen, die eine intersektionale Sichtweise vertreten». Sumi Cho, Kimberlé Williams Crenshaw und Leslie McCall, «Toward a Field of Intersectionality Studies: Theory, Applications, and Praxis», in: *Signs: Journal of Women in Culture and Society* 38, Nr. 4 (2013), S. 785.
53 Ange-Marie Hancock, *Intersectionality: An Intellectual History*, New York: Oxford University Press, 2016.
54 Ebenda, S. 5.
55 Ebenda, S. 6.
56 Von Hancock als Crenshaw und Collins identifiziert; «das Original» ist der weiße Franzose Michel Foucault (ebenda, S. 9).
57 Hancock schreibt: «Wie können Vertreter der Intersektionalitätstheorie einen Mittelweg finden zwischen einer unmöglichen Konzeptualisierung der Intersektionalität als geistiges Eigentum und einer destruktiven Konzeptualisierung als Meme, das so oft seine Gestalt verändert, dass es nur noch als viral gewordenes Meme erkennbar ist?» (ebenda, S. 17).
58 Crenshaw sagte: «Manche Leute meinen, Intersektionalität sei eine grandiose Theorie für alles, aber das ist nicht meine Absicht. Sie wurde als Werkzeug für den Fall entwickelt, dass man den Gerichten erklären kann, warum sie eine Klage schwarzer Frauen nicht abweisen sollten, die sich dagegen richtet, dass ein Arbeitgeber zwar schwarze Männer, aber nur weiße Frauen eingestellt hat. Wenn das Werkzeug funktioniert, wunderbar. Wenn es nicht funktioniert, ist man keineswegs verpflichtet, es anzuwenden. Das andere Problem besteht darin, dass Intersektionalität als Sammelbegriff für die Aussage: ‹Na ja, es ist kompliziert› benutzt werden kann. Manchmal ist ‹Es ist kompliziert› eine Ausrede, um nichts zu tun.» (Kimberlé Crenshaw, «Kimberlé Crenshaw on Intersectionality, More than Two Decades Later», in: *Columbia Law School*, Juni 2017, www.law.columbia.edu/pt-br/news/2017/06/kimberle-crenshaw-intersectionality).
59 Siehe Robin J. DiAngelo, «White Fragility», in: *International Journal of Critical Pedagogy* 3, Nr. 3 (2011) und Robin J. DiAngelo, *White Fragility: Why It's so Hard for White People to Talk about Racism*, London: Allen Lane, 2019.
60 Greg Lukianoff und Jonathan Haidt, *The Coddling of the American Mind: How*

Good Intentions and Bad Ideas Are Setting Up a Generation for Failure, New York: Penguin Books, 2019.

61 Siehe Heather Bruce, Robin DiAngelo, Gyda Swaney (Salish) und Amie Thurber, «Between Principles and Practice: Tensions in Anti-Racist Education» (Podiumsdiskussion, 2014, Race & Pedagogy National Conference, University of Puget Sound), von der Collins Memorial Library gepostetes Video, vimeo.com/116 986 053.

62 Bruce et al., *Tensions,* 2014.

63 Ebenda.

64 James Lindsay, «Postmodern Religion and the Faith of Social Justice», in: *Areo Magazine,* 26. Dezember 2018, areomagazine.com/2018/12/18/postmodern-religion-and-the-faith-of-social-justice/.

65 David Rock und Heidi Grant, «Is Your Company's Diversity Training Making You More Biased?» in: *Psychology Today,* 7. Juni 2017, https://www.psychologytoday.com/intl/blog/your-brain-work/201706/is-your-company-s-diversity-training-making-you-more-biased.

6 Feminismen und Gender Studies

1 Stevi Jackson, «Why a Materialist Feminism Is (Still) Possible – and Necessary», in: *Women's Studies International Forum* 24, Nr. 3–4 (2001).

2 In den USA: Barbara J. Risman, «Good News! Attitudes Moving Toward Gender Equality», in: *Psychology Today,* 17. Dezember 2018, www.psychologytoday.com/gb/blog/gender-questions/201812/good-news-attitudes-moving-toward-gender-equality; im Vereinigten Königreich: Radhika Sanghani, «Only 7 per Cent of Britons Consider Themselves Feminists», in: *Telegraph,* 15. Januar 2016, www.telegraph.co.uk/women/life/only-7-percent-of-britons-consider-themselves-feminists.

3 Es ist so gut wie sicher, dass wir ein feministisches Lager vergessen haben, und ebenso wahrscheinlich, dass man uns das umgehend mitteilen wird.

4 Um den Zorn der intersektionalen Feministinnen nicht auf uns zu ziehen – obwohl das nahezu unmöglich ist –, möchten wir hier kurz anmerken, dass viele feministische Richtungen das lineare Wellenmodell ablehnen. Dieses geht von einer ersten Welle aus, die für das Frauenwahlrecht kämpfte, gefolgt von einer zweiten liberalen Welle, die für mehr Frauenrechte in Familie, Arbeit und Gesellschaft eintrat, an die sich eine dritte, intersektionale Welle anschloss (auf die, wer weiß, vielleicht eine vierte Welle folgt, die eine radikal erweiterte Sichtweise auf sexuelle Übergriffe vertritt, etwa durch das Konzept einer Vergewaltigungskultur). Insbesondere schwarze und intersektionale feministische Richtungen lehnen das lineare Wellenmodell ab.

5 Frei nach Judith Lorber, «Shifting Paradigms and Challenging Categories», in: *Social Problems* 53, Nr. 4 (2006), S. 448.

6 Simone de Beauvoir, *Das andere Geschlecht, Sitte und Sexus der Frau,* übers. v. Uli Aumüller und Grete Oswald, Reinbek: Rowohlt Verlag, 2011.

7 Betty Friedan, *Der Weiblichkeitswahn,* übers. v. Margaret Carroux, Reinbeck: Rowohlt Verlag, 1986.

8 Kate Millet, *Sexualität und Herrschaft,* übers. v. Ernestine Schlant, Köln: Kiepenheuer & Witsch, 2018

9 Germaine Greer, *Der weibliche Eunuch,* übers. v. Rose Blight, München: dtv, 2000.

10 Lorber schreibt: «Ausgehend von der Hegemonie des Patriarchats, die auf Gramscis (1971) Vorstellung dominanter Eliten und des marxistischen Klassenbewusstseins fußte, war es nicht schwer, Frauen als unterdrückte Klasse im häuslichen Bereich zu sehen.» «Shifting Paradigms», S. 448.

11 Ebenda, S. 449.

12 Jane Pilcher und Imelda Whelehan, *Key Concepts in Gender Studies,* Los Angeles: Sage, 2017, S. xiii.

13 Ebenda.

14 Ebenda.

15 Laut Pilcher und Whelehan sind Gender Studies «der entscheidende Faktor für die zunehmende Anerkennung von Diversität und Differenz. Inzwischen werden Ungleichheiten und Differenzen nicht nur zwischen unterschiedlichen Geschlechtsidentitäten, sondern auch innerhalb einer Geschlechtsidentität adressiert, die auf sozialer Herkunft, Sexualität, ethnischer Herkunft, Alter, Nationalität und Religion basieren». Ebenda.

16 Ebenda.

17 Lorber, *Shifting Paradigms,* S. 449.

18 Ebend,. S. 448.

19 Ebenda.

20 Ebenda.

21 Ebenda.

22 Um Missverständnissen vorzubeugen: Das soll keineswegs heißen, dass zu Beginn der Nullerjahre jede Feministin zum angewandten, intersektionalen postmodernen Feminismus überlief oder dass sich heute jede Feministin als Anhängerin dieser Richtung betrachtet. Höchstwahrscheinlich hängt der Strömung keine Mehrheit an, es sei denn in bestimmten Enklaven wie etwa Universitäten. Aber obwohl es nach wie vor Feministinnen aller möglichen Richtungen gibt, die aktiv sind und einander bekämpfen, dominiert der intersektionale Zweig in Aktivismus und Forschung. Radikaler Feminismus, liberaler Feminismus und materialistischer Feminismus sind – unter vielen anderen Ausprägungen – nach wie vor präsent und aktiv. Radikale und materialistische Feministinnen beschäftigen sich vorwiegend mit der materialisti-

schen Realität von Wirtschaft, Gesetzgebung und Staat. Sie gehen davon aus, dass eine objektive Wahrheit existiert. Postmoderne *Theoretikerinnen* und deren Erben, die Intersektionalisten, interessieren sich vornehmlich dafür, wie Diskurse Wissen konstruieren und Machtverhältnisse perpetuieren (das postmoderne Wissensprinzip und das politische Prinzip). Letztlich stimmen Feministinnen beider Richtungen darin überein, dass Gender ein soziales Konstrukt ist. Während radikal materialistische Feministinnen der Ansicht sind, dieses Konstrukt sei Männern geschuldet, die dadurch Frauen unterdrücken wollten (eine typisch marxistische Auffassung, der zufolge Klassenherrschaft immer von oben nach unten ausgeübt wird), sind Intersektionalisten der Meinung, dass die Macht, Geschlechtsidentitäten zu konstruieren, die gesamte Gesellschaft in Form von Diskursen prägt – wie wir über Dinge reden – und dass wir uns davon nur befreien können, indem wir Stabilität und Relevanz von Geschlechts-, Gender- und Sexualitätskategorien durch Disruption verändern. Das gilt auch für die Kategorien, auf denen der radikale Feminismus gründet, was naturgemäß zu erheblichen Konflikten führt. Der bekannteste spielt sich auf dem verminten Gelände zwischen postmodernen Transaktivisten – die von der Selbstbestimmung der Geschlechtsidentität überzeugt sind und damit Transfrauen als Frauen anerkennen – und den genderkritischen radikalen Feministinnen (leicht abschätzig auch als Transpersonen Exkludierende Radikale Feministinnen oder kurz TERF bezeichnet) ab, nach deren Ansicht Gender repressiv auferlegt wird und Transfrauen Männer sind, die diese Repression unterstützen. Ein ähnlicher Konflikt, der dieselben Feministinnen auf den Plan ruft, tobt zwischen jenen, die weibliche Sexarbeit gutheißen, und den radikalen Feministinnen (leicht abschätzig auch als Sexarbeiterinnen Exkludierende Radikale Feministinnen, kurz SWERF, bezeichnet), die Sexarbeit für Ausbeutung der Frau halten.

In den Siebziger- und Achtzigerjahren waren die Ansichten der radikalen und materialistischen Feministinnen an den Universitäten weitverbreitet, sie verloren aber nach der Wende zum angewandten Postmodernismus, die den intersektionalen Feminismus und die Queer-*Theorie* hervorbrachte, an Boden. Das hat dazu geführt, dass populäre Figuren der Frauenbewegung wie etwa Germaine Greer und Julie Burchill aufgrund ihrer Ansichten über Transidentität und Sexarbeit aus sozialen Netzwerken ausgeschlossen wurden (sogenanntes Deplatforming). Radikale Feministinnen werden auch von postkolonialen und intersektionalen Feministinnen scharf kritisiert, weil sie Frauen als Klasse sehen und dadurch häufig eine gegensätzliche Position zum Kulturrelativismus beziehen. Beispielsweise kritisieren sie die Unterdrückung von Frauen im Islam, was die postkoloniale und die intersektionale Forschung wiederum als eine Form des imperialistischen Universalismus einstufen.

23 Ein vergleichbares Phänomen findet sich auch bei jenen christlichen Sekten, die die Verheißungen Jesu, innerhalb einer Generation wiederzukehren und

das geistige Reich Gottes zu gründen (Matthäus 24, 34 u. a.), sehr unterschiedlich auslegen: Sie verorten das Reich Gottes entweder im Himmel oder in der Verbreitung des Christentums selbst.

24 Leon Festinger, Henry W. Riecken und Stanley Schachter, *When Prophecy Fails: A Social and Psychological Study of a Modern Group That Predicted the Destruction of the World,* New York: Harper Torchbooks, 1956.

25 Ein gutes Beispiel für diese neue Perspektive des feministischen Denkens ist das preisgekrönte und einflussreiche Buch der Philosophin Kate Manne *Down Girl. Die Logik der Misogynie.* Manne, die an der Cornell Universität lehrt, argumentiert, dass Frauenfeindlichkeit am besten als ein systemisches Merkmal der Gesellschaft zu verstehen ist, das die Unterwerfung von Frauen sozial durchsetzt, selbst wenn offene Frauenfeindlichkeit inzwischen selten oder völlig verschwunden ist. Siehe: Kate Manne, *Down Girl. Die Logik der Misogynie,* übers. v. Ulrike Bischoff, Berlin: Suhrkamp, 2019.

26 Candace West und Don H. Zimmerman, «Doing Gender», in: *Gender and Society* 1, Nr. 2 (1987).

27 Ebenda, S. 126.

28 Ebenda, S. 137.

29 Ebenda, S. 142.

30 West und Zimmerman schreiben: «Wenn wir angemessen gendern, stützen, reproduzieren und legitimieren wir das institutionelle Gefüge, das auf Geschlechtskategorien basiert. Misslingt uns das angemessene Gendern, kann dies auf uns als Individuum zurückfallen (aufgrund unseres Charakters, unserer Motive, unserer Prädisposition) –, aber nicht auf das institutionelle Gefüge.» Ebenda, S. 146.

31 Catherine Connell, «Doing, Undoing, or Redoing Gender?» in: *Gender & Society* 24, Nr. 1 (2010), S. 31–55.

32 Pilcher und Whelehan, *Key Concepts,* S. 54.

33 Crenshaw, «Mapping the Margins», S. 1297.

34 Pilcher und Whelehan, *Key Concepts,* S. 42.

35 Ebenda, S. 43.

36 Nancy J. Hirschmann, «Choosing Betrayal», in: *Perspectives on Politics* 8, Nr. 1 (2010).

37 bell hooks, «Racism and Feminism: The Issue of Accountability», in: *Making Sense of Women's Lives: An Introduction to Women's Studies,* hrsg. v. Lauri Umansky, Paul K. Longmore und Michele Plott, Lanham, MD: Rowman & Littlefield, 2000.

38 Collins, *Black Feminist Thought.*

39 Patricia Hill Collins, «Toward a New Vision: Race, Class, and Gender as Categories of Analysis and Connection», in: *Race, Sex & Class* 1, Nr. 1 (1993), S. 38 f.

40 Die sozialistische Feministin Linda Gordon schreibt: «Das Konzept der Intersektionalität beschäftigte sich mit bestimmten sozialen Positionen mehr als

mit anderen. Besonders besorgniserregend ist, dass Klassenungleichheit im Konzept der Intersektionalität vernachlässigt wird, was das Potential des Ansatzes insgesamt mindert. Ein Beispiel: Ein Lehrplan der SUNY-Alban School of Social Work enthält ein Modul zu Intersektionalität, das Geschlecht, Alter, ethnische Herkunft oder Race und berufliche Identitäten als wichtige Einflüsse benennt. Klassenzugehörigkeit oder ökonomische Ungleichheit nicht zu berücksichtigen, ist ein bekanntes und überdeterminiertes Phänomen.» (Linda Gordon, «‹Intersectionality›, Socialist Feminism and Contemporary Activism: Musings by a Second-Wave Socialist Feminist», in: *Gender & History* 28, Nr. 2 (2016), S. 348) Sie fährt fort: «Nur wenige der wichtigsten aktivistischen/intersektionalen Webseiten – ob nun überwiegend schwarz oder überwiegend weiblich oder beides – thematisieren die Probleme von Menschen mit niedrigem Einkommen; ich denke etwa an das Verbot der staatlichen Finanzierung von Abtreibung, die hohen Kosten für eine angemessene Kinderbetreuung, das Fehlen von bezahltem Familien- und Krankenurlaub, Arbeitslosigkeit, die Bedingungen in den Gefängnissen, die Streichung von Schulgeldern, die Kosten für verschreibungspflichtige Medikamente, niedrige Mindestlöhne und Lohndiebstahl.» (Ebenda, S. 353).

41 Peggy McIntosh, *On Privilege, Fraudulence, and Teaching As Learning: Selected Essays, 1981–2019*, New York: Taylor & Francis, 2019, S. 29–34.

42 S. etwa folgende Artikel: Janet Daley, «The Bourgeois Left Has Abandoned the Working Class to the Neo-fascists», in: *Telegraph*, 14. Januar 2018, www.telegraph.co.uk/news/2018/01/14/bourgeois-left-has-abandonedworking-class-neo-fascists/; Michael Savage, «Cities Are Now Labour Heartland, with Working-class Turning Away», in: *Guardian*, 22. September 2018, www.theguardian.com/politics/2018/sep/22/cities-are-nowlabour-heartland-as-traditional-working-class-desert; Paul Embery, «Why Does the Left Sneer at the Traditional Working Class?», in: *UnHerd*, 5. April 2019, unherd.com/2019/04/why-does-the-left-sneer-at-the-traditional working-class/; Sheri Berman, «Why Identity Politics Benefits the Right More than the Left», in: *Guardian*, 14. Juli 2018, www.theguardian.com/commentisfree/2018/jul/14/identity-politics-right-left-trump-racism.

43 Gordon, «Musings», S. 351.

44 Suzanna Danuta Walters, «Why Can't We Hate Men?», in: *Washington Post*, 8. Juni 2018, www.washingtonpost.com/opinions/why-cant-we-hate men/2018/06/08/f1a3a8e0-6451-11e8-a69c-b944de66d9e7_story.html?noredirect=on.

45 Michael S. Kimmel, *The Politics of Manhood: Profeminist Men Respond to the Mythopoetic Men's Movement (and the Mythopoetic Leaders Answer)*, Philadelphia: Temple University Press, 1995.

46 Raewyn Connell, *Der gemachte Mann: Konstruktion und Krise von Männlichkeiten*, übers. v. Christian Stahl, Wiesbaden: Springer Verlag, 2014.

47 Terry A. Kupers, «Toxic Masculinity as a Barrier to Mental Health Treatment in Prison», in: *Journal of Clinical Psychology* 61, Nr. 6 (2005).

48 Folgt man der *Theorie*, war die Wahl Donald Trumps zum Präsidenten der Vereinigten Staaten die bestmögliche Bestätigung dafür, dass die Gesellschaft insgeheim und grundsätzlich rassistisch, sexistisch und auf alle denkbaren Weisen voreingenommen ist – und dass die Notwendigkeit, dies durch mehr *Theorie* offenzulegen, größer ist als je zuvor. (Siehe Lisa Wade, «The Big Picture: Confronting Manhood after Trump», in: *Public Books,* 4. Januar 2019, www.publicbooks.org/big-picture-confronting-manhood trump/).

49 American Psychological Association, «APA Guidelines to Psychological Practice with Boys and Men», 2018, www.apa.org/about/policy/boysmen-practice-guidelines.pdf.

50 Nancy E. Dowd, *The Man Question: Male Subordination and Privilege,* New York: University Press, 2016.

51 Eric Anderson, *Inclusive Masculinity: The Changing Nature of Masculinities,* London: Routledge, 2012.

52 Diese Idee wird häufig Sandra Hardings Buch *Feminism and Methodology: Social Science Issues,* Bloomington: Indiana University Press, 1996, zugeschrieben. Harding, eine feministische und postkoloniale Wissenschaftlerin, hatte besonders großen Anteil an der Entwicklung der Idee einer «strengen Objektivität» der Standpunkttheorie. Berühmt wurde sie außerdem, weil sie Isaac Newtons *Prinzipien der Mathematik* in ihrem 1986 erschienenen Buch *The Science Question in Feminism* als «Handbuch der Vergewaltigung» bezeichnete. Später gab sie an, sie bereue es, dieses Buch geschrieben zu haben. Sandra. G. Harding, *Feministische Wissenschaftstheorie: Zum Verhältnis von Wissenschaft und sozialem Geschlecht,* übers. v. Michael Haupt, Hamburg, Berlin: Argument-Verlag, 1990.

53 Steven Pinker, *Enlightenment Now: The Case for Reason, Science, Humanism and Progress,* Penguin Books, 2019.

54 Armin Falk und Johannes Hermle, «Relationship of Gender Differences in Preferences to Economic Development and Gender Equality», in: *Science* 362, Nr. 6412 (2018), eaas9899.

7 Disability Studies und Fat Studies

1 Diese seltsame Schreibweise ist in Disziplinen, die sich postmoderner Methoden und Mittel bedienen, recht verbreitet. Hier bedeutet es, dass sich die Disziplin zugleich mit Behinderten und Nicht-Behinderten befasst.

2 Oliver u. a. hierzu: «Das ‹individuelle Modell› der Behinderung geht davon aus, dass die Probleme behinderter Menschen eine unmittelbare Folge ihrer Beeinträchtigung sind. Aufgrund dessen wird wiederum von ärztlicher/pro-

fessioneller Seite aus versucht, das Individuum an seine jeweilige Behinderung anzupassen. Voraussichtlich zielt ein entsprechendes Rehabilitationsprogramm darauf ab, die Betroffenen in ein weitgehend normales Leben zurückzuführen.» (Michael Oliver, Bob Sapey und Pam Thomas, *Social Work with Disabled People,* New York: Palgrave Macmillan, 2012, S. 12).

3 Ebenda, S. 16.

4 Ebenda, S. 19.

5 Brown, in: Jennifer Scuro, *Addressing Ableism: Philosophical Questions via Disability Studies,* Lanham, MD: Lexington Books, 2019, S. 48.

6 Das englische «Crip» in «*Crip-Theory*» ist eine Kürzung des gleichbedeutenden «cripple» (Krüppel). Diesen Begriff auf sich und die *Theorie* zu beziehen, ist ein Akt des «strategischen Essenzialismus», wie ihn Spivak beschreibt.

7 Robert McRuer und Michael Bérubé, *Crip Theory: Cultural Signs of Queerness and Disability,* New York: New York University Press, 2006, S. 8.

8 S. etwa die Transkription des Gesprächs von Jennifer Scuro mit Devoyna N. Havis, in dem Havis bemerkt: «Ich glaube, zu diesem Schluss bin ich durch Foucault gekommen. Es ist nicht nur die Behinderung als solche, sondern es sind auch die systemischen und strukturellen Machtdynamiken, die ‹Norm› determinieren und jene Prozesse steuern, die alles außerhalb dieser Norm auf eine bestimmte Weise ‹korrigieren› und es an etablierte Normen anpassen. Diese Machtdynamiken und ihre Entfaltung lassen sich historisch in Institutionen erforschen und in Form von konzeptuellen Auseinandersetzungen. Für Foucault waren dabei gerade die Prozesse entscheidend, die bestimmte Praktiken als rational, normal und wünschenswert durchsetzten. Es ist fraglos so, dass die Geschichte der Rassifizierung, die Zuschreibungen von Geschlecht oder Geschlechtsunterschieden ebenso wie das, was als ‹nicht-normal› gilt, einen solchen geschichtlichen Hintergrund und ein solches Verhältnis zu Herrschaftsverhältnissen haben, die bestimmte Races, Gender und ein Verständnis dessen, was als fähig gilt, privilegieren. In dieser Hinsicht hat Foucault aus meiner Sicht Recht, wenn er darauf hinweist, wie Macht sich innerhalb spezifischer Konzepte des vermeintlich Normalen naturalisierte. Foucault erkennt die Konstruktion der Normen und Kategorien, die außerhalb stehen, als Mechanismus, der die Kategorisierung von Menschen beeinflusst. Er geht sogar so weit, ein Konzept des ‹Rassismus› gegen das Nicht-Normale zu entwickeln. Für mich war das lehrreich, um Kategorien zu hinterfragen, die wir häufig als grundlegend oder gegeben voraussetzen. Unter welchen Bedingungen und aufgrund welcher Partikularinteressen entstehen solche Kategorien?» (Havis, in: Scuro, *Adressing Ableism,* S. 72).

9 Dan Goodley, *Dis/ability Studies: Theorising Disablism and Ableism,* New York: Routledge, 2014, S. 3.

10 Goodley schreibt: «Diskurse, Strategien und Modi wirken auf Gesellschaft

und Individuum ein. Die Bio-Macht verfolgt Mikro- und Makro-Ziele.» Ebenda, S. 32.

11 Ebenda, S. 26.

12 Ebenda, S. 36.

13 Ebenda, S. 35.

14 Ebenda, S. 8.

15 Fiona Kumari *Campbell, Contours of Ableism: The Production of Disability and Abledness,* New York: Palgrave Macmillan, 2012.

16 Ebenda, S. 5.

17 Ebenda, S. 6.

18 Ebenda, S. 17.

19 Ebenda, S. 28.

20 Brown, in: Scuro, *Addressing Ableism,* S. 70.

21 «Die Suizidgefährdung wurde zu einem Teil meiner Identität», wie Andrew Sullivan hier dokumentiert. Andrew Sullivan: «The Hard Questions about Young People and Gender Transitions», in: *Intelligencer,* 1. November 2019, nymag.com/intelligencer/2019/11/andrew-sullivan-hard-questions-gender-transitionsfor-young.html.

22 Joseph P. Shapiro, *No Pity: People with Disabilities Forging a New Civil Rights Movement,* New York: Times Books, 1994, S. 3.

23 Ebenda, S. 20.

24 Brown und Scuro, in: Scuro, *Addressing Ableism,* S. 92–94.

25 Manchmal stellen Hörgerate die Hörfähigkeit nicht vollständig wieder her, sondern verbessern sie nur und verursachen unangenehme Geräusche im Ohr. Das kann dazu führen, dass für manche Gehörlose die Heilung unangenehmer ist als das Ausgangsproblem.

26 S. Bradley Campbell und Jason Manning, *The Rise of Victimhood Culture: Microaggressions, Safe Spaces, and the New Culture Wars,* New York: Palgrave Macmillan, 2018.

27 *Naafa—We Come in All Sizes,* National Association to Advance Fat Acceptance, www.naafaonline.com/dev2/ (letzter Zugriff 21. August 2019)

28 Micaela Foreman, «The Fat Underground and the Fat Liberation Manifesto», *Feminist Poetry Movement,* 20. Dezember 2018, sites.williams.edu/engl113-f18/foreman/the-fat-underground-and-the-fat-liberation-manifesto/.

29 Association for Size Diversity and Health ASDAH, www.sizediversityandhealth. org/index.asp (letzter Zugriff 21. August, 2019).

30 Linda Bacon, *Health at Every Size: The Surprising Truth about Your Weight,* Dallas, TX: BenBella Books, 2010.

31 Das auf Bacons Buch basierende Manifest steht der liberalen Body-Positivity-Bewegung und ihrem feierlichen Ethos nahe: «Verweigere dich einem ungerechten Krieg. Schließe dich der Friedensbewegung *Health at Every Size* (HAES) an. HAES behauptet, dass Wohlbefinden und gesunde Gewohnhei-

ten wichtiger sind als die Ziffern auf der Waage. Es ist einfach, an der Bewegung teilzunehmen:

1. Akzeptiere dein Gewicht. Liebe und schätze deinen Körper. Selbstakzeptanz befähigt dich, voranzugehen und positive Veränderungen herbeizuführen.

2. Habe Vertrauen in dich. Wir alle besitzen innere Mechanismen, die uns gesund erhalten – bei einem gesunden Gewicht. Unterstütze deinen Körper, indem du auf natürliche Weise sein richtiges Gewicht herausfindest und seinen Zeichen von Hunger, Völle und Appetit die gebührende Ehre erweist.»

(Linda Bacon, «Health at Every Size: Excerpts and Downloads», Linda-Bacon.org, n. d., lindabacon.org/health-at-every-size-book/haes-excerptsand-downloads/).

32 S. etwa die folgenden Metastudien, die Behauptungen der HAES analysieren: Caroline K. Kramer, Bernard Zinman und Ravi Retnakaran, «Are Metabolically Healthy Overweight and Obesity Benign Conditions?: A Systematic Review and Meta-analysis», in: *Annals of Internal Medicine* 159, Nr. 11, 3. Dezember 2013, annals.org/aim/article-abstract/1784291/metabolically-healthy-overweight-obesity-benign-conditions-systematic-review-meta-analysis?doi=10.7326/0003-4819-159-11-201312030-00008; Lara L. Roberson u. a., «Beyond BMI: The ‹Metabolically Healthy Obese› Phenotype and Its Association with Clinical/Subclinical Cardiovascular Disease and All-Cause Mortality – A Systematic Review», *BMC Public Health* 14, Nr. 1 (2014), Beitrag 14.

33 Die ASDAH-Website engagiert sich ausdrücklich für Inklusion und «begrüßt Diversität aufgrund ethnischer Herkunft, Race, Nationalität, Einwanderungsstatus, Geschlechtsidentität, sexueller Orientierung, Alter, Spiritualität, Fähigkeiten, Erziehung, ökonomischer Klasse, sozialer Klasse, Körperumfang und Kleidergröße und anderem. Repressive Systeme treten nicht isoliert auf. Da sie eine kumulative Wirkung haben, können wir die Repression von Gewicht und Kleidergröße nicht abbauen, ohne die Intersektionalität der Repression zu berücksichtigen. Wir bei ASDAH glauben deshalb, dass die Arbeit in einer inklusiven und intersektionalen Weise der einzige Weg ist, eine Welt zu schaffen, in der alle Körper sicher und wertvoll sind.»

34 *Fat Studies,* Taylor und Francis Online.

35 Charlotte Cooper, *Fat Activism: A Radical Social Movement,* Bristol, England: HammerOn Press, 2016, S. 145. Cooper scheibt: «Radikal lesbischer feministischer Separatismus wird im Allgemeinen als die entgegengesetzte Entwicklung zum queeren Feminismus der dritten Welle dargestellt.» (S. 145) Eine Verschiebung, die sich, wie wir uns erinnern, auch innerhalb der Gender Studies zwischen den radikalen Feministinnen, die als trans-feindlich angesehen wurden, und den intersektionalen Feministinnen, die Trans-Aktivistinnen waren, vollzogen hat. Rufen wir uns außerdem in Erinnerung, dass sich die

Kluft zwischen Materialisten und Postmodernisten sowohl in der postkolonialen *Theorie* als auch in der Critical-Race-*Theorie* wiederfindet.

36 Diese neue Ausrichtung lässt sich im Vorwort des *Fat Studies Reader* erkennen: «Wie die Feminismus-Forschung, Queer Studies und Disability Studies, die Gender, Sexualität oder funktionale Differenz betrachten, zeigen uns auch die Fat Studies unter besonderer Berücksichtigung unseres Körpergewichts, wer wir sind. Die Fat Studies bieten eine Analyse, die mit anderen Formen des Widerstands solidarisch ist, indem sie eine neue und einzigartige Sicht auf die Entfremdung bieten.» (Marilyn Wann, «Vorwort» zu den *Fat Studies,* hrsg. v. Esther D. Rothblum und Sondra Solovay, New York: New York University Press, 2009, S. XXII). Der leichter zugängliche Text *Fat Shame* hat einen ähnlichen Tenor: «Die Verunglimpfung Übergewichtiger weist Gemeinsamkeiten mit rassistischer, ethnischer und nationaler Diskriminierung auf; die Verbindung zwischen ihnen (Abwertung von Übergewicht und ethnischer Herkunft) und Klassenprivilegien; und schließlich damit, wie alle diese Elemente (Abwertung des Fetten, ethnische Diskriminierung und Privilegierung aufgrund von Klassenzugehörigkeit) sich mit Gender überschneiden und mit der Konstruktion des sogenannten ‹beliebten Mädchens›, also eines Subjekts, dessen Geschlechtsidentität als korrekt konstituiert angesehen wird.» (Amy Erdman Farrell, *Fat Shame: Stigma and the Fat Body in American Culture,* New York: New York University Press, 2011, S. 3). Das Buch legt den Schwerpunkt auf Race und Gender und behauptet, dass «die Verunglimpfung von Übergewichtigen sowohl mit Gender- als auch mit rassistischen Hierarchien zusammenhängt, insbesondere mit der historischen Entwicklung des Weißseins». (Farrell, *Fat Shame,* S. 5). Der intersektionale Ansatz findet sich ebenfalls in dem Buch *You have the Right to Remain Fat* wieder: «Eine cisgender Übergewichtige wird wahrscheinlich anders behandelt als eine Trans-Übergewichtige [...] Fettleibige Transfrauen erleben die Gewalt an der Schnittstelle von Sexismus, Fett-Phobie und Transphobie. Hautfarbe ist ebenfalls ein mildernder Faktor. Je heller die Haut, desto höher die kulturelle Wertschätzung. Weißsein oder helle Haut kann daher negative Voreingenommenheit gegenüber Fettleibigkeit abschwächen, während dunkelhäutige Frauen aufgrund der kombinierten Auswirkungen von ‹Colorism› und Fett-Phobie besondere Feindseligkeit erfahren.» (Virgie Tovar, *You Have the Right to Remain Fat,* New York: Feminist Press, 2018, S. 67–68)

37 Cooper, *Fat Activism*, S. 4.

38 Ebenda, S. 36.

39 Ebenda, S. 35.

40 Sie schreibt: «Michel Foucaults Arbeit (1980) hat uns gezeigt, dass die Unterwerfung der Körper unter das Mikroskop der Wissenschaft im Namen liberaler Projekte wie Selbstoptimierung tatsächlich nur deren Devianz neu einschreibt und ihre Repression verstärkt.» (Rothblum und Solovay, *Reader,* S. 70).

41 In ihrem Aufsatz «Disappeared Feminist Discourses on Fat in Dietetic Theory and Practice» schreiben Lucy Aphramor und Jacqui Gringas: «Butler erinnert uns daran, dass wir, während wir unablässig versuchen, die Welt zu ändern, ihr zugleich durch Begehren und das Bedürfnis nach Anerkennung eng verbunden sind. Mehr noch: In unserem Missbrauch und Missverständnis von Macht, Diskurs und Wissen werden wir nicht dazu angehalten, über uns selbst Rechenschaft abzulegen.» (Rothblum und Solovay, *Reader*, S. 102).
42 Cooper, *Fat Activism*, S. 24.
43 Wann, in: Rothblum und Solovay, *Reader*, S. xi.
44 Tovar, *Remain Fat*, S. 371.
45 Cooper, *Fat Activism*, S. 169.
46 Ebenda, S. 175.
47 Wann, in: Rothblum und Solovay, *Reader*, S. xiii.
48 LeBesco, in: Rothblum und Solovay, *Reader*, S. 70
49 Allyson Mitchell, «Sedentary Lifestyle: Fat Queer Craft», in: *Fat Studies* 7, Nr. 2 (2017), S. 11.
50 LeBesco, in: Rothblum und Solovay, *Reader*, S. 83.
51 Aphramor and Gringas, in: Solovay, *Reader*, S. 97
52 Ebenda.
53 Ebenda, S. 100.
54 Ebenda, S. 100.
55 John Coveney und Sue Booth, *Critical Dietetics and Critical Nutrition Studies*, Cham, Schweiz: Springer, 2019, S. 18.
56 Cooper, *Fat Activism*, S. 7.
57 Ebenda, S. 2.

8 Social Justice und das Denken

1 Alan Sokal und Jean Bricmont, *Eleganter Unsinn. Wie die Denker der Postmoderne die Wissenschaften missbrauchen*, übers. v. Johannes Schwab und Dietmar Zimmer, München: C.H.Beck, 1999.
2 S. etwa: Ruth Bleier, *Science and Gender: A Critique of Biology and Its Theories on Women*, New York, Pergamon Press, 1984. Donna Haraway, «Situated Knowledges: The Science Question in Feminism and the Privilege of Partial Perspective», *Feminist Studies* 14, Nr. 3 (1988).
3 Kristie Dotson, «Tracking Epistemic Violence: Tracking Practices of Silencing», in: *Hypatia* 26, Nr. 2 (2011).
4 Hancock, *Intersectionality*, S. 1.
5 Der Begriff «science wars» bezieht sich auf eine Reihe hitziger Debatten zwischen Naturwissenschaftlern und postmodernen Wissenschaftlern, die in

den Neunzigerjahren, vor allem in den Vereinigten Staaten, stattfanden. Dabei ging es vor allem um die Frage, ob Wissen objektiv oder sozial konstruiert sei.

6 Obwohl der Begriff «epistemische Ungerechtigkeit» Fricker zugeschrieben wird, sind die Argumente, dass Menschen in ihrer spezifischen Rolle als Wissenssubjekte Unrecht widerfahren könnte, schon älter. Amy Allen argumentiert beispielsweise: «Man könnte Michel Foucault als Theoretiker der epistemischen Ungerechtigkeit *avant la lettre* betrachten.» Amy Allen, «Power/Knowledge/Resistance: Foucault and Epistemic Injustice», in: *The Routledge Handbook of Epistemic Injustice*, hrsg. v. Ian James Kid, José Medina und Gaile Pohlhaus Jr., London: Routledge, 2017, S. 187.

7 S. etwa: Rae Langton, «Epistemic Injustice: Power and the Ethics of Knowing by Miranda Fricker», Buchbesprechung in: *Hypatia* 25, Nr. 2 2010; Elizabeth Anderson, «Epistemic Justice as a Virtue of Social Institutions», in: *Social Epistemology* 26, Nr. 2 (2012).

8 Folglich ist «epistemische Ungerechtigkeit» mittlerweile zu einer Social-Justice-Philosophie mutiert. Laut Kid, Medina und Pohlhaus ist sie «zugleich als Phänomen und Forschungsthema zu sehen, das mit großen sozialen intellektuellen Bewegungen verknüpft ist und diese durchdringt, wie etwa Feminismus, Hermeneutik, Critical-Race-*Theorie,* Disability Studies und dekoloniale, queere und Trans-Epistemologien» (Ian James Kid, José Medina, und Gaile Pohlhaus, Einführung, zu *The Routledge Handbook of Epistemic Injustice,* hrsg. v. Ian James Kid, José Medina, und Gaile Pohlhaus, Jr. London: Routledge, 2017, S. 1).

9 Kristie Dotson, «Conceptualizing Epistemic Oppression», in: *Social Epistemology* 28, Nr. 2 (2014).

10 Spivaks Darstellung epistemischer Gewalt stützt sich wiederum auf Foucaults Gedanken über die Unterdrückung in einer herrschenden Episteme, was wiederum dem Konzept der symbolischen Gewalt ähnelt, das der französische Soziologe Pierre Bourdieu in den Siebzigerjahren entwickelte. Bourdieu zufolge tritt symbolische Gewalt auf, wenn eine Person zu der Annahme verleitet wird, sie müsse ihre Unterdrückung akzeptieren. Diese beiden einander ähnelnden Konzepte erklären auch, warum Social-Justice-Forschung und Aktivismus unliebsame sprachliche Äußerungen so rasch als Formen der Gewalt identifizieren.

11 Nora Berenstain, «Epistemic Exploitation», in: *Ergo* 3, Nr. 22 (2016).

12 José Medina, «Varieties of Hermeneutical Injustice», in: *The Routledge Handbook of Epistemic Injustice,* hrsg. v. Ian James Kid, José Medina und Gaile Pohlhaus, Jr., London: Routledge, 2017.

13 Jeremy Wanderer, «Varieties of Testimonial Injustice», in: *The Routledge Handbook of Epistemic Injustice*, hrsg. v. Ian James Kid, José Medina und Gaile Pohlhaus, Jr., London: Routledge, 2017.

14 Susan E. Babbit, «Epistemic and Political Freedom», in: *The Routledge Handbook of Epistemic Injustice*, hrsg. v. Ian James Kid, José Medina, und Gaile Pohlhaus, Jr., London: Routledge, 2017.

15 Lorraine Code, «Epistemic Responsibility», in: *The Routledge Handbook of Epistemic Injustice,* hrsg. v. Ian James Kid, José Medina und Gaile Pohlhaus, Jr., London: Routledge, 2017.

16 Heidi Grasswick argumentiert: «Aufgrund ihrer epistemischen Autorität und ihres politischen Einflusses müssen wissenschaftliche Einrichtungen und ihre Praxis als mögliche Quellen epistemischer Ungerechtigkeit untersucht werden.» So geraten Wissenschaft und Vernunft also, nur weil sie ein hohes Ansehen genießen, unter den Generalverdacht, einen ungerechtfertigten epistemischen Vorteil zu haben. Grasswick fährt fort: «Postkoloniale und Technologie-Forschung, feministische Theoretikerinnen und Wissenschaftsphilosophen sowie Critical-Race-Theoretiker haben inzwischen breit dokumentiert, dass Praxis und Ergebnisse der Wissenschaft von Rassismus, Sexismus und anderen Formen der Unterdrückung geprägt sind.» (Heidi Grasswick, «Epistemic Injustice in Science», in: *The Routledge Handbook of Epistemic Injustice,* hrsg. v. Ian James Kid, José Medina und Gaile Pohlhaus, Jr., London: Routledge, 2017, S. 313).

17 Ebenda.

18 Kristie Dotson, «How Is This Paper Philosophy?», in: *Comparative Philosophy* 3, Nr. 1 (2012).

19 Code, «Epistemic Responsibility».

20 Allison B. Wolf, «‹Tell Me How That Makes You Feel›: Philosophys Reason/ Emotion Divide and Epistemic Pushback in Philosophy Classrooms», in: *Hypatia* 32, Nr. 4 (2017), S. 893–910, doi.org/10.1111/hypa.12378.

21 Alexis Shotwell, «Forms of Knowing and Epistemic Resources», in: *The Routledge Handbook of Epistemic Injustice,* hrsg. v. Ian James Kid, José Medina und Gaile Pohlhaus, Jr., London: Routledge, 2017, S. 79.

22 Ebenda, S. 81.

23 Alison Bailey, «The Unlevel Knowing Field: An Engagement with Dotson's Third-Order Epistemic Oppression», in: *Social Epistemology Review and Reply Collective* 3, Nr. 10 (2014), ssrn.com/abstract=2798934.

24 Nancy Tuana, «Feminist Epistemology: The Subject of Knowledge», in: *The Routledge Handbook of Epistemic Injustice,* hrsg. v. Ian James Kid, José Medina und Gaile Pohlhaus, Jr., London: Routledge, 2017, S. 125.

25 José Medina, *The Epistemology of Resistance: Gender and Racial Oppression, Epistemic Injustice, and Resistant Imaginations,* New York: Oxford University Press, 2013, S. 44.

26 Die feministische Theoretikerin Sandra Harding, die in den ausgehenden Achtziger- und frühen Neunzigerjahren publizierte, bezeichnete diese umfassendere Sicht als «starke Objektivität». Sandra Harding, «Rethinking Stand-

point Epistemology: What Is ‹Strong Objectivity›?», in: *Centennial Review* 36, Nr. 3 (1992).

27 Die Standpunkttheorie wird insbesondere der feministischen Wissenschaftlerin Sandra Harding und ihren Arbeiten in den Achtzigerjahren zugeschrieben. Harding teilte jedoch nicht die Ansicht zeitgenössischer Theoretiker, dass jemand Mitglied einer bestimmten Gruppe sein müsse, um sich in deren Position hineinzuversetzen. Ihre Arbeit setzt, wie die Frickers, ein gewisses Vertrauen in Empathie, die es uns ermöglicht, auch Mitglieder anderer Gruppen zu verstehen. Sandra Harding, *Whose Science/Whose Knowledge?*, Ithaca, NY: Cornell University Press, 1991; Harding, *The Science Question in Feminism*; Harding, *Feminism and Methodology;* Sandra Harding, «Gender, Development, and Post-Enlightenment Philosophies of Science», in: *Hypatia* 13, Nr. 3 (1998).

28 Collins schreibt: «Identitätspolitik und Standpunkt-Epistemologie konstituieren zwei wichtige Formen der Ermächtigung für People of Color, Frauen, Arme und die Bevölkerungsgruppe neu Eingewanderter, die Quellen epistemischer Autorität darstellen. Identitätspolitik beansprucht die Autorität über die eigenen Erfahrungen und der sozialen Verortung als Quelle epistemischer Vermittlung. Die Standpunkt-Epistemologie behauptet das Recht darauf, ein gleichberechtigter epistemischer Vermittler in der Interpretation der eigenen Realität innerhalb interpretierender Communitys zu sein.» Und weiter heißt es: «Identitätspolitik als eine minderwertige Form der Politik darzustellen und Standpunkt-Epistemologie als begrenzte und potentiell voreingenommene Form des Wissens, bildet die allgemeine Praxis ab, epistemische Vermittlung unterdrückter Subjekte zu diskreditieren.» (Patricia Hill Collins, «Intersectionality and Epistemic Injustice», in: *The Routledge Handbook of Epistemic Injustice,* hrsg. v. Ian James Kid, José Medina und Gaile Pohlhaus, Jr., London: Routledge, 2017, S. 119).

29 Dotson argumentiert: «Es ist so, als würde man das Unmögliche als möglich erfahren und dementsprechend die Begrenzung des eigenen epistemologischen Systems erkennen, die das Mögliche als unmöglich ausweist. Dieser Schritt ist schon schwierig genug. Die Begrenzungen selbst aufzuheben, ist für viele wahrscheinlich unmöglich.» («Epistemic Oppression», S. 32).

30 Dotson schreibt: «Es ist zwingend notwendig, dass diejenigen, die diese epistemische Unterdrückung dritter Ordnung ausüben, einen Schritt zurücktreten und sich ihrer epistemischen Systeme bewusst werden, welche unzureichende epistemische Ressourcen bewahren und legitimieren. Diese Art der Erkenntnis, die man auch als umfassende Erkenntnis der eigenen ‹traditionellen kulturellen Systeme› bezeichnen könnte, ist außerordentlich schwierig.» (Ebenda, S. 32).

31 Medina, *Epistemology of Resistance,* S. 32.

32 Ebenda, S. 30–35.

33 Georg W. F. Hegel, *Phänomenologie des Geistes* (1807).
34 Charles Mills, «*Ideology*», in: *The Routledge Handbook of Epistemic Injustice*, hrsg. v. Ian James Kid, José Medina und Gaile Pohlhaus, Jr., London: Routledge, 2017, S. 108.
35 James Lindsay, «Postmodern Religion and the Faith of Social Justice», in: *Areo Magazine*, 26. Dezember 2018, areomagazine.com/2018/12/18/postmodern-religion-and-the-faith-of-social-justice/.
36 Barbara Applebaum, *Being White, Being Good: White Complicity, White Moral Responsibility, and Social Justice Pedagogy*, Lanham, MD: Lexington Books, 2010, S. 31.
37 Ebenda, S. 100.
38 Ebenda, S. 99.
39 Ebenda, S. 43.
40 Ebenda.
41 Ebenda, S. 102.
42 Ebenda, S. 108.
43 Ebenda, S. 96.
44 Ebenda, S. 97.
45 Ebenda, S. 112.
46 Alison Bailey, «Tracking Privilege-Preserving Epistemic Pushback in Feminist and Critical Race Philosophy Classes», in: *Hypatia* 32, Nr. 4 (2017), S. 877.
47 Ebenda, S. 877.
48 Ebenda, S. 881.
49 Ebenda, S. 882.
50 Natürlich können wir nicht einfach voraussetzen, dass die Herausgeberinnen des *Hypatia* mit Baileys Argumenten übereinstimmen. Der Text könnte veröffentlicht worden sein, um die Debatte anzuregen. Nichtsdestoweniger wurde in *Hypatia* auch Allison Wolfs Text veröffentlicht, der sich auf Bailey stützt und sich gegen die Privilegierung der Vernunft innerhalb der Philosophie positioniert, und sie haben unseren «Hoax»-Aufsatz akzeptiert, der, ebenfalls auf Bailey gestützt, gegen die satirische Kritik an der Social-Justice-Forschung Position bezog und diese als invalide und unmoralisch bezeichnete. Dazu eine Redakteurin: «Ausgezeichnetes Thema, mit großem Potential für die feministische Philosophie und interessant für *Hypatia*-Leserinnen.» Wolf, «‹Tell Me How That Makes You Feel›»; James Lindsay, Peter Boghossian, und Helen Pluckrose, «Academic Grievance Studies and the Corruption of Scholarship», in: *Areo Magazine*, 2. Oktober 2018, areomagazine.com/2018/10/02/academic-grievance-studies-and-the-corruption-of-scholarship/.
51 Bailey, «Tracking Privilege-Preserving Epistemic Pushback», S. 886.
52 Ebenda, S. 878.
53 Ebenda, S. 886.
54 Ebenda, S. 887.

55 Ebenda.
56 Ebenda.
57 Robin J. DiAngelo, «White Fragility», in: *International Journal of Critical Pedagogy* 3, Nr. 3 (2011).
58 Robin DiAngelo, *Wir müssen über Rassismus sprechen. Was es bedeutet, in unserer Gesellschaft weiß zu sein,* übers. v. Ulrike Bischoff, Hamburg: Verlag Hoffmann und Campe, 2020, S. 17 f.
59 Ebenda, S. 18
60 Sie soll hier keineswegs der Heuchelei angeklagt werden. DiAngelo hat deutlich gemacht, sie wünsche sich, aufgrund ihrer *theoretischen* Erkenntnisse, sie könne weniger «weiß» sein. Wiederholt weist sie darauf hin, dass sie lediglich mit weißen Menschen spricht. Siehe: See Michael Lee, «‹Whiteness Studies› Professor to White People: You're Racist If You Don't Judge by Skin Color», in: *Pluralist,* 29. Mai 2019.
61 Di Angelo, *Wir müssen über Rassismus sprechen,* S. 181.
62 Ebenda, S. 12.
63 Ebenda, S. 17.
64 Ebenda, S. 124.
65 Jonathan Church hat als erster darauf hingewiesen, dass DiAngelos Konzept der «white fragility» dem Trugschluss der Verdinglichung verfällt. Jonathan Church, «Whiteness Studies and the Theory of White Fragility Are Based on a Logical Fallacy», in: *Areo Magazine,* 25. April 2019, areomagazine.com/2019/04/25/whitenessstudies-and-the-theory-of-white-fragility-are-based-on-a-logical-fallacy/. Church hat eine erhellende Essayreihe veröffentlicht, die sich mit epistemologischen Problemen in der Arbeit DiAngelos befasst. Nachzulesen auf seiner Website: www. jonathandavidchurch.com.
66 Insbesondere der Kritischen Theorie von Max Horkheimer und der Frankfurter Schule.
67 Siehe hierzu: Breanne Fahs und Michael Karger, «Women's Studies as Virus: Institutional Feminism, Affect, and the Projection of Danger», in: *Multidisciplinary Journal of Gender Studies* 5, Nr. 1 (2016) sowie John Coveney und Sue Booth, *Critical Dietetics and Critical Nutrition Studies,* Cham, Schweiz: Springer, 2019.
68 Lindsay, «Postmodern Religion».

9 Social Justice in Aktion

1 Hardeep Singh, «Why Was a Disabled Grandad Sacked by Asda for Sharing a Billy Connolly Clip?», in: *Spectator,* 27. Juni 2019, https://www.spectator.co.uk/article/why-was-a-disabled-grandad-sacked-by-asda-for-sharing-a-billy-connolly-clip-.

2 Sean Stevens, «The Google Memo: What Does the Research Say about Gender Differences?», in: *Heterodox Academy,* 2. Februar 2019, https://heterodoxacademy.org/blog/the-google-memo-what-does-the-research-say-about-gender-differences/.

3 Emma Powell und Patrick Grafton-Green, «Danny Baker Fired by BBC Radio 5 Live over Racist Royal Baby Tweet», in: *Evening Standard,* 9. Mai 2019, https://www.standard.co.uk/news/uk/danny-baker-fired-broadcaster-sacked-by-bbc-radio-5-live-over-racist-tweet-a4137951.html.

4 Charlotte Zoller, «How I Found a Fat-Positive Doctor Who Didn't Just Tell Me to Lose Weight», in: *Vice,* 15. August 2018, www.vice.com/en_us/article/43ppwj/how-to-find-a-fat-positive-doctor.

5 Lukianoff und Haidt, *The Coddling of the American Mind.*

6 Jonathan W. Wilson, «‹I've Never Had a Student Ask for a Safe Space. Here's What They Have Asked for›», in: *Vox,* 12. Dezember 2018, https://www.vox.com/first-person/2018/12/12/18131186/college-campus-safe-spaces-trigger-warnings; Judith Shulevitz, «In College and Hiding From Scary Ideas» in: *New York Times,* 21. März 2015.

7 Daniel Koehler, «Violence and Terrorism from the Far-Right: Policy Options to Counter an Elusive Threat», in: *Terrorism and Counter-Terrorism Studies* Februar 2019, doi.org/10.19165/2019.2.02.

8 Julia Ebner, «The Far Right Have a Safe Haven Online. We Cannot Let Their Lies Take Root», in: *Guardian,* 14. November 2018, www.theguardian.com/commentisfree/2018/nov/14/far-right-safe-haven-online-white-supremacist-groups.

9 Natalie Gil, «‹Inside The Secret World Of Incels› – The Men Who Want to Punish Women», in: *BBC Three Review,* Juli 2019, https://www.refinery29.com/en-gb/2019/07/237264/inside-the-secret-world-of-incels-bbc-three.

10 Timothy Egan, «How the Insufferably Woke Help Trump», in: *New York Times,* 8. November 2019, https://www.nytimes.com/2019/11/08/opinion/warren-biden-trump.html.

11 Andrea Vacchiano, «Colleges Pay Diversity Officers More Than Professors, Staff», in: *Daily Signal,* 14. Juli 2017, www.dailysignal.com/2017/07/14/colleges-pay-diversity-officers-more-than-professors-staff/.

12 TARGETjobs, «Equality and Diversity Officer: Job Description», in: TARGETjobs, 30. Juli 2019, https://targetjobs.co.uk/careers-advice/job-descriptions/278257-equality-and-diversity-officer-job-description.

13 Jeffrey Aaron Snyder und Amna Khalid, «The Rise of ‹Bias Response Teams› on Campus», in: *New Republic,* 30. März 2016, https://newrepublic.com/article/132195/rise-bias-response-teams-campus (letzter Zugriff Februar 2011).

14 Ryan Miller et al., «Bias Response Teams: Fact vs. Fiction», in: *Inside Higher Ed,* 17. Juni 2019, www.insidehighered.com/views/2019/06/17/truth-about-bias- response-teams-more-complex-often-thought-opinion.

15 Snyder und Khalid, «The Rise of ‹Bias Response Teams›».
16 Tom Slater, «No, Campus Censorship Is Not a Myth», in: *Spiked,* 2. April 2019, https://www.spiked-online.com/2019/02/04/campus-censorship-is-not-a-myth/.
17 Slater, «Campus Censorship».
18 «Hypatia Editorial Office», archive.is, 9. Juni 2017, archive.is/kVrLb.
19 Jerry Coyne, «Journal Hypatia's Editors Resign, and Directors Suspend Associate Editors over Their Apology for the ‹Transracialism› Article», in: *Why Evolution Is True,* 22. Juli 2017, https://whyevolutionistrue.com/2017/07/22/journal-hypatias-editors-resign-and-directors-suspend-associate-editors-over-their-apology-for-the-transracialism-article/.
20 Jesse Singal, «This Is What a Modern-Day Witch Hunt Looks Like», Intelligencer, in: *New York Magazine*, 2. Mai 2017, https://nymag.com/intelligencer/2017/05/transracialism-article-controversy.html.
21 Kelly Oliver, «If This Is Feminism …», in: *Philosophical Salon,* 9. Mai 2017, https://thephilosophicalsalon.com/if-this-is-feminism-its-been-hijacked-by-the-thought-police/.
22 Adam Lusher, «Professor's ‹Bring Back Colonialism› Call Sparks Fury and Academic Freedom Debate», in: *Independent,* 12. Oktober 2017, https://www.independent.co.uk/news/world/americas/colonialism-academic-article-bruce-gilley-threats-violence-published-withdrawn-third-world-quarterly-portland-university-freedom-speech-a7996371.html.
23 Peter Wood, «The Article That Made 16,000 Ideologues Go Wild», in: *Minding the Campus,* 18. Oktober 2017, https://www.mindingthecampus.org/2017/10/04/the-article-that-made-16000-profs-go-wild/.
24 Ben Cohen, «The Rise of Engineering's Social Justice Warriors», James G. Martin Center for Academic Renewal, 3. Januar 2019, https://www.jamesgmartin.center/2018/11/the-rise-of-engineerings-social-justice-warriors/.
25 Donna Riley, *Engineering and Social Justice,* San Rafael, Kalifornien: Morgan & Claypool Publishers, 2008, S. 109.
26 Enrique Galindo und Jill Newton (Hrsg.), *Proceedings of the 39th Annual Meeting of the North American Chapter of the International Group for the Psychology of Mathematics Education,* Indianapolis, Indiana: Hoosier Association of Mathematics Teacher Educators, 2017.
27 Catherine Gewertz, «Seattle Schools Lead Controversial Push to ‹Rehumanize› Math», in: *Education Week,* 22. Oktober 2019, https://www.edweek.org/teaching-learning/seattle-schools-lead-controversial-push-to-rehumanize-math/2019/10.
28 *Seriously …* «Seven Things You Need to Know about Antifa», in: *BBC Radio* 4, nicht datiert, https://www.bbc.co.uk/programmes/articles/X56rQkDgdoqqB7R68t6t7C/seven-things-you-need-to-know-about-antifa.
29 Peter Beinart, «Left Wing Protests Are Crossing the Line», in: *Atlantic,* 16. No-

vember 2018, https://www.theatlantic.com/ideas/archive/2018/11/protests-tucker-carlsons-home-crossed-line/576001/.

30 Yasmeen Serhan, «Why Protesters Keep Hurling Milkshakes at British Politicians», in: *Atlantic,* 21. Mai 2019, https://www.theatlantic.com/international/archive/2019/05/milkshaking-britain-political-trend-right-wing/589876/.

31 Shaun O'Dwyer, «Of Kimono and Cultural Appropriation», in: *Japan Times,* 4. August 2015, https://www.japantimes.co.jp/opinion/2015/08/04/%20commentary/japan-ommentary/kimono-cultural-appropriation/#.%20XUdyw5NKj_Q.

32 Ade Onibada, «Macy's Admits It ‹Missed the Mark› for Selling a Portion-Sized Plate That Some People Online Aren't Happy About», in: *BuzzFeed,* 24. Juli 2019, www.buzzfeed.com/adeonibada/macys-pull-portion-control-plate-mom-jeans.

33 Crystal Tai, «Noodle-Maker Nissin Yanks ‹Whitewashed› Anime of Tennis Star Naomi Osaka», in: *South China Morning Post,* 24. Januar 2019, https://www.scmp.com/news/asia/east-asia/article/2183391/noodle-maker-nissin-withdraws-whitewashed-anime-ad-campaign.

34 Sarah Young, «Gucci Apologises for Selling Jumper That ‹Resembles Blackface›, in: *Independent,* 13. Februar 2019, www.independent.co.uk/lifestyle/fashion/gucci-blackface-sweater-balaclava-apology-reaction-twittercontroversy-a8767101.html.

35 Ben Beaumont-Thomas, «Katy Perry Shoes Removed from Stores over Blackface Design», in: *Guardian,* 12. Februar 2019, https://www.theguardian.com/music/2019/feb/12/katy-perry-shoes-removed-from-stores-over-blackface-design.

36 Julia Alexander, «The Yellow $: A Comprehensive History of Demonetization and YouTube's War with Creators», in: *Polygon,* 10. Mai 2018, https://www.polygon.com/2018/5/10/17268102/youtube-demonetization-pewdiepie-logan-paul-casey-neistat-philip-defranco.

37 Benjamin Goggin, «A Top Patreon Creator Deleted His Account, Accusing the Crowdfunding Membership Platform of ‹Political Bias› after It Purged Conservative Accounts It Said Were Associated with Hate Groups», in: *Business Insider,* 17. Dezember 2018, https://www.businessinsider.in/tech/a-top-patreon-creator-deleted-his-account-accusing-the-crowdfunding-membership-platform-of-political-bias-after-it-purged-conservative-accounts-it-said-were-associated-with-hate-groups/articleshow/67132742.cms.

38 Kari Paul und Jim Waterson, «Facebook Bans Alex Jones, Milo Yiannopoulos and Other Far-Right Figures», in: *Guardian,* 2. Mai 2019, https://www.theguardian.com/technology/2019/may/02/facebook-ban-alex-jones-milo-yiannopoulos.

39 BBC News, «Twitter Bans Religious Insults Calling Groups Rats or Maggots», in: *BBC News,* 9. Juli 2019, www.bbc.co.uk/news/technology-48922546; Julia

Manchester, «Self-Described Feminist Banned from Twitter Says Platform Is Setting ‹Dangerous› Precedent›», in: *Hill,* 6. Dezember 2018, https://thehill.com/hilltv/rising/420033-self-described-feminist-banned-from-twitter-says-platform-is-setting-a.

40 Jose Paglieri, «Sexist Tweets Cost Business Insider Executive His Job», in: *CNN.com,* 10. September 2013, https://money.cnn.com/2013/09/10/technology/business-insider-cto/index.html; Emily Alford, «Denise Is Fired», in: *Jezebel,* 1. April 2019, https://jezebel.com/denise-is-fired-1833701621; Shamira Ibrahim, «In Defense of Cancel Culture», in: *Vice,* 4. April 2019, https://www.vice.com/en/article/vbw9pa/what-is-cancel-culture-twitter-extremely-online.

41 Alex Culbertson, «Oscars to Have No Host after Kevin Hart Homophobic Tweets», in: *Sky News,* 10. Januar 2019, https://news.sky.com/story/oscars-to-haveno-host-after-kevin-hart-homophobic-tweets-11603296.

42 CNN, «Ellen's Usain Bolt Tweet Deemed Racist», in: *CNN.com,* 17. August 2016, https://edition.cnn.com/2016/08/16/entertainment/ellen-degeneres-usain-bolt-tweet/index.html.

43 Hannah Jane Parkinson, «Matt Damon, Stop #Damonsplaining. You Don't Understand Sexual Harassment», in: *Guardian,* 19. Dezember 2017, https://www.theguardian.com/commentisfree/2017/dec/19/matt-damon-sexual-harassment.

44 Brendan O'Neill, «Why Is Mario Lopez Apologising for Telling the Truth?», in: *Spiked,* 1. August 2019, https://www.spiked-online.com/2019/08/01/why-is-mario-lopez-apologising-for-telling-the-truth/.

45 Frances Perraudin, «Martina Navratilova Criticised over ‹Cheating› Trans Women Comments», in: *Guardian,* 17. Februar 2019, https://www.theguardian.com/sport/2019/feb/17/martina-navratilova-criticised-over-cheating-trans-women-comments.

46 «John McEnroe Says He Regrets Comments on Serena Williams and Is ‹Surprised› by Reaction», in: *Telegraph,* 29. Juni 2017, https://www.telegraph.co.uk/tennis/2017/06/29/johnmcenroe-says-regrets-comments-serena-williams-surprised/.

47 Stefania Sarrubba, «After Trans Protests, Scarlett Johansson Still Says She Should Play Everyone», in: *Gay Star News,* 14. Juli 2019, https://www.gaystarnews.com/article/scarlett-johansson-casting-controversy/#gs.y12axx.

48 Louis Staples, «JK Rowling's Late Attempts to Make Harry Potter More Diverse Help No-One», in: *Metro,* 18. März 2019, metro.co.uk/2019/03/18/ jk-rowlings-late-attempts-make-harry-potter-diverse-nothing-lgbt-fanslike-8930864/

49 Alison Flood, «JK Rowling under Fire for Writing about ‹Native American Wizards›», in: *Guardian,* 9. März 2016, https://www.theguardian.com/books/2016/mar/09/jk-rowling-under-fire-for-appropriating-navajo-tradition-history-of-magic-in-north-america-pottermore.

50 Nadra Kareem Nittle, «Cultural Appropriation in Music: From Madonna to Miley Cyrus», in: *ThoughtCo,* 24. Februar 2019, https://www.thoughtco.com/cultural-appropriation-in-music-2834650.

51 Ebenda.

52 Helena Horton, «Beyoncé Criticised for ‹Cultural Appropriation› in New Music Video with Coldplay and Sonam Kapoor», in: *Telegraph,* 29. Januar 2016, https://www.telegraph.co.uk/music/news/beyonc-criticised-for-cultural-appropriation-in-new-music-video/.

53 Sam Gillette, «Dr. Seuss Books Like Horton Hears a Who! Branded Racist and Problematic in New Study», in: *People.com,* 28. Februar 2019, https://people.com/books/dr-seuss-books-racist-problematic/.

54 «6 Racist TV Stereotypes White People Still Don't Notice», in: *Digital Spy,* 16. Februar 2019, https://www.digitalspy.com/tv/a863844/racism-movie-tv-stereotypes/.

55 Amber Thomas, «Women Only Said 27% of the Words in 2016's Biggest Movies», in: *Developer News,* 10. Januar 2017, https://www.freecodecamp.org/news/women-only-said-27-of-the-words-in-2016 s-biggest-movies-955cb480c3c4/.

56 WatchMojo, «Top 10 Needlessly Sexualized Female Movie Characters», in: *Viva,* 18. Oktober 2018, https://www.youtube.com/watch?v=VOoeQE4H2Fo.

57 Chris Gardner, «Rose McGowan Calls Out ‹X-Men› Billboard That Shows Mystique Being Strangled», in: *Hollywood Reporter,* 2. Juni 2016, https://www.hollywoodreporter.com/rambling-reporter/rose-mcgowan-calls-x-men-898538.

58 Randall Colburn, «Jessica Chastain Blasts *Game of Thrones*: ‹Rape Is Not a Tool to Make a Character Stronger›», in: *AV Club,* 7. Mai 2019, https://news.avclub.com/jessica-chastain-blasts-game-of-thrones-rape-is-not-a-1834581011.

59 Katherine Cross, «*Doctor Who* Has Given Us a Doctor without Inner Conflict», in: *Polygon,* 1. Januar 2019, www.polygon.com/2019/1/1/18152028/doctor-who-whitaker-season-review.

60 Simon Baron-Cohen und Michael V. Lombardo, «Autism and Talent: The Cognitive and Neural Basis of Systemizing», in: *Dialogues in Clinical Neuroscience* 19, Nr. 4 (2017).

61 Thomas Clements, «The Problem with the Neurodiversity Movement», in: *Quillette,* 20. Oktober 2017, https://quillette.com/2017/10/15/problem-neurodiversity-movement/.

62 Geoffrey Miller, «The Neurodiversity Case for Free Speech», in: *Quillette,* 23. August 2018, https://quillette.com/2017/07/18/neurodiversity-case-free-speech/.

63 Caroline Praderio, «Why Some People Turned Down a ‹Medical Miracle› and Decided to Stay Deaf», in: *Insider*, 3. Januar 2017, https://www.insider.com/why-deaf-people-turn-down-cochlear-implants-2016-12.

64 Danielle Moores, «Obesity: Causes, Complications, and Diagnosis», in: Healthline, 16. Juli 2018, www.healthline.com/health/obesity (letzter Zugriff 10. Februar 2021).

65 Sarah Knapton, «Cancer Research UK Accused of ‹Fat Shaming› over Obesity Smoking Campaign», in: *Telegraph,* 5. Juli 2019, https://www.telegraph.co.uk/science/2019/07/04/cancer-research-uk-accused-fat-shaming-obesity-smoking-campaign/.

66 Caroline Davies, «‹Beach Body Ready› Tube Advert Protests Planned for Hyde Park», in: *Guardian,* 28. April 2015, https://www.theguardian.com/media/2015/apr/27/mass-demonstration-planned-over-beach-body-ready-tube-advert.

67 «Hidden Tribes of America», Hidden Tribes, hiddentribes.us/ (letzter Zugriff 10. Februar 2021).

68 Lukianoff und Haidt, *The Coddling of the American Mind.*

69 Bradley Campbell und Jason Manning, *The Rise of Victimhood Culture: Microaggressions, Safe Spaces, and the New Culture Wars,* New York: Palgrave Macmillan, 2018.

70 Siehe das Kapitel «False Accusations, Moral Panics and the Manufacture of Victimhood» in Campbell und Manning, *The Rise of Victimhood Culture.*

71 Lukianoff und Haidt, *The Coddling of the American Mind,* S. 176.

72 Ebenda, S. 24.

73 Ebenda.

74 Campbell und Manning, *The Rise of Victimhood Culture,* S. 2.

75 Mike Nayna, «PART TWO: Teaching to Transgress», YouTube-Video, 6. März 2019, https://www.youtube.com/watch?v=AoW9QbkX8Cs&t=6s.

76 Bruce, DiAngelo, Swaney und Thurber, «Between Principles and Practice».

77 Kathrine Jebsen Moore, «Knitting's Infinity War, Part III: Showdown at Yarningham», in: *Quillette,* 28. Juli 2019, https://quillette.com/2019/07/28/knittings-infinity-war-part-iii-showdown-at-yarningham/.

78 Amanda Marcotte, «Atheism's Shocking Woman Problem: What's behind the Misogyny of Richard Dawkins and Sam Harris»«, in: *Salon,* 3. Oktober 2014, https://www.salon.com/2014/10/03/new_atheisms_troubling_misogyny_the_pompous_sexism_of_richard_dawkins_and_sam_harris_partner/.

79 Southern Baptist Convention, «On Critical Race Theory and Intersectionality», Resolution der Southern Baptist Convention, Birmingham, Alabama, 2019, https://www.sbc.net/resource-library/resolutions/on-critical-race-theory-and-intersectionality/.

10 Eine Alternative zur Social-Justice-Ideologie

1 John Stuart Mill, *Über die Freiheit,* übers. v. Bruno Lemke, Stuttgart. Reclam, 1986, S. 29.
2 Ebenda.
3 Ebenda.
4 Ebenda, S. 34 f.
5 Die Beobachtung in diesem Abschnitt stammt aus Jean Bricmont, *La République des censeurs,* Paris: L'Herne, 2014, S. 24, Anm. 25.
6 Pinker, *Aufklärung jetzt: Für Vernunft, Wissenschaft, Humanismus und Fortschritt. Eine Verteidigung,* übers. v. Martina Wiese, Frankfurt am Main: Fischer, 2018, S. 435.
7 Edmund Fawcett, *Liberalism: The Life of an Idea,* Princeton, New Jersey: Princeton University Press, 2015, S. xii f.
8 Ebenda, S. xiii.
9 Ebenda.
10 Adam Gopnik, *A Thousand Small Sanities: The Moral Adventure of Liberalism,* London: Riverrun, 2019, S. 24.
11 Ebenda.
12 Ebenda, S. 42.
13 Steven Pinker, *Gewalt: eine neue Geschichte der Menschheit,* übers. v. Sebastian Vogel, Frankfurt am Main: Fischer-Taschenbuch, 2013, S. 278.
14 Pinker, *Aufklärung jetzt,* S. 292.
15 Jonathan Rauch, *Kindly Inquisitors: The New Attacks on Free Thought,* Chicago: University of Chicago Press, 2014, S. 4.
16 Ebenda, S. 38.
17 Ebenda, S. 48 f.
18 Ebenda. Rauch wiederholt hier das praktische Argument für den freien Austausch von Ideen, das John Stuart Mill 1859 formulierte. Siehe John Stuart Mill, *Über die Freiheit.*
19 Rauch, *Kindly Inquisitors,* S. 48.
20 Ebenda, S. 49.
21 Ebenda.
22 Ebenda, S. 6.
23 Ebenda.
24 Ebenda.
25 Ebenda.
26 Ebenda.
27 Ebenda, S. 13.
28 Jonathan Haidt, *The Righteous Mind: Why Good People Are Divided by Politics and Religion,* New York: Penguin Books, 2013.

29 Nicholas Christakis untersucht in seinem Buch *Blueprint*, wie Menschen aus sehr verschiedenen Kulturen gewöhnlich ihre Gesellschaften strukturieren. Er stellt die Frage: «Wie können Menschen derart unterschiedlich sein, dass sie sogar Krieg gegeneinander führen, und einander gleichzeitig so ähnlich sein? Der Grund ist, dass uns die Evolution einen Bauplan für ein gutes Zusammenleben mitgegeben hat. Die Gene vollbringen Erstaunliches im menschlichen Körper, aber noch erstaunlicher finde ich das, was sie *außerhalb* zustande bringen. Sie steuern nicht nur Aufbau und Funktionsweise unseres Körpers und unseres Denkens (und damit auch unseres Verhaltens), sondern auch Aufbau und Funktionsweise unserer Gesellschaft. Das verrät uns ein Blick auf die Menschen in aller Welt. Es ist der Ursprung unseres gemeinsamen Menschseins» (S. 18). Christakis identifiziert eine «soziale Ausstattung» evolutionär entstandener sozialer Merkmale des Menschen und argumentiert, gestützt auf die Untersuchung von Erfolg oder Misserfolg von Gemeinschaften, die sich absichtlich, wie etwa Kommunen, oder zufällig, etwa durch Schiffbruch, gebildet haben, überzeugend, dass eine erfolgreiche Gesellschaft nicht zu weit von einer Struktur abweichen kann, die diese soziale Ausstattung unterstützt. Ihre Merkmale sind:

1. die Fähigkeit, eine persönliche Identität zu haben und diese in anderen zu erkennen,
2. Liebe zu Partnern und Kindern,
3. Freundschaft,
4. soziale Netzwerke,
5. Kooperation,
6. Begünstigung der eigenen Gruppe,
7. schwache Hierarchien (beziehungsweise relative Gleichheit),
8. soziales Lernen und Lehren. (S. 35)

(Nicholas A. Christakis, *Blueprint: Eine Blaupause für eine gute Gesellschaft*, New York: Little, Brown, Spark, 2019).

30 Haidt, *Righteous Mind.*

31 Pinker, *Das unbeschriebene Blatt.*

32 Martin Luther King, Jr., «I Have a Dream» (Rede auf dem Marsch auf Washington für Arbeit und Freiheit, 1963), Martin Luther King, Jr., Research and Education Institute, https://kinginstitute.stanford.edu/king-papers/documents/i-have-dream-address-delivered-march-washington-jobs-and-freedom.

33 Übrigens charakterisieren Vertreter der Critical-Race-*Theorie* dieses Zitat manchmal als «Cherry Picking», als willkürlich herausgepicktes Beispiel von Kings Denken, das von Weißen benutzt wird, um schwarze Menschen unter Kontrolle zu halten, welche die Critical-Race-*Theorie* befürworten oder «Weißsein» kritisieren.

34 Michael Lee, «‹Whiteness Studies› Professor to White People: You're Racist If

You Don't Judge by Skin Color», in: *Pluralist,* 29. Mai 2019, pluralist.com/robin-diangelo-colorblindness-dangerous/.

35 «Am einfachsten lässt sich der Rachewunsch dämpfen, wenn der Täter in unseren natürlichen Kreis des Mitgefühls gehört. Unseren Verwandten und engen Freunden vergeben wir gern Fehltritte, die wir bei anderen für unverzeihlich halten würden. Und wenn unser Kreis des Mitgefühls sich erweitert, [...] erweitert sich mit ihm auch unser Kreis der Vergebung.» (Pinker, *Gewalt,* S. 802).

36 Elizabeth Redden, «Hungary Officially Ends Gender Studies Programs», in: *Inside Higher Ed,* 17. Oktober 2018, https://www.insidehighered.com/quicktakes/2018/10/17/hungary-officially-ends-gender-studies-programs.

Aus dem Verlagsprogramm